权威·前沿·原创

皮书系列为
“十二五”“十三五”国家重点图书出版规划项目

总　编／张京成

北京文化创意产业发展报告（2017）

BEIJING REPORT ON CULTURAL AND CREATIVE INDUSTRIES (2017)

主　编／张京成　郭万超
副主编／沈晓平　王国华　曾凡颖

社会科学文献出版社
SOCIAL SCIENCES ACADEMIC PRESS (CHINA)

图书在版编目（CIP）数据

北京文化创意产业发展报告. 2017 / 张京成，郭万超主编. -- 北京：社会科学文献出版社，2017.11
（创意城市蓝皮书）
ISBN 978-7-5201-1684-8

Ⅰ. ①北… Ⅱ. ①张… ②郭… Ⅲ. ①文化产业-产业发展-研究报告-北京-2017 Ⅳ. ①G127.1

中国版本图书馆 CIP 数据核字（2017）第 267742 号

创意城市蓝皮书
北京文化创意产业发展报告（2017）

主　　编 / 张京成　郭万超
副 主 编 / 沈晓平　王国华　曾凡颖

出 版 人 / 谢寿光
项目统筹 / 恽　薇　冯咏梅
责任编辑 / 冯咏梅

出　　版 / 社会科学文献出版社 · 经济与管理分社（010）59367226
地址：北京市北三环中路甲 29 号院华龙大厦　邮编：100029
网址：www.ssap.com.cn
发　　行 / 市场营销中心（010）59367081　59367018
印　　装 / 北京季蜂印刷有限公司

规　　格 / 开　本：787mm × 1092mm　1/16
印　张：21.75　字　数：329 千字
版　　次 / 2017 年 11 月第 1 版　2017 年 11 月第 1 次印刷
书　　号 / ISBN 978-7-5201-1684-8
定　　价 / 98.00 元

皮书序列号 / PSN B-2012-263-1/7

本书如有印装质量问题，请与读者服务中心（010-59367028）联系

《创意城市蓝皮书》总序

张京成

城市是生产力发展到一定阶段的产物，并随着生产力的发展而不断升级。时至今日，伴随着工业文明的推进和文化的提升，以及服务业的大力发展，经济增长方式的转变和产业结构的调整正在推动一部分城市向着一个前所未有的高度迈进，这就是创意城市。

创意城市已经为众多有识之士所关注、所认同、所思考。在全球性竞争日趋激烈、资源环境束缚日渐紧迫的形势下，城市对可持续发展的追求，必然要大力发展附加值高、环境友好、成效显著的创意经济。创意经济的发展实质上就是要大力发展创意产业，而城市是创意产业发展的根据地和目的地，创意产业也正是从城市发端、在城市中集聚发展的。创意产业的发展又激发了城市活力，集聚了创意人才，提升了城市的文化品位和整体形象。

综观伦敦、纽约、东京、巴黎、米兰等众所周知的创意城市，其共同特征大都离不开创意经济。首先，这些城市都在历史上积累了一定的经济、文化和科技基础，足以支持创意经济的兴起和长久发展；其次，这些城市都已形成了发达的创意产业，而且能以创意产业支持和推进更为广泛的经济领域创新；最后，这些城市都具备了和谐包容的创意生态，既能涵养相当数量和水平的创意产业消费者，又能集聚和培养众多不同背景和个性的创意产业生产者，使创意经济行为得以顺利开展。

对照上述特征不难发现，我国的一些城市已经或者正在迈向创意城市，从北京、上海等一线城市，到青岛、西安等二线城市，再到义乌、丽江等中小城市，我们自2006年起每年编撰的《中国创意产业发展报告》一直忠实记录着它们的创意轨迹。今天，随着创意产业的蔚然成风，其中的部分城市已经积累了相当丰富的实践经验以及大量可供分析的数据与文字资料，对其进行专门研究的时机已经成熟。

因此，我们决定在《中国创意产业发展报告》的基础上，逐步对中国各主要创意城市的发展状况展开更加深化、细化和个性化的研究与发布，由此即产生了“创意城市蓝皮书”，这也是中国创意产业研究中心“创意书系”的重要组成部分。希望这部蓝皮书能够成为中国每一座创意城市的忠实记录者、宣传推介者和研究探索者。

是为序。

Preface to the *Blue Book of Creative Cities*

Zhang Jingcheng

City came into being while social productivity has developed into a certain stage and upgrades with the progress of the productivity. Along with the marching of industrial civilization, cultural development, the growth of the service industry, the transformation of economic growth and the adjustment of industrial structure, cities worldwide have by now entered an unprecedented stage as of the era of creative cities.

Creative cities have caught the attention from various fields these years. While the global competition for limited resources gets heated, sustainable development has become the only solution for cities, which brings creative economy of high added value and high efficiency into this historic stage. Creative industries is the parallel phrase to creative economy, which regards cities as the bases and the core of the development, and cities is also the place where creative industries started and clustered. On the other hand, creative industries helped to keep the city vigorous, attract more talents and strengthen the public image of the city.

From the experiences of world cities such as London, New York, Tokyo, Paris, and Milan, creative economy has been their common characteristic. First, histories of these cities have provided them with certain amount of economic, cultural and technological resources, which is the engine to start and maintain creative economy; second, all these cities have had sound creative industries which can function as a driving force for the innovation and economic growth of the city; finally, these cities have fostered harmonious and tolerant creative ecology through time, which conserves consumers of creative industries, while attracting more creative industries practitioners.

It can be seen that some Chinese cities have been showing their tendency on the way to become creative cities, such as large cities of Beijing and Shanghai, medium-size cities of Qingdao, Xi'an and even small cities of Yiwu and Lijiang, whose development paths have been closely followed up in our *Chinese Creative Industries Report* started in 2006. By now, some cities have had rich experiences, comprehensive data and materials worthy to be studied, thus the time to carry out a special research has arrived.

Therefore, based on *Chinese Creative Industries Report*, we decided to conduct a deeper, more detailed and more characteristic research on some active creative cities of China, leading to the birth of *Blue Book of Creative Cities*, which is also an important part of *Creative Series* published by China Creative Industries Research Center. We hope this blue book can function as a faithful recorder, promoter and explorer for every creative city of China.

北京文化创意产业发展报告（2017）
编　委　会

主编简介

张京成　研究员，中国创意产业研究中心主任，文化创意产业标准化研究北京市重点实验室主任，北京市科学技术情报研究所总工，北京市文化创意产业顾问团专家，北京大学中国城市管理研究中心特约研究员，北京工业大学经济与管理学院兼职教授，澳大利亚昆士兰科技大学创意产业学院高级访问学者。主要研究领域为文化创意产业与科技政策，是国内最早研究创意产业的学者之一。2005 年组建北京市科学技术研究院中国创意产业研究中心，率先开展相关研究，出版了我国第一部创意产业蓝皮书，已连续 12 年主持研究编写品牌出版物《中国创意产业发展报告》（中国经济出版社，2006～2017 年）。先后主持完成国家软科学研究计划、北京市社会科学基金项目、北京市自然科学基金项目、北京市科技计划等国家级和省部级科研任务，以及科技部、中国科协、北京市科委、文资办、国家新闻出版广电总局等委托课题近百项，其中 1 项获得国家领导人批示，3 项获得北京市科技进步奖，1 项获得北京市哲学社会科学优秀成果二等奖。在国内外重要学术期刊上发表论文 40 余篇，从 2011 年起策划总编“创意城市蓝皮书”系列（社会科学文献出版社，2011～2017 年，已出版 7 个城市的 20 本报告），主编中国创意产业研究中心“创意书系”（包括研究系列、案例系列、翻译系列），出版研究成果 30 余本，在《人民日报》《科技日报》《经济日报》《北京日报》《中国青年报》等多次发表学术观点，作为业界专家接受中央电视台、凤凰卫视、上海电视台第一财经频道等媒体采访，并多次公开报道。

摘　要

本报告以北京文化创意产业的整体发展、区域动态、供给侧结构性改革和“一带一路”与产业发展等为基本内容，研究了2016年北京文化创意产业的总体运行状况，分析了国家文化产业创新实验区、11个区以及中关村国家级文化和科技融合示范基地等区域的发展情况，讨论了北京文化创意产业的供给侧结构性改革、“一带一路”机遇、功能区发展、投融资和数字内容产品应用等问题，并对文化演艺业、会展业、设计产业等文化创意产业的部分领域进行了深入研究。全书共分为总报告、区域动态篇、专题研究篇、行业发展篇四个部分。

总报告基于新形势下北京地区经济社会发展的新要求，分析了文化创意产业的机遇和挑战；梳理了文化创意产业2016年的基本表现，并对2006年以来北京文化创意产业的发展趋势、特点、问题进行了实证研究；对产业的区域布局与发展进行了比较系统的分析，并依据产业基础，结合经济、政策环境对产业发展趋势进行了较为客观的展望。

《北京城市总体规划（2016～2035年）》为文化创意产业发展指明了目标和方向，文化中心建设和非首都功能疏解给文化创意产业提供了软环境机遇，地区经济新常态对文化创意产业进一步提高对地区经济发展的支撑能力提出了新要求。

2016年，文化创意产业整体实现稳步增长，GDP占比稳中有升。细分领域多数实现稳定增长，文化艺术和旅游、休闲娱乐以及新闻出版领域的资产或收入有所下降。新闻出版领域人均创造增加值最高，艺术品交易领域人均创造收入最高。规模以上文化创意企业创造了大部分产值和利润，但近三年的收入比重有所下降。

经过多年发展，各区分别形成并强化了各自的优势和特色，海淀区贡献了最大的收入和利税，北京经济技术开发区人均创造收入最高，昌平区人均创造利润最高。展望未来，强有力的领导机构将助推文化创意产业提质增效，“三个文化带”建设将为产业铺陈发展底图，国家文化产业创新实验区将成为引领京津冀文化协同创新的重要节点，基于文化创意产业发展现状和政策环境考虑，其产值比重和增速仍有上升空间。

区域动态篇运用翔实的数据和政策依据，对国家文化产业创新实验区和东城区、西城区、朝阳区、丰台区、石景山区、海淀区、门头沟区、房山区、通州区、顺义区、怀柔区以及北京中关村国家级文化和科技融合示范基地等区域的文化创意产业发展状况予以详细分析，分析产业发展态势，总结经验，剖析问题。

专题研究篇分别探讨了北京文化创意产业供给侧结构性改革、关系经济地理学视角下的文化创意产业功能区、北京文化创意产业投融资、北京加强“一带一路”对外文化传播路径、“一带一路”与北京对外文化贸易发展新路径、北京数字内容产品在科普领域的应用等主题。

行业发展篇以北京文化演艺业、会展业、设计产业、电影金融为重点研究对象，在分析行业现状、发展特点的基础上深入剖析问题，对行业未来发展提出对策建议。

关键词： 文化中心建设　文化创意产业　文化创新　文化科技融合　创意城市

Abstract

Based on the regional development, supply-side reform, and the Belt and Road perspective of Beijing cultural and creative industries, this report made the following analysis: Beijing cultural and creative industries overall development situation in 2016, the National Culture Industry Innovation Experiment Zone, the development of 11 districts and Zhongguancun national culture and technology integration demonstration. It also made discuss on the supply-side reform, the Belt and Road opportunities, functional areas development, investment and financing of Beijing cultural and creative industries. Moreover, it made a further research on partial fields of cultural and creative industries. This book is divided into four parts: General Report, Regional Development, Special Subjects, and Industries Development.

General Report based on the new requirements of economic and social development in Beijing, this paper analyzes opportunities, challenges and the basic performance of cultural and creative industries in 2016, and makes an empirical study on the trend, characteristics and problems of Beijing cultural and creative industries since 2006. It also analyzes the regional layout and development of the industry, and prospected the industrial development trend according to the economic and policy environment.

Beijing City Master Plan (*2016 – 2035*) pointed out the goal and direction for cultural and creative industries, the construction of cultural center and the easing for Non capital function provide a soft environment opportunity for cultural and creative industries, Beijing's new normal development puts forward new requirements on cultural and creative industries further improving on regional economy support.

In 2016, the cultural and creative industries increased steadily and the proportion in GDP growed greatly. The internal composition saw a steady increase in most areas, with declines in the assets or incomes of cultural and artistic and touring, relaxation and recreation, as well as in journalism and publication.

Journalism and Publication got the highest added value per capita, but the transaction of artwork got the highest per capita income in Transaction of Artwork. The above designated size industries have generated most of the output and profits, but their share of income has been declined in the past three years.

After years of development, every district have respectively formed their advantages and features. Haidian district contributed the largest revenue and profit tax, Beijing Economic - Technological Development Area created the highest income per capita, and Changping district created the highest profit. Looking to the future, strong leading organization will push cultural and creative industries to promote quality and efficiency, the three culture belts construction will lay a solid foundation for industry development. National Culture Industry Innovation Experiment Zone will become an important node leading the Beijing-Tianjin-Hebei cultural co - innovation. Based on the industry's current performance and Policies, the output value proportion and growth rate still have rise space.

Regional Development based on detailed data, analyzed the following 11 districts: the National Culture Industry Innovation Experiment Zone, Dongcheng, Xicheng, Chaoyang, Fengtai, Shijingshan, Haidian, Mentougou, Fangshan, Tongzhou, Shunyi, Huairou, and Beijing Zhongguancun national culture and technology integration demonstration.

Special Subjects discussed the following topics: supply-side reform in Beijing cultural and creative industries, the cultural and creative industries functional areas under the perspective of the relationship economic-geography, Beijing cultural and creative industries investment and financing, the strengthening on cultural international communication route of the Belt and Road, the new route of the Belt and Road and the foreign cultural trade, Beijing digital content products' applications in the field of science popularization.

Industries Development analyzed the development of Beijing cultural and artistic, exhibition, design services and film finance and put forward suggestions for the future development.

Keywords: Cultural Center Construction; Cultural and Creative Industries; Cultural Innovation; Cultural and Technological Integration; Creative City

目　录

Ⅰ　总报告

Ⅱ　区域动态篇

Ⅲ 专题研究篇

Ⅳ 行业发展篇

皮书数据库阅读**使用指南**

CONTENTS

Ⅰ General Report

Ⅱ Regional Development

Ⅲ Special Subjects

Ⅳ Industries Development

总 报 告

General Report

B.1 北京文化创意产业发展与展望

张京成 沈晓平*

一 全国文化中心建设为北京文化创意产业提供新机遇

（一）《北京城市总体规划（2016～2035年）》为文化创意产业发展指明方向

《北京城市总体规划（2016～2035年）》（以下简称《总规》）是新中国成立以来北京城市总体规划的第七个版本，《总规》以习近平总书记两次视察北京重要讲话精神为根本遵循，紧紧围绕“建设一个什么样的首都、怎样建设首都”这一重大问题，明确了北京未来发展的基本框架和目标任务。《总规》围绕全国政治中心、文化中心、国际交往中心、科技创新中心的城

* 张京成、沈晓平，中国创意产业研究中心，北京市科学技术情报研究所。

市战略定位展开，文化中心建设是“四个中心”建设的重点任务。同时，文化作为软实力，也贯穿于其他三个中心之中。为此，北京市成立了由市委书记任组长的“北京市推进全国文化中心建设领导小组”。

在北京市推进全国文化中心建设领导小组第一次会议上，北京市委书记蔡奇同志强调，文化中心建设要着重做好首都文化这篇大文章，重点是“一核一城三带两区”，即以培育和弘扬社会主义核心价值观为引领，以历史文化名城保护为根基，以大运河文化带、长城文化带、西山永定河文化带为抓手，推动公共文化服务体系示范区和文化创意产业引领区建设，把北京建设成为弘扬中华文明与引领时代潮流的文化名城、中国特色社会主义先进文化之都。

为推进文化中心建设，《总规》提出历史文化名城保护计划，即从老城、中心城区、市域和京津冀区域四个空间层次范围，加强老城、“三山五园”两大重点区域的整体保护，推进“三个文化带”的保护利用，同时加强九个方面的文化遗产保护传承与合理利用。《总规》同时提出加强文化建设、提升文化软实力，要求“发展文化创意产业，深化文化体制机制改革，形成涵盖各区、辐射京津冀、服务全国、面向世界的文化中心发展格局”；要求“不断提升文化软实力和国际影响力，推动北京向世界文化名城、世界文脉标志的目标迈进”，这为北京文化创意产业的发展提供了强大的动力。

（二）围绕文化中心建设出台的系列政策有助于激发文化创意产业创新创造活力

加强首都全国文化中心建设，既是落实《总规》要求、加快建设国际一流和谐宜居之都的重大战略举措，也是首都文化创意产业激发创新活力、实现创新发展的新机遇。

2016 年，北京市聚焦全国文化中心建设，加大政策引导力度，发布了《北京市“十三五”时期加强全国文化中心建设规划》，积极推动首都文化改革发展，为北京建设国际一流和谐宜居之都提供了强有力的文化支撑，这是北京首次将加强全国文化中心建设规划列为市级重点专项规划。该规划将“激发文化创意产业创新创造活力”作为重点任务之一，既是文化创意产业发展的机遇，也对文化创意产业提高对文化中心的支撑能力提出了更高的要求。为切实推进全国文化中心建设这一重点工作，北京市于2017年8月成立由市委书记任组长的推进全国文化中心建设领导小组，为文化创意产业在未来一段时期的加速发展提供了组织保障。

为深入贯彻落实《京津冀协同发展规划纲要》及《中共北京市委北京市人民政府关于贯彻〈京津冀协同发展规划纲要〉的意见》，有序疏解北京非首都功能，加快建设全国文化中心，努力构建“高精尖”产业结构，2016年5月，北京市人民政府办公厅发布了《北京市文化创意产业发展指导目录（2016年版）》，将文化创意产业各业态分为鼓励类、限制类和禁止类，将不符合首都功能的部分劳动密集型的文化制造环节和占用过多土地资源的文化业态列入限制类和禁止类目录。有序推动转移疏解文化创意产业低端业态和生产环节，有助于文化创意产业向更高形态发展。

2016年，北京市还出台了《北京市“十三五”时期文化创意产业发展规划》以及部分细分领域的发展规划或实施意见，为文化创意产业及细分领域的发展提供了政策引导。其中，《北京市“十三五”时期文化创意产业发展规划》提出“到2020年，文化创意产业增加值占全市GDP比重力争达到15%左右”的目标，对产业发展布局和建设“高精尖”文化创意产业体系提出了具体要求，并布置了六大重点任务。

陆续发布的细分领域政策为精准化指导行业发展提供了政策依据，如2016年2月北京市人民政府发布了《关于促进旅游业改革发展的实施意见》，2016年6月北京市旅游委、北京市发改委发布了《北京市“十三五”时期旅游和会展业发展规划》，2016年7月北京市人民政府办公厅发布了《关于支持戏曲传承发展的实施意见》，等等。同时，为贯彻落实《国务院关于加快发展对外文化贸易的意见》，推动北京市对外文化贸易发展，北京市人民政府于2016年3月发布了《关于加快发展对外文化贸易的实施意见》，为推动北京文化创意“走出去”参与国际文化合作与竞争提供了政策支持。

（三）非首都功能疏解和京津冀协同发展为北京文化创意产业提供更大的发展空间

北京市自2015年开始实施疏解和调整非首都功能工作以来，对一般性制造业、区域性物流基地和区域性批发市场，部分教育、医疗机构，部分行政性、事业性服务机构等“凡是不符合首都城市战略定位功能”的产业、领域，通过控增量、疏存量等方式进行了重点疏解。疏解后的新北京，其产业将是代表国家参与国际竞争的高端产业，将插上“互联网+”和“绿色低碳”的翅膀。

为配合非首都功能疏解工作，北京市制定实施并修订完善了全国首个以治理“城市病”为目标的《北京市新增产业的禁止和限制目录（2015年版）》，全市禁限行业占国民经济行业分类的比重达到55%，城六区达到79%。目录实施以来，“聚”和“招”的态势进一步扭转，从严调控一般制造业、农林牧渔业、批发和零售业。同时，未列入禁限的金融业、文化体育娱乐业、科技服务业同比分别增长12.77%、26.76%、22.53%①。

通过疏解非首都功能，北京不断降低传统工业和低附加值服务业的比重，集中发展高端制造业、金融业、文化创意产业等，“高精尖”经济结构构建步伐进一步加快。随着非首都功能疏解的推进，文化创意产业发展的空间有所增大，疏解腾退空间被优先用于补充完善国家文化设施等“四个中心”的功能，为文化创意产业借势发展创造了良好的空间环境。

京津冀协同发展是当前三大国家战略（倡议）之一，文化创意产业协同发展是实现京津冀协同发展的内容之一。2016年以来，北京进一步加强文化创意产业优质资源的流动和配置，与天津、河北在文艺创作、文物保护、产业发展等方面开展了全方位、多角度的合作，为北京文化创意产业拓宽了发展空间。北京通过与天津、河北两地合作举办文化创意创新创业大赛和设立北京国际设计周天津、河北分会场等形式，加强京津冀三地文化创意产业的互动、合作、协同。

① 《本市推进非首都功能疏解工作成果》，北京市发展和改革委员会网站，2017年6月13日。

始于2016年的文化创意创新创业大赛，由中共北京市委宣传部、北京市国有文化资产监督管理办公室指导，北京市文化创意产业促进中心主办，于2017年举办了第二届大赛。第二届文化创意创新创业大赛从统筹京津冀三地文化创新资源、加快三地文化创意产业交流合作大局出发，创新大赛举办方式，增加天津赛区、河北赛区两个板块，得到了京津冀三地的广泛关注和大力支持，三地共征集到参赛项目1295个，经过初赛、复赛、决赛，最终决出16个优秀文化项目。第二届文化创意创新创业大赛是京津冀三地文化交流合作的一项有力举措，将有效推动北京文化创意产业在京津冀三地实现创意转化、资本对接，为北京文化创意产业提供更广阔的发展腹地。

此外，2016年，北京国际设计周通过在北京、天津、河北三地设立分会场等形式，实现了京津冀设计创意的联动，为北京文化创意产业注入了新的活力，也为其拓展了发展的战略空间。

（四）地区经济新常态对文化创意产业提高支撑能力提出新要求

自2011年以来，北京GDP结束了两位数的增长态势，经济进入中高速增长时期，驱动经济增长的主要力量更加依赖创新和创意。自2014年习近平总书记提出中国经济新常态论述后，首都经济新常态特征日益明显，GDP从高速增长向中高速增长转换，经济发展方式从依靠投资驱动转向依靠创新驱动。

北京市结合京津冀协同发展、疏解非首都功能等要求，通过制定和实施《北京市人民政府关于进一步优化提升生产性服务业加快构建“高精尖”经济结构的意见》等一系列政策和配套措施，不断推进全市经济结构的高端化发展。随着地区经济进入新常态，经济的高端化发展和结构优化升级步伐的加快，对经济发展新动能的需求更加迫切，文化创意产业作为首都新经济的重要组成部分，其发展前景十分广阔。

与此同时，随着全市居民收入的稳步增长，文化消费的经济基础更加牢固。按常住人口计算，2016年全市人均GDP达到11.5万元。2016年实现市场总消费19926.2亿元，比上年增长8.1%。其中，实现服务性消费8921.1亿元，比上年增长10.1%。2016年全市居民人均可支配收入达到

52530元，剔除价格因素后，实际比上年增长6.9%[①]。人均GDP、居民收入和消费的提高等，都为首都文化创意产业提质增效创造了良好的环境。2017年上半年，规模以上文化创意产业实现收入合计达6902.7亿元，同比增长8.6%，文化创意产业保持良好发展势头。

二　文化创意产业规模稳步扩大，文化消费增长乏力

（一）产业规模稳步扩大，增长速度震荡中趋稳，增加值占GDP比重稳中有升

为更好地反映创新对经济增长的贡献，2016年，北京市统计局按照国家统计局部署，改革了研发支出核算方法，将研发支出由原来作为中间消耗调整为计入地区生产总值。实施研发支出核算方法改革后，北京地区GDP及文化创意产业增加值相应增加，GDP增长速度和文化创意产业增长速度（按可比价格计算）有所变化，文化创意产业增加值占GDP比重也有所变化，本报告相应做出调整[②]。

2016年，北京文化创意产业实现增加值（含研发支出）3581.1亿元[③]，占全市GDP的比重为14.0%，按可比价格计算[④]，比2015年增长8.0%，

① 数据来源于北京市统计局网站。

② 截至本书出版时，北京市统计局仅公布了2015年和2016年含研发支出的文化创意产业增加值的修订数据，因此本报告相应仅调整2015年和2016年文化创意产业增加值及其内部各领域的增加值数据。在下文中使用文化创意产业增加值以及GDP等数据对各种指标进行计算时，2015年和2016年的数据均采用修订数据，2014年及以前的数据均采用修订前数据。

③ 北京市自2016年4月1日起实施第一次修订的《文化创意及相关产业分类》（DB11/T 763—2015）（详见附录一），调整了文化创意及相关产业的统计口径，新的分类方法仍将文化创意产业分为9个大类（具体名称有所变化），分别为文化艺术服务、新闻出版及发行服务、广播电视电影服务、软件和信息技术服务、广告和会展服务、艺术品生产与销售服务、设计服务、文化休闲娱乐服务、文化用品设备生产销售及其他辅助服务，下设33个中类131个小类。

④ 本报告在按可比价格计算文化创意产业增加值增速时，采用第三产业缩减指数。文中未标明“按可比价格计算”之处的增速均为按现价计算的增速。在计算文化创意产业增加值增速（按可比价格计算）时，对于使用到的GDP、第三产业、文化创意产业等增加值数据，2015年和2016年采用含研发支出的修订数据，2014年及以前采用不含研发支出的修订前数据。

高于全市 GDP 增速 1.2 个百分点。2016 年全年收入为 17885.8 亿元，比上年增长 12.6%；资产为 37921.3 亿元，比上年增长 18.9%；从业人员平均人数为 198.1 万人，比上年减少 2.1%（见表 1）。2007 ~2016 年，文化创意产业增加值年均增速为 15.8%。

表 1　2011 ~2016 年北京文化创意产业基本情况

年份	增加值(亿元)	资产(亿元)	收入(亿元)	从业人员平均人数(万人)
2011	1989.9	12942.6	9012.2	140.9
2012	2205.2	15575.2	10313.6	152.9
2013	2578.1	18234.2	11657.1	161.7
2014	2826.3	26441.8	13982.0	191.6
2015	3253.8	31893.9	15877.8	202.3
2016	3581.1	37921.3	17885.8	198.1

资料来源：相关年份《北京统计年鉴》和北京市统计局网站。

自 2006 年以来，北京文化创意产业增加值逐年稳步增长，增长速度震荡中趋于稳定。根据按可比价格计算的产业增加值增速，大致可将产业发展分为两个阶段。第一阶段是 2006 ~2009 年，受 2008 年奥运会前的投资和消费拉动，产业保持两位数的增长速度，并于 2008 年达到最大值，2009 年受全球金融危机影响，北京文化创意产业增速下滑，但仍然达到 11.3%。2010 年后，随着奥运经济热度的下降，以及国际国内经济形势的持续低迷和北京地区经济进入稳增长调结构时期，北京文化创意产业进入第二阶段，增长速度在震荡调整中趋于稳定，多数年份产业增速在 10% 以下，但 2013 年增速冲高至 14.7%，随后于 2014 年大幅回落至 6.2%，2015 年增速反弹至 9.7%，2016 年增速又降为 8.0%（见图 1、表 2）。

自 2006 年以来，北京文化创意产业增加值占 GDP 比重稳步提高，由 2006 年的 10.1% 上升至 2016 年的 14.0%。2016 年，北京文化创意产业增加值占 GDP 比重比上年提高 0.3 个百分点。未来，随着非首都功能疏解和构建“高精尖”经济结构的推进，可以预见文化创意产业作为“高精尖”经济体系中的一员，在地区经济中的地位将更加重要，产业增加值占 GDP 比重也会日益提高。

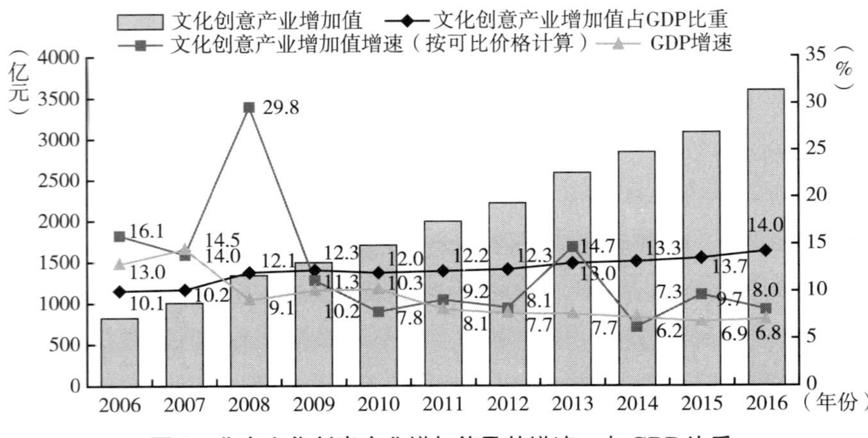

图 1　北京文化创意产业增加值及其增速、占 GDP 比重

资料来源：根据北京市统计局公开数据测算。

表 2　北京文化创意产业增加值及其增速、占 GDP 比重

年份	文化创意产业增加值（亿元）	文化创意产业增加值占 GDP 比重（%）	文化创意产业增加值增速（按可比价格计算）（%）	第三产业增速（%）
2006	823	10. 1	16. 1	13. 9
2007	1008	10. 2	14. 0	15. 4
2008	1346	12. 1	29. 8	12. 5
2009	1490	12. 3	11. 3	10. 1
2010	1698	12. 0	7. 8	9. 4
2011	1990	12. 2	9. 2	8. 6
2012	2205	12. 3	8. 1	8. 3
2013	2578	13. 0	14. 7	7. 8
2014	2826	13. 3	6. 2	7. 6
2015	3254	13. 7	9. 7	8. 2
2016	3581	14. 0	8. 0	7. 0

资料来源：根据北京市统计局公开数据测算。

（二）文化创意产业增加值增速多数年份高于 GDP 增速

从北京文化创意产业增加值增速（按可比价格计算）与 GDP 增速对比情况看，2006 年以来，多数年份文化创意产业增加值增速高于 GDP 增速。

GDP增速总体呈逐年微幅下调态势，而文化创意产业增加值则呈现震荡抬升趋稳的特征，且文化创意产业增加值增速波动较大。文化创意产业作为新经济的一种，是未来带动北京地区经济增长的重要力量之一，若要发挥稳定的支撑作用，还需要稳定的产业增速。

从北京文化创意产业增加值增速（按现价计算）与全国文化及相关产业增加值增速（按现价计算）的对比情况看，两者在2008年以后多数年份增速有所下滑，但近两年增速趋于稳定（见图2）。

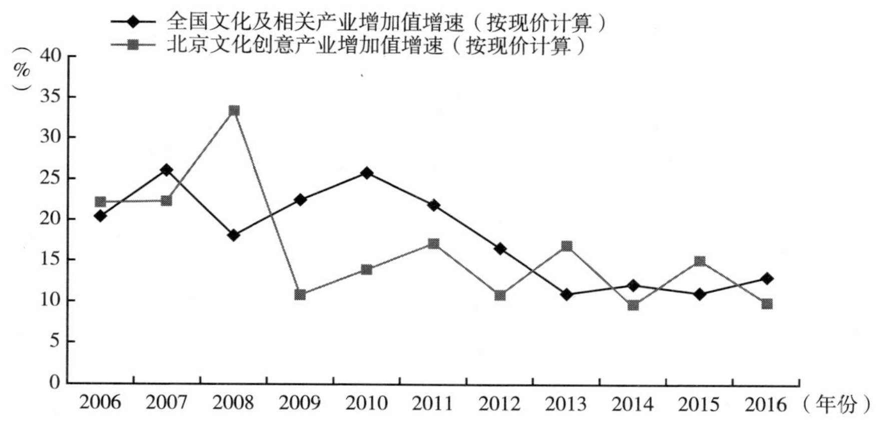

图2 北京文化创意产业与全国文化及相关产业增加值增速

资料来源：根据国家统计局和北京市统计局公开数据以及EPS数据库数据测算。

（三）规模以上文化创意产业创造了大部分收入和利润，但近年来收入比重有所下降

规模以上文化创意产业创造了大部分产出。2016年，北京规模以上文化创意产业实现收入15224.8亿元，比上年增长13.2%；利润达到1095.1亿元，比上年增长3.0%；应缴税金达到586.1亿元，比上年增长2.9%；从业人员平均人数达到125.7万人，比上年增长2.8%①。2007~2016年，

① 数据来源于北京市统计局。

北京规模以上文化创意产业收入年均增长16.6%，利润年均增长17.6%，应缴税金年均增长14.5%，从业人员平均人数年均增长17.6%。规模以上单位仍然是文化创意产业创收的核心力量。

规模以上文化创意产业收入占比和从业人员平均人数占比近年来有所下降。从规模以上单位的收入和从业人员平均人数占全市文化创意产业比重的变动情况看，收入占比和从业人员平均人数占比自2011年以来有所下降，尤其是2014年下降明显（见图3）。究其原因，一方面，伴随近年来的“放管服”改革，北京中小文化创意企业增多。2013年以来，北京市先后取消调整行政审批1005项，精简比例达到64%。2016年，北京清理了220项非行政许可审批事项。通过简化优化政府服务，降低了交易成本，优化了文化创意产业创新创业环境，文化创意产业新的市场主体迅速增多，使得近年来规模以上文化创意产业虽然在绝对值上仍然保持比较稳定的增速，但在占全市文化创意产业比重上有所降低。另一方面，北京市统计局于2014年将规模以上文化创意产业统计范围由营业收入为500万元及以上调整为营业收入为1000万元及以上或从业人员数为50人及以上的文化创意产业法人单位，这对2014年以来规模以上文化创意产业数据产生了一定的影响。

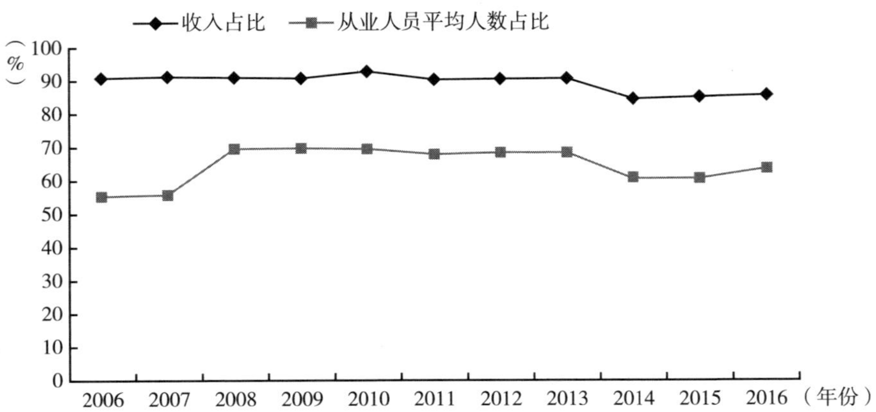

图3 规模以上文化创意产业收入占比和从业人员平均人数占比变动情况

（四）城镇居民人均文化娱乐消费支出近年来出现负增长

从居民文化消费水平看，2016 年北京市城镇居民人均文化娱乐消费支出为 2635 元，比上年减少 292 元；农村居民人均文化娱乐消费支出为 546 元，比上年减少 72 元。城镇居民用于文化消费的人均文化娱乐消费支出占人均消费支出的比重在 2008 ~2014 年稳步上升，由 2008 年的 9.6% 上升至 2014 年的 11.3%，但自 2015 年以来出现较大幅度的下滑，2015 年城镇居民用于文化消费的人均文化娱乐消费支出占人均消费支出的比重为 8.7%，2016 年这一比例进一步下降到 6.9%（见图 4），文化消费对文化创意产业的支撑力仍显薄弱。

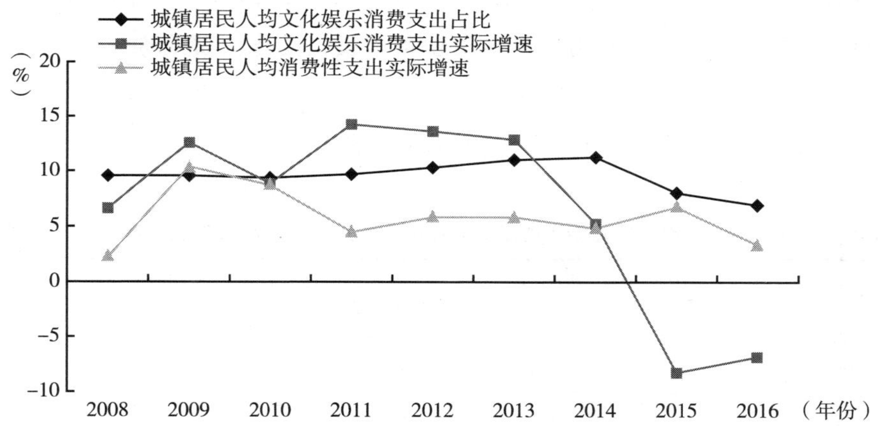

图 4　2008 ~2016 年北京城镇居民人均文化娱乐消费支出占比及其增速

资料来源：根据相关年份《北京统计年鉴》数据测算。

城镇居民人均文化娱乐消费支出实际增速[①] 自 2012 年以来呈现下滑态势，2014 年以来实际增速下滑剧烈，2015 年和 2016 年实际增速为负，2016

① 在计算居民人均文化娱乐消费支出实际增速时，2016 年采用“文化娱乐”价格指数作为缩减指数，2008 ~2015 年采用“娱乐教育文化用品及服务”价格指数作为缩减指数。另外，自 2015 年起，居民收支数据将城镇地区的村委会由原来的农村划入城镇进行统计，这在一定程度上影响了城镇居民人均数据。

年实际增速虽然比2015年有所上升，但仍然是负增长。从城镇居民人均文化娱乐消费支出实际增速与城镇居民人均消费性支出实际增速的走向可以看出，2008～2014年，城镇居民人均文化娱乐消费支出实际增速高于城镇居民人均消费性支出实际增速，而2015年和2016年城镇居民人均文化娱乐消费支出实际增速则远低于城镇居民人均消费性支出实际增速。

（五）全市文化娱乐消费支出近两年有所降低

从全市范围看，2016年全市文化娱乐消费支出比上年减少51.8亿元，剔除价格因素后，2016年全市文化娱乐消费支出比上年下降5.9%，文化消费对地区经济增长的贡献率[①]为－2.6%。从时间趋势看，2008～2013年，全市文化娱乐消费支出实际增速均在10%以上，2014年实际增速降为7.8%，2015年和2016年则进一步出现负增长；文化消费对地区经济增长的贡献率则由2008年的1.9%逐步上升到2013年的4.8%，但2015年和2016年则急速下滑为－2.1%和－2.6%（见表3）。

表3　2008～2016年全市文化娱乐消费支出实际增速及文化消费对地区经济增长的贡献率

年份	全市文化娱乐消费支出（亿元）	全市文化娱乐消费支出实际增速（%）	文化消费对地区经济增长的贡献率（%）
2008	244.6	13.1	1.9
2009	284.4	19.2	3.8
2010	328.1	16.0	2.2
2011	385.3	17.8	2.7
2012	459.5	16.6	4.6
2013	551.1	15.4	4.8
2014	613.0	7.8	4.0
2015	562.6	－9.0	－2.1
2016	510.8	－5.9	－2.6

资料来源：根据相关年份《北京统计年鉴》和北京市统计局网站数据测算。

① 本报告采用以下公式计算文化消费对地区经济增长的贡献率：文化消费对地区经济增长的贡献率＝（当年全市文化和娱乐消费支出－上年全市文化和娱乐消费支出）/（当年全市GDP－上年全市GDP）×100%。其中，全市文化和娱乐消费支出＝城镇人均文化娱乐用品与服务支出×城镇常住人口＋农村人均文化娱乐用品与服务支出×农村常住人口。这一计算方法虽有一定局限性，但能在一定程度上反映文化消费对地区经济增长的贡献程度。

随着科技的飞速发展，消费方式推陈出新，新的文化娱乐消费形态快速发展壮大，原有的统计标准难以准确反映这些新形态的消费情况。而居民文化娱乐消费结构的不断升级，以及当前北京文化娱乐市场存在的供需错配等问题，都在一定程度上影响了居民文化娱乐消费的增长。因此，需要对文化娱乐消费的统计标准进行适时调整，将新的文化娱乐消费形态统计进来，以更加客观地反映居民文化娱乐消费水平及其对经济的带动作用。另外，应当进一步加大文化领域的供给侧结构性改革力度，以应对文化领域消费结构的升级要求，解决文化娱乐市场存在的供需错配问题。

北京市于2014年发布了《北京市人民政府关于促进文化消费的意见》，提出了“到2020年，文化消费年均增速保持在10%以上，文化消费对全市经济增长的贡献率达到8%以上”的目标，从目前的文化娱乐领域消费状况看，要实现这个目标，任务比较艰巨。

三　产业细分领域实现稳定增长，内部结构基本稳定

（一）多数领域实现稳定增长，文化艺术和旅游、休闲娱乐领域资产有所降低，新闻出版领域收入有所降低

2016年，文化创意产业九大领域的增加值、资产、收入、就业等各方面均保持较快增长，带动文化创意产业整体取得了不错的成绩。2016年，北京文化创意产业九大领域①增加值均比上年有所提高，多数领域实现资产、收入的稳定增长。增加值增加最快的是设计服务领域，比上年增长21.2%，文化艺术，新闻出版，软件、网络及计算机服务，旅游、休闲娱乐

① 北京市自2016年4月1日起实施第一次修订的《文化创意及相关产业分类》（DB11/T 763—2015），该分类调整了文化创意及相关产业分类方法（详见附录一），9个大类的名称也有所调整，但截至本书出版时，因北京市统计局公布的年度统计数据仍按照原9个大类的名称公布，故此处仍采用原9个大类的名称，下同。

四个领域增加值增速均高于文化创意产业增加值整体增速。资产增加最快的是设计服务领域，比上年增长39.9%，其他辅助服务，广播、电视、电影，软件、网络及计算机服务，艺术品交易四个领域的资产增速均高于文化创意产业资产整体增速。收入增加最快的是设计服务领域，比上年增长34.4%，艺术品交易、其他辅助服务、文化艺术、广告会展四个领域的收入增速均高于文化创意产业收入整体增速（见表4）。

表4　2016年北京文化创意产业九大领域基本情况

领域	增加值（亿元）	比上年增长（%）	资产（亿元）	比上年增长（%）	收入（亿元）	比上年增长（%）
文化创意产业	3581.1	10.1	37921.3	18.9	17885.8	12.6
文化艺术	161.2	16.1	1344.5	-10.2	502.8	19.2
新闻出版	322.8	14.5	2493.7	1.6	923.0	-10.1
广播、电视、电影	231.5	2.9	3698.2	26.0	1002.8	9.3
软件、网络及计算机服务	2109.4	11.0	16801.8	22.5	7010.7	8.8
广告会展	221.8	2.0	2729.4	10.9	2548.3	17.0
艺术品交易	65.6	2.0	1181.8	20.8	1329.6	30.1
设计服务	163.5	21.2	1562.2	39.9	757.6	34.4
旅游、休闲娱乐	119.1	10.6	1836.1	-5.7	1253.8	3.9
其他辅助服务	186.2	1.5	6273.5	31.1	2557.2	21.8

资料来源：北京市统计局网站。

2016年，文化艺术和旅游、休闲娱乐领域的资产有所降低，其中文化艺术领域的资产比上年降低10.2%，旅游、休闲娱乐领域的资产比上年降低5.7%。新闻出版领域的收入比上年有所降低，下降了10.1%。

软件、网络及计算机服务领域的增加值、资产、收入、从业人数仍然占文化创意产业的最高份额（见图5）。2016年，软件、网络及计算机服务领域的增加值为2109.4亿元，比上年增长11.0%，占文化创意产业增加值的比重为58.9%，对文化创意产业增加值增长的贡献率为64.0%；资产合计为16801.8亿元，比上年增长22.5%，占文化创意产业总资产的44.3%，对文化创意产业总资产增长的贡献率为51.1%；收入合计为7010.7亿元，比上年增长 8.8%，占文化创意产业总收入的 39.2%，对文化创意产业总收入增长的贡献率为 28.3%；从业人数占文化创意产业就业总人数的 49.6%，比上年下降 3.15 个百分点。当前，国家提出“互联网 +”战略、数字创意产业纳入国家战略性新兴产业、北京建设具有全球影响力的科技创新中心等

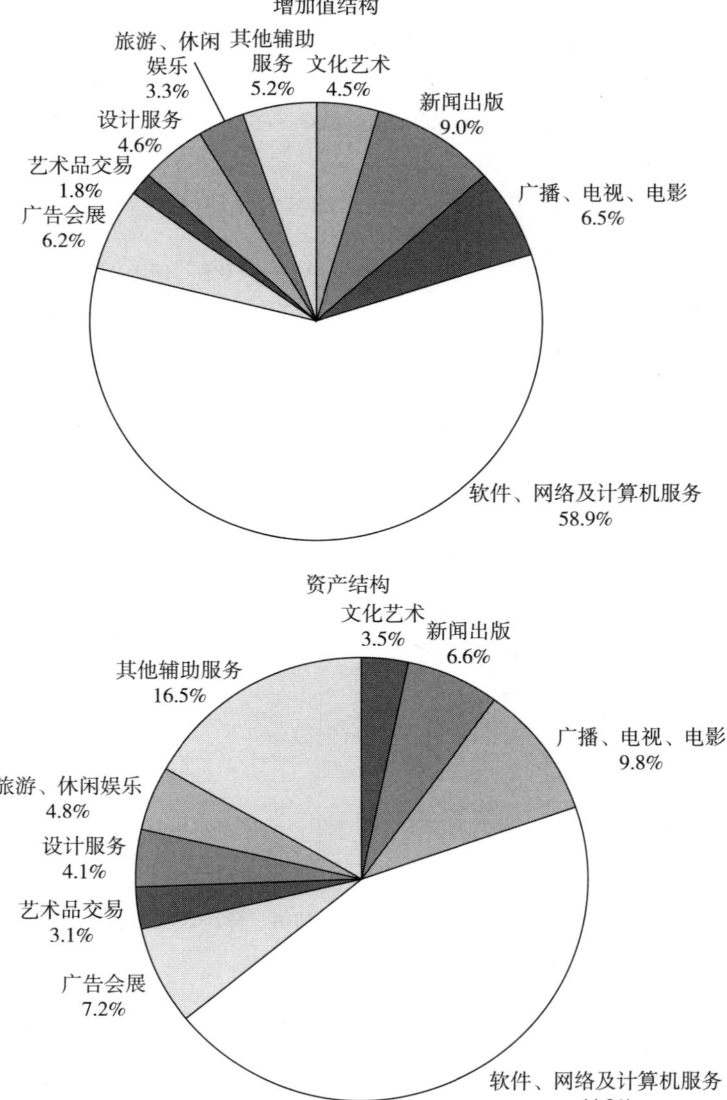

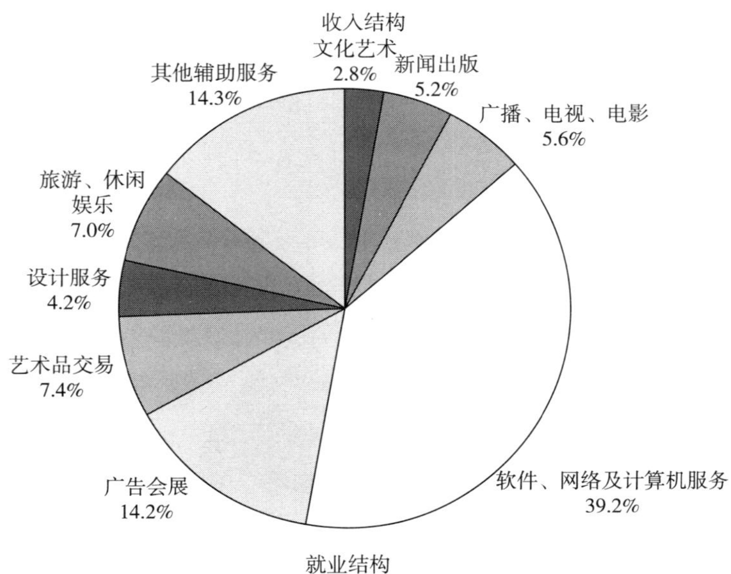

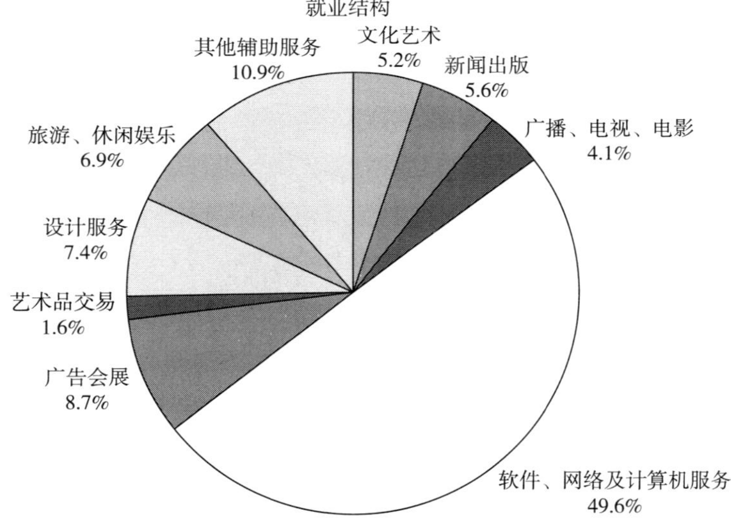

图5　2016年文化创意产业九大领域增加值、资产、收入、就业结构

资料来源：北京市统计局网站。

形势又客观要求软件、网络及计算机服务领域进一步提高支撑能力，再加上该领域研发支出比重较大，可以预见在未来若干年，软件、网络及计算机服务领域对文化创意产业增加值和收入的贡献率仍将高于其他领域。

（二）新闻出版领域人均创造增加值最高，广播、电视、电影领域人均资产最高，艺术品交易领域人均创造收入最高

文化创意产业从业人员人均创造增加值为18.1万元。分领域看，新闻出版领域人均创造增加值最高，为29.1万元；其次是广播、电视、电影领域，人均创造增加值为28.4万元；其他辅助服务领域人均创造增加值最低，为8.6万元（见表5）。

表5　2016年文化创意产业九大领域人均创收情况

单位：万元

领域	人均创造增加值	人均资产	人均创造收入
文化创意产业	18.1	191.4	90.3
文化艺术	15.6	129.9	48.6
新闻出版	29.1	225.2	83.3
广播、电视、电影	28.4	454.1	123.1
软件、网络及计算机服务	21.5	170.9	71.3
广告会展	12.8	157.7	147.3
艺术品交易	20.8	374.4	421.2
设计服务	11.2	107.3	52.0
旅游、休闲娱乐	8.7	134.9	92.1
其他辅助服务	8.6	290.2	118.3

资料来源：根据北京市统计局公开数据测算。

从从业人员人均资产看，广播、电视、电影领域从业人员人均资产最高，为454.1万元；其次是艺术品交易领域，从业人员人均资产为374.4万元；设计服务和文化艺术领域从业人员人均资产较低，分别为107.3万元和129.9万元。人均创造收入方面，艺术品交易领域从业人员人均创造收入最高，为421.2万元，远高于其他领域，是排名第二的广告会展领域（147.3万元）的近3倍；从业人员人均创造收入较低的两个领域是文化艺术和设计服务，分别为48.6万元和52.0万元。

（三）设计服务领域规模以上法人单位收入增长最快

从规模以上法人单位发展情况看，2016 年 1～11 月，北京文化创意产业规模以上法人单位实现收入合计达 11917.7 亿元。九大领域[①]中，有 4 个领域收入超过 1000 亿元，分别是软件和信息技术服务（4755.1 亿元）、文化用品设备生产销售及其他辅助服务（1814.5 亿元）、广告和会展服务（1503.6 亿元）、艺术品生产与销售服务（1066 亿元）；有 3 个领域收入的同比增幅在 10% 以上，分别是设计服务（13.4%）、软件和信息技术服务（12.9%）、广告和会展服务（11.1%）。

其中，设计服务领域规模以上法人单位收入同比增长 13.4%，在文化创意产业九大领域中增速最快，但收入合计的绝对值排名倒数第二，为 268.5 亿元。软件和信息技术服务领域规模以上法人单位收入合计的绝对值最高，为 4755.1 亿元，同比增长 12.9%。文化艺术服务领域规模以上法人单位收入合计的绝对值最低，为 238.2 亿元，同比增长 2.3%。文化用品设备生产销售及其他辅助服务领域规模以上法人单位收入合计的绝对值为 1814.5 亿元，同比下降 1.2%，是九大领域中唯一一个出现负增长的领域[②]。

（四）艺术品交易，软件、网络及计算机服务，文化艺术三个领域的增加值年均增速较高

从 2007～2016 年各领域增加值年均增速情况看，近年来由于中国嘉德、北京保利等龙头拍卖企业的大额拍卖交易价格以及电子商务介入艺术品交易，北京艺术品交易领域的增加值连年实现较大幅度增长，2007～2016 年

---

① 北京市自 2016 年 4 月 1 日起实施第一次修订的《文化创意及相关产业分类》（DB11/T 763—2015），该分类调整了文化创意及相关产业分类方法，9 个大类的名称也有所调整，北京市统计局在公布 2016 年 1～11 月数据时采用的是新的分类和名称，本报告此处也相应调整。

② 根据北京市统计局公开数据测算。

增加值年均增速（现价，未扣除价格因素）达到20.6%，是文化创意产业九大领域中年均增速最高的领域。其次是软件、网络及计算机服务和文化艺术领域，2007～2016年这两个领域的增加值年均增速分别为18.8%和16.4%，均高于同期文化创意产业整体年均增速（15.8%）。广告会展（15.6%）、设计服务（15.1%）、其他辅助服务（13.5%）和广播、电视、电影（12.2%）四个领域的增加值年均增速略低于文化创意产业整体年均增速，旅游、休闲娱乐（9.4%）和新闻出版（9.1%）领域的增加值年均增速相对较低（见图6）。2007～2016年北京文化创意产业九大领域增加值结构变动情况见图7。

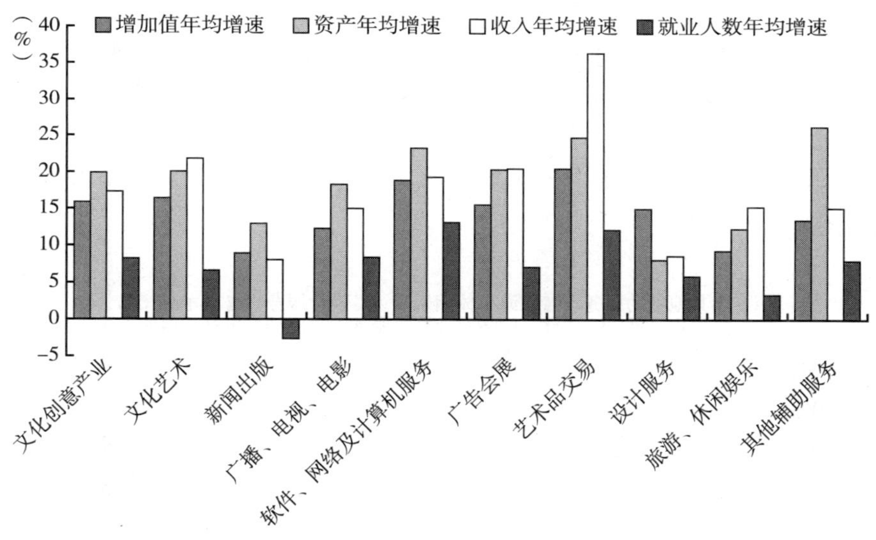

图6　2007～2016年北京文化创意产业九大领域的增加值、资产、收入、就业人数年均增速

资料来源：根据相关年份《北京统计年鉴》数据测算。

从2007～2016年各领域资产年均增速情况看，其他辅助服务，艺术品交易，软件、网络及计算机服务，广告会展，文化艺术五个领域的资产年均增速分别为26.4%、24.7%、23.2%、20.4%、20.2%，均高于同期文化创意产业总资产的年均增速（19.9%），从长期看这些领域的资产规模得到

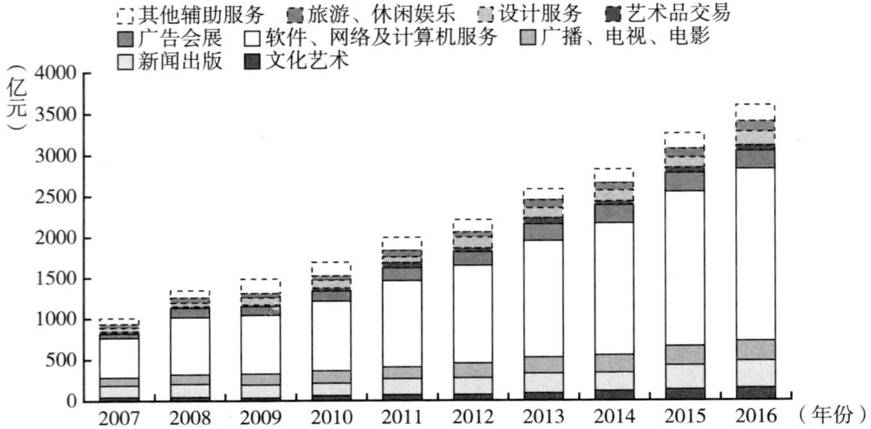

图7　2007～2016年北京文化创意产业九大领域增加值结构变动情况

资料来源：根据相关年份《北京统计年鉴》和北京市统计局网站数据测算。

了稳定的扩张。2006～2016年北京文化创意产业九大领域资产结构变动情况见图8。

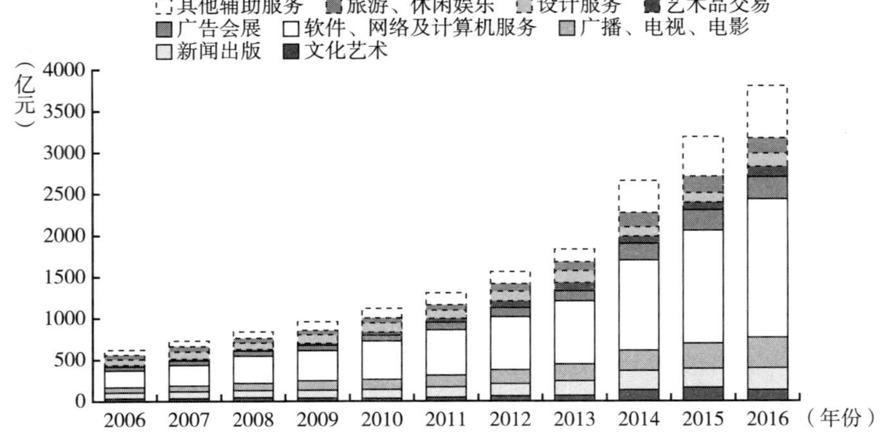

图8　2006～2016年北京文化创意产业九大领域资产结构变动情况

资料来源：根据相关年份《北京统计年鉴》数据测算。

（五）艺术品交易和文化艺术领域的收入年均增速较高

从2007～2016年各领域收入年均增速情况看，艺术品交易，文化艺术，广告会展，软件、网络及计算机服务四个领域的收入年均增速分别为36.5%、21.9%、20.6%、19.5%，高于同期文化创意产业总收入的年均增速（17.3%）。其次是旅游、休闲娱乐，其他辅助服务，广播、电视、电影领域，2007～2016年这三个领域的收入年均增速分别为15.4%、15.3%、15.2%，略低于同期文化创意产业总收入的年均增速。设计服务和新闻出版两个领域的收入年均增速较低，分别为8.7%和8.0%。2006～2016年北京文化创意产业九大领域收入结构变动情况见图9。

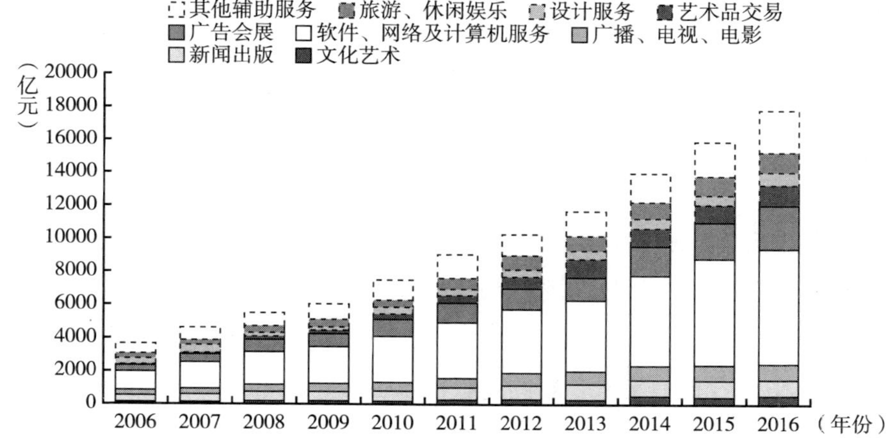

图9　2006～2016年北京文化创意产业九大领域收入结构变动情况

资料来源：根据相关年份《北京统计年鉴》和北京市统计局网站数据测算。

（六）新闻出版和旅游、休闲娱乐领域的增加值份额持续降低

从增加值份额看，2006～2016年，软件、网络及计算机服务领域的增加值占比远高于其他八个领域，2011年以来，其增加值占比始终保持在50%以上（见表6）。

表 6　2006～2016 年北京文化创意产业九大领域增加值份额

单位：%

领域	2006 年	2007 年	2008 年	2009 年	2010 年	2011 年	2012 年	2013 年	2014 年	2015 年	2016 年
文化艺术	4. 3	3. 8	3. 2	3. 3	3. 2	3. 4	3. 4	3. 8	4. 1	4. 3	4. 5
新闻出版	16. 4	14. 1	11. 4	10. 7	10. 1	9. 6	9. 4	9. 4	8. 5	8. 7	9. 0
广播、电视、电影	8. 9	10. 2	8. 9	8. 4	8. 2	7. 7	8. 1	7. 4	7. 1	6. 9	6. 5
软件、网络及计算机服务	45. 6	47. 9	52. 2	47. 7	49. 9	52. 4	54. 0	55. 1	56. 8	58. 4	58. 9
广告会展	6. 3	6. 4	8. 3	6. 6	7. 5	8. 0	7. 6	8. 0	7. 8	6. 7	6. 2
艺术品交易	1. 2	1. 4	1. 5	2. 1	2. 5	2. 8	2. 7	2. 3	2. 0	2. 0	1. 8
设计服务	4. 9	4. 9	3. 9	5. 1	5. 0	4. 6	4. 4	5. 1	4. 5	4. 1	4. 6
旅游、休闲娱乐	5. 9	5. 0	4. 3	4. 1	4. 1	3. 9	3. 8	3. 6	3. 5	3. 3	3. 3
其他辅助服务	6. 4	6. 3	6. 2	12. 1	9. 6	7. 5	6. 5	5. 3	5. 7	5. 6	5. 2

资料来源：根据相关年份《北京统计年鉴》和北京市统计局网站数据测算。

新闻出版，广播、电视、电影，文化艺术这三个领域的增加值份额总体呈逐渐降低态势，需要引起关注。受新媒体迅速发展和媒体融合等的冲击，新闻出版领域增加值份额由 2006 年的 16. 4% 逐年降低至 2014 年的 8. 5%，2015 年和 2016 年略有上升，新闻出版领域也是九大领域中增加值年均增速最低的（9. 1%）。广播、电视、电影领域除 2007 年和 2012 年增加值份额较上年有所上升外，其他年份增加值份额均呈现下降态势，由 2006 年的 8. 9% 逐步降至 2016 年的 6. 5%。旅游、休闲娱乐领域增加值份额也呈现逐年小幅下降的态势，由 2006 年的 5. 9% 逐年降至 2016 年的 3. 3%。

文化艺术领域的增加值份额先降后升，而艺术品交易领域的增加值份额则是先升后降。其中，文化艺术领域的增加值份额经历了先小幅下降再小幅上升的过程，2006～2010 年文化艺术领域的增加值份额由 4. 3% 下降至 3. 2%，2011 年后又逐步上升，2016 年达到 4. 5%。与文化艺术领域形成对比的是艺术品交易领域，其增加值份额经历了先升后降的过程。2006～2016

年，艺术品交易领域的增加值份额始终是九大领域中最低的，以2011年为分界线，其增加值份额经历了前期稳步提高、后期逐年回落的过程，从2006年的1.2%稳步提高到2011年的2.8%这一最高值，其后逐年回落至2016年的1.8%。与此同时，艺术品交易领域是九大领域中增加值年均增速最快，2007~2016年其增加值年均增速达到20.6%。

广告会展和设计服务两个领域的增加值份额除特殊年份外，其他年份的增加值份额基本稳定。广告会展领域除2008年受奥运影响其增加值份额达到8.3%这一高点外，其他年份的增加值份额有升有降，基本维持在6.2%~8.0%。设计服务领域的增加值份额在2008年为最低值（3.9%），2009年和2013年达到最高值（5.1%），2009年以来其增加值份额保持在4.0%以上。

四　优势领域构建差异化发展的区域格局

（一）综合来看，海淀区贡献收入和利税最大，北京经济技术开发区人均创造收入最高，昌平区人均创造利润最高

从北京市16个区以及北京经济技术开发区规模以上文化创意产业发展情况看，海淀区是带动北京文化创意产业发展的核心力量，无论是贡献收入、利润、税收还是带动就业，海淀区都远高于其他区，为全市贡献了一半左右的收入、利润和税收。2016年，海淀区规模以上文化创意产业收入为6389.2亿元，占全市规模以上文化创意产业收入的42.0%；利润为601.5亿元，占全市规模以上文化创意产业利润的54.9%；应缴税金为302亿元，占全市规模以上文化创意产业应缴税金的51.5%；从业人员平均人数为60.9万人，占全市规模以上文化创意产业从业人员总数的48.5%①。

朝阳区仅次于海淀区，规模以上文化创意产业的收入、税收、从业人员平均人数占全市的1/5左右。2016年，朝阳区规模以上文化创意产业收入

① 数据来源于北京市统计局官网。

为3136亿元，占全市规模以上文化创意产业收入的20.6%；利润为129.4亿元，占全市规模以上文化创意产业利润的11.8%；应缴税金为99.9亿元，占全市规模以上文化创意产业应缴税金的17.0%；从业人员平均人数为26万人，占全市规模以上文化创意产业从业人员总数的20.7%[①]（见图10～图13）。

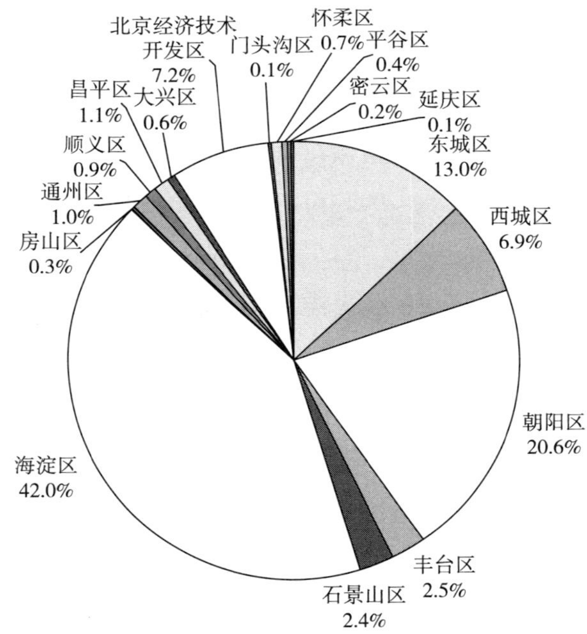

图10 各区规模以上文化创意产业收入占全市的比例

从规模以上文化创意产业单位从业人员创造的收入情况看，2016年北京经济技术开发区人均创造收入最高，为286.5万元；其次是东城区，人均创造收入为225.7万元；怀柔区（162.7万元）、石景山区（127.4万元）、通州区（126.6万元）三个区规模以上文化创意产业人均创造收入均高于全市单位从业人员创造收入水平（121.1万元）。

① 数据来源于北京市统计局网站。

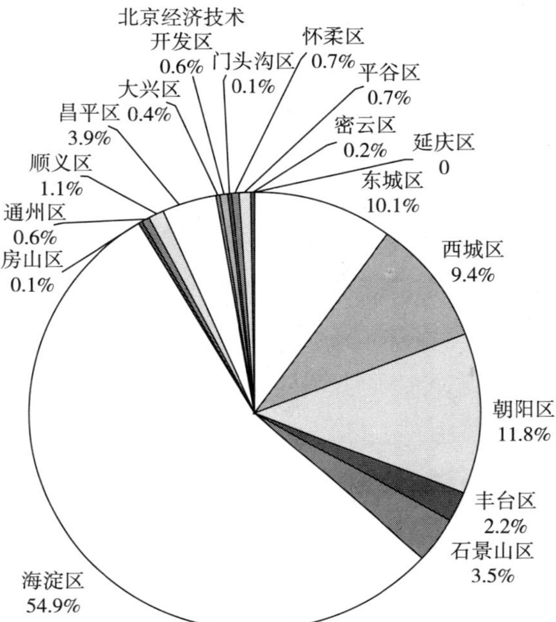

图 11 各区规模以上文化创意产业利润占全市的比例

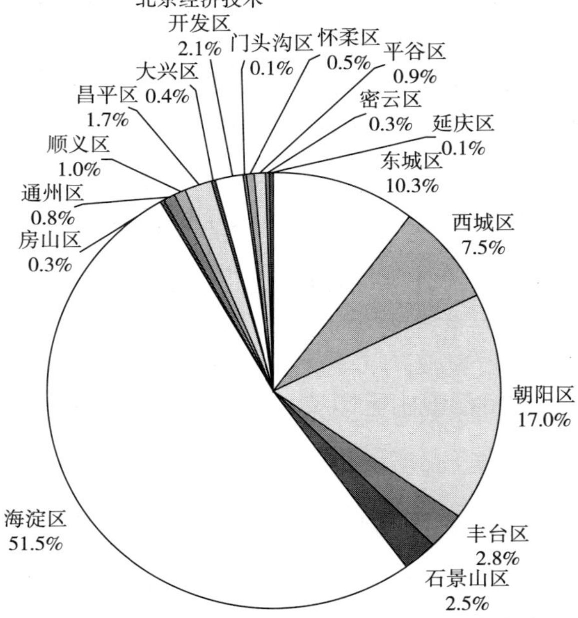

图 12 各区规模以上文化创意产业应缴税金占全市的比例

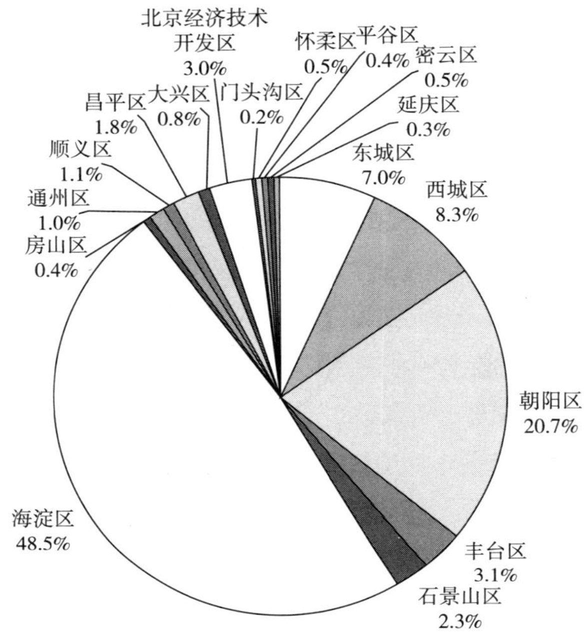

图 13　各区规模以上文化创意产业从业人员平均人数占全市的比例

从规模以上文化创意产业单位从业人员创造的利润情况看，2016 年昌平区人均创造利润最高，为 19.2 万元；其次是平谷区和石景山区，人均创造利润分别为 13.5 万元和 13.1 万元；东城区（12.5 万元）、怀柔区（12.0 万元）、海淀区（9.9 万元）、西城区（9.9 万元）四个区人均创造利润也都高于全市单位就业人员创造利润水平（8.7 万元）；北京经济技术开发区人均创造利润仅为 1.6 万元。

（二）海淀区和石景山区以文化科技融合业态引领区域文化创意产业发展

海淀区和石景山区的文化创意产业以文化科技融合业态为引领，形成了以文化科技融合示范功能区中关村海淀园区、石景山首钢主厂区文化科技融合示范功能区、中关村石景山园动漫网游及数字内容功能区为主要空间载体的文化科技融合发展集聚区。

海淀区文化科技融合业态主要是基于互联网和移动互联网的文化创意产业形态。2016 年，海淀区文化创意产业生产、传播、消费的数字化、网络化进程加快，基于互联网和移动互联网的文化科技融合业态成为海淀区文化创意产业发展的新动能和增长点，互联网文化产业优势明显。2016 年，海淀区主导行业软件和信息技术服务业收入为 4361.3 亿元，占文化创意产业的比例为 68.3%，充分体现了海淀区“互联网 +”的产业优势。2016 年，海淀区收入超 100 亿元的文化创意单位有 8 家，其中 7 家为文化科技融合业态单位，分别为北京腾讯文化传媒有限公司、百度时代网络技术（北京）有限公司、百度在线网络技术（北京）有限公司、神州数码（中国）有限公司、腾讯科技（北京）有限公司、微软（中国）有限公司、北京百度网讯科技有限公司。

石景山区文化科技融合业态主要是网络游戏、影视动漫、数字媒体等文化创意产业形态。2016 年，中关村石景山园文化创意产业实现收入 360 亿元，同比增长 10.5%。中关村石景山园动漫网游及数字内容功能区形成了网络游戏、影视动漫、数字媒体互为支撑的发展格局。一方面，通过影游联动、实施大 IP 战略，2017 年上半年该功能区已向市场投放一批游戏 + 影视产品，一些公司在美国成立分公司，布局海外市场。另一方面，VR 产业表现良好，在 VR 产业链布局上，该功能区已经拥有了以搜狐畅游、蓝港互动等为代表的游戏企业，以华录百纳、华谊兄弟等为代表的影视文化公司，以暴风科技为代表的 VR 生态平台，以安趣科技、疯景科技为代表的 VR 全景软硬件服务企业等一大批优质企业。

（三）朝阳区以传媒影视融合和文化艺术服务为特色带动区域文化创意产业发展

朝阳区文化创意产业以传媒影视融合业态和文化艺术服务业为特色，形成了以国家文化产业创新实验区、798 时尚创意功能区等为主要空间载体的传媒影视融合和文化艺术服务发展集聚区。

朝阳区发挥文化传媒、广告会展等传统产业优势，加速传统媒体向新兴媒体的转型升级。2016 年，广播、电视、电影服务业和文化艺术服务业分别实现收入 113.2 亿元和 83.4 亿元，同比增长 17.0% 和 13.6%。其中，移动新媒体、数字出版等新兴文化业态发展迅速，同比增速超过 20%。

2016 年 1～12 月，位于朝阳区的国家文化产业创新实验区的数字出版、数字娱乐、移动新媒体等领域企业收入同比增长 40% 以上，广播、电视、电影领域利润总额居九大领域第二位。798 时尚创意功能区特色突出，聚焦当代艺术，形成了“以艺术 798 为主体，时尚 798 为配套，休闲 798 为补充”的发展格局。

此外，软件和信息技术服务业是朝阳区文化创意产业的重要支撑，2016 年规模以上软件和信息技术服务业实现收入 741.5 亿元，同比增长 5.2%。

（四）东城区以文化艺术、新闻出版引领全区文化创意产业发展，艺术品交易是全市的龙头

东城区文化创意产业以文化艺术、新闻出版和艺术品交易为引领，形成了以天坛演艺区、朝内大街出版发行功能区、美术馆－隆福寺文化艺术品交易功能区（含中国嘉德和保利拍卖）等为主要空间载体的文化艺术、新闻出版和艺术品交易发展集聚区。

东城区文化艺术、新闻出版和艺术品交易领域的引领作用突出。2016 年，东城区文化艺术领域实现增加值 41.7 亿元，占北京市文化创意产业的比重为 14.7%；收入达到 63.7 亿元，利润达到 1.6 亿元。2016 年 1～11 月，东城区文化艺术领域从业人员平均人数和收入分别占北京市文化艺术领域的 22.4% 和 23.1%。2016 年，东城区新闻出版领域实现增加值 51.8 亿元，占北京市文化创意产业的比重达到 18.3%，利润达到 18.4 亿元。2016 年 1～11 月，东城区新闻出版领域从业人员平均人数和收入分别占北京市新闻出版领域的 22.1% 和 28.6%。

东城区是全市艺术品拍卖领军企业的集聚地。2016 年，东城区艺术品交易领域增加值达到 11.2 亿元，收入达到 668.7 亿元，利润达到 13.4 亿

元，艺术品交易领域在北京市的龙头地位稳固。2016 年 1 ~ 11 月，东城区艺术品交易领域从业人员平均人数和收入分别占北京市艺术品交易领域的 34.5% 和 54.7%，以保利拍卖、中国嘉德为代表的两个国际型拍卖企业以及中国黄金集团、中国集邮总公司领跑艺术品交易发展。

（五）西城区以新闻出版、设计服务和艺术品交易为特色带动区域文化创意产业发展

西城区文化创意产业以新闻出版、设计服务和艺术品交易为特色，形成了以中国北京出版创意产业园、北京 DRC 工业设计创意产业基地以及琉璃厂、报国寺文化艺术品交易中心等为主要空间载体的新闻出版、设计服务和艺术品交易发展集聚区。

西城区新闻出版、设计服务和艺术品交易领域的引领作用突出。2016 年，这三个领域的收入分别占西城区文化创意产业总收入的 18.2%、9.7% 和 21.1%。特别是艺术品交易和新闻出版两大领域共实现收入 358.1 亿元，占西城区文化创意产业总收入的 39.3%，对西城区文化创意产业起到了重要的拉动作用。其中，艺术品交易实现收入 192.6 亿元，同比增长 31.0%。

西城区针对中心城区空间资源稀缺的基本特点，通过理念创新和模式创新，抓住原创和交易这两个产业链中的关键环节，不断提高有限空间的单位产值。中国北京出版创意产业园等专业出版园区和企业不断发展，实现了版权的跨行业深度开发。北京 DRC 工业设计创意产业基地是面向全国设计产业的专业服务平台，正在持续打造“设计之都核心区”。琉璃厂、报国寺文化艺术品交易中心是全国最大的古玩、书画艺术品市场，聚集了大量的市场交易主体，书画艺术品交易和钱币展示交易业态集中。

（六）丰台区以戏曲文化艺术和数字出版引领全区文化创意产业发展

丰台区文化创意产业以戏曲文化艺术和数字出版等业态为特色，形成了

以戏曲文化艺术功能区、北京国家数字出版基地等为主要空间载体的戏曲文化艺术和数字出版发展集聚区。

丰台区基于独特的戏曲文化资源，充分发挥区域戏曲专业高校院团集中的优势，持续举办“中国戏曲文化周”重大活动，扩大了戏曲文化的影响力。深入实施戏曲进社区、戏曲进校园、票友大赛等项目，巩固戏曲发展的群众基础，培育扩大戏曲市场。数字出版领域以北京国家数字出版基地建设为带动，以数字创意产业发展为重点，强化企业创新能力，加深数字出版产业链的耦合程度，促进传统媒体与新兴媒体的融合发展，发展了集数字出版创意策划、数字内容加工生产、数字出版平台运营等服务于一体的面向互联网、移动网络和智能移动设备的数字创意产业。

（七）怀柔区和大兴区以传媒影视业态引领区域文化创意产业发展

怀柔区和大兴区的文化创意产业以传媒影视业态为引领，分别形成了以中国（怀柔）影视基地和大兴国家新媒体产业基地、北京数字电视产业园、星光影视园为主要空间载体的传媒影视融合发展集聚区。

怀柔区文化创意产业以影视产业为核心，重点打造中国（怀柔）影视基地。2016 年怀柔区影视产业实现入库税款 2. 29 亿元，其中中影体系占比为 81. 7%，中影体系已有中影股份及中影前期、后期和中影巨幕等 20 多家公司在怀柔注册，对影视产业起到了强力拉动作用。影视企业实现营业收入 50 亿元，其中规模以上影视企业收入多年来占全区规模以上文化企业收入的 50% 以上。

大兴区以新媒体产业为核心，打造以数字影音、数字动漫、数字游戏、数字出版和数字体验五大领域为引领的国家新媒体产业高地。大兴国家新媒体产业基地重点打造以新媒体为主的文化创意产业园区，已形成以新媒体产业为核心，以影视制作、设计创意、数字出版、电子商务为重点发展领域的“一核四重”文化创意产业体系，集聚了包括新华网、央广购物、中国搜索、中汇新视、钧天坊、中青旅等在内的知名企业。

（八）顺义区以广告会展业态为核心引领区域文化创意产业发展

顺义区文化创意产业以广告会展业态为核心和特色，形成了以国展产业园会展服务功能区为空间载体的广告会展发展集聚区。

广告会展业作为顺义区文化创意产业的支柱性产业，在整个区域产业发展中占据绝对主导地位。2016 年，顺义区广告会展企业数量为 28 家，占全区文化创意企业总数的 24.6%；从业人员为 1679 人，占全区文化创意产业从业人员总数的 13.5%；营业额为 57.6 亿元，占全区文化创意产业总营业额的 40.7%；实现利润 11.2 亿元，远高于其他文化创意产业细分领域的利润额。

（九）门头沟区和房山区以文化旅游业态为特色引领区域文化创意产业发展

门头沟区和房山区的文化创意产业以文化旅游业态为引领，分别形成了以北京（房山）历史文化旅游集聚区和永定河文化带为主要空间载体的文化旅游业态集聚区和发展带。

房山区通过打造北京（房山）历史文化旅游集聚区，推动文化旅游业态健康发展。北京（房山）历史文化旅游集聚区以周口店镇为核心载体，以周口店遗址“源”文化为龙头，以云居寺“经”文化、大石窝“石”文化为支撑，以上方山“庵”文化和十渡“山水”文化为补充，深化整合共享区域内历史文化资源与生态资源，着力打造多元型文化旅游名区，充分发挥对房山区文化创意产业发展的辐射与带动作用。

文化休闲娱乐服务是门头沟区的重要支撑和特色。2016 年，门头沟区旅游、文化休闲娱乐服务业收入占全区文化创意产业规模以上企业收入的 16.4%。门头沟区通过推进文游合一、促进非遗活态传承与文化创意产业发展相融合、促进文化体育旅游产业融合等途径推进文化旅游与其他领域融合发展。门头沟区下一步将以永定河文化为主线，着力构建以文化旅游为龙头，以文化传媒、文化科技、艺术品交易为主导的文化创意产业体系。

（十）全市文化创意产业功能区建设稳步推进

1. 功能区是北京文化创意产业发展的主要空间载体

北京市于2014年规划建设了20个文化创意产业功能区，这20个功能区是北京文化创意产业发展的重要空间载体，创造了北京文化创意产业的大部分产值和利润（见表7）。

表7　2016年北京文化创意产业功能区基本情况

序号	功能区	单位数（家）	收入（亿元）	税金（亿元）	从业人员平均人数（万人）	资产（亿元）	利润（亿元）
1	文化科技融合示范功能区中关村海淀园区	2160	5665.26	272.00	53.46	10320.17	494.76
2	动漫网游及数字内容功能区	226	838.07	14.66	2.69	1086.98	30.06
3	文化金融融合功能区	451	852.06	31.82	6.18	1528.23	67.25
4	天坛－天桥核心演艺功能区	133	143.66	5.70	1.06	109.29	7.57
5	戏曲文化艺术功能区	7	2.62	0.00	0.05	9.31	0.00
6	798时尚创意功能区	161	404.97	16.77	3.01	819.39	17.56
7	音乐产业功能区	33	130.26	1.21	0.74	118.55	34.45
8	CBD－定福庄国际传媒产业走廊功能区	925	1372.04	39.65	10.28	2074.82	57.74
9	影视产业功能区	56	195.73	4.38	0.69	288.88	10.65
10	新媒体产业功能区	58	30.99	1.69	0.46	52.50	1.33
11	出版发行功能区	186	279.62	10.21	2.32	487.38	10.88
12	创意设计服务功能区	188	308.20	16.26	3.16	701.90	57.47
13	天竺文化保税功能区	1	0.10	0.01	0.00	0.29	0.02
14	文化艺术品交易功能区	116	110.95	3.88	1.48	310.61	5.82
15	会展服务功能区	124	118.52	5.55	0.90	295.00	6.19
16	奥林匹克公园文化体育（会展）融合功能区	345	350.69	12.03	4.43	797.95	19.36
17	北京老字号品牌文化推广功能区	95	283.42	13.21	1.17	250.86	26.14

续表

序号	功能区	单位数（家）	收入（亿元）	税金（亿元）	从业人员平均人数（万人）	资产（亿元）	利润（亿元）
18	未来文化城功能区	4	3.26	0.13	0.04	4.61	0.20
19	主题公园功能区－欢乐谷（朝阳区）	9	2.77	0.09	0.04	3.30	0.04
20	历史文化和生态旅游功能区	30	20.87	0.57	0.57	47.88	0.58
合计		5308	11114.04	449.81	92.73	19307.92	848.06

资料来源：北京市国有文化资产监督管理办公室。

2016 年，20 个文化创意产业功能区规模以上文化创意产业单位数达到 5308 家，占北京市规模以上文化创意产业单位数的 66.1%；功能区规模以上文化创意产业收入为 11114.04 亿元，占全市规模以上文化创意产业收入的 73.0%；功能区规模以上文化创意产业税金为 449.81 亿元，占全市规模以上文化创意产业税金的 76.7%；功能区规模以上文化创意产业从业人员平均人数为 92.73 万人，占全市规模以上文化创意产业从业人员平均人数的 73.8%；功能区规模以上文化创意产业利润为 848.06 亿元，占全市规模以上文化创意产业利润的 77.4%（见表 8）。

表 8　文化创意产业功能区与全市规模以上文化创意产业主要指标比较

指标	单位数（家）	收入（亿元）	税金（亿元）	从业人员平均人数（万人）	利润（亿元）
全市	8033	15224.80	586.14	125.68	1095.15
文化创意产业功能区	5308	11114.04	449.81	92.73	848.06
文化创意产业功能区占比(%)	66.1	73.0	76.7	73.8	77.4

资料来源：北京市统计局、北京市国有文化资产监督管理办公室。

2. 文化科技融合示范功能区是重要增长极

随着文化创意产业的不断发展升级，科技的支撑作用愈加重要，文化与科技融合的趋势日益明显。文化科技融合示范功能区是北京市实现文化创新、科技创新“双轮驱动”战略的主战场，也是充分发挥国家级文化和科技融合示范基地作用及北京市科研资源与高新技术产业优势、提升文化创意产业增加值和成果转化率的政策载体。

文化科技融合示范功能区中关村海淀园区重点依托中关村海淀园，集聚了文化软件服务、互联网信息服务、文化增值电信服务、移动互联等重点产业。文化科技融合示范功能区的各项创收指标均远高于其他文化创意产业功能区，是北京文化创意产业功能区的重要增长极。

2016 年，文化科技融合示范功能区中关村海淀园区规模以上文化创意产业的资产、收入、利润等继续稳定增长。文化科技融合示范功能区规模以上文化创意产业单位数为2160 家，占20 个功能区的40.7%；规模以上文化创意产业收入为5665.26 亿元，占20 个功能区的51.0%；规模以上文化创意产业税金为272.00 亿元，占20 个功能区的60.5%；规模以上文化创意产业从业人员平均人数为53.46 万人，占20 个功能区的57.7%；规模以上文化创意产业资产为10320.17 亿元，占20 个功能区的53.5%；规模以上文化创意产业利润为494.76 亿元，占20 个功能区的58.3%。

文化科技融合示范功能区中关村海淀园区既是北京文化创意产业功能区的重要增长极，也是海淀区文化创意产业的绝对主导区域，代表了海淀区文化创意产业的发展方向。2016 年，其规模以上文化创意产业的收入、利润、税金、从业人员平均人数分别占海淀区规模以上文化创意产业的88.7%、82.2%、90.1%、87.8%。

3. CBD－定福庄国际传媒产业走廊功能区是重要空间增长点

CBD－定福庄国际传媒产业走廊功能区依托中央电视台、北京广播电视台、凤凰传媒等大型传媒机构，集聚配套中小型传媒影视产业项目、制播企业、创意人才、投资基金、技术装备等要素，大力发展新闻业、音像及电子出版物出版发行、广播电视服务与传输、广告业，以及相关的软件与网络服务、设计服务、文化商务服务和高端装备制造等上下游关联产业。2016 年各项创收指标居20 个功能区第二位，是北京文化创意产业功能区的重要增长点。

2016年，CBD－定福庄国际传媒产业走廊功能区规模以上文化创意产业单位数为925家，占20个功能区的17.4%；规模以上文化创意产业收入为1372.04亿元，占20个功能区的12.3%；规模以上文化创意产业税金为39.65亿元，占20个功能区的8.8%；规模以上文化创意产业从业人员平均人数为10.28万人，占20个功能区的11.1%；规模以上文化创意产业资产为2074.82亿元，占20个功能区的10.7%；规模以上文化创意产业利润为57.74亿元，占20个功能区的6.8%。

CBD－定福庄国际传媒产业走廊功能区是朝阳区文化创意产业的重要发展区域。2016年，其规模以上文化创意产业的收入、利润、税金、从业人员平均人数分别占朝阳区规模以上文化创意产业的43.8%、44.6%、39.7%、39.5%。

五　北京文化创意产业发展趋势展望

（一）强有力的领导机构助推文化创意产业提质增效

2017年8月，北京市成立了“北京市推进全国文化中心建设领导小组”，作为统筹全国文化中心建设各项工作的机构。领导小组的组长为市委书记，第一副组长为市委副书记、市长，副组长为市委常委、宣传部部长和市政府分管副市长，小组成员包括市委办公厅、市委组织部、市委宣传部等43个部门的相关人员。领导小组下设1个办公室、7个专项工作组，办公室设在市委宣传部，7个专项工作组分别为老城保护组、大运河文化带建设组、长城文化带建设组、西山永定河文化带建设组、文化内涵挖掘组、文化建设组和产业发展组。

建设首都文化创意产业发展引领区是北京市推进全国文化中心建设领导小组的工作之一。随着北京市推进全国文化中心建设领导小组的成立和运转，北京文化创意产业的发展有了更高级别的领导协调机构，再加上当前及今后一个时期是优化提升首都功能的重要阶段，首都文化中心功能建设必然提速，而文化创意产业作为首都文化中心功能中的一个重要组成部分，今后一个时期将是提质增效的关键期。

（二）“三个文化带”建设将为首都文化创意产业铺陈发展底图

为深入学习贯彻习近平总书记系列重要讲话精神，特别是两次视察北京重要讲话精神，传承和弘扬中华优秀传统文化，加快全国文化中心建设，北京正在积极推进“三个文化带”——大运河文化带、长城文化带、西山永定河文化带的建设。“三个文化带”以空间带的形式将北京市主要文化资源串联成片、叠加成面，北京文化创意产业也将依托“三个文化带”铺陈开来。因此，“三个文化带”是北京建设全国文化中心的重要抓手，也将是北京文化创意产业发展的基本空间依托。

大运河文化带主要是指世界文化遗产——中国大运河北京段，自北京西北方向穿过中心城区并经城市副中心通向东南方向，全长 82 公里，横跨昌平、海淀、西城、东城、朝阳、通州六区，沿线分布有密集丰富的高等级文物，在城市发展中承载了重要的文化记忆，是北京城流动的文化。大运河沿线的文化历史与现代并存，文化与科技交融，是自然景观和历史文化景观相结合、古运河和历史文化名城相结合、古代文明和现代文明相结合的文化带，是历史文化名城的重要组成部分。今后，通过统筹规划大运河文化带建设，将进一步挖掘这些文化地标的价值，擦亮世界认可的国家文化符号。

长城文化带是指围绕长城保护开发而衍生的文化体验地带。北京域内长城始建于北齐，大规模修建于明代，东起平谷，西至门头沟，途经密云、怀柔、延庆、昌平四区，全长 573 公里。据初步统计，北京长城已开放景点约 17 处①，其中八达岭长城为国家级风景名胜区、国家 5A 级景区，有 4 处为国家 4A 级景区。北京市建设长城文化带，计划用 5 ~ 10 年的时间，使历史上拱卫京城的军事设施成为当今北京北部的历史文化体验带和生态环境保护带。

西山永定河文化带是指沿北京西部的太行山余脉和永定河沿线周边，历

① 《长城文化带文化遗产》，北京市文物局网站，2017 年 6 月 1 日。

经从史前至当代漫长历史时期积淀形成的丰富的文化遗存。西山文化形态主要有以清代“三山五园”为代表的特征鲜明的皇家文化，以大觉寺、卧佛寺等为代表的历史悠久的宗教文化，以妙峰山为代表的传统民俗文化，以景泰陵为代表的陵墓文化，是中西文化交流的场所、传统与科技融合的舞台。永定河文化资源主要分布在门头沟地区，形成了以爨底下村、灵水村、琉璃渠村等为代表的古村落古道文化，以古幡盛会、太平鼓、秧歌戏等为代表的民间民俗文化，以潭柘寺、戒台寺、仰山栖隐寺、妙峰山惠济祠等300余座寺庙为代表的宗教寺庙文化，以及平西红色文化和生态山水文化等文化形态。

北京市提出“三个文化带”的建设，有利于疏通古都北京的历史文脉，为构建北京历史文化名城点线相连的历史文化景观与山水相依的自然生态景观相结合的古都风貌全面保护的基本格局奠定基础。依托北京丰富的自然历史文化资源优势，促进北京全国文化中心建设，从而带动包括京津冀三地在内的“三个文化带”及其周边区域的社会文化和区域经济全面发展。

（三）国家文化产业创新实验区将成为引领京津冀文化协同发展的重要节点

国家文化产业创新实验区位于朝阳区，是连接中心城区与北京城市副中心的关键节点。国家文化产业创新实验区以“北京商务中心区（CBD）－定福庄”一带为核心承载空间，西起东二环朝阳区与东城区界，东至八里桥朝阳区与通州区界。经过近三年的建设发展，核心区高端文化资源要素集聚加快，文化产业提质增效升级发展，示范带动作用日益增强，逐步成为北京实施文化创新发展战略的重要承载区，成为首都全国文化中心建设的“新名片”。

国家文化产业创新实验区核心承载区文化创意产业的持续创新发展，将形成对东城区、西城区等中心城区和通州区北京行政副中心等的辐射带动作用，并形成以东部中轴线沿线为主要承载地的文化创意产业发展轴，成为推动中心城区与北京行政副中心文化创意产业协同发展的地带。与此同时，借助通州区的地缘优势，通过加快该发展轴与河北、天津两地的文化创意产业合作，在京津冀一体化发展过程中形成文化创意产业发展的网络化效应，推动京津冀文化创意产业一体化进程。

（四）文化创意产业的产值比重和增速仍有上升空间

《北京市“十三五”时期文化创意产业发展规划》提出了“到2020年，文化创意产业增加值占全市GDP比重力争达到15%左右”的目标要求。同时，文化中心建设客观上也要求文化创意产业进一步提高产值支撑能力。

根据北京“四个中心”的功能定位和疏解非首都功能的要求，北京正在重点发展首都核心功能，有序疏解非首都功能。与全国政治中心功能、国际交往中心功能和科技创新功能相比，北京文化发展仍有较大潜力。

首先，加大首都经济结构性改革力度，推动供给侧结构性改革，转移、疏解非首都功能产业，提高供给体系质量和效率，培育新的增长点，必将更加关注和支持新的经济增长领域，而文化创意产业是新的经济增长领域，其发展的机遇较好。

其次，从产值比重看，2016年北京文化创意产业增加值占全市GDP的比重为14.0%，仅次于金融业16.6%的比重。但要推进建设文化中心这一首都核心功能，需要有广泛覆盖的文化事业和强大的文化创意产业为之提供强有力的支撑。北京四大首都核心功能中，全国政治中心、国际交往中心均难以体现在产业结构中，科技创新功能主要体现在高技术产业和信息产业中，二者产值合计占全市GDP的比重为38%，而文化功能则主要体现在文化事业与文化创意产业中，尽管在统计中文化创意产业与信息产业存在交叉，但从现有比重数据看，文化创意产业若要起到对文化中心建设的支撑作用，其产值的增速和比重需要进一步提高。

最后，从产值比重和增速上升的现实条件看，未来首都经济发展的方向是要在保持平稳增长中，迈向形态更高级、分工更细化、结构更合理的发展阶段，这一定位为文化创意产业发展拓展了新的战略空间。近年来，北京市通过疏解整治工程实现了“腾笼换鸟”，着力构建以智能制造、金融、文化创意等为代表的“高精尖”产业结构，这为文化创意产业发展进一步拓展物理空间提供了有利条件。综合以上因素，文化创意产业的产值比重和增速仍有较大的上升空间。

（五）科技创新对文化创意产业的支撑力进一步提升

文化创意产业是文化与科技融合的产物，科技是文化创意产业发展的重要支撑。鉴于传统文化产业增长空间受限，未来，首都文化创意产业新的增长空间将主要依赖科技支撑能力的提升，文化与科技创新资源互动衔接将有效带动首都文化创意产业的进一步发展。其中，“互联网+”是文化创意产业增长的新动力，首都文化创意产业的进一步发展提升，有赖于云计算、大数据、4G网络等新技术在产业内部的广泛应用，文化创意产业领域科技创新的快速发展，将不断为产业发展注入新的动力。

源源不断的科技创新与文化创意的结合，必将不断催生文化创意新业态，创造新的增长点。而首都科技创新的飞速发展，也为文化创意产业提升科技支撑能力提供了现实基础。2016年，科技创新对北京经济增长的贡献率超过60%。北京市高技术产业、信息服务业、科技服务业增加值占全市GDP的比重达到42%①，成为促进首都经济平稳发展的中坚力量，也是文化创意产业赖以提升发展质量、加快发展速度的重要依托。预计软件、网络及计算机服务业和设计服务业等与科技创新密切关联的行业领域产值比重将进一步提高。

（六）文化消费潜力的进一步释放将对产业形成有力的拉动作用

2015年和2016年北京市城镇人均文化娱乐消费支出占城镇人均消费性支出的比重下降，人均文化娱乐消费支出出现负增长，而近年来农村人均文化娱乐支出波动幅度较大，未出现连续增长的局面。与此同时，北京地区人均GDP和居民家庭人均可支配收入连续多年稳定增长，2016年人均GDP达

---

① 《科技创新，首都的时代使命》，《人民日报》2017年8月15日。

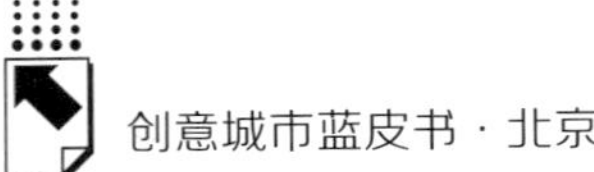

到11.5万元，全市居民家庭人均可支配收入为52530元，比2015年提高8.4%。2017年上半年全市居民家庭人均可支配收入为28566元，比2016年同期提高9.1%。

随着人均GDP和居民家庭人均可支配收入连续多年稳定增长，居民的购买力不断提高。而随着非首都功能疏解的推进，居民消费结构正在发生变化，消费层次进一步提高，全社会对文化创意产品的需求也会增加。居民购买力的提高和对文化创意产品潜在需求的增加，都为文化创意产业的消费提升创造了良好的经济基础。此外，随着对城乡公共文化设施建设和维护的不断投入，文化消费的硬件设施更加完善，有利于文化消费的进一步释放。

与此同时，北京市通过文化惠民活动营造良好的文化消费政策环境。2013～2016年，“惠民文化消费季”消费人次已从2654万人次增加至7776万人次，直接消费金额从52.3亿元增加到160.8亿元，消费人次累计达1.91亿人次，累计实现直接消费金额427亿元，已成为本市文化消费领域的品牌活动，也被安徽、重庆等地借鉴学习[①]。

随着北京居民收入的持续增加，基本公共服务体系不断完善，消费市场秩序日益规范，居民文化消费意愿和能力也将趋于稳定。再加上文化惠民政策的效应累积，居民文化消费潜力进一步释放，将形成对产业发展的拉动力量。

---

① 《第五届北京惠民文化消费季提供万余场活动》，北京市东城区人民政府网站，2017年7月18日。

区域动态篇

Regional Development

B.2 国家文化产业创新实验区：立足创新驱动，聚焦高端引领，全力打造文化产业发展新高地

丰春秋　李　强　冯　芳　赵红娟　鲁晓钰*

近年来，北京大力实施文化创新、科技创新“双轮驱动”发展战略，文化产业蓬勃发展，成为首都重要的支柱性产业。2014 年，为深入贯彻落实党的十八大、十八届三中全会和习近平总书记视察北京工作时的重要讲话精神，围绕“四个中心”的首都城市战略定位，特别是围绕全国文化中心建设，文化部和北京市采取部市战略合作的方式，共同推动建设全国首个国家文化产业创新实验区（以下简称文创实验区），以制度创新为着力点，先行先试，改革创新，进一步提升首都文化产业规模化、集约

* 丰春秋、李强、冯芳、赵红娟、鲁晓钰，北京朝阳国家文化产业创新实验区管理委员会。

化、专业化水平。2016 年，文创实验区各项基础工作全面有序推进，高端文化资源要素加快集聚，文化产业提质增效升级发展，示范带动作用日益增强，逐步成为北京实施“文化创新”发展战略的重要承载区，成为首都全国文化中心建设的“新名片”，在服务全国文化中心建设和京津冀文化产业协同发展，服务北京市疏解非首都功能、构建“高精尖”经济结构，服务国家“一带一路”倡议和中华文化“走出去”等方面的作用日益凸显。

一 发展情况

2016 年，文创实验区充分发挥区域资源优势、产业优势和品牌优势，扎实有序推进各项重点工作，品牌企业进一步集聚，产业规模持续壮大，“阶梯”形行业结构特征显现，产业融合逐步深化，以新技术新产品新模式为核心的新型文化业态已成为文创实验区文化创意产业的主体，行业环节和发展层级都得到进一步提升，为区域经济的可持续发展做出了重要贡献。

（一）产业规模：稳中有进，支柱作用日益凸显

截至 2016 年底，文创实验区文创企业注册数为 34848 家，占全区文创企业总数的 48.2%，两年间新增文创企业近 2 万家，2016 年新增文创企业 7180 家（见图 1），其中注册资本在 1 亿元以上的文创企业有 99 家，新增注册资本在 5000 万元以上的文创企业有 274 家，注册资本合计达 282.3 亿元。引进培育了 52 家上市文创企业（含新三板），集聚了 9 家国家级众创空间，吸引了优客工场、掌阅科技、微票儿等一批“独角兽”企业。截至目前，文创实验区核心区已集聚了中央电视台、北京电视台、人民日报社、凤凰集团、腾讯影业、苏宁文化、恒大文化、爱上电视、恒美广告、途牛旅游、时尚集团、亚马逊、蓝色光标等一批知名品牌文化企业，成为中国文化传媒类企业最集聚的区域。

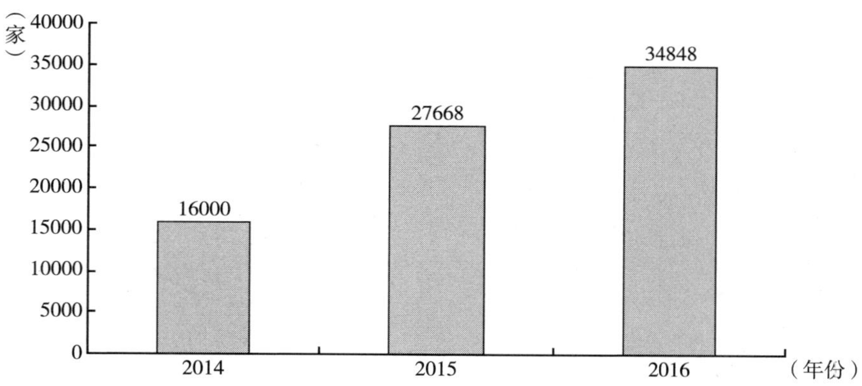

图1　2014～2016年文创实验区文创企业单位数量

2016年，文创实验区文化创意产业规模以上单位数共计1068家，较2015年增加99家；吸纳就业人数11.29万人，同比增长8.9%；实现总收入1535.7亿元，同比增长6.0%。在经济下行压力下，文创实验区文创产业收入逆势上扬，总体保持稳步增长的发展态势（见图2）。作为朝阳区文化创意产业的重要承载区，文创实验区各项指标占朝阳区文创产业的比重都在30%以上，支柱作用日益凸显，影响力和竞争力显著增强（见图3）。

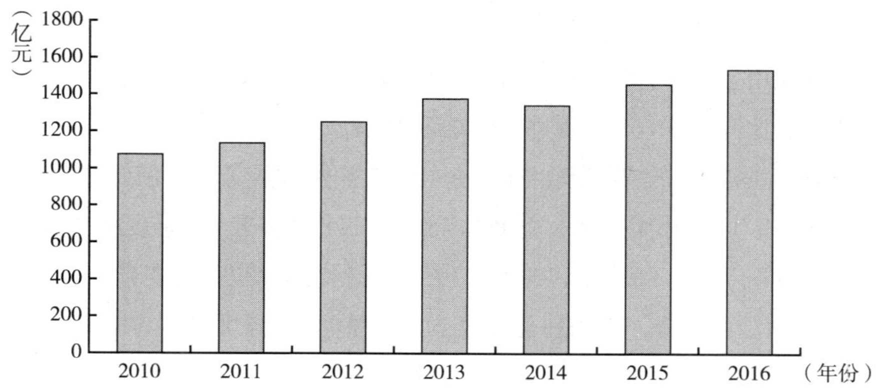

图2　2010～2016年文创实验区文创产业收入变动情况

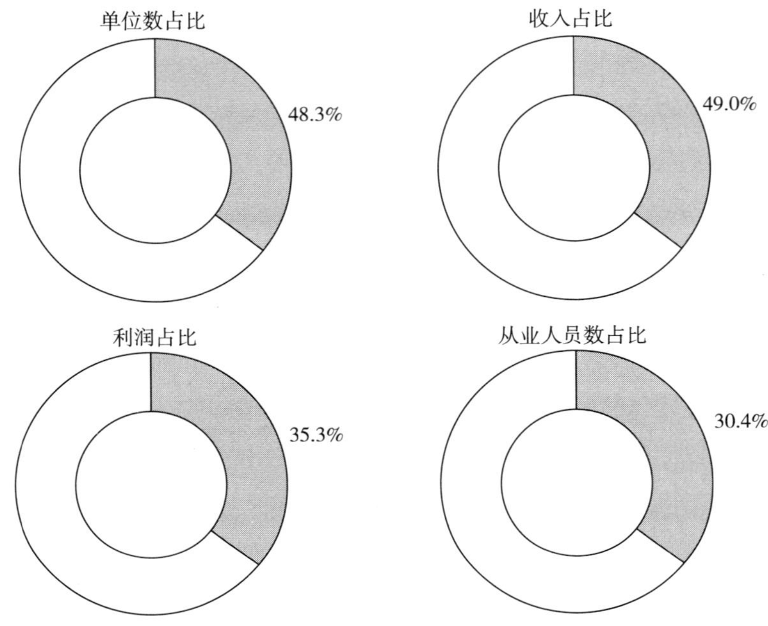

图3　2016年文创实验区文创产业各项指标占朝阳区比重

（二）产业结构：“阶梯”形结构特征显现

从收入结构上看，广告和会展服务、文化休闲娱乐服务、软件和信息技术服务、文化用品设备生产销售及其他辅助服务四大支柱行业依然占据主导地位，收入合计占比高达81.6%。其中，广告和会展服务行业收入领先，占比接近35%，是文创实验区的特色领域和龙头领域。广播电视电影服务、新闻出版及发行服务、艺术品生产与销售服务、文化艺术服务、设计服务五个行业发展水平相近，其中设计服务行业收入最低，占比不足1%，发展水平有待进一步提升（见图4）。

从利润结构上看，广告和会展服务、广播电视电影服务、软件和信息技术服务三个行业位居前列。其中，广告和会展服务行业利润占比达到40.2%，在九大行业中排名第一；广播电视电影行业虽然收入占比不高，但利润总额居九大行业第二位，利润率显著高于其他行业（见图5）。

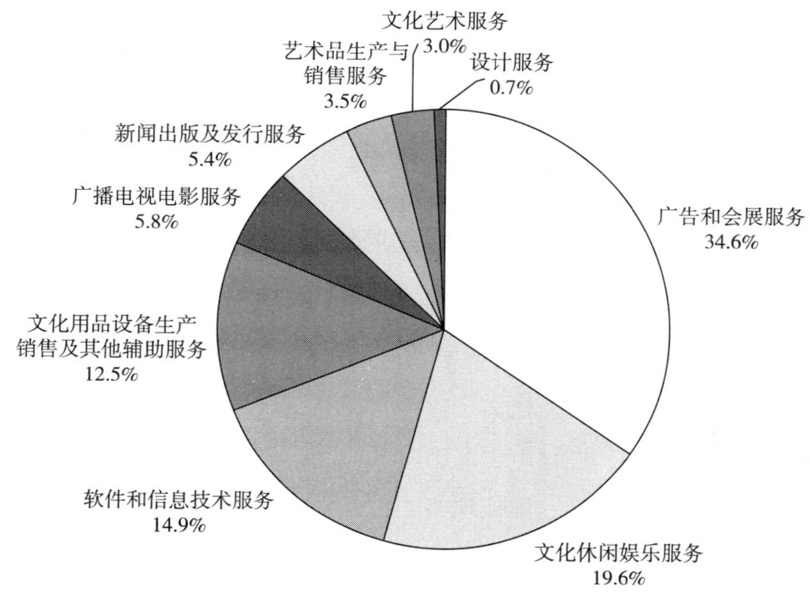

图 4　2016 年文创实验区九大行业收入结构

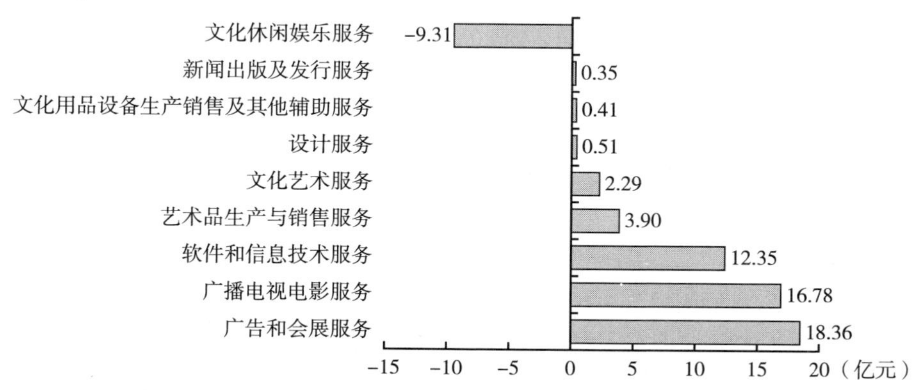

图 5　2016 年文创实验区九大行业利润结构

（三）产业环节：向上下游纵深发展，注重全产业链打造

随着文化创意产业及金融、科技等相关产业的发展，文创实验区产业之间融合程度进一步深化，传统业态逐渐转型，新兴业态加速产生，跨领域、

跨行业、跨地域合作成为文化领域的新常态。在全媒体出版、影视传媒、文化旅游等多个文化领域，企业间围绕内容原创、IP 打造、渠道宣发、价值变现等优势资源进行并购交易，使得资源得到进一步整合、集聚，打造全产业链、构建“大文娱”板块成为文化企业集团的发展策略。

（四）产业层级：科技含量、创意程度、附加值有效提升

文创实验区紧抓国家布局战略性新兴产业的机遇，围绕“互联网 +”“文化 +”发展理念，依靠自身资源与发展优势，全力打造以文化传媒、数字创意等为代表的高端产业体系。培育文化融合新业态，鼓励数字化生产与新闻出版及发行服务、广播电视电影服务、文化艺术服务等传统领域深度融合，推动大数据、物联网、虚拟现实、人工智能等新技术在文化领域的开发利用，促进文化创意与相关产业融合发展。文创实验区科技含量高、创意程度高、附加值高的数字娱乐、数字出版、移动新媒体等领域企业收入实现同比增长 40% 以上，文化创意产业继续向高端化迈进。

二　创新举措

2016 年，文创实验区立足区域发展现状和面临的新形势、新机遇、新要求，紧紧围绕“高水平建设文化创新实验区”的目标，坚持高端引领、创新驱动、示范带动、融合发展战略，扎实有序推进体制机制、顶层设计、政策体系、金融服务、人才培养等重点工作。

（一）建立健全联动机制，形成强大工作合力

为了进一步推动文化创意产业转型升级发展，文创实验区围绕“统筹兼顾、综合平衡、突出重点、带动全局”的发展原则，全力完善体制机制。一是建立部、市、区三级联动的工作机制，2016 年 6 月，区级层面成立了由区委书记、区长任组长的建设实验区领导小组，负责研究审议文创实验区整体发展战略、产业定位和功能布局等全局性问题，统筹区级资源力量服务

文创实验区建设；2016 年 7 月，文创实验区部、市建设工作协调小组批复成立，建立了文化部、北京市共同推进实验区建设发展的决策机制。二是积极走访联系文创实验区所辖 15 个街乡以及区发改委、区财政局、区统计局等相关职能部门，聚焦改革创新重点任务和“一廊”地区“五大提升工程”建设等，加强沟通交流，形成工作合力。三是建立政府、行业组织、企业共治共建工作体系，引进中国广告协会、中国版权协会、北京版权保护中心等行业组织，与中国文化产业协会达成战略合作，成为全国开展文化行业信用评价工作的试点区。

（二）筹划部署顶层设计，精心绘制发展蓝图

一年来，为了进一步提升文创实验区建设水平，服务首都全国文化中心建设，示范引领全国文化产业创新发展，文创实验区全力进行科学统筹谋划，完善顶层设计。一是起草完成《关于加快国家文化产业创新实验区建设发展的若干意见（代拟稿）》，待文创实验区部、市建设工作协调小组审议后，以部、市名义正式发文。二是编制完成《朝阳区“十三五”时期建设国家文化产业创新实验区发展规划》，明确了“十三五”时期实施文化金融等六大领域创新、发展文化传媒等五大高端产业的重点任务，提出打造“一廊、两核、多基地”的空间布局，实施“蜂鸟计划”等八大行动计划。三是空间规划方面，在完成文创实验区空间规划研究的基础上，加强与北京市规划设计院、区内相关部门和有关街乡对接，细化空间资源梳理内容。截至 2016 年底，共梳理出文化产业项目（含意向）90 个，建筑规模达 930.85 万平方米，项目数据库初步建成。

（三）发挥先行先试优势，释放企业创新活力

文创实验区牢固树立创新、协调、绿色、开放、共享的发展理念，以改革创新为动力，集成首都优势创新资源，先行先试，在构建政策体系上取得了新进展。一是争取上级政策先行先试。北京市服务业扩大开放综合试点政策、文化消费试点政策、重点企业外汇管理改革试点政策、影视及文化产品

保税政策、知识产权服务及快速维权相关政策、“蜂鸟企业”外籍人才引进相关政策六项政策在文创实验区先行先试，率先落地。二是制定出台区级政策措施，发布实施“政策十五条”，用于支持品牌提升、文化贸易、文化保税、文化消费、信用体系建设、风投奖励、上市融资、精品园区、旗舰企业、高端人才、孵化创新、外资准入、公共服务平台、知识产权服务、行政登记服务15个领域。三是研究制定《北京市朝阳区文化创意产业发展指导目录（2016年版)》（朝政办发〔2016〕11号），其中鼓励类44个、限制类19个、禁止类59个，严格产业准入，聚焦高端发展。

（四）深化金融体制改革，完善金融服务体系

为进一步聚合金融服务资源，促进文化与金融深度融合，激发文化创新活力，文创实验区积极探索构建多层次、多样化、宽领域的文化金融服务创新体系。一是探索以企业信用为纽带的文化金融服务体系新模式，2016年8月10日，全国首个文化企业信用促进会在文创实验区成立，以文化创意企业信用价值为依托，探索文化金融融合发展新路径，形成“信用评级、快捷担保、见保即贷、贴息贴保”的工作闭环。二是与北京股权交易中心签订战略合作协议，以文创实验区为核心承载，共建“文创四板”，进一步拓宽文创企业投融资渠道。三是与银行及金融服务机构合作，设立文化特色支行，创新提供“文创普惠贷”“蜂鸟贷”“三全三优”等专属特色金融产品。四是启动实施“蜂鸟计划”助飞行动，制定《“蜂鸟企业”认定标准》《“蜂鸟企业”优惠政策和管理办法》等文件，旨在培育一批发展速度快、创新性和竞争力强的行业旗舰企业和品牌上市企业。

（五）加快园区转型升级，深入推进产城融合

立足首都“四个中心”的城市战略定位，适应文化创意产业发展的新趋势，文创实验区积极探索以文化产业发展促进城市更新的新模式，创新推动文化创意产业园区的升级建设，实现园区建设与城市发展的和谐共赢。自2015年以来，文创实验区通过传统商业设施升级、旧工业厂房改造利用、

农村产业用地选择“高精尖”、有形市场腾退转型四种方式，新培育转型了16个文化创意产业园区，转型升级面积达88.3万平方米，转型升级了齿轮场品牌创业文化园、北京塞隆国际文化创意园、铜牛电影产业园、华膳园国际传媒文化产业园等一批特色文化创意产业园区，实现了提升环境品质、构建“高精尖”经济结构、疏解非首都功能的目标。截至2016年底，文创实验区已集聚了50余个文创产业园区（基地），错位、协同、融合的发展格局基本形成。

（六）搭建公共服务平台，形成创新创意生态

为促进区域文化创意产业发展，着力解决文化企业发展的难题，文创实验区大力整合相关资源，创新搭建公共服务平台，为文化创意企业营造良好的发展氛围。一是完善行政审批服务。配合工商部门在文创实验区设立了CBD、双桥两个企业登记服务站，企业可以就近办理“内资企业变更企业名称”等八项登记业务。二是搭建信息服务平台。搭建起包括网站、微信群、移动APP、文化企业大数据信息系统等在内的信息化服务体系，提高精细化服务水平。三是搭建宣传服务平台。成功举办2016年国家文化产业创新实验区高端峰会，积极组织参与第十一届北京文博会等，提升品牌影响力。2016年共接待国家相关部委、省市文化产业官方考察团60余批次，共计3500余人。四是搭建人才服务平台。举办朝阳区文化创意产业人才校园专场招聘会；参加“朝阳高端人才昆明行”活动，进一步加强朝阳区与昆明两地人才的交流合作；成功举办文创企业新三板挂牌专题培训，进一步完善人才服务体系。

（七）建立区域协作机制，助力京津冀协同发展

文创实验区积极发挥引领示范作用，主动融入京津冀文化产业协同发展大局，通过要素合理配置、强化产业联合分工等路径，全面提升京津冀文化产业协同发展水平。一是倡议发起成立了京津冀文化产业园区（企业）联盟，积极与京津冀三地的文化产业重点园区和基地对接，整合优势资源，加

强合作交流，进一步推动形成分工合理、重点突出、各具特色的京津冀文化产业发展格局。二是推动建立区域间产业合理分工和上下游联动机制，引导国安创客、北京齿轮场等企业在天津、河北等地拓展品牌运营，进一步深化资源共享、项目共建、品牌共赢。三是与天津的国家动漫产业综合示范园区开展全面战略合作，协同发展取得实效。四是与中国文化产业协会共同筹备建立京津冀文化产业协同发展中心。

三　发展思路

下一步，文创实验区将继续以政策环境创新、服务体系创新、体制机制创新、发展模式创新等为抓手，进一步突出文化引领，聚焦高端发展，深化产业融合，加强区域协同，促进国际交流，持续激发和释放文化生产力，实现文创实验区建设再上新台阶。

（一）抓政策体系，促进创新发展

全面推进“一区一试点”改革任务，发挥文创实验区作为文化经济政策先行先试的“试验田”作用，重点在文化消费、文化金融、文化保税、文化贸易等方面积极争取上级支持。加大“政策十五条”的宣传推介，做好落地实施工作，支持一批重点文化项目（企业）。推动设立朝阳区文化创意产业发展引导基金，进一步发挥财政资金的撬动作用，建立多层次投融资服务体系。开展文化产业“营改增”政策影响分析研究，编制《国家文创实验区政策汇编》等，完善政策服务体系。

（二）抓高端定位，促进融合发展

按照构建“高精尖”经济结构的要求，重点培育文化传媒、创意设计、文化贸易、数字内容、休闲娱乐五大产业。充分发挥文化传媒、广告会展等传统产业优势，不断增强创意、设计、品牌对传统行业的内容创新及附加值提升作用，推动传统行业转型升级、提质增效。严格落实《北京市朝阳区文化创意产业发展指导目录（2016 年版）》，严把产业准入关。实施“文化+”战略，促进文化与金融、科技、商务、体育、旅游深度融合发展，创新文化服务和文化产品“走出去”发展模式，全面提升文化产业融合发展水平。

（三）抓项目建设，促进提质发展

盘活存量资源，提升产业层级，优化功能布局。加大力度推进重点园区的功能优化和提升。引导存量文化创意产业园区完善优化园区生态环境，提升园区环境品质，促进园区功能、产业、资源的更新升级，实现存量资源的提质发展。加快重点项目建设，通过传统商业设施升级、旧工业厂房改造利用、农村产业用地选择“高精尖”、有形市场腾退转型四种模式，加快推进齿轮场品牌创业文化园二期、国家广告产业园二期、万东国际文化创意产业园二期、北京广播电影电视设备制造厂、E9 区创新工场等传统产业空间转型升级发展文化创意产业项目，形成新的文化产业发展空间资源，促进文化产业规模化、集约化发展。

（四）抓公共服务，优化发展环境

充分挖掘和整合文创实验区内的公共服务资源，为实验区文创企业搭建集金融服务、人才服务、行政服务、宣传展示、公共技术、知识产权保护、信息资讯等于一体的综合服务体系，进一步优化产业发展环境。推动设立文创实验区文化金融服务平台，整合各类金融资源，为文创企业提供多层次金融服务。充分发挥文创实验区文化企业信用促进会的作用，加强文创实验区信用体系建设。推动“蜂鸟计划”实施工作，通过一揽子快捷担保审批机制、信用奖惩机制、快捷贷款审批机制等机制创新，推动文化金融深度融合，培育一批创新性强、增长速度快、发展前景好的“蜂鸟企业”，激发文化产业发展活力。开展“精准服务促发展”等系列服务活动，全面助力文创实验区建设发展。

（五）抓宣传推介，提升品牌影响力

举办文创实验区“高端峰会”“智汇三三”等系列品牌活动，提高其知名度和影响力。全力支持保障中国国际网络与数字文化产业博览会，以网博会落户朝阳区为契机，发挥文创实验区在中国数字创意产业中的引领和示范作用。积极参与北京文博会、CBD 商务节等活动，适时发布文创产业交易、公共数字平台、产业促进政策等的重要成果，加大宣传推介力度，不断提升文创实验区品牌影响力。

B.3

东城区：传承与创新共生，文化与金融合作，引领文化创意产业发展

朱天博 *

东城区文化资源丰富，作为首都功能核心区，一直贯彻落实“文化强区”战略，文化创意产业发展步伐不断加快，产业发展环境持续优化，各项业务保持良好增长态势。“十二五”期间，全区文化创意产业增加值年均增速达到 13.8%。2016 年，东城区文化创意产业实现增加值 283.7 亿元，占全区 GDP 的比重为 14.12%，收入为 1893.0 亿元，规模以上文化创意产业法人单位从业人员数达到 85096 人。2016 年，保利文化集团、对外文化集团、中国出版集团和长江传媒 4 家企业成功入选“全国文化企业 30 强”。东城区 16 家文创企业入选“首都文化创意企业 30 强、30 佳”，39 家文创企业获得市级文创发展专项资金支持。

一　优势领域

（一）文化艺术业

2016 年，东城区文化艺术业实现增加值 41.7 亿元，较上年增长 10.6%，占文化创意产业的比重为 14.7%，较上年提高 1.3 个百分点。文化艺术业收入达到 63.67 亿元，与上年基本持平；行业利润实现了较快增

* 朱天博，东城区文化发展促进中心副主任，博士。

长，达到1.6亿元，同比增长33.5%。“十二五”以来，文化艺术业发展整体趋于稳定，行业收入维持在65亿元左右（见图1）。东城区文化艺术业各主要指标增速情况见图2。

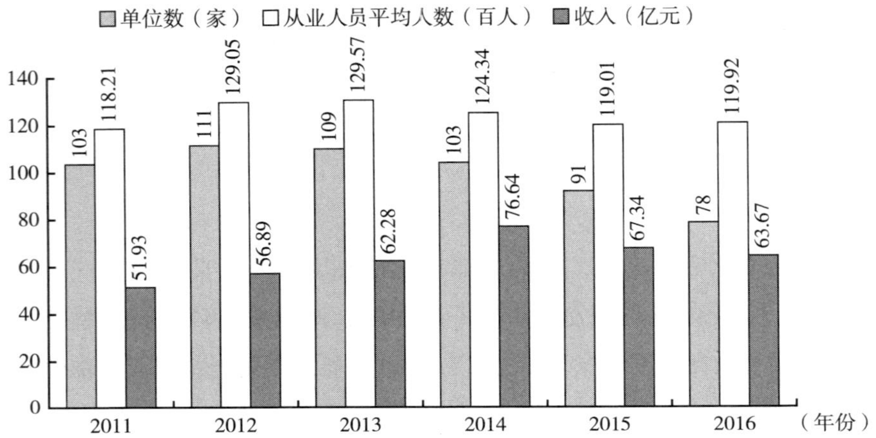

图1　文化艺术业各主要指标年度增长情况

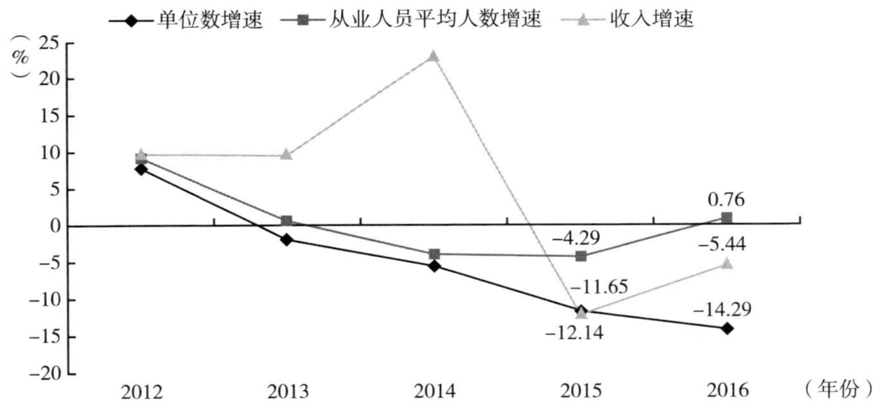

图2　文化艺术业各主要指标增速情况

从行业发展地位来看，2016年1～11月，东城区文化艺术业从业人员平均人数和收入占北京市相应指标的比重分别达到22.4%和23.1%，呈现明显的上升态势。在行业发展整体环境持续优化、转型升级红利不断释放的背景下，东城区文化艺术业将实现更大的发展。

（二）新闻出版业

2016 年，东城区新闻出版业实现增加值 51.8 亿元，较上年增长 6.4%，占文化创意产业的比重达到 18.3%。“十二五”期间新闻出版业单位数变动不大，2016 年较 2015 年减少了 6 家；2011 ~2016 年，从业人员平均人数总体呈下降趋势；“十二五”期间行业收入稳定增长，但 2016 年收入较 2015 年减少 8.27 亿元（见图 3）；2016 年利润达 18.4 亿元，同比增速高达 12.2%。东城区新闻出版业各主要指标增速情况见图 4。

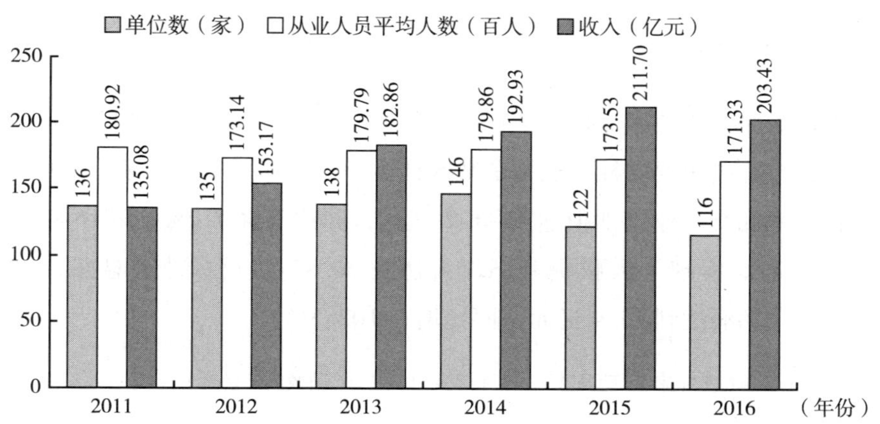

图 3　新闻出版业各主要指标年度增长情况

从行业发展地位来看，2016 年东城区新闻出版业从业人员平均人数和收入在北京市的占比实现了平稳较快增长。2016 年 1 ~11 月，东城区新闻出版业从业人员平均人数和收入占比分别达到 22.1% 和 28.6%，表明东城区的相关企业单位相较于北京市其他地区具有一定优势。未来随着东城区新闻出版领域优势的发挥，从业人员平均人数和收入这两项指标的占比会进一步提升。

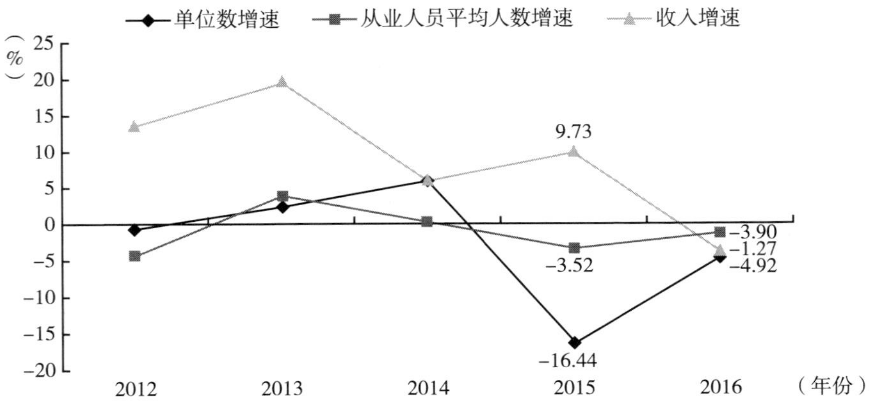

图4　新闻出版业各主要指标增速情况

（三）艺术品交易业

东城区是全市艺术品拍卖领军企业的集聚地，艺术品交易业既是东城区文化创意产业的重要支柱，也是东城区社会经济发展的重要引擎。2016年，东城区艺术品交易业增加值达到11.2亿元，同比下降7.2%。2016年，行业收入和利润实现了大幅提升，收入达到66.87亿元，同比增长35.4%（见图5）；利润达到13.4亿元，同比增长102.8%。

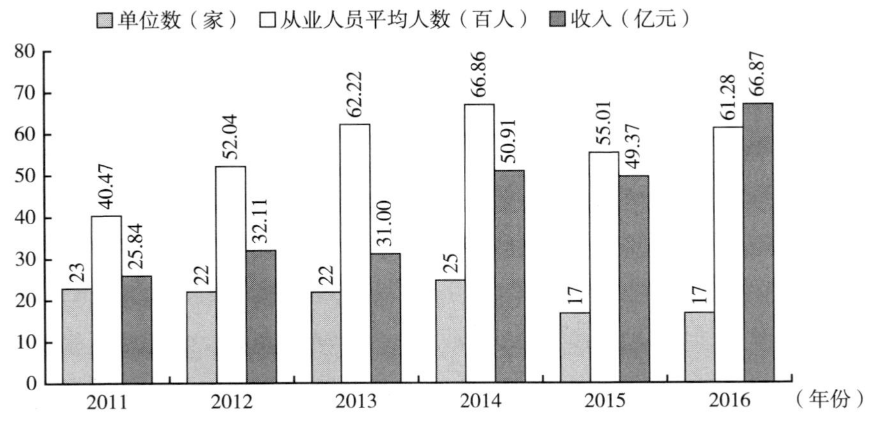

图5　艺术品交易业各主要指标年度增长情况

部分中小艺术品交易机构逐渐被市场淘汰，以行业龙头为代表的艺术品交易机构进一步扩大市场份额，呈现“强者恒强、弱者愈弱”的发展态势。东城区艺术品交易业各主要指标增速情况见图6。

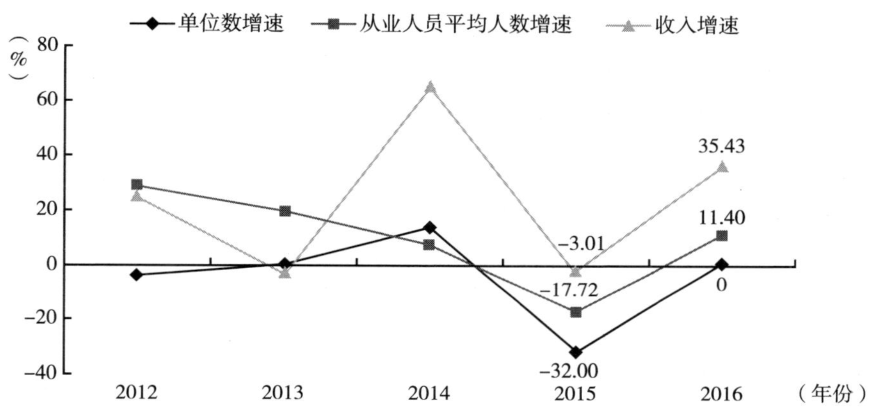

图6　艺术品交易业各主要指标增速情况

从行业发展地位来看，东城区艺术品交易业的龙头地位稳固。2016年1～11月，东城区艺术品交易业从业人员平均人数和收入占北京市艺术品交易业的比重分别达到34.5%和54.7%。从行业内企业来看，以保利拍卖、中国嘉德为代表的两个国际型拍卖企业以及中国黄金集团、中国集邮总公司领跑文化创意产业。

（四）旅游、休闲娱乐业

2011～2016年，东城区旅游、休闲娱乐业处于稳步发展阶段。2016年，旅游、休闲娱乐业增加值为18.1亿元，比上年增长1.9%，增速较慢。收入水平在2012年有一个较大幅度的提升，然后趋于稳定，维持在200亿元左右；从业人员平均人数稳定，维持在1.3万人左右；单位数在2016年出现了明显的下降，为111家（见图7）；利润较2015年下降47.7%。东城区旅游、休闲娱乐业各主要指标增速情况见图8。

从行业发展地位来看，东城区旅游、休闲娱乐业稳中趋进。2016年，

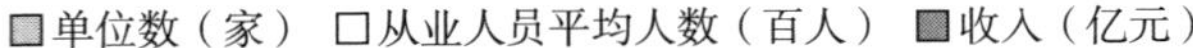

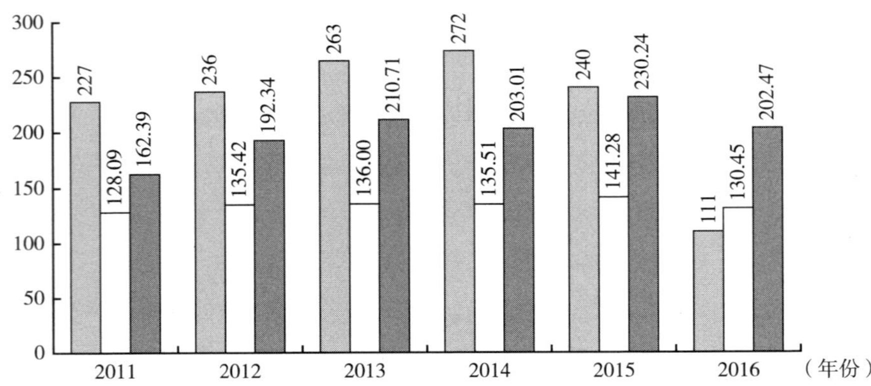

图 7　旅游、休闲娱乐业各主要指标年度增长情况

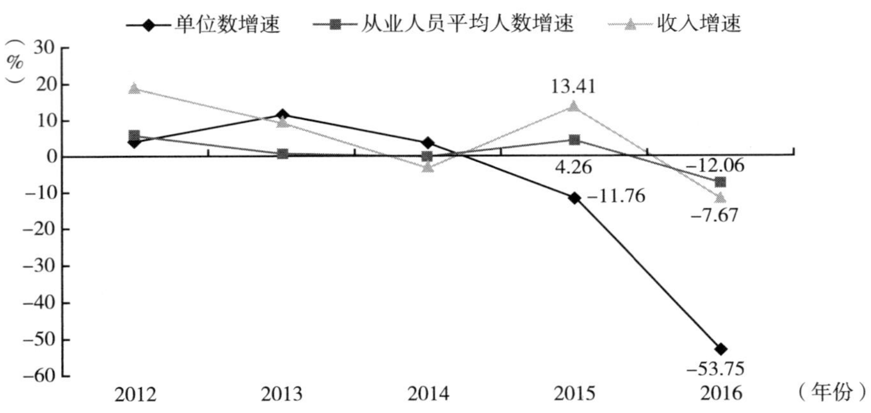

图 8　旅游、休闲娱乐业各主要指标增速情况

从业人员平均人数和收入占北京市对应指标的比重分别为 15.6% 和 20.3%，与 2015 年相比变化不大，分别比 2014 年提高 5.2 个、1.1 个百分点。随着东城区对存量文化资源市场化转化利用工作的进一步推进，文化资源的市场价值将被不断发掘出来，“十三五”期间，旅游、休闲娱乐业将迎来新一轮稳定增长周期。

二　文化金融

东城区文化创意产业集聚态势明显，功能区域发育相对成熟，文化创意产业呈高速发展态势，文化演艺、全媒体出版、艺术品交易和文化旅游四个领域在全市处于领先地位。文化演艺方面，区内各类剧场共29个，占全市艺术剧场总数的40%。北京剧目排练中心落户77文创园，积极打造南锣鼓巷戏剧展演季、北京青年戏剧节等活动品牌。全媒体出版方面，在传统出版业快速发展的同时，时尚类出版物也在市场中占据主导地位。中文在线、盛世骄阳、当当网等拥有终端发布渠道资源，形成了全媒体出版产业链。艺术品交易方面，以中国嘉德、北京保利为龙头，吸引了全市艺术品交易行业近一半的领军企业入驻。文化旅游方面，依托中青旅、中国国旅等龙头企业，突出特色景点和品牌活动的带动效应，旅游接待人次位居全市第一。

同时，东城区内金融发展基础较好，银行、券商、信托等机构种类多样，资源丰富。中国银行北京分行、杭州银行北京分行等金融机构，以及北京文投集团下属企业北京文化科技融资担保有限公司、北京市文化产权交易中心均落户东城区。截至2016年11月，全区共有金融业规模以上单位189家，其中银行业49家、证券业36家、保险业41家、其他金融活动业63家，共吸纳从业人员63949人。2016年，东城区金融业实现增加值476.9亿元，同比增长4.0%，占东城区GDP的比重为23.7%。金融业已经成为带动东城区经济增长、财政增收、经济结构优化提升的支柱产业，丰厚的金融业基础为文创企业进一步发展提供了强有力的支撑。在文化金融创新方面，东城区积极尝试版权质押贷款、中小文创企业集合信托、文化投资基金、艺术品信托等创新手段，为文化金融创新打下了良好的基础。

此外，东城区在文化产权交易领域具备较好的市场基础，文化产权交易机构初步构成了立足首都、辐射全国的文化要素交易市场服务平台，占领了文化要素市场的制高点。东城区版权流通市场起步较早，吸引集聚了版权服务、物权服务、投融资服务、咨询培训等各类版权交易上下游业态，为全国以版权交易为核心的文化要素市场健康发展做出了表率。多年来，东城区各文化产权交易机构在政府的引导与监管下，坚持市场运营、专业运作，着力打造清晰透明、诚信可靠的产权交易业务，为北京市文化产权交易流转体系构建打下了坚实的基础。

三　具体措施

（一）创建“文化与金融合作示范区”，推进文化要素市场建设

2014 年，为探索金融资源与文化资源对接的新机制，引导和促进各类资本参与文化金融创新，建立文化金融合作发展的长效机制，文化部、中国人民银行、财政部联合印发《关于深入推进文化金融合作的意见》，选择部分文化产业发展成熟、金融服务基础较好的地区创建文化与金融合作示范区，探索符合本地区特点的文化金融创新模式。2015 年以来，东城区发挥政府的引导作用，积极推进“文化与金融合作示范区”创建工作。2016 年，在文化部、市文资办的支持下，成立了由文化部、市文资办、东城区三级联动的调研课题组，经过多轮座谈和走访调研，形成了东城区创建“文化与金融合作示范区”课题研究报告。2017 年，东城区根据区域发展的优势与特点，在市文资办的指导下形成了《北京市东城区创建文化与金融合作示范区总体方案》，并以示范区创建为契机，大力推进文化与金融合作发展，力争打造全国文化要素交易中心。

（二）制定出台产业政策，优化文创发展环境

2016 年，东城区制定出台了多项产业政策，发布了《北京东城区“十三五”时期文化创意产业发展规划》，制定出台了《东城区文化创意产业发展专项资金管理办法（试行）》《东城区文化创意产业发展引导基金管理办法（试行）》《东城区关于促进产业发展的暂行办法》等产业促进政策，设立了东城区文化创意产业专项资金，于 2016 年起连续 5 年每年拿出 1 亿元用于支持文化创意产业发展，为文化创意产业发展创造良好的营商环境。

（三）支持举办文化活动，搭建展示交流平台

2016年，东城区文化“走出去”工作取得较好进展。地坛文化庙会“走出去”系列活动在泰国、德国、伊朗等地多次成功举办，累计参与民众达60万人次。东城区充分整合文化企业的资源，调动文化企业的积极性，多次参与北京市第四届惠民文化消费季、北京文博会、北京国际设计周等文化活动，为驻区企业提供展示交流的机会与平台。充分发挥网络平台的“政企直通车”作用，进一步规范管理“东城创意+”微信交流平台和“东城文化创意产业网”，建立微信公众服务号“文化东城”，及时为公众提供产业资讯。进一步密切与文化机构、文创企业及专家学者的联系，创办《东城创意家》杂志并举办主题沙龙活动，举办高端文创人才研修班。

（四）加强调查研究，服务区内文创企业

近年来，东城区加强调查研究，汇集智库资源为东城区文创产业发展建言献策。编制了《2015年东城区文创产业年度发展概况（白皮书）》和《文化创意产业政策摘编》，组织开展了“东城区知识产权（IP）资源整合与开发研究”“东城区文化创意和设计服务与相关产业融合发展研究”“文化资源转化为文化产业发展优势的研究”等课题研究工作。此外，东城区文促中心保持与文创企业的密切联系，通过走访调研区内文创企业，了解企业需求，为企业提供个性化服务。

四　重点工作

（一）继续大力推进“文化与金融合作示范区”建设

东城区将以丰厚的文化创意产业基础和金融基础为依托，探索构建文化产权交易定价流转体系、文化企业信用评级体系、文化信贷风险补偿体系、文化创业投资引导体系“四个体系”，推进文化金融产品和服务创新、文化金融体制机制创新“两个创新”，打造全国文创产业创新高地。

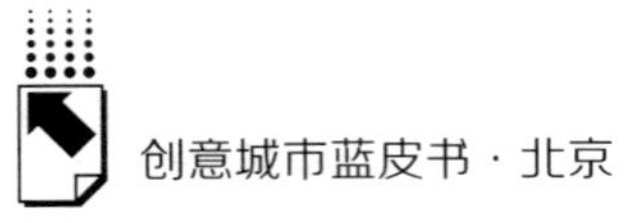

（二）继续发挥好财政资金作用，优化资金使用方式

发挥好文创项目补助资金作用，加大对平台型、公益性项目的扶持力度，确保资金安全、规范和有效使用。设立东城区“文菁计划”，对不同发展阶段的优秀文创企业制订有针对性的扶持方案，培育未来行业龙头。加大对文创企业的金融服务力度，发起设立东城区文化创意产业引导基金，探索债权扶持资金，撬动社会资本支持东城区优秀文创企业发展。与相关金融机构合作，探索建立“东城文创银行”，探索文化“补贷奖”联动、“金融超市”等金融服务创新模式。

（三）继续完善平台建设，为区内文创企业提供更优质的服务

建设东城区文创产业公共服务平台，构建东城区文创产业发展大数据监测和分析系统，为文创企业提供综合配套服务，建设东城区文创产业投融资服务体系。优化文创产业布局，强化“一轴两区多亮点”的空间布局，促进历史文化体验轴、文化科技融合区、文化金融创新区和“胡同里的创意工厂”建设。争创市级文化创意产业示范园区，形成区级文化创意产业园评估体系。

B.4

西城区：创新引领，融合发展，文化创意产业稳步提升

岑运东*

一　发展态势

截至2016年底，西城区拥有规模以上文化创意产业法人单位625家，其中企业501家、事业单位124家，文化创意产业共实现收入911.1亿元，同比增长7.5%，占全市文化创意产业总收入的6.5%；实现利润97.1亿元，同比增长8.1%，占全市文化创意产业利润总额的9.4%；吸纳从业人员9.9万人，占全市文化创意产业从业人员总数的8.4%。城六区中，西城区文化创意产业收入仍保持第四位，增速位列第三。西城区文化创意产业总体呈现稳中有升的发展态势。

二　发展特点

坚持以文化为内核、以金融为动力、以科技为支撑，抓机制、建平台、强服务，全力推进文化创意产业的发展。

（一）重点产业引领作用突出

西城区文化艺术服务、新闻出版及发行服务、设计服务、艺术品生产与销售服务、文化休闲娱乐服务五个重点行业的收入分别占全区文化创意产业

* 岑运东，西城区产业发展促进局局长。

总收入的 5.7%、18.2%、9.7%、21.1%、11%。特别是艺术品生产与销售服务和新闻出版及发行服务两大行业共实现收入 358.1 亿元，占全区文化创意产业总收入的 39.3%，对西城区文化创意产业起到了重要的拉动作用。2016 年，西城区艺术品生产与销售服务实现收入 192.6 亿元，同比增长 31.0%，增速高于全区文化创意产业收入增速 23.5 个百分点。

（二）多业态融合发展

加快推动文化与科技、文化与金融的融合发展，积极促进文商旅融合发展，通过加快规模化、集约化和专业化促进文化产业结构升级，推动文化创意产业成为区域经济支柱产业。

在促进产业融合发展方面，建立健全以企业为主体、以市场为导向、产学研一体化的文化科技创新体系；充分发挥驻区金融机构集聚、金融创新能力强的优势，与金融机构共同研发适合文化创意企业的新型金融产品，创新企业融资路径。目前，新华 1949 园区已经成为文化金融创新中心，初步实现了立足北京、服务全国的产业功能；中关村西城园作为第一批国家级科技与文化融合示范基地，持续打造“设计之都核心区”，北京 DRC 工业设计创意产业基地成为面向全国设计产业的专业服务平台；孔子学院、天闻数媒、洛可可等一批机构和企业响应国家文化“走出去”战略成绩斐然；诺亦腾、蓝深科创、永鉴高科等一批开发 VR、裸眼 3D、DNA 防伪等新技术的文化科技融合型企业，在金融资本的支撑下得到快速发展；金一文化、春秋鸿影视、三夫户外等一批优质文创企业成功上市。

在促进文化产品消费方面，设立专项引导资金，支持文商旅融合发展的重点项目。重点打造“天桥演艺区”，建成天桥艺术中心，陆续上演了“音乐剧之王”《剧院魅影》、法国原版音乐剧《罗密欧与朱丽叶》等经典剧目，举办了“华人春天艺术节”“新经典艺术节”等活动；以发展“百姓身边的文化金融”为理念，支持福丽特邮币卡电子交易平台建设和报国寺收藏品市场升级，让艺术品更加贴近市民的日常消费；着力挖掘老字号的文化资源，鼓励内联升、瑞蚨祥、张一元、居仁堂等老字号企业自办博物馆或体验中心，不仅拉动了文化消费，而且成为西城区深度旅游的目的地。经过近三年的打造，在区内已形成一批有特色、有内涵、有魅力的市民文化消费场所。

（三）培育产业核心竞争力

针对中心城区空间资源稀缺的基本特点，通过理念创新和模式创新，抓住原创和交易这两个产业链中的关键环节，提高有限空间的单位产值。支持天桥演艺区推广中国原创作品，目前已为观众奉献了话剧《白鹿原》《北京法源寺》等一批优秀原创剧目；支持繁星戏剧村、科影剧空间、开心麻花等一批演艺企业开发原创艺术作品；增强文化企业知识产权意识，指导文化企业完善自主知识产权体系，通过版权交易机构实现企业知识产权的资产化、资本化。同时，支持中国北京出版产业园等一批专业园区和企业，实现版权的跨行业深度开发。

（四）跨区域合作提高产业辐射能力

推动京津冀文化产业一体化和跨地区文化产业协作，形成扬长避短、优势互补、资源共享的新格局，并从政策、资金、项目等方面建立广泛合作关系。积极探索文化产业的飞地经济模式，与天津武清、河北保定、江苏南京、山西运城等12个城市建立产业协同发展关系。目前，已在武清、运城建立了飞地产业园，为西城区文创企业出京发展创造条件、提供优质空间，促进西城区文创企业的效益倍增。

三　发展思路

根据资源禀赋及发展优势，通过系统规划各文创园区发展路径，打造一批具有影响力的龙头型文化创意企业；结合西城区优势资源，发挥人才的带动作用；积极支持并鼓励文创企业形成领先品牌，逐步形成以“领头企业、领军人物、领先品牌”为代表的文创产业发展格局。

（一）以规划计划为先导，谋划长远发展

编制《西城区文化创意产业发展三年行动计划（2018～2020）》，明确文化创意产业发展定位、发展目标、重点任务及保障措施，聚焦重点领域、重点行业，以持之以恒的工作精神，形成一批示范带动园区、企业和项目，通过产业培育和优化服务，提高产业能级。

（二）以政策制定为重点，引导产业健康快速发展

深入开展西城区“十二五”时期文创产业政策评估，对政策实施的效果进行客观评价。加快编制《关于促进西城区文化创意产业创新发展若干政策》，围绕文创园区建设、文创企业培育、文化金融、文化品牌、领军人才、优化营商环境六个方面制定专项扶持政策，切实发挥政策的导向作用，推动文化创意产业健康、快速发展。

（三）以品牌建设为着力点，提升文创园区的发展品质

打造文创园区品牌。提升西什库 31 号、西海 48、新华 1949 等文创园区的发展品质，实现园区发展品牌化、高端化；积极培育西皇城根 21 号等一批新兴文创园区。开展全区闲置资源调查，结合《西城区疏解腾退空间资源再利用指导意见》，做好资源的利用和整合工作，为文创园区的建设提供资源支撑。建立文创园区产业准入标准，提高园区的精细化管理水平，进一步提升园区的产业竞争力。

（四）加快文化品牌建设，扩大区域文化影响力

充分发挥天桥演艺园区、繁星戏剧村等演艺园区的作用，打造系列品牌活动。办好文化惠民季活动，集中推出优质文化演出活动，为首都文化中心建设贡献力量。充分发挥文化资源丰富的优势，结合“一带一路”倡议等，积极开展文化“走出去”品牌活动。借助文博会、北京设计周、京港会等活动平台，集中推介文创品牌活动与项目。

（五）完善文创服务体系建设，营造良好的营商环境

立足联系沟通、政策宣传、企业服务、学习培训，逐步建立文创产业园区专业化的公共服务体系和长效机制。建立定期调研走访机制，动态了解园区及企业的发展情况，及时解决企业发展中遇到的困难和问题；建立常态化的联系机制，畅通信息交流；搭建政务服务平台，优化营商服务环境；搭建第三方服务平台，为企业在投融资、法律、财务、知识产权等方面提供支持和服务。

（六）建立产业分析研判机制，做好产业的引导提升

建立文创产业发展的数据分析机制，通过对行业、重点企业监测与分析，做好产业发展的预判工作；建立部门的数据共享机制，对产业的收入、利润、税收、迁入迁出进行动态的数据更新，及时发现产业的变化和发展情况；加强智库工作，建立咨询机制，把握行业发展的政策、动态、趋势，及时做好产业的引导提升，使资源的配置更加有效。

B.5

朝阳区：创新驱动，融合发展，推进文化创意产业提质增效升级发展

郭 琪 兰 坤*

2016 年，朝阳区以国家文化产业创新实验区建设为契机，积极有序推进全区文化创意产业提质增效升级发展，全面提升文创产业国际化、高端化、集约化、融合化、品牌化水平。2016 年，朝阳区文化创意产业保持平稳向好发展态势，各类文创要素资源进一步集聚，区域功能进一步巩固提升，在疏解非首都功能、构建“高精尖”经济结构和服务全区“建设‘三区’、建成小康”总体目标中的作用日益增强。

一 发展概况

2016 年，朝阳区文化创意产业延续“十二五”期间的发展势头，各项经济指标稳步增长。

（一）产业规模不断扩大

截至 2016 年 12 月底，全区文创企业注册数为 72247 家，2016 年新增 14251 家，同比增长 24.6%。其中，注册资本在 1 亿元以上的文创企业有 202 家，注册资本在 5000 万元以上的有 650 家，注册资金合计达 613.5 亿元。国家文化产业创新实验区文创企业注册数为 34848 家，2016 年新增注册资本在 1 亿元以上的有 99 家，新增注册资本在 5000 万元以上的有 274 家，注册资金合计达 282.3 亿元。国家文化产业创新实验区核心区成为中国

* 郭琪，兰坤，北京市朝阳区委宣传部。

文化传媒类企业最集聚的区域。2016 年，全区文化创意产业实现区级财政收入 93.7 亿元，财力贡献比重逐年提升；产业增加值超过 600 亿元，同比增长 13%，支柱地位进一步巩固。

（二）产业结构优化升级

2016 年，朝阳区规模以上文化创意企业收入为 3136 亿元，同比增长 12.9%，实现稳步增长。其中，软件和信息技术服务业、广播电视电影服务业和文化艺术服务业是全区文化创意产业保持平稳增长的突出力量，三大行业收入分别达到 741.5 亿元、113.2 亿元和 83.4 亿元，同比增长 5.2%、17.0% 和 13.6%。移动新媒体、数字出版等新兴文化业态发展迅速，同比增速超过 20%。2016 年 1～12 月，国家文化产业创新实验区规模以上文创企业实现收入 1500 亿元，创意程度高、科技含量高、附加值高的数字出版、数字娱乐、移动新媒体等领域企业收入同比增长 40% 以上。

（三）重点项目稳步推进

在通过传统商业设施升级、旧工业厂房改造利用、农村产业用地选择"高精尖"、有形市场腾退转型四种模式，积极引导北京齿轮场品牌文化创业园、金田影视产业园、北影影视文化创新园等传统产业项目成功转型发展文化创意产业的基础上，2016 年，朝阳区又引导转型升级了东郎电影创意产业园、铜牛电影产业园、西店记忆·CBD 文创小镇、万东国际文化创意产业园、C3 青年时尚产业园 5 个特色文创园区，在不新增产业用地的基础上，实现了非首都功能疏解、构建"高精尖"经济结构的目标。朝阳区文化创意产业集群发展已进入新阶段，逐步形成了以 CBD 为核心，以国家文化产业创新实验区（CBD－定福庄国际传媒产业走廊）为主轴，以大山子时尚创意产业功能区、奥林匹克公园文化体育融合功能区等重点文化创意产业功能区和 60 余个园区为支撑的文化创意产业创新发展的空间布局，错位、协同、融合的集群发展态势日益凸显。

二 发展特色

2016 年，朝阳区通过强化统筹，以国家文化产业创新实验区建设为重点，积极推进文化创意产业提质增效升级发展。

（一）科学规划引导发展

一是围绕全区功能疏解、人口调控、产业升级和“高精尖”经济结构建设等中心工作，按照市、区相关文件要求，研究编制《朝阳区“十三五”时期文化创意产业发展三年行动计划（2017～2019 年）》，进一步明确全区文化创意产业发展的重点、目标、任务和举措。二是发布《朝阳区“十三五”时期建设国家文化产业创新实验区发展规划》，明确了“十三五”时期实验区围绕六大领域创新、发展五大高端产业任务，打造“一廊、两核、多基地”的布局，实施八大行动计划，建设具有世界影响力的文化产业创新发展区。三是系统总结、梳理“十二五”文化创意产业发展成果及经验，对接市规划设计院，细化空间资源梳理，按照多规合一的要求，不断完善国家文化产业创新实验区空间规划。通过顶层设计，科学谋划全区文化创意产业发展。

（二）完善政策促进发展

一是制定出台区级政策措施。正式印发了《北京市朝阳区文化创意产业发展指导目录（2016 年版）》（朝政办发〔2016〕11 号），聚焦高端发展，着力促进全区文化创意产业转型升级发展。2016 年 8 月 15 日，区长办公会正式审议通过了促进文化产业升级发展的“政策十五条”，涵盖品牌提升、信用体系等十五个领域，通过政策创新，积极构建“高精尖”文化产业结构。二是争取上级先行先试政策落地。朝阳区被认定为全国首批“国家文化消费试点城市”示范区，国家文化产业创新实验区被认定为北京市服务贸易示范基地（第一批）、全国首个“文化行业信用等级评价试点”。三是发挥政策促进作用，助力企业发展。精心指导 280 家文创企业申报

2016 年市级文化创意产业发展专项资金，同时及时落实区级文创产业发展引导资金政策，引导企业走“高精尖”发展之路。

（三）加强服务推动发展

一是完善行政审批服务。在国家文化产业创新实验区设立了双桥、CBD两个企业登记服务站，企业可以就近办理“内资企业变更企业名称”等八项登记业务。二是搭建金融服务平台。2016 年 8 月 10 日，成立全国首个文化企业信用促进会，填补了国内文化创意企业领域信用评级组织的空白，是为创新服务发展模式、搭建文化金融服务平台而做出的重要探索。2016 年10 月 28 日，与北京股权交易中心签订战略合作协议，以国家文化产业创新实验区为核心承载，共建“文创四板”，进一步拓宽文创企业投融资渠道。三是搭建信息服务平台。搭建起包括全区文创企业微信群、全区文化企业大数据信息系统、国家文化产业创新实验区移动 APP 等在内的信息化服务体系，提高精细化服务水平。四是搭建宣传推介平台。成功举办第十一届北京文博会朝阳区系列展览展示活动，采取“1 + 20”的参展模式，组织百余个“文化 +”精品项目、品牌企业以不同形式精彩亮相，共举办 22 场新闻发布会，促进了文化企业的宣传推广与交流合作。成功举办 2016 年国家文化产业创新实验区高端峰会，策划系列大讲堂活动，宣讲政策，提高品牌影响力。协调组织北京国际设计周主宾城市活动，协调组织北京文化消费季开幕式等重要活动。2016 年共接待国家相关部委、省市文化产业官方考察团 60余批次，共计 3500 余人次。五是搭建人才服务平台。举办 2016 年朝阳区文化创意产业人才校园专场招聘会；组织参加“朝阳高端人才昆明行”活动，进一步加强朝阳区与昆明两地人才的交流合作；成功举办文创企业新三板挂牌专题培训班，区域内重点企业高管共计 70 余人次参加培训，为文化创意产业升级发展提供人才支撑。

（四）强化融合提升发展

一是充分发挥文化传媒、广告会展等传统产业优势，加速传统媒体向新兴媒体的转型升级；鼓励创意设计服务融入艺术、旅游、体育、建筑等领域，提升传统产业的创意附加值。二是强化文化科技融合，积极开展文创企业认定“高新技术企业”工作，帮助文化科技类企业享受更多政策支持；支持与鼓励朝阳区文化科技企业开展技术研发和创新活动，指导文创科技企业做好“凤凰计划”的认定和资助与高端商务人才的申报工作。三是强化文化金融融合，积极探索以企业信用为纽带的文化金融服务体系新模式，充分发挥全国首个文化企业信用促进会的作用，帮助会员企业低成本高效融资；与北京股权交易中心共建北京“文创四板”。四是强化文化商务融合，支持、引导区域内有形市场和传统商业设施升级发展文化产业，北影影视文化创新园、华膳园国际传媒文化产业园等成功完成转型，着力打造成集产业要素、品牌活动于一体的文创园；积极组织文化企业参加“北京惠民文化消费季”活动，引导文化消费，实现文化惠民惠企。通过政策创新和综合服务，积极推动文化与科技、金融、商务等业态的深度融合，不断推进供给侧结构性改革。

三　发展思路

下一步，朝阳区将围绕区委、区政府中心工作，全面贯彻落实“创新、协调、绿色、开放、共享”的发展理念，以融合发展和协同创新为主题，探索创新、主动作为、勇于实践、敢于担当，加强工作统筹，加快政策落地，推进国家文化产业创新实验区建设不断迈上新台阶。

（一）完善政策体系，促进创新发展

紧紧抓住国家文化产业创新实验区建设和服务业扩大开放试点机遇，不断创新政策服务体系，提升产业创新发展水平，重点在市场准入、文化消费、文化金融、文化贸易、文化保税等方面积极争取上级支持，推动文化经济政策先行先试。加强国家文化产业创新实验区“政策十五条”的宣传和实施工作，进一步强化政策引导，吸引优质资源集聚。推动设立朝阳区文化

创意产业发展引导基金，进一步发挥财政资金的撬动作用，建立多层次投融资服务体系。

（二）坚持高端定位，促进融合发展

实施“文化+”战略，推动文化产业融合发展，构建“高精尖”经济结构。在文化产业与相关产业融合层面，集成优势创新资源，促进文化与科技、金融、旅游、商务、体育深度融合发展，全面提升文化产业融合发展水平。为文化产业插上科技与金融两个翅膀，突出抓好文化与科技融合，创造新动能，培育新优势；抓好文化与金融融合，进一步发挥金融服务文化产业发展的作用。在推动文化产业与文化事业融合层面，突出文化惠民工程建设，鼓励文化消费，坚持社会效益优化原则，更好地满足群众多层次文化消费需求。在文化产业发展与城市空间的融合层面，把文化产业发展融入城市更新大局，走“以产兴城、以城促产、产城融合”的发展道路，推进产业发展，完善城市功能，实现产业集群和城市功能的互动融合、共同发展，不断增强区域人文精神凝聚力，激发区域创新活力，提升区域发展品质。

（三）统筹项目建设，促进提质发展

认真落实“疏解整治促提升”各项工作要求，优化功能布局，改善产业发展生态环境，提高文化产业发展的国际化水平。一是加大重点园区的功能优化和提升力度，引导存量文化创意产业园区优化园区产业生态环境，提升园区环境品质，促进园区功能、产业、资源的更新升级发展，实现存量资源的提质发展和空间再利用。二是加快推进正在改造的文化创意产业园区建设，通过传统商业设施升级、旧工业厂房改造利用、农村产业用地选择“高精尖”、有形市场腾退转型等方式，加快推进国家广告产业园二期、齿轮场品牌创业文化园二期、万东国际文化创意产业园二期、国华北京热电厂、北京广播电影电视设备制造厂、E9 区创新工场等一批传统产业空间转型升级发展文化创意产业，形成文化产业发展新的空间增量，实现文化产业规模化、集约化发展。前置性引导园区明确功能定位，吸引“高精尖”品牌企业入驻，实现错位、协同、融合发展。

（四）强化公共服务，优化发展环境

进一步健全行政服务、金融服务、信息服务等公共服务平台体系，构建产业发展良好生态，全方位服务产业发展。推进公共服务平台建设行动、“数字实验区”建设行动、“蜂鸟计划”助飞行动、信用评价体系构建行动、“文化定福庄”品牌提升行动、高端智库建设行动、“国内外知名文化园区”协作发展行动和“百名精英”高端人才培养行动“八大行动”计划。推进国家文化产业创新实验区12330分中心的各项工作，充分发挥中国版权协会和北京知识产权协会等行业协会的作用，为区域范围内的企业提供版权保护、版权监测、快速维权等全链条的知识产权维权服务。探索文化金融服务模式创新，推动国家文化产业创新实验区文化金融服务中心建设。开展“政策大讲堂”等“精准服务促发展”系列服务活动，全面助力文创产业升级发展。

（五）加强宣传推介，提升品牌影响力

积极组织或参与CBD创新发展年会、中国网博会、国家文化产业创新实验区发展论坛等系列品牌活动，加大国家文化产业创新实验区宣传推介力度。推进京津冀文化产业协同发展中心建设，促进京津冀文化产业协同发展。创新媒介宣传形式，进一步加大对国家文化产业创新实验区发展动态、产业政策等的传播力度，不断提升朝阳区文创品牌影响力。

B.6 丰台区：做强文化创意产业，助力文化丰台建设

韩骏伟*

2016年，丰台区围绕首都“全国政治中心、文化中心、国际交往中心、科技创新中心”功能主承载区的战略定位，抓好文化大环境建设，着力建设“创新丰台、绿色丰台、文化丰台、和谐丰台”，贯彻落实文化强区战略，下大力气建设“文化丰台”，让文化创意产业逐步进入发展的快车道。文化创意产业作为丰台区“十三五”时期重点发展的三大主导产业之一，在创新驱动发展、加快构建“高精尖”产业结构、促进全区文化繁荣发展上发挥着越来越重要的作用。

一 丰台区文化创意产业发展的资源优势更加凸显

丰台区位于北京中心城区南部，辖区面积为306平方公里，人口为220多万人。北京的“母亲河”永定河由北向南把丰台区分为河东、河西两个区域。丰台区的整体资源优势概括起来有五个特点。一是历史文化源远流长。莲花池——北京城最早的供水水源地、金中都——北京王朝都城的见证、燕京八景之一的“卢沟晓月”，以及卢沟桥、宛平城等历史文化遗址，不仅见证了古都北京的沧桑巨变，而且彰显了人文丰台的独特魅力。二是区位优势明显。丰台区与东城区、西城区、朝阳区、海淀区等8个区接壤，南中轴纵贯南北，南二环、南三环、南四环、南五环横贯东西。南苑机场、北京西站、北京南

* 韩骏伟，丰台区委宣传部副部长，丰台区文化创意产业促进中心党组书记。

站、丰台火车站坐落于此，11 条高速公路和城市快速路穿行而过。即将建成启用的首都第二机场城市航站楼也位于丰台区，20 多分钟便可直达新机场。三是生态环境优美。城市绿化覆盖率达到 47%，水域面积达 8 平方公里。这里有北京园博园、北宫国家森林公园等 8 个城市森林公园，永定河、凉水河、小清河三大水系蜿蜒而过，园博湖、晓月湖、宛平湖、园博园湿地“三湖一湿地”分布其中，连同未来将要建设的面积为 14000 亩的北京南苑森林湿地公园，形成了完整的“山、水、林、田、湖”生态格局。四是发展空间广阔。全区还有相当面积的可利用建设用地，主要集中在南三环、南四环沿线的黄金地段。特别是丽泽金融商务区还有可利用空间，是北京三环内最后一块成规模的开发区域。在新一版城市总体规划的指引下，在北京南中轴地区计划建设集商务服务、时尚创意、交易展示等多要素于一体的首都商务新区。五是人才资源丰富。以中国中车、中国中铁、中国通号为代表的轨道交通知名企业，以航天一院、航天三院为代表的航天科技尖端企业汇聚丰台，这里已经成为国内轨道交通、航天科技龙头企业分布最广、规模效益最显著、研发实力最强的区域之一。全区共有 26 名两院院士、41 名国家“百千万人才”，各类专业技术人员超过 16 万人，丰台区已经成为继海淀区之后全市第二大智力资源密集区。以上资源优势为促进丰台区产业发展提供了良好的资源条件。

二 丰台区2016年文化创意产业发展概况

2016 年丰台区文化创意产业已经形成了体系较为完备的产业门类，在国家和北京市政策的大力支持下，丰台区文创产业规模有了大幅度的提升，产业发展轨迹趋于平稳。目前，在丰台区工商局注册的文化创意企业数量从 2011 年的 11366 家增加到 2016 年的 25208 家，增幅达 122%，年均增长 17.3%（见图 1）。2016 年全区规模以上文创企业实现收入 377.1 亿元，较 2011 年增长 52.1%，从业人员数为 3.93 万人，实现利润 23.7 亿元，资产达 681 亿元，呈现强劲的发展势头。从九大门类来看，设计服务业、文化用品设备生产销售及其他辅助服务业增势显著，软件和信息技术服务业、艺术品生产与销售服务业增势稳定，新闻出版及发行服务业受传统出版服务萎缩的持续影响，收入水平有所降低。

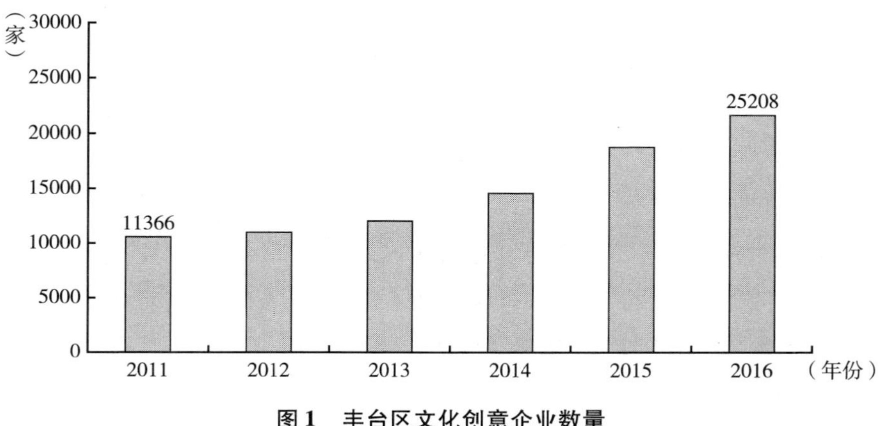

图 1 丰台区文化创意企业数量

三 丰台区推进文化创意产业发展的举措

2016 年，丰台区在区委、区政府的正确领导下，从自身出发，围绕顶层设计、产业基础、服务平台、特色品牌和宣传推广，抓文化环境建设，促产业发展，从多方面营造文创产业发展环境。

（一）加强研究，做好顶层设计，营造良好的政策环境

1. 发布《丰台区文化创意产业专项资金管理办法》

修订完善并出台了《丰台区文化创意产业专项资金管理办法》，连续三年每年安排 3000 万元资金，重点支持符合丰台区文化创意产业发展定位和产业布局、具有良好的社会效益和经济效益的文化创意产业园区类项目，整合文化资源提供平台服务的平台类项目、传播特色文化的项目、文化创意和设计服务与相关产业融合发展的融合类项目等方向的文创产业项目。专项资金充分发挥财政资金的杠杆作用和引导作用，进一步促进全区文化创意产业健康快速发展。

2. 积极开发利用文化空间和文化资源调研成果

编制完成《丰台区文化空间资源情况调查报告》和《丰台区文化资源

情况调查报告》，系统分析了丰台区当前土地空间情况、文创企业总体情况、专业人才分布情况等产业发展的基础性问题，并开发了丰台区文化资源线上管理和地图呈现系统，实现了对辖区老旧厂房等建筑空间，绿地、公共服务设施用地等土地资源，以及文创企业、专业院团和群众文化团体的可视化、信息化及地图化管理。

3. 发布《丰台区“十三五”时期文化创意产业发展规划》

通过前期调研、反复修改、专家论证，在与国家、北京市和丰台区“十三五”时期国民经济和社会发展总体规划及相关专项规划进行有效衔接的基础上，形成并发布了《丰台区“十三五”时期文化创意产业发展规划》，具体指导2016～2020年区文创产业建设。

4. 完成“丰台区关于推进文化创意和设计服务与相关产业融合发展实施意见”课题研究工作

积极贯彻国家、北京市推动文化创意和设计服务与相关产业融合发展战略，经过广泛调研和深入研究，完成“丰台区关于推进文化创意和设计服务与相关产业融合发展实施意见”课题报告，立足丰台区文化创意和设计服务实际，提出与相关产业融合发展的路径和举措，充分发挥文化创意和设计服务在推动区域经济发展中的价值和功能。

5. 汇总编制印发各项政策

梳理丰台区、北京市、国家的各项文创产业政策，汇总整理各项办事流程及奖励措施，编制印发了《丰台区文化创意产业政策汇编》和《丰台区文化创意企业服务手册》。前者重点介绍了区内区域综合、产业促进、创新发展、人才引进、重点功能区、中小企业等方面的政策；后者介绍了区内文创产业发展情况，系统梳理了区内从注册、办公用地、人才服务、企业服务、产业促进、创新发展、上市融资等各方面的政策，极大地方便了文创企业了解区情，为发展提供了有效指南。

6. 积极探索基金服务文化创意产业的新模式和新路径

文化创意产业专项资金的设立，无疑为丰台区文创产业的发展注入了一针强心剂。但仅靠文创资金扶持，以输血的方式补贴企业，还不能发挥更大的引领带动作用。丰台区从自身区情出发，着手研究了产业发展基金、戏曲传承发展基金、数字出版基金等基金模式，并与有关单位进行了初步对接，为下一步基金设立打下了基础。

（二）政企联动，做好服务引导，营造优越的经济环境

1. 发布相关政策，落实文创专项资金项目工作

印发《丰台区文化创意产业政策汇编》和《丰台区文化创意企业服务手册》，汇集丰台区、北京市、国家的各项文创产业政策。完成2015年度文创专项资金支持项目的中期检查和项目结项工作，严格把关，确保资金使用合法合规，资金按时足量到位。针对前两年的项目工作完成情况，修订并发布《丰台区文化创意产业专项资金管理办法》。

2. 支持“众创空间”建设，积极鼓励企业“走出去”

丰台区不断加大对文化创意产业的支持力度，大力扶持创新创业项目，成功举办丰台区青年文化创新创业大赛暨华夏银行杯首届北京市文化创意创新创业大赛（丰台赛区），评出6个创业项目落户丰台，6个项目入围市级大赛。经过市赛多轮比拼，3个项目进入北京市“文创30强”，其中“蜘蛛侠摄影机”项目挺进市赛总决赛，最终取得第二名的优异成绩，7个项目与投资人达成初步投资意向。推动一批项目实现了“走出去”，2016年10月20日，中宣部组织召开图书“走出去”工作座谈会，中共中央政治局委员、中央书记处书记、中宣部部长刘奇葆出席，时代华语公司作为行业代表在会上发言，得到与会领导的一致好评。积极推介优秀企业，正邦、依文等企业获得第二届“首都文化企业30佳”殊荣。

（三）重点突破，做好平台建设，营造和谐的人文环境

1. 推进戏曲文化中心建设

开展戏曲文化中心的选址论证工作，启动了戏曲文化数字博物馆建设；集相关政府部门、戏曲院团院校、戏曲文化企业、戏曲群众社团等资源于一体的戏曲文化发展联盟正式成立，成为戏曲文化中心和戏曲产业建

设发展的中坚力量。与九天星韵、华戏、校园之星等驻区戏曲文化特色企业对接，推动戏曲项目落地；继续完善线上戏曲文化数字化平台建设；与区文促中心联合完成丰台区文化创意产业（戏曲文化）展示大厅布展工作。

2. 继续搭建文化协同创新平台

调研时代华语、俏佳人、九天星韵、卓望等辖区企业，并结合企业资源和创新要素，积极搭建包括中国特色社会主义理论大众化协同创新、中华文化传承协同创新、新型主流媒体建设协同创新在内的文化协同创新三大平台，形成了中华基本史籍、新媒体业务支撑平台等 20 余个文化创新特色成果，并在市区媒体刊发了题为《推动文化科技协同创新　促进文创产业特色发展》的专版报道，宣传了文化科技融合发展的有关工作。

3. 建设文化园区，集聚产业发展要素

文创园区日益成为丰台区产业资源和文创企业集聚的高地。2016 年，丰台区积极推进园区建设，支持园区做大做强。据不完全统计，丰台区现有产业集聚效应突出、社会影响力大的重点文化创意产业园区约 15 个，包括北京国家数字出版基地、戏曲文化中心、大红门时尚创意产业集聚区、北京 111 文创产业园、隆晟文化产业园等 10 余个文创园区，基本形成了以国家级园区为龙头、以市级园区为支撑、以区级园区为示范的三级园区发展体系和格局。

4. 优化人才队伍，集聚文创精英力量

为服务大红门地区产业转型升级，与大红门街道一起组织该地区 30 余名批发市场的负责人走进朝阳区莱锦文化创意产业园参观学习，开展政策专题培训，提前做好大红门地区非首都功能疏解后产业转型升级的培训和指导工作。2016 年中，与区文促中心联合举办文创企业培训班，来自新闻出版业以及卢沟桥乡部分乡镇企业的 70 余名文创骨干参加培训。主动与区委组织部、区人力社保局等有关单位合作，积极推介文创企业加入“聚才引智之家”，做好文创人才引进、人才招聘、人才落户、北京居住证办理等人才服务，营造人才发展的良好氛围。与区委组织部系统调研区内人才公寓等设施，并针对园区发展情况召开座谈会，形成“园区＋公寓”的创新思路，为区内优秀人才提供更加优越的工作和居住条件，优化人才发展硬件设施和软环境。

（四）创新探索，做好特色品牌，营造良好的产业发展环境

1. 成功举办“2016北京戏曲文化周”活动

2016年5月，北京戏曲文化周和“中国－中东欧国家艺术合作论坛”的相关消息刷爆了微信朋友圈。活动期间，为期6天35场的地方园唱地方戏活动共吸引观众5000余人次；“百屏百戏戏曲动漫影像展”每天同时展播100余种近300个剧目作品，吸引了无数青少年驻足观看；戏曲互动区每天吸引游客近3000人次；来自京津冀地区的3000名票友参加了健步大会，同时发布北京戏曲文化地图；戏曲文化创意产品展销活动3天共吸引1400人次参加，消费金额约5万元。北京戏曲文化周以丰富多彩的内容和群众喜闻乐见的方式，提升城市内涵，赢得了各界的广泛好评，促使戏曲文化中心建设成为社会共识。

2. 推动长辛店地区历史文化资源的发掘、提炼和保护工作

丰台区领导先后两次到长辛店实地考察调研，并与长辛店街道相关负责人交流座谈，充分了解长辛店地区历史文化资源现状和区域发掘、保护、传承红色文化的经验和做法，搜集整理反映长辛店历史文化发展的文史材料，为创作长辛店红色主题作品提供了基础素材。

3. 持续办好丰台区惠民文化消费季

丰台区已成功举办四届惠民文化消费季，2016年惠民文化消费季亮点纷呈，累计开展活动30余场次，参与群众近40万人次，依文、时代华语、校园之星等70余家辖区文创企业积极参与，共发放免费观影券5000余张，产生文化消费金额2400余万元，免费发放活动宣传品、活动纪念品共计15000余套（件），成功掀起了新一轮文化消费热潮。

（五）总结策划，做好宣传推广，营造良好的舆论环境

1. 系统梳理和宣传“十二五”文化创意产业发展成果及经验举措

积极总结“十二五”期间文创产业发展的有益经验，依托丰台区文化

创意产业网、“文创之家”微博和“丰台文创”微信公众服务号“三位一体”的新媒体平台，展开系列宣传，并先后在《丰台报》刊登《推动文化科技协同创新　促进文创产业特色发展》和《回眸“十二五”：丰台区文化创意产业快速发展》两篇反映丰台区文创产业发展成果的专版。完成《丰台区文化创意产业“走出去”案例精选》，对区域文创产业“走出去”成果集中推介；通过宣传，文创工作得到各方的关注和肯定，为产业发展营造了良好的舆论氛围。

2. 持续做好信息宣传工作

参与2016年惠民文化消费季宣传工作。坚守信息报送宣传阵地，积极总结提炼科室工作，2016年在《北京日报》《宣传系统快报》《丰台报》等媒体共刊登报道30余篇，做到工作落地有声。

3. 继续完善“三位一体”的新媒体平台

丰台区文化创意产业网、“文创之家”微博和“丰台文创”微信公众服务号同步运行，实现了信息联动、共享机制，为产业发展营造了良好的舆论氛围。

四　丰台区“十三五”时期文化创意产业发展趋势

在空间布局方面，未来丰台区将促进区域文化特色发展，推动特色文化片区（小镇）建设，形成交相辉映、特色鲜明的公共艺术展示区和城市文化创意空间。重点推进国家、北京市文化创意产业功能区建设，结合老旧厂房改造和功能疏解腾退空间升级利用，引导和培育一批文化创意产业园区，打造文化类创客基地、创新工场等“双创”空间。在产业格局方面，基于丰台区独特的资源条件，持续打造戏曲文化、数字创意、康养休闲和红色文化等具有独特优势的特色文化产业。同时，依托现有产业基础，重点发展设计服务、会议展览、艺术品交易、影视传媒等具有发展潜力的文化创意产业。

（一）促进特色文化片区（小镇）建设

科学布局文创产业空间，依托东高地航天文化资源、方庄商业文化资源、马（家堡）西（罗园）右（安门）戏曲文化资源、南苑皇家苑囿文化资源、大红门服装文化资源、丽泽金中都历史文化资源、花乡花卉文化资源、丰台科技园区科技文化资源、长辛店老街及二七厂历史文化和红色文化资源、王佐镇旅游文化资源、“北京西岸”园博园戏曲文化周等演艺文化资源，打造各类特色文化片区（小镇）。

（二）打造重点文创园区

发挥文化产业园区的地缘集聚效应，构建完整的文化产业链，促进文化产业的可持续发展。推进北京国家数字出版基地国家级园区的建设，争取将戏曲文化中心打造成为国家级文化园区。推进大红门时尚创意产业集聚区、戏曲文化中心、卢沟桥文化创意产业集聚区、中国动漫游戏城等市级文化功能区建设。引导、培育和认定一批区级文化创意产业园区，做强现有的京辰瑞达文化科技孵化中心、北京文化创新工场万开基地、北京111文化产业园区、隆晟文化产业园、永乐文化产业园、石榴中心等园区，争创国家、北京市文化产业示范园区和示范基地。

（三）做强特色文化产业

1. 戏曲文化产业

基于丰台区戏曲独特的文化资源，发挥区域戏曲专业高校院团集中、群众基础较好的优势，积极贯彻中央弘扬戏曲等传统文化的精神，落实国务院《关于支持戏曲传承发展的若干政策》，按照北京市“一区一品”对丰台区戏曲文化的品牌定位，以及《北京市文化创意产业功能区建设发展规划（2014～2020年）》、《关于支持戏曲传承发展的实施意见》和丰台区建设戏曲文化功能区的规划，发展以戏曲文化为内涵、与相关产业融合发展的戏曲文化产业。加快建设戏曲文化交流中心、戏曲博物馆等重点项目。持续举办“中国戏曲文化周”重大活动，扩大戏曲文化影响力。深化实施戏曲进社区、戏曲进校园、票友大赛等项目，拓展戏曲发展的群众基础，培育壮大戏曲市场。

2. 数字创意产业

基于新闻出版业在“十二五”期间的基础优势（从2010年底到2014年底，新闻出版业规模以上企业营业收入年均增长7.6%），以北京国家数字出版基地建设为带动，以数字创意产业发展为重点，强化企业创新能力，加深数字出版产业链的耦合程度，促进传统媒体与新兴媒体的融合发展，发展集数字出版创意策划、数字内容加工生产、数字出版平台运营等服务于一体的面向互联网、移动网络和智能移动设备的数字创意产业。

3. 康养休闲产业

依托旅游休闲娱乐业的基础优势（从2010年底到2014年底，旅游休闲娱乐业规模以上企业营业收入年均增长16.2%），发挥南宫、北宫、长辛店古镇等自然生态环境和历史人文资源优势，贯彻落实国务院《关于促进健康服务业发展的若干意见》《关于加快发展体育产业促进体育消费的若干意见》等促进健康服务业、养老服务业、旅游业、体育产业与文化产业融合发展的若干政策，结合永定河生态文化新区和卢沟桥文化创意产业集聚区的建设，发展康养休闲产业。

4. 红色文化产业

依托长辛店留法勤工俭学旧址、“二七”纪念馆、卢沟桥、宛平城、抗日战争纪念馆等独特的红色文化遗存和航天科技等当代红色精神，深入挖掘红色文化内涵，将红色文化和历史文化、生态文化、工业文化有机结合，发展红色文化旅游、体验、教育、培训、演艺、影视等特色产业，促进长辛店古镇的保护开发，努力打造成特色旅游目的地和特色文创园区。引进和培育文化、旅游业态，推进卢沟桥文化创意产业集聚区建设。

（四）发展重点文化产业

1. 设计服务产业

依托设计服务业的产业基础（从2010年底到2014年底，设计服务业规模以上企业营业收入年均增长24.2%，收入居全市第二位），重点结合大红门时尚创意产业集聚区非首都功能疏解和产业转型升级，促进时尚创意、设计、博览、展示、体验、交流等设计服务高端业态的发展。结合花卉产业的发展，挖掘花卉历史文化，延伸花卉产业链条，促进设计创意与园艺花卉等相关产业的融合发展。

2. 会议展览产业

依托广告会展业发展基础（从2010年底到2014年底，广告会展业规模以上企业营业收入年均增长12%），以青龙湖、园博园等会展场馆为空间载体，承接重大国际会议和文化交流活动，做大做强会议展览产业，使其成为重要的国际会议会展举办地。

3. 艺术品交易产业

发挥艺术品交易业增长速度快、发展潜力大的优势（从2010年底到2014年底，艺术品交易业规模以上企业营业收入增速最快，年均增长25.3%），提升书画、艺术品、工艺品、旅游产品等交易水平，加快艺术品评估、鉴定、保险等要素集聚，拓展线上线下艺术品交易市场。

4. 影视传媒产业

以现有影视传媒业为基础（从2010年底到2014年底，影视传媒业规模以上企业营业收入年均增长11.1%），依托保利、中影等电影院线和八一电影制片厂等影视机构，促进传统媒体与新兴媒体融合发展，支持品牌企业与院线入驻，以技术创新和内容创意为核心，拓展影视传媒产业链条。

B.7

石景山区：科技创新驱动文化创意发展，助力区域经济提质增效

石景山区科学技术委员会

石景山区文化创意产业从2003年数字娱乐产业软课题研究起步，2004年“北京数字娱乐产业示范基地”成功在北京市科委立项，次年成为“国家数字媒体技术产业化基地”和“国家网络游戏动漫产业发展基地”的重要组成部分。2006年北京数字娱乐产业示范基地被纳入首批北京市文化创意产业集聚区，产业发展步入快速集聚阶段。随着首钢涉钢产业搬迁和产业结构调整，石景山区进入了经济社会全面战略转型期。为了解决产业空心化问题，进一步拓展发展空间，区委、区政府把无污染、高附加值的文化创意产业确定为区域经济结构转型的先导产业，从此文化创意产业进入了高速发展期。园区先后被认定为“十大最具影响力国家文化产业基地”“国家级文化和科技融合示范基地”“国家级文化创意产业服务标准化试点”“数字娱乐特色北京市国际科技合作基地”。

一　2016年产业发展整体情况

（一）文创企业入驻势头不减

凭借多年的产业环境优化积累，石景山区文化创意产业品牌特色得到巩固和加强。2016年石景山区继续发挥政策集成优势，采取产业招商、合作招商、项目招商等方式招优引强。吸引畅游龙见、恒源天成等文化创意企业落户，华谊兄弟旗下北京华谊兄弟聚星文化有限公司和华谊兄弟（北京）

电影发行有限公司两家公司的入驻，以及中职联篮球俱乐部等新一批龙头企业的落户，彰显了区域对文创企业持续的吸引力。2016 年新引进文化创意类企业数百家，截至目前区内文创企业总数达 5000 余家。

（二）经济总量持续稳步增长

以中关村石景山园为载体，文化创意产业发展迅速。2016 年园区文化创意产业实现收入 360 亿元，同比增长 10.5%，成为区域全面深度转型、高端绿色发展的重要支撑。目前，园区共拥有文化创意上市企业 7 家、新三板挂牌企业 21 家。在文化创意产业发展的带动下，高技术服务、科技金融、“互联网 +”等产业均保持较快增长，园区经济发展质量持续提升，全年实现收入 1800 亿元，税收突破 80 亿元。文化创意等新兴高端产业的快速发展带动石景山区产业结构持续优化，促进了石景山区第三产业发展，第三产业增加值占 GDP 的比重高达 69.8%。

（三）产业融合发展特色鲜明

目前，石景山区已经形成网络游戏、影视动漫、数字媒体和设计产业互为支撑的发展格局。一是影游联动，实施大 IP 战略。涵盖电影、游戏、动漫等诸多商业模式的 IP 逐渐成为互联网时代文化产业的核心因素。蓝港实施“跨界做娱乐，打造全球化 IP”战略，已向市场投放《捉妖记》等一批“游戏 + 影视”产品，同时在旧金山湾区成立分公司，布局海外市场。昆仑在线、暴风科技成立影视公司，聚焦 IP，进军影视泛娱乐业务。世界星辉以 8 亿 360 手机助手用户为突破，通过代理精品和原创 IP，企业移动游戏竞争力不断提升；搜狐畅游实施“大 IP、好游戏、大发行”手游战略，推出精品 IP 手游。二是 VR 产业表现不俗。在 VR 产业链布局上，已经拥有了以搜狐畅游、蓝港互动等为代表的游戏企业，以华录百纳、华谊兄弟等为代表的影视文化公司，以暴风科技为代表的 VR 生态平台，以安趣科技、疯景科技为代表的 VR 全景软硬件服务企业等一大批优质企业。华录百纳设立 VR 产业事业部，拟在未来 3 年投资 10 亿元，以整体运营能力撬动 VR 版权及

VR 内容运营。暴风科技的魔镜系列产品、VR 电视获多方认可，基于本领域的 VR 产业生态平台构建已见雏形；搜狐畅游建立 VR 实验室，将推出两款重磅 VR 游戏。三是设计服务业发展态势良好。以动漫游戏设计、工程设计、建筑设计为核心，培育众包设计服务、3D 打印等新兴的设计服务模式，不断提升设计服务能力。完善"北京设计产业示范基地公共服务平台"，为用户提供测试研发、创意设计、技术交流与推广等高端服务。2016 年石景山区北京青果灵动科技股份有限公司、北京合康亿盛变频科技股份有限公司、北京国是经纬科技股份有限公司 3 家企业被认定为 2016 年度北京市设计创新中心。截至目前，石景山区共有北京市设计创新中心 13 家。星河园林、歪歪兔等 5 家企业获得 2016 年首都设计提升计划支持。四是国际化步伐进一步加快。依托"数字娱乐特色北京市国际科技合作基地"，曲奇动力、互爱互动分别与美国和巴西相关公司达成合作意向。企业文化创意产品纷纷走出国门，截至 2016 年底，华录百纳制作的电视剧已有近 30 部共 900 余集实现了"走出去"。华录百纳与全球知名视频网站 Viki 达成战略合作意向，开设独立的官方频道——"华录百纳剧场"。昆仑在线在中国港澳台以及日韩、东南亚、欧美等地都建立了直接发行网络。五是文化体育行业悄然兴起。华录文化推出的《跨界歌王》《女神新装》等综艺节目深受广大观众好评；试水文化体育创意传媒，获得未来 15 年欧洲篮球冠军联赛中国地区的独家经营权。暴风体育打造"全球互联网体育平台"，已经通过 PC 及 APP 播出了中超、德甲等版权赛事。北京冬奥组委落户首钢，由 CBA 联赛 18 家俱乐部联合成立中职联篮球俱乐部，全市唯一一座以体育命名的大厦——首钢体育大厦于 2016 年 7 月投入使用。

二　推动产业发展的具体举措

（一）加强顶层设计，出台产业支持政策

研究制定"1 + N"政策体系。围绕加速构建"高精尖"经济结构，促

进产业高端绿色发展，研究制定“1 + N”政策体系，发布《石景山区关于促进中关村石景山园高端产业集聚发展的办法（试行）》和《石景山区关于支持科技创新和成果转化应用的实施办法》。政策涵盖促进产业发展、科技创新、金融支持、人才支持等多方面内容，将配套形成促进产业集聚、支持科技创新和成果转化应用、支持文化创意产业等相关子办法和操作细则。

联合发布虚拟现实产业支持政策。结合虚拟现实产业发展趋势和石景山区文化创意产业发展基础，石景山区政府与中关村管委会联合开展虚拟现实产业研究与政策制定工作，形成《关于促进中关村虚拟现实产业创新发展的若干措施》，通过政策的落地实施，在石景山区集聚虚拟现实龙头企业，形成新的经济增长点。目前，《关于促进中关村虚拟现实产业创新发展的若干措施》已经正式发布。

（二）围绕创新创业，推进文创众创空间建设

引导众创空间规范化、品牌化、特色化发展。深入实施“创新创业石景山”启航工程，鼓励龙头企业、行业领军企业、投资机构等各类创业服务主体创办产业驱动型孵化服务平台，以培育游戏设计、虚拟现实、“互联网 +”等高新技术为重点，加速升级文化创意产业链。创业公社、蒲公英国际青年创业驿站已经形成品牌化、连锁化发展，辐射到海淀、亦庄、丰台以及保定等周边地区。趣行天下、蓝港互动等文化创意企业积极开放产业资源，搭建产业驱动型创业服务平台，提供游戏产品策划开发、产品运营推广、海外市场拓展、数据分析等服务。目前，华海基业、创业公社、石谷轻文化产业孵育基地、蒲公英国际青年创业驿站 4 家企业成为国家级孵化器。

打造创业服务平台，营造创新创业氛围。全面推动落实《中关村石景山园中小企业创业孵化试点方案》，以及石景山特色众创空间公共服务平台建设，搭建“双创”公共服务平台，支持区内各创业服务机构提升专业能力。依托“微软技术实践中心”，引入全球领先微软云 Azure，提供共性技术共享、培训和实践平台；与金融博物馆、协同创新研究院、阿里、百度、

甲骨文、大唐电信、微软、新浪、搜狐等建立开放共赢的合作关系，与斯坦福商学院、北京大学、清华大学等高校形成联动，汇集30余家第三方创新创业服务资源，集聚各类金融投资服务机构40家，会聚创业导师100人以上，举办2016年盛景全球创新大奖中国区总决赛和首届北京文化创意创新创业大赛石景山赛区预选赛等活动，创新创业石景山品牌影响力不断提升。

（三）落实创新驱动，搭建科技成果转化应用平台

石景山区科技成果转化应用平台上线试运营。集成区内外文化创意产业优秀科技成果，建设科技成果资源库。整合中技所、天合、北京协同创新研究院等专业机构资源，集聚区内外科技金融服务、科技中介服务和科技孵化服务，重点解决科技成果转化过程中的信息不对称等问题，为科技创新和成果转化提供跨行业、跨部门、跨区域的全流程服务平台体系。2016年共有20余项文化创意产业优秀科技成果实现转化应用。

吸引高端要素资源加速集聚。推动产学研用体系建设，引导院校、机构、龙头企业开放资源，为企业提供技术共享平台，推动以企业为主体、市场为导向的协同创新中心建设。依托首都科技条件平台石景山工作站，整合行业龙头企业开放平台资源，搭建文化创意共性技术创新服务平台，成立快速成型实验室和数字媒体制作解决方案示范中心。依托“数字娱乐特色北京市国际科技合作基地”，开展文化创意技术转移服务，引进或转化具有国际领先水平的项目成果，促进文化产品实现海外出口。

（四）完善服务体系，优化产业发展环境

“引聚育”结合，凝聚高端人才。推动中央、市、区人才政策落实，发挥激励引导效应，鼓励支持高端人才积极申报政府人才资质、荣誉评价和人才扶持项目。截至目前，园区企业共有31人入选中央“千人计划”、市“海聚工程”、中关村“高聚工程”和区“海聚工程”，11人获批市优秀人才培养资助项目，7人入选科技北京百名领军人才培养工程，9人入选北京市科技新星计划，2人入选中关村国家自主创新示范区“金种子工

程”创业导师名单，5 人获评北京优秀青年工程师，11 人通过示范区专业技术资格评价“直通车”获评高级工程师（教授级），12 人获评区级优秀人才。

紧抓关键环节，提升科技金融服务。巩固石景山区国家级文化创意产业服务标准化试点基地建设成果，建立政府、市场、企业“三合一”的服务模式，成立石景山园金融服务联盟，塑造“科技金融日”活动品牌，形成政府专项资金、银行贷款间接融资、风险投资直接融资、创新金融产品融资、资本市场上市融资等多条融资渠道。联合广发银行、杭州银行等特色银行推广“创信通”“文创贷”等专属金融产品，有针对性地开展需求对接，近百家企业从中受惠，融资金额累计近亿元。

支持创新发展，强化知识产权服务。实施知识产权领航工程，区国家知识产权试点城市建设高分通过国家考核验收，启动“国家知识产权示范城市”争创工作。发挥市区联动优势，实施知识产权优势企业培育方案，可牛网络入选第七批“北京市专利示范单位”，全区专利示范单位达到 13 家。联合北京动漫游戏联盟等行业协会加强行业监管，形成“行政执法 + 行业自律 + 企业自保”的知识产权立体化保护模式。

三　下一步发展思路

2017 年，石景山区紧紧围绕国家和北京市政策导向，按照建设国家级绿色转型发展示范区的目标，积极推进大众创业、万众创新，构建高端科技创新驱动体系，建设科技成果转化应用强区，加速构建“高精尖”产业结构，保持文化创意产业平稳增长。

（一）招大引强，提质增效，促进产业高端融合发展

落实“1 + N”政策和中关村促进虚拟现实产业发展若干措施，突出科技文化融合发展特色，巩固文化创意产业发展优势，联合中关村在石景山区建设中关村虚拟现实产业园，整合中关村管委会和石景山区的相关政策，聚

焦石景山园，以技术创新、平台构建、示范应用、创业孵化、金融创新、人才引育等措施为抓手，吸引和集聚全球顶尖技术、人才和资本等创新资源，吸引龙头企业入区发展，推动虚拟现实在电子商务、数字娱乐、教育培训、体育休闲、建筑规划、旅游会展、工业制造、国防军事等领域的示范应用，以新的活力提升石景山区文化创意产业发展水平。

（二）筹划基金，优化平台，加速科技成果转化应用

积极推动建立石景山区科技成果转化应用子基金，以政府资金为撬动，吸引社会资金，支持科技成果转化。优化科技成果转化应用平台，完善平台服务功能模块和“线上 + 线下”运营服务体系，导入优秀科技成果资源，推动科技成果转化落地应用。积极推进首都科技条件平台石景山工作站建设，逐步建立专业的科技成果转化业务团队，加速科技成果转化应用强区建设。

（三）突出特色，激励创新，优化创新创业生态环境

构建“多点支撑、特色鲜明”的创业空间发展格局。落实“创新创业石景山”启航工程和“石创 20 条”，整合各级政策资源，建设石景山众创空间联盟，开展各类创业服务机构交流活动，支持创业机构提升创业服务能力。集约高效利用载体资源，整合首钢体育大厦、原区行政服务中心等八角西街周边载体，以石景山国际创业港项目引进国际化企业与国际人才入驻，建立集创业办公、创业交流、创业运营、创业服务于一体的创业生态圈，推进以八角西街为主体的“双创”集聚区建设。

（四）完善措施，提升品牌，深化“石景山服务”

整合优势资源。依托石景山中介服务联盟为企业提供市场化、定制化服务。支持和引导各类社会中介机构为中小企业提供服务，组织切实满足企业需求的系列培训、对接会、沙龙等活动，打造品牌服务活动新亮点。全年举办 30 期“园区讲堂”。规范服务标准，完善信息沟通机制，加强部门协调，

建立高效协同的委办局协作服务标准，完善企业服务、人才子女入学、国地税服务等“绿色通道”机制。落实岗位责任制，加强对窗口服务人员的监督管理。强化科技金融服务。塑造“科技金融日”活动品牌，全年举办各类融资对接会 8～10 次。推动信用园区建设，试点园区企业信用评级工作，逐步建立企业信用报告制度。建立非法集资企业清理排查的长效机制，维护金融秩序健康稳定。

B.8

海淀区：文化科技融合新动能增强，支撑区域经济转型升级

叶亮清*

一 海淀区文化创意产业总体情况

2016年，海淀区规模以上文化创意产业单位数量为2531家，收入合计为6389.2亿元，同比增长12.1%；税金合计302.0亿元，同比增长-0.9%；从业人员数量为60.9万人，同比增长2.0%；资产总计为11767.5亿元，同比增长19.2%；利润总额为601.5亿元，同比增长7.7%；营业利润为508.6亿元，同比增长12.0%。税金合计、利润总额、营业利润占北京市比重超过50%（见表1）。综合分析，2016年是“十三五”开局之年，海淀区文化创意产业继续保持平稳增长，产业结构稳中有变，增长动力持续强劲，为北京市和海淀区经济转型升级、提质增效提供了有力支撑。

表1 2016年海淀区规模以上文化创意产业总体情况

指标	海淀区	同比增长(%)	北京市	同比增长(%)	海淀区占北京市比重(%)
单位数量(家)	2531	0.1	8033	8.2	31.5
收入合计(亿元)	6389.2	12.1	15224.8	13.2	42.0
税金合计(亿元)	302.0	-0.9	586.1	2.9	51.5
从业人员数量(万人)	60.9	2.0	125.7	2.8	48.4
资产总计(亿元)	11767.5	19.2	24919.2	23.7	47.2
利润总额(亿元)	601.5	7.7	1095.1	3.0	54.9
营业利润(亿元)	508.6	12.0	976.5	10.5	52.1

* 叶亮清，海淀区文化发展促进中心主任。

二　海淀区文化创意产业分行业发展情况

2016 年海淀区文化创意产业进一步巩固“162”发展格局，文化产品和服务的生产与传播以及消费的数字化、网络化进程加快，基于互联网和移动互联网的新型文化业态成为海淀区文化创意产业发展的新动能和新增长点，互联网文化产业优势明显。

2016 年主导行业软件和信息技术服务行业收入合计为 4361.3 亿元，收入合计占比为 68.3%，充分体现了海淀区“互联网 +”的产业优势。6 个优势行业（新闻出版及发行服务、广播电视电影服务、广告和会展服务、设计服务、文化休闲娱乐服务、文化用品设备生产销售及其他辅助服务）中，新闻出版及发行服务行业单位数量继续减少，由 2015 年的 130 家减少至 2016 年的 117 家，收入合计同比增长 2.0%，较 2015 年提高 1.1 个百分点；广播电视电影服务行业收入合计为 558.6 亿元，同比增长 4.2%，收入合计占比为 8.7%，位居第二；广告和会展服务行业延续 2015 年的良好发展势头，收入合计为 551.7 亿元，首次突破 500 亿元，同比增长 34.3%，收入合计占比为 8.6%，较 2015 年提高 1.4 个百分点，位居第三；设计服务行业收入合计为 226.9 亿元，收入合计占比为 3.6%，较 2015 年提高 1.3 个百分点，收入合计同比增长高达 71.2%，扭转了自 2014 年以来的发展颓势，发展势头强劲；文化休闲娱乐服务、文化用品设备生产销售及其他辅助服务两个分行业的收入合计自 2011 年以来首次出现负增长，有待进一步观测分析。2 个潜力行业（文化艺术服务、艺术品生产与销售服务）产业占比基本保持稳定，其中文化艺术服务行业统计口径发生变化，加入了文化艺术教育与培训服务子行业，收入合计增加 36.6 亿元，收入合计占比提高 0.5 个百分点，收入合计同比增长 84.3%；艺术品生产与销售服务行业收入合计为 33.1 亿元，较 2015 年增加 17.9 亿元，同比增长高达 117.8%，为近五年来最大增幅，主要得益于首饰、工艺品及收藏品批发子行业的发展，这与近年来“互联网 + 文化”迅猛发展、线下销售转为线上与线下销售相结合有很大关系（见表 2）。

表 2 2016 年海淀区分行业规模以上单位数量和收入情况

类别	单位数量（家）	收入合计（亿元）	单位平均收入（亿元）	收入合计占比(%)	收入合计同比增长(%)
文化艺术服务	93	80.0	0.9	1.3	84.3
新闻出版及发行服务	117	180.4	1.5	2.8	2.0
广播电视电影服务	96	558.6	5.8	8.7	4.2
软件和信息技术服务	1648	4361.3	2.6	68.3	9.8
广告和会展服务	150	551.7	3.7	8.6	34.3
艺术品生产与销售服务	5	33.1	6.6	0.5	117.8
设计服务	127	226.9	1.8	3.6	71.2
文化休闲娱乐服务	149	128.5	0.9	2.0	-3.9
文化用品设备生产销售及其他辅助服务	146	268.6	1.8	4.2	-3.5
合　计	2531	6389.2	2.5	100	12.1

三　海淀区文化创意企业发展情况

2016 年，海淀区文化创意企业规模继续扩大，整体实力稳步提升。规模以上文化创意产业单位数量为 2531 家，较 2015 年增加 3 家；单位平均收入为 2.5 亿元，同比增长 8.7%；从业人员人均创造收入为 104.9 万元，同比增长 9.8%；单位平均从业人员数量为 241 人，同比增长 2.1%（见表 2）。2016 年，海淀区收入合计超 100 亿元的文创单位有 8 家，分别为中央电视台、北京腾讯文化传媒有限公司、百度时代网络技术（北京）有限公司、百度在线网络技术（北京）有限公司、神州数码（中国）有限公司、腾讯科技（北京）有限公司、微软（中国）有限公司、北京百度网讯科技有限公司；收入合计超 10 亿元的文创单位有 99 家；收入合计超 1 亿元的文创单位有 692 家。

表 3 2011～2016 年海淀区规模以上文化创意产业单位贡献情况

指标	2011 年	2012 年	2013 年	2014 年	2015 年	2016 年
单位平均收入(亿元)	1.2	1.4	1.6	1.8	2.3	2.5
从业人员人均创造收入(万元)	76.8	80.2	81.7	89.8	95.5	104.9
单位平均从业人员数量(人)	156	172	192	199	236	241

四　海淀区文化创意产业园区发展情况

2016年，海淀区经国家、北京市、海淀区命名的文化创意产业园区共16家，其中中国人民大学文化科技园、中央新影动漫文化城（2010年11月）被文化部命名为国家文化产业示范基地，清华科技园（2015年10月）被市委宣传部命名为北京市文化创意产业示范园区，中关村海淀园文化科技融合示范功能区、甘家口创意设计服务功能区、西山文化创意大道音乐产业功能区、北太平庄影视产业功能区（2014年5月）被市文资办命名为北京市文化创意产业功能区，中关村软件园、中关村创意产业先导基地（2006年12月）和清华科技园（2008年4月）被市文促中心命名为北京市文化创意产业集聚区。另外，海淀园管委会和区委宣传部分别于2013年10月和2015年1月共同命名10个海淀区文化科技园区和8个文化科技孵化器（见表4）。

2016年，海淀区文化创意产业园区稳步发展，各具特色。中关村软件园、清华科技园引领互联网文化产业发展，百度、腾讯（北京）、新浪网、搜狐等知名互联网企业入驻园区；768创意产业园设计服务类企业集聚，逐步发展成为具有一定品牌知名度的专业设计园区；中间艺术园区集美术馆、电影院、剧院、艺术家工作室于一体，成为海淀区西部重要的文化艺术综合园区。

表4　海淀区文化创意产业园区认定情况

<table>
<tr><td>园区名称</td><td>国家文化产业示范基地</td><td>北京市文化创意产业示范园区</td><td>北京市文化创意产业功能区</td><td>北京市文化创意产业集聚区</td><td>海淀区文化科技园区</td></tr>
<tr><td>命名主体</td><td>文化部</td><td>市委宣传部</td><td>市文资办</td><td>市文促中心</td><td>海淀园管委会、区委宣传部</td></tr>
<tr><td>中央新影动漫文化城</td><td>2010年11月</td><td rowspan="2"></td><td rowspan="4"></td><td rowspan="2"></td><td></td></tr>
<tr><td>中国人民大学文化科技园</td><td>2010年11月</td><td rowspan="3">2013年10月</td></tr>
<tr><td>清华科技园</td><td rowspan="2"></td><td>2015年10月</td><td>2008年4月</td></tr>
<tr><td>中关村软件园</td><td></td><td>2006年12月</td></tr>
</table>

续表

<table>
<tr><td>园区名称</td><td>国家文化产业示范基地</td><td>北京市文化创意产业示范园区</td><td>北京市文化创意产业功能区</td><td>北京市文化创意产业集聚区</td><td>海淀区文化科技园区</td></tr>
<tr><td>命名主体</td><td>文化部</td><td>市委宣传部</td><td>市文资办</td><td>市文促中心</td><td>海淀园管委会、区委宣传部</td></tr>
<tr><td>中关村东升科技园</td><td rowspan="12"></td><td rowspan="12"></td><td rowspan="7"></td><td rowspan="11"></td><td rowspan="5">2013 年 10 月</td></tr>
<tr><td>中关村多媒体创意产业园</td></tr>
<tr><td>中关村数字电视产业园</td></tr>
<tr><td>中间艺术园区(西杉创意园)</td></tr>
<tr><td>北大文化科技创新型科技园</td></tr>
<tr><td>768 创意产业园</td><td rowspan="6">2015 年 1 月</td></tr>
<tr><td>益园文化创意产业基地</td></tr>
<tr><td>中关村海淀园文化科技融合示范功能区</td><td rowspan="4">2014 年 5 月</td></tr>
<tr><td>甘家口创意设计服务功能区</td></tr>
<tr><td>西山文化创意大道音乐产业功能区</td></tr>
<tr><td>北太平庄影视产业功能区</td></tr>
<tr><td>中关村创意产业先导基地</td><td></td><td>2006 年 12 月</td><td></td></tr>
</table>

五　海淀区文化出口现状分析

（一）概况

2016 年，海淀区共有 115 家文化创意出口企业，出口总额为 9.7 亿美元

（北京海关和企业实地调研数据），文化创意出口企业平均出口额为843.5万美元。在连续四届的“国家文化出口重点企业”中，海淀区国家文化出口重点企业和重点项目数量均居全国前列。2009～2010年度国家文化出口重点企业有211家，其中北京地区56家，占比为26.5%，海淀区占北京地区的比例为30.4%（17家）；2011～2012年度国家文化出口重点企业有489家，其中北京地区71家，占比为14.5%，海淀区占北京地区的比例为40.8%（29家）；2013～2014年度国家文化出口重点企业有366家，其中北京地区60家，占比为16.4%，海淀区占北京地区的比例为35.0%（21家）；2015～2016年度国家文化出口重点企业有352家，其中北京地区70家，占比为19.9%，海淀区占北京地区的比例为37.1%（26家）（见图1）。

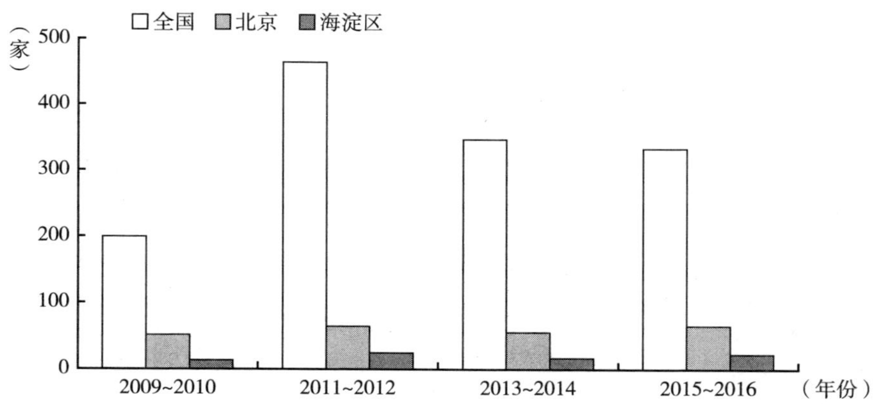

图1　海淀区国家文化出口重点企业数量

海淀区国家文化出口企业形成了一定的规模和影响力。在新闻出版及发行服务行业，2016年出口额较大的有中国教育图书进出口有限公司、中国国际图书贸易集团公司、中国科技资料进出口总公司、北京语言大学出版社、五洲传播出版社、北京珍本国际贸易有限公司6家公司；在广播电视电影服务行业，2016年出口额较大的有北京永新视博数字电视技术有限公司、北京四达时代软件技术股份有限公司2家公司；在软件和信息技术服务行业，2016年出口额较大的有北京美科艺数码科技发展有限公司、中科软科技股份有限公司、东华软件股份公司、北京神州绿盟科技有限公司、北京北大方正电子有限公司等多家公司；在设计服务行业，2016 年出口额较大的有北京林大林业科技股份有限公司、北京首时工业设计有限公司、伟景行科技股份有限公司、北京金瀑布环境艺术有限责任公司、中国纺织工业设计院 5 家公司；在文化用品设备生产销售及其他辅助服务行业，2016 年出口额较大的有北京外文誉成纸业有限公司、北京中科大洋科技发展股份有限公司、新奥特（北京）视频技术有限公司、北京国信国际贸易有限公司、北京东孚久恒仪器技术有限公司 5 家公司。

（二）问题

海淀区商务委员会外贸进出口数据显示，近年来海淀区始终处于贸易逆差状态，需增强企业竞争力，扭转贸易逆差态势（见表 5）。

表 5　海淀区外贸、进出口情况

指标	2015 年	2014 年
新批项目数(个)	409	337
合同外资额(亿美元)	78.6	32.6
实际利用外资额(亿美元)	13.0	16.0
进出口总额(亿美元)	303.6	342.1
进口额(亿美元)	214.8	237.1
出口额(亿美元)	88.8	105.0
有进出口权的企业数量(家)	11119	10228

资料来源：海淀区商务委员会。

在“走出去”过程中，企业主要会遇到以下问题：受到东道国政府的相关审查；东道国的法律不健全、政策不稳定；在投资项目中遭遇本地化要求、税务争议、知识产权争议、群体性劳动纠纷等。

海淀区作为全国科技创新中心的核心区，技术优势明显，但文化创意出口企业占比相对较小。针对此问题，应出台相应的鼓励扶持政策，助力海淀区文化创意企业“走出去”。

B.9

门头沟区：文化引领，提升品牌，推动文化创意产业融合发展

马　琪*

2016年，门头沟区立足区域发展定位及文化资源优势，坚持“学习、服务、创新、发展”的工作理念，深入推进产业结构优化升级，优化金融服务环境，丰富文化创意融合业态，扩大文化消费规模，加强宣传推介，扩大产业影响力，充分发挥文化在产业发展中的引领作用，积极培育壮大文化产业成为支撑门头沟经济转型升级的新亮点。

一　2016年门头沟区文化创意产业发展基本情况

（一）产业呈现快速发展态势

2016年门头沟区规模以上文化创意企业有43家，同比增长13.2%；实现营业收入18.57亿元，同比增长10.34%；拥有从业人员2057人，同比增长14.79%。文化创意产业规模稳步扩大，呈现快速发展态势。

（二）文化创意产业体系稳中有变

从收入构成上看，文化用品设备生产销售及其他辅助服务行业收入最高，为5.87亿元，占全区文化创意产业规模以上企业收入的31.6%；其次为广播电视电影服务行业，收入占比为19.5%；文化休闲娱乐服务行业收入占

* 马琪，门头沟区文化委员会副主任，文化创意产业促进中心主任。

比为 16.4%；软件和信息技术服务、广告和会展服务这两个行业的收入分别占全区文化创意产业规模以上企业收入的 15.6%、12.5%。门头沟区形成了以文化用品设备生产销售及其他辅助服务行业为主导，以广播电视电影服务、文化休闲娱乐服务行业为支撑，以软件和信息技术服务、广告和会展服务行业为重点的文化创意产业体系。

二　主要工作措施

（一）推进产业结构优化升级

以中关村门头沟科技园为重点，积极推动将已建成的楼宇建设成为科技与文化创意企业孵化器。其中，以石龙阳光大厦、石龙创新大厦为载体建设了发展互联网、智能制造产业的孵化器——京西创客工场，以德山大厦为载体建设了发展医药健康产业的孵化器——德山 M－Lab，以洪源广业大厦为载体建设了发展智能制造产业的孵化器——洪源智造工坊，以利德衡大厦为载体建设了发展节能环保产业的孵化器——利德衡绿创空间。园区逐步向高附加值的互联网、智能制造、金融保险、文化创意、医药健康、节能环保及服务业企业转变。入驻园区的文化创意企业发展势头强劲，中央电视台创新·创客频道运营公司等一批文创企业的入驻，不仅可以服务园区创新创业企业，而且有望成为门头沟区文创产业的领军力量。

（二）吸引优质企业入驻

充分利用“门创 30 条”等政策，以贴心细致的服务，吸引行业内实力雄厚、潜力大、影响力强的文化传媒企业回区落地经营。引导世熙传媒总部进驻石龙开发区阳光大厦，协调世熙国际传媒创意谷项目与国土、规划等部门对接，加速项目落地进程；引导省广传媒、上海睿宏特种电影制片商等 3 家企业达成入驻东方博特大厦的意向，逐步壮大并凸显门头沟区文化传媒产业优势。

（三）优化金融服务环境

一是主动沟通，解决企业融资难题。了解企业融资现状，以问题为导向，有针对性地帮助多家中小微文化创意企业与银行、担保公司、融资租赁公司等各类金融机构对接，为企业融资贷款900余万元，疏解小微文创企业轻资产导致的融资难题，促进文化创意市场主体发展壮大。二是指导企业项目申请市级文创专项资金，助美通互动广告公司获得企业上市挂牌资金奖励60万元。三是加大金融知识培训力度。应区文化创意企业需求，解决融资难、融资渠道单一等问题，以“文化创意企业融资渠道及技巧”“传统文化与文化创意产业融合发展”为主题，举办了第三、第四期培训班，并到第十一届文博会现场进行了参观交流。培训学员包括各镇、街道文化创意产业领导小组成员单位的主管领导、业务骨干，区重点文创企业负责人及财务总监。通过培训，在文创银行、租赁、担保、产权交易、文化经济政策等金融机构之间搭建了良好的沟通与交流平台，拓宽了企业融资渠道，树立了文化资源利用设计、创意、科技手段产业化的意识，对文化创意企业顺利快速成长起到了良好的基础促进作用。

（四）提升文化品牌影响力

精心打造永定河文化品牌。围绕西山永定河文化带的文化内涵，以永定河文化品牌塑造传播为目标，以古村古道文化、民间民俗文化、生态山水文化、宗教寺庙文化、特色物产文化、革命军事文化为内容，以山水、人文、艺术为载体，在更高层面上创新开展第十届中国·北京永定河文化节。文化节以“一河永定，一门敞开；千年滋养，万流入海；高山仰止，西望东来”为宣传定位，先后组织推出“一河永定”开幕式主题演出、西山雅集文化沙龙、《永定河秘境之旅》系列片、大型永定河民乐原创音乐会、京西太平鼓舞剧以及永定河文化主题微动画等丰富多彩的文化活动与文化传播内容，通过高品质的文化定位、高水准的艺术活动、多元化的传播方式，全方位展现了永定河文化与京西门头沟的深厚魅力，提升了永定河文化品牌影响力，有效提升了旅游产业的文化内涵和对游客的吸引力。

（五）丰富文化创意融合业态

1. 积极推进文游合一，促进文化创意旅游产业生长

以宗教寺庙文化为引领，挖掘提升景区文化内涵，探索景区高端演出模式，策划推出“戒台梵音”大型实景音乐舞台剧演出，塑造门头沟区文化旅游新名片。整合区内各类文化文物资源，推出《门头沟区文化探访导览图》和《戒台寺》等旅游文化系列丛书。

2. 促进非遗活态传承与文创产业发展相融合

举办“预见·匠心”门头沟非物质文化遗产项目创意设计大赛。大赛以门头沟区非物质文化遗产或相关文化元素为创作题材，采取线上、线下相结合，校企、社会相结合的模式，鼓励社会智力资源参与，广泛征集集文化性、创新性、实用性、市场性、示范性、工艺性于一体，既能突出非遗自身文化特色，又能体现国际、国内流行时尚元素，符合情感消费品属性、特征，有较强的系列化延伸性，具备良好的市场转化能力，工艺良好的非遗原创设计，共同打造门头沟区非物质文化遗产品牌和具有门头沟文化特色的创意产品。大赛共征集参赛作品千余件，并策划将获奖作品结集成招商手册，进一步吸引社会资本参与，促进非遗活态传承保护与特色文创产业有机结合、共同发展。

3. 整合特色生态人文资源，促进文化体育旅游产业融合发展

举办第七届北京国际山地徒步大会，整合特色生态人文资源，设置“红色之旅”“水库风情”“举人之路”三条徒步线路，包含高山秀水的自然风光、寺庙遗迹、举人宅院、红色抗战的历史人文景观，来自60余个国家和地区的1.7万名徒步爱好者参与了此次活动。同时，活动还采取京内与京外相结合、国际与国内相结合、线上与线下相结合的思路，除在区内设3个分站赛外，还在山西晋城市阳城县、湖北神农架林区、广东梅州市平远县设3个分站赛，并组织人员报名参与荷兰奈梅根四日长走大会、大连国际山地徒步大会两个体验赛，将北京国际山地徒步大会这一品牌推向了全国及国际。大赛利用品牌优势，吸引了大量国内外著名企业、知名人士参加，有效放大宣传效应，充分彰显了大会的国际性、群众性、健身性和文化性，促进了文化体育旅游产业的融合发展。

（六）扩大文化消费规模

为进一步彰显文化魅力，释放文化产业活力，促进文化消费的集中展示和宣传推介，门头沟区举办了第四届北京惠民文化消费季暨“文化惠民　乐享京西”惠民文化消费月活动。活动为期 2 个月，围绕“惠文化・慧生活”主题，秉承“亲民惠民，拉动消费”的举办宗旨，努力回应群众文化消费需求，通过发放《2016 年门头沟区惠民文化消费攻略》、推出文化消费 APP 频道、举办“10 元进影院”等惠民文化消费活动，着力增加优质文化消费供给，以文化供给促进文化消费，提高消费者参与程度，宣传普及智慧、健康的生活方式，助力区文创企业深入宣传、拉动收入。活动共吸引近 40 万人次参与，交易金额约 1700 万元。

（七）加强宣传推介，扩大产业影响力

一是参加重大活动加强宣传推介。以“集艺术瑰宝　架艺术桥梁——打造门头沟文化艺术品交易功能区”为主题参加第十一届文博会，搭建门头沟区展厅，组织区内 12 家文创企业通过文图展览、多媒体展示、现场竞买、区域特色文化项目表演和现场体验、发放《门头沟区文化探访导览图》等方式，多方面展示了门头沟区丰富的历史文化资源及文化创意产业发展成果，吸引了近 3 万人参观。二是举办“多彩京西行”文创企业人才专场活动。吸引文创产业、投融资机构百余人才来门头沟区走访座谈，为门头沟区文化创意产业发展出谋划策。三是逐步丰富完善门头沟区文化创意产业交流互动平台——“创意门头沟”网站及微信公众订阅号等，及时发布政策信息、企业动态、投融资需求，搭建良好的信息服务平台，实现信息快速共享，达到及时宣传推介的效果。

三　下一步发展思路

门头沟区文化创意产业下一步的工作将以永定河文化为主线，着力构建以文化旅游为龙头，以文化传媒、文化科技、艺术品交易为主导的文化创意产业体系，以产业发展中存在的问题和企业需求为导向，以挖掘提升现有文化资源和引进培育现代文化元素为着力点，以引进优质市场主体和推进产业载体建设为抓手，以加大产业宣传力度和广泛搭建交流平台为支撑，增强产业活力，扩大产业规模，凸显产业优势，优化产业环境，全面推动文化创意产业发展。

（一）围绕顶层设计，逐步推进落实

做好《门头沟区文化创意产业发展规划》任务分解与逐条落实工作；探索文创资金使用管理模式，完善发布并落实《门头沟区文化创意产业专项资金管理办法》；设立门头沟区文化创意产业行业协会，作为政府与企业之间的桥梁，协助政府制定和实施行业发展规划、产业政策、行政法规及有关规章；将政策指引、资金扶持、民间资本有机结合，调动相关单位与企业的积极性，引导产业发展壮大。

（二）提升产业活力，推进融合发展

一是加强文化创意与旅游深度融合，以永定河文化为主线，以文化旅游产业为龙头，以宗教文化为核心，以潭柘寺、戒台寺为主要载体，引进原创设计与现代文化元素，打造文化创意旅游、体验旅游的品牌，形成标杆和引擎，大幅提升文化旅游龙头产业地位。二是与文化遗产保护相结合，传承西山文化带历史文脉，彰显永定河文化品牌，参与北京国际设计周，打造“活动博物馆”项目，推进古村落碣石村文化体验，树立文化旅游新品牌。三是研究利用非遗设计大赛成果，发布合作招商，以市场为导向，吸引社会资本参与发展。其中，重点深挖特色非遗项目琉璃烧制技艺，实施琉璃重生

计划。打造琉璃文创产品，入驻故宫、颐和园等景区的文创商店，让“非遗走进现代生活，让现代设计走进非遗”，实现非遗活态传承与文创产业融合发展。

（三）壮大市场主体，培育文化创新驱动力

用好“门创30条”，引进文化艺术原创、艺术品交易、文化传媒、创意设计服务、文化休闲体验等“高精尖”文创行业企业；依托京西文化旅游产业投资基金，鼓励和引导社会资本参与，壮大一批具有带动性与示范性的文化企业；打造新城文化科技融合产业集聚区、斋堂古村落古道文化旅游创意产业集聚区，推进世熙传媒创意谷、妙峰山水岸书香文化产业集聚区落地建设的协调工作；积极探索废旧工业遗存的利用，对接专业文化资产运营机构，推进门头沟区文化创意产业园区建设。

（四）加强宣传推介，优化产业环境

以第十二届北京文博会门头沟展区为载体平台，加强产业展示推介交流，树立形象，扩大影响力；通过举办第五届“文化惠民　乐享京西”惠民文化消费月活动和人才门头沟行活动，以及开展主题培训，加强与市“文创30强”企业、示范园区的交流与学习，积极参与京港洽谈会、台湾文创展，丰富完善“创意门头沟”网站与微信公众订阅号两大公共平台，联合京西门头沟、京西杂谈、门城生活等社会综合信息服务平台，宣传产业政策、动态与亮点，全面提升文化创意产业的认知度与影响力。

B.10
房山区：转型发展，优化环境，推动文化创意产业发展提升

刘　赛*

房山区按照建设“一区一城”的功能定位，以转型发展为主线，强化服务意识，优化文化创意产业发展环境，加速大项目推进，推动房山区文化创意产业跨越式发展。

一　房山区文化创意产业基本情况

2016年，房山区大力坚持实施“文化兴区”发展战略，在区域经济转型发展中把文化创意产业作为新的经济增长点，取得了较好成效。

（一）完善政策支撑体系，加强产业规划引导

一是出台了《房山区关于支持小微文化创意企业发展的实施意见》。立足补齐房山文化创意产业“小、散、弱”短板，以优化小微文化创意企业发展环境为突破口，加大顶层设计和政策扶持力度。二是完成了《房山区“十三五”时期文化旅游功能区建设发展规划》的编制工作，功能区将着力培育文化旅游、生态休闲、文化创新三大业态，重点发展云居寺、上方山、幽岚山等8个产业板块。三是颁布实施了《房山区“十三五”时期文化创意产业发展规划》，确定了“一区三轴九园”的空间布局（一区即房山历史文化旅游集聚区；三轴即以京港澳高速、京昆高速和108国道为轴；九园即

* 刘赛，房山区文化创意产业促进中心办公室主任。

基金小镇、云居寺文化景区等9个载体），推进天洋超级蜂巢智能新媒体等18个重大项目实施。四是完成了“‘一带一路’与‘京津冀一体化’战略背景下房山文化旅游产业研究”工作，探讨了房山区文化旅游产业转型升级的路径与方法。

（二）理顺机构体制

一是成立了房山区文化创意产业促进中心。长期以来，北京（房山）历史文化旅游集聚区规划建设管理办公室承担着房山区文化创意产业推进工作的部分职能，但在指导全区文化创意产业工作过程中，缺少顶层制度层面的设计，管理和服务机制不顺畅，沟通协调效率不高。为全面理顺工作机制，切实发挥指导房山区文化创意产业工作的作用，经区领导同意，在不增加编制的基础上，于2016年11月9日成立了房山区文化创意产业促进中心，服务和指导全区文化创意产业工作，克服体制机制障碍。

二是筹备成立房山区文化创意产业协会。为加强对区域内重点文化创意产业园区和企业的服务工作，同时为企业建立起资源共享、项目合作的交流与信息平台，房山区政府领导先后赴海淀区、昌平区学习考察了文化创意产业协会创建的经验。2016年10月26日，房山区召开文化创意产业协会成立筹备大会，审议通过了房山区文化创意产业协会章程、选举办法、会费标准和管理办法。

（三）文化创意产业发展迅速

一是企业数量和规模快速扩大。截至2016年底，房山区共有文化创意企业5783家，比2015年底的4724家增长了22.4%（见图1），其中有3家文化创意企业在新三板挂牌。房山区共有规模以上文化创意企业52家，比2015年增长40.5%，实现收入40.1亿元，比2015年增长33.2%，增速均居全市前列。

二是文化创意产业园区创建效果明显。2016年11月，房山区文化创意产业领导小组会议批准了北大创业训练营等10家区级文化创意产业园区，建筑面积共11.21万平方米（见表1）。创新谷被认定为国家级众创空间，北大创业训练营、三维六度、青创动力、移动互联被认定为市级众创空间。截至2016年底，共有406家企业入驻，其中文化创意企业318家，占比为78.33%，另有3家文化创意企业在新三板挂牌。园区内文化创意企业共形成税收1945.27万元，其中区内留成557.1万元（国税留成309.37万元，地税留成247.73万元），单位面积税收为173.53元/（平方米·年），超过房山区工业园区投资项目准入规定中最高标准A类楼宇120元/（平方米·年）的规定。

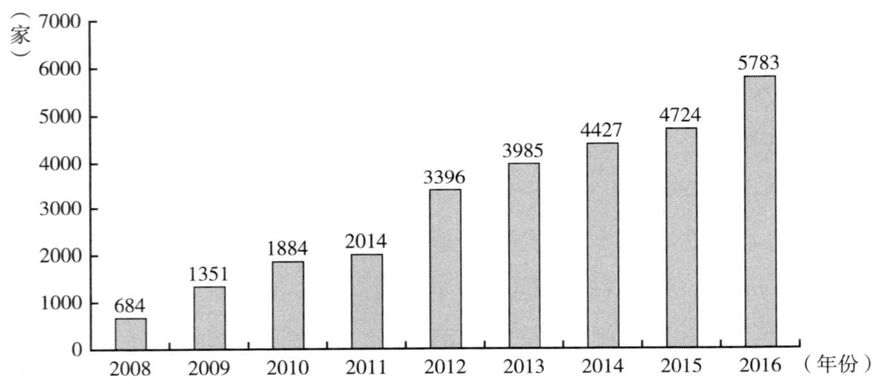

图1　2008～2016年房山区文化创意企业数量

表1　房山区区级文化创意产业园区情况

园区	面积(平方米)	文化创意企业数量(家)	企业总数(家)	占比(%)
光合优创	11700	33	41	80.49
北大创业训练营	14318	30	37	81.08
移动互联	5967	33	39	84.62
智慧长阳	25000	34	36	94.44
三维六度	5000	30	32	93.75
青创动力	6700	31	37	83.78
创新谷	5021	30	31	96.77
库尔	13400	31	35	88.57
超级蜂巢	15000	31	34	91.18
大学生创业园	10000	35	84	41.67
合　计	112106	318	406	78.33

（四）整合资源，提升服务能力

一是设立文化创意产业基金。为着力解决轻资产文化创意企业融资难的问题，撬动政府、企业和社会资本，2016 年房山区积极与北京市文化中心建设发展基金沟通，设立文心房山文化创意产业基金，基金总规模为 5 亿元，首期 2 亿元，其中区政府投资 0. 8 亿元，该基金用于引入房山文化创意项目金额不低于 60%。

二是围绕审批手续烦琐、企业政策期满难留下等实际问题，聚焦北大创业训练营、天洋超级蜂巢等十大园区，采取“一对一”服务模式，即一名工作人员对接一个重点文化创意产业园区，为园区及重点企业提供跟进式服务，开展行政审批、投融资、宣传推介、政策对接等相关服务。

三是设立房山区文化创意产业促进中心服务大厅。为企业提供工商注册、银行开户、代缴社保及公积金等一揽子服务。打造“房山文创之家”，为会员企业提供免费的代记账、法律咨询、商标注册、人才招聘、运动健身、食堂餐饮等服务。

四是搭建学习交流平台。2016 年 10 月 31 日至 11 月 4 日成功举办 2016 年度房山区文化创意产业培训班，来自全区各乡镇街道主管文化创意产业的领导和文化创意企业高管共 120 人参加本次培训，邀请国家级、市级相关部门以及业内专家授课，为企业成长答疑解惑。2016 年 1 月 26 日，北大创业训练营举办“北大创业训练营海外学人特训班”，首期班共吸引了近 200 位海外归国创业者报名，为其了解国内市场、交流创业经验提供了服务和帮扶的平台。同时，还举办了专场品牌活动“谁 WHO”科技创业早期项目路演专场及高层次人才项目对接会活动，邀请了 10 余家北大系投资基金的投资人及北京市房山区各职能部门的一把手参加，为创业者零距离接触投资人、充分了解房山区“双创”扶持政策提供了无缝对接的平台。2016 年 12 月 9 日，由中共房山区委宣传部、北京大学校友会、北京大学艺术学院、共青团北京大学委员会、房山区文化创意产业促进中心、北京大学创业训练营联合主办的“北京大学文化产业创新创业发展论坛暨北京大学创业训练营文化

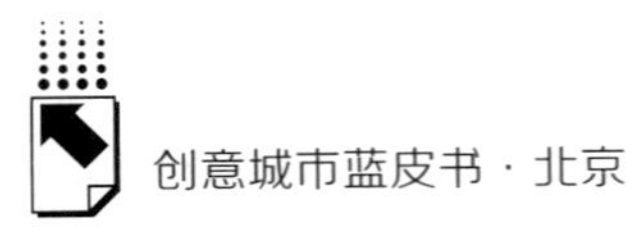

产业特训班”在北京大学全球大学生创新创业中心圆满举行，本次论坛共吸引了全国百余位文化创意领域的企业家到场。

（五）宣传推介力度不断加大

首先，拓展宣传渠道，扩大影响力。在原有门户网站“房山文化创意产业网”的基础上，2016 年 9 月 1 日新建微信公共号“创意房山”，通过大力推广和运营，粉丝数量突破 7000 人，单篇阅读量突破 4500 次。

其次，聚焦文化创意企业家，在房山电视台推出“新房山人”栏目，借助市级媒体推介文化创意产业园区，加大招商和推介力度。

再次，成功举办纪念房山石经与云居寺创建 1400 周年活动。充分利用“房山石经云居宝藏”珍贵文物展这一有效载体，推进文物合理适度利用，推动房山区历史文化研究的新方向，拓宽房山文化创意产业的国际化视野，进一步发挥北京历史文化遗产的引领作用具有重大意义。

最后，引导企业积极参加文博会。以“生态宜居示范区　中关村南部创新城”为主题，参加第十一届中国北京国际文化创意产业博览会，使房山十大文化创意产业园区集中亮相，突出展示房山文化创意产业发展成果和文化创意产业优惠政策。同时，在天洋蜂巢举办房山分会场——智能新媒体创新沙龙，通过多种方式为优秀文化创意企业“请进来”“走出去”拓宽渠道。

二　房山区文化创意产业发展的现状特点与未来发展机遇

（一）房山区文化创意产业发展的现状特点

房山区将文化创新作为“一区一城”新房山建设的三大重要支撑之一，这对房山区文化创意产业的发展提出了更高的要求。与之相比，房山区文化创意产业尚处于起步阶段，发展基础相对薄弱，缺少重大项目支撑，对财税的贡献不大。

1. 产业整体呈现“小、散、弱”状态

截至2016年，房山区规模以上文化创意企业数量在全部文化创意企业中的占比仅为0.9%，99.1%的文化创意企业为中小微规模；10个区级文化创意产业园区的文化创意企业仅占全区文化创意企业的5.5%，说明文化创意企业还比较分散；规模以上文化创意企业平均年收入为7711.5万元，说明规模以上文化创意企业的实力也不够强。另外，文化创意项目间缺乏有机串联，特色品牌尚未形成。

2. 产业政策有待进一步落实完善

房山区在专项资金管理、财政扶持、人才规划等方面缺乏政策支持，仅有《房山区支持小微文化创意企业发展的意见》一个文化创意产业专项政策，不断加大对文化创意产业的支持力度，需要在此基础上加快完善配套文化创意产业扶持政策体系。

3. 人才发展机制尚不健全，创新驱动力有待提升

当前，房山区文化创意人才的培养主要依托高校，大多还仅限于纯技术研发等专业，无法满足文化创意产业对创新型、复合型人才的需求，文化创意产品的科技、文化附加值低。

4. 缺乏资本、信息、人才等要素的平台建设

一方面，房山区缺乏大型行业领军型文化创意企业，辐射带动作用有限，经济贡献率较低；另一方面，企业在成长过程中存在融资渠道不畅、项目信息滞后、与上下游产业链企业缺少沟通渠道、人才供给不足等问题。

（二）未来发展机遇

房山区文化创意产业发展面临难得的历史机遇。从外部环境看，北京非首都功能疏解，使房山区更有利于吸引高端创新创意人才，建设京西南小微文化创意企业集聚地；第二批次国家新型城镇化综合试点区，为利用城市低效用地（如闲置老厂房）发展文化创意产业、推动特色小镇建设、推动文化创意与现代农业融合等方面的深入探索提供了可能；国家级生态保护与建设示范区的推出，使文化创意产业作为具有代表性的绿色产业大有可为。从内部环境看，文化创新已成为引领房山区转型发展的三大动力之一，房山区已经建立了文化创意产业促进中心，组建了文化创意产业协会，完善了文化创意产业管理服务工作体制机制，这些举措成为房山区文化创意产业管理和服务机构建设的重要里程碑。房山区“十三五”时期文化创意产业发展战略及空间布局如下。

1. 发展战略

根据房山区文化创意产业现实基础以及产业未来发展趋势，结合《京津冀协同发展规划纲要》《北京市“十三五”时期加强全国文化中心建设规划》《北京市房山区国民经济和社会发展第十三个五年规划纲要》等规划文件的指导精神，重点实施以下四大战略。

“区域协同”联动战略。借助北京疏解非首都功能的契机，做好与北京核心城区相关产业的对接工作，积极引进和承接核心城区的高端资源，如优质教育资源、高端人才资源以及产业资源等，借力加速房山文化创意产业发展；充分利用京津冀一体化进程中房山作为“京保石发展轴”核心节点的战略地位，密切房山与保定等地区在文化资源与产业发展方面的联系，以互联互通、协同合作为原则，充分释放房山区文化经济能量，实现房山区文化创意产业的大步跨越。

“特色文化+”驱动战略。基于房山的文化资源与发展特色，大力推进“特色文化+”科技、金融、养老休闲、现代农业等领域发展。以科技创新为引擎，推动文化与科技的融合，促进广告会展、文化艺术等传统文创产业转型升级，加速移动多媒体、数字出版、动漫游戏等新兴产业发展；以金融创新为动力，以“北京基金小镇”等重大项目为载体，吸引文化私募、融资担保、小额贷款、文化信托、文化保险等机构入驻，加快集聚发展；以祖源文化、宗教文化等为主题，不断丰富旅游文化内涵，推动旅游特色化、品牌化和国际化发展。

“创新服务”促动战略。互联网时代是一个共享经济的时代，是一个发展模式从价值链到生态圈的变革时代。房山文化创意产业的发展必须顺应新趋势，以文化创新源（文化创客、创新主体等）为核心，协同和整合最广泛的外部资源，创建“O2O 载体平台 + 研究机构 + 产业联盟 + 金融投资 + 政策支持”的生态型产业服务模式，构建价值共创、利益共享的生态系统，全面提升房山区文化创意产业的服务水平。

“重大项目”带动战略。重大文化项目是促进传统产业转型升级和大力培育新兴文创产业的突破口。新时期，房山区应创新设计系列重大项目，集中精力，重点突破，着力打造一批具有重大影响力的文化品牌，带动房山文创产业快速崛起，实现从文化资源大区向文创产业强区的跨越。

2. 空间布局

根据房山区现有文创项目和资源分布情况，按照主题集聚、轴线联动、产城融合和空间集约的思路，大力构筑“一核、两带、九园（区）、十八个重点项目”的空间发展格局，构建房山区立体式文化创意产业发展生态圈。

三　下一步工作思路与措施

（一）进一步优化文化创意产业发展政策环境

一是分层制定和完善产业扶持政策。针对小微企业，制定《房山区支持小微文化创意企业发展专项资金实施办法（方案）》，完善专项资金项目征集工作机制，制定区级文化创意产业园区创建和管理办法，实行动态管理，提高园区发展质量和效益；针对中型文化创意企业，制定“扶持规模以上文化创意企业发展的政策”，壮大骨干企业力量；针对大型文化创意企业，加大引进和培育力度，“一事一议”定制政策，提升其带动和辐射力。二是着力提升金融服务文化创意企业的能力。依托现有房山区文化创意产业专项资金和基金小镇相关资本，设立房山文化创意产业风险补偿基金，探索信用联动机制和贷款奖励机制，鼓励银行、担保公司等金融机构为文化创意企业提供融资支持；针对中小微文化创意企业成长特征，探索筹投贷联动模式，推动互联网金融、股权投资与银行信贷的融通；探索房山国有资本带动民间资本的相关体制机制创新，探索 PPP 模式在文化创意产业领域中的应用；支持具有行业资源的基金等设立文化创意产业细分领域子基金，从资本、资源等多方面助力有潜力的文化创意企业发展，对基金参投并入驻基金小镇的文化创意企业予以配套支持，形成产业集聚效应；探索区块链、大数据等新技术在文化资产交易领域的应用，依托基金小镇相关机构在时机成熟时探索打造针对文化创意产业的基金指数，引领指导行业发展。支持和吸引文化产业投资公司、中小文化企业融资担保公司、天使投资人、私募基金机构、互联网金融机构等新型文化金融机构入驻基金小镇并开展服务；支持和吸引银行机构到区内设立文化专营机构、专业支行和办事处（文化金融专业团队），开发版权质押、股权质押、融资租赁贷款、应收账款质押融资、产业链融资等多种促进文化企业发展的融资品种。三是推进文化创意产业相关基础信息和数据的调研工作。重点开展三个调研课题，即房山区工业遗存和商务楼宇资源调研，与区统计局、工商分局合作开展文化创意企业基础数据调研，以及与北京市文化创意产业促进中心共同开展北京小微文化创意企业调研，并据此制定文化创意产业手绘地图，提升产业引导和推介水平。

（二）积极打造产业发展服务平台

一是打造文化创意产业协会与驻区高校互助平台。建立咨询机制，将驻区高校师资作为文化创意产业协会的智库资源，共同推动研究成果转化为文化创意产业生产力，驻区高校向协会会员单位开放食堂和体育场，文化创意产业协会为高校学生举办专场招聘会，为其提供到会员企业实习和就业的机会。二是打造信息服务平台。依托房山区文化创意产业促进中心服务大厅为企业提供工商注册、税务登记、财务代理、法律法规、人力资源、知识产权、融资、扶持政策等咨询服务，通过各类媒体为企业发展提供及时的信息导航。通过梳理已建、在建、筹建项目，与工商分局、统计局合作开展统计工作，建设房山文化创意企业项目资源库、企业库、存量空间库，构建专业服务体系。三是打造文化创意产业基金和项目对接平台。用好现有的文心房山、光合文创基金，设立文化创意产业协会基金，实行合伙人制度，将全部基金投资于房山文化创意企业相关项目；积极参与市文资办文化创意项目路演活动，争取优秀项目到房山区落地。四是打造房山区文化创意产业投资平台。成立房山文化产业投资有限公司，通过开发建设、投资、合资、合作等形式，依法开展经营活动，实现企业资产资本化。在提高经济效益、实现国有资产保值增值的同时，努力承担社会责任，提升全区文化创意产业投资建设和运营能力。五是打造政企合作平台。与西城区和海淀区签署合作协议，充分利用房山区工业遗存和商务楼宇承接其溢出文化创意企业和项目。六是打造文化创意产业协会党团组织平台。加强协会党团组织共建，发挥“党建带团建”的效力，做到党团建设深度融合、联动发展。

（三）推动文化创意产业与相关产业融合发展

一是推动文化创意产业与制造业融合发展，与中关村新兴产业前沿技术研究院深度合作，推动文化创意与工业的横向服务链融合，以高端的设计创意为汽车、无人机、轨道交通、电站成套设备等装备制造业提供工业产品的外观、结构、功能等设计能力建设方案，以打造品牌、提高质量、提升附加值为重点，提升工业产品的增加值。同时，推动文化创意产业的纵向产业链延伸，以核心的创意设计带动后端的产品制造、配套服务、衍生产品、品牌服务、专卖商店等的联动。二是推动文化创意与旅游融合发展，与房山区旅游委深度合作，依托周口店、云居寺、上方山、金陵、十渡等人文资源，以文化创意引领对旅游资源、周边产业、集聚客源、节庆活动、衍生产品等的开发，以文化活力提升旅游项目、旅游产品、旅游节庆等的吸引力和增值率，建设以文化创意为动力的旅游强区，积极创建5A级景区，使其成为西山永定河文化带重要的产业支撑。三是推动文化创意与农业融合发展，与房山区农委深度合作，结合房山区农业的阶段性发展需求，提高农业和农村开发的创意设计水平，建设集农耕体验、田园观光、教育展示、文化传承于一体的休闲农业园区，促进创意农业快速发展。四是推动文化创意与科技产业融合发展，助推以周口店为重点的文化旅游体验中心、以云居寺为重点的传统文化教育体验中心、以大石窝镇为重点的艺术教育培训体验中心、以上方山为重点的生态休闲娱乐体验中心四个文化科技体验中心建设，积极打造“北京源”文化科技产业辐射带，推动文化和科技融合发展服务体系建设，着力培养和引进一批具备发展潜力的文化创意产业孵化器，支持建立文化科技产业技术创新联盟。五是推动文化创意与良乡高教园区相关产业融合发展，依托良乡高教园区科技创业园建设，促进文化创意产业与科技产业融合发展，依托高教园区密集的智力、科研优势，在中央设施区大力发展文化创意等第三产业，促进科技成果转化及产学研协调发展，带动房山新城的产业结构调整。六是促进文化创意产业与体育产业融合发展。依托2022年北京冬奥会和残奥会带动的体育产业发展氛围和环境，打造体育产业新业态，促进文化创意产业与体育产业相融合。七是促进公共文化与文化创意产业融合发展，推动各类文化复苏场所建设，以公共文化涵养文化创意产业。同时，在文化休闲、娱乐、创业场所建设中，以文化创意产业增强公共文化服务能力，打造一批具备一定规模的集文化创意展示、发布服务、体验交流和互动玩乐于一体的文化生活空间，提升公众文化素养并带动文化创意产业集聚壮大。

（四）积极推动重大项目建设和骨干企业发展

一是着力推动云居寺文化景区、北京基金小镇、北京文化硅谷等重大项目建设，不断完善重大项目相关产业链，充分发挥重大项目的带动辐射作用。二是扶持骨干企业发展，大力引进上市文化创意企业，同时在现有3家企业新三板上市的基础上，推动文化创意企业在主板上市。三是在现有区级文化创意产业园区的基础上，积极创建市级文化创意产业示范园区，并以“主园带分园”的形式，带动全区文化创意产业园区转型升级，提高整体发展质量。

（五）积极扩大对外交流与合作，借力发展

一是积极与海淀区、朝阳区和西城区等文化创意产业发达城区对接，按照北京疏解非首都核心功能的要求，充分利用本区工业遗存和商务楼宇，承

接符合本区产业发展的外溢企业。同时，在朝阳区的支持下，努力创建国家文化产业创新实验区首个拓展区。二是积极扩大国际交往，鼓励行业组织或文化创意企业参与国际展览，赴境外招商。参加第九届“京台文创展”，展示房山区文化创意成果，如菊花白、京绣、杨家将传说、古法制香、艺术家鸿韦作品等，展现本土文化的新动向，提升文化创意产品参与市场竞争的广度和深度。四是积极扩大国内交往，充分利用北京文博会、京港贸易洽谈会、海峡两岸文化创意展等平台，与国内行业对标确定发展目标。五是依托周口店北京人遗址发掘100周年、建党100周年等重大历史契机，积极承办高端文化论坛，带动相关产业发展。

（六）进一步提升宣传推介与服务能力

一是进一步提升房山文化创意产业门户网站、创意房山微信公众号、新媒体直播平台的宣传影响力，吸引社会资源到房山来投资和建设；拓宽网络宣传渠道，提高区内文化创意企业和文化创意产品的大众认知度。二是加强与房山区文联等部门合作，推动房山区文化创意IP系列建设。三是继续办好长阳音乐节、北京国际长走大会等重大文化创意活动，不断提升房山区的知名度和美誉度。

（七）加强监督考核，加大统筹管理工作力度

一是严格执行北京市产业发展指导目录，加大力度引进和培育文化创意产业朝着“高精尖”方向发展。二是提升文化创意产业规划的法规效力。对房山区“十三五”文化创意产业规划中“增加值年均增速力争超过10%”等约束性指标、主要政策措施落实情况和重大项目建设情况进行监督检查；严格以规划约束文化创意产业园区和重大项目建设，落实年度任务，加强规划实施过程的监督管理，推动信息公开和公众参与，保证规划顺利实施。三是加强对乡镇发展文化创意产业工作的考评，分类制定考评指标，分层、整体推动全区文化创意产业发展。

四　一核、两带、九园（区）、十八个重点项目

（一）一核：北京（房山）历史文化旅游集聚区

集聚区以周口店镇为核心载体，以周口店遗址“源”文化为龙头，以云居寺“经”文化、大石窝“石”文化为支撑，以上方山“庵”文化和十渡“山水”文化为补充，深化整合共享区域内周口店北京人遗址、云居寺、金陵、十字寺遗址等历史文化资源与石经山、拒马河等生态资源，着力打造集中华传统文化、根祖文化、宗教文化、生态文化于一体的“点、线、面”联动、资源互通的多元型文化旅游名区，发挥对房山区文创产业发展的辐射与带动作用。

（二）两带：文化科技创新发展带和生态休闲特色发展带

1. 文化科技创新发展带（沿 G5 高速）

在京津冀一体化发展以及疏解非首都功能的背景下，打造文化科技融合发展带是题中应有之义。以良乡大学城和中关村南部创新城为支点，打造文化科技创新产业带，形成科技含量高、核心竞争力强、产业带动能力强的文化创意产业发展模式。

良乡大学城——“文化 + 科技研发”。利用良乡大学城的科技研发平台、产学研转化平台、高端人才与专家智力支持平台以及科技企业发展服务保障平台，围绕良乡大学城推动“文化 + 科技研发”的跨越发展。

中关村南部创新城——“文化 + 战略性新兴产业”。全方位整合开放实验室、产业孵化器、加速器等科研、产业配套服务机构，打造“文化 + 战略性新兴产业”的高端项目。

在此基础上，逐步扩大到良乡 - 窦店镇各重点文创园区，加快推动文化与科技融合，大力发展数字游戏、互动娱乐、影视动漫、网络服务和内容软件等产业类别；加快提升窦店高端制造业与文化融合的效能，通过创意设

计、文化体验等提升其文化附加值，扩大文创产业规模，逐渐将其打造为房山文化创意产业发展的新兴动力引擎，以及文化与科技创新发展“北承南联”的连接点、示范区。

2. 生态休闲特色发展带（沿108国道）

“绿水青山就是金山银山”，这些绿色生态旅游资源是房山区休闲养生旅游产业发展的优势资源。要充分利用其生态环境资源，处理好保护与开发的关系，打造可持续发展、别具一格、在京津冀区域内具有高度竞争力的生态休闲产业发展新模式。108 国道沿线各镇要着力打造不同的生态休闲文化产品，打造差异化的生态旅游与绿色产业和谐发展的生态休闲特色发展带。利用现有特色景区资源（圣莲山、百花山、白草畔），将其打造成为以优美自然环境为依托的休闲、养生、体验旅游景区，打造京西生态休闲产业发展高地。利用房山世界地质公园这一龙头品牌以及房山岩溶洞穴及峰丛地貌等自然遗产，进一步发挥房山世界地质公园“国土资源科普示范基地”的作用。

佛子庄——“第三空间”度假休闲精品民宿。全面提升“第三空间”规划设计、装修设计、景观设计水平，引进特色种养、文化创意、旅游服务配套、旅游产品推广等方面成熟的企业，参与建设运营管理，使度假休闲精品民俗实现高端化、定制化。

史家营——以道教文化与煤矿文化打造“天人合一”的生态文化。充分利用圣莲山“道家风骨佛光照，奇峰峻石圣水灵”的道教文化特色与“雄、险、奥、绝、秀”的自然风光，打造“天人合一”的文化生态休闲旅游区。

南窖乡——“古镇文化体验游”。充分发挥水峪村“中国历史文化名村”的品牌效应，做好水峪村“四古文化”等文化遗址保护与开发，全面推进南窖村申报中国历史文化名村，着力打造古镇文化品牌。

霞云岭乡——红色文化。打造红歌“源地”品牌，深挖红色文化内涵，打造首都红色符号，通过文创产品开发、时代主旋律音乐创作、红色艺术创作等形式，促进首都红色文化发展，倾力打造全国红色文化交流中心。

（三）九园（基地）

文化金融创新园（北京基金小镇）。力争到2020年，引进、培育具有较大规模的基金机构超过500家，管理的资产总规模超过1万亿元，其中文化创意产业基金达到5只以上，基金规模在10亿元以上。将北京基金小镇打造成京津冀文化财富管理创新区以及具有国际影响力的文化基金产业集聚区。

云居寺佛教主题文化园。依托云居寺所代表的中国石经文化及其丰富的文化内涵，以佛教文化为主线，以石经文化和石雕工艺为特色，以云居寺文化景区项目为龙头，打造集生态休闲、园林艺术、佛教文化、历史知识、养生康体、手工艺发展等功能于一体的国际性复合型文创产业园区。主要建设内容包括云居文化宫、石经碑林、佛教文化园区等。

燕都大遗址公园（琉璃河湿地公园）。以“北京城之源”为主题，深入挖掘琉璃河古镇文化元素，结合现状生态景观，以保护遗址为主旨，以“城”“囿”“田”为总格局，丰富文化活动和内涵，推动文化遗址与高新科技融合，打造独具特色的西周燕都遗址公园，使其成为外埠游客到北京旅游继故宫、长城之后的必选之地，展示北京历史文化的窗口。主要建设燕都剧场、燕文化馆、考古科学馆、遗址博物馆和商业步行街等。

文化智汇园（文化科技融合创新先行区）。依托FUNHILL智汇城和中关村南部创新试验区建设，以文化创新创业为核心，以创意设计、文化艺术、数字内容等产业为主要方向，以北京高校大学生创业园、智汇城科技创业园等为主要载体，为拥有创意和梦想的创新创业者提供导师、天使投资、商务培训、交流交际、产品发布等全创业链服务，打造京津冀文化创新创业战略高地。主要建设内容包括创客空间、会议交流空间、公共服务平台、虚拟网络服务平台等。

周口店国家文化公园。充分利用“十三五”时期国家提出建设“国家文化公园”的战略契机，以世界文化遗产“周口店北京猿人遗址”为核心，以召开“世界遗产大会”为抓手，大力整合周边文化资源，加快打造集文物保护利用、科研教育、娱乐游憩和国际文化交流等功能于一体的主题文化公园，争取在“十三五”末成功申报为国家文化公园。主要建设内容包括举办“世界遗产大会”、文化遗产博览园建设、遗产资源活化和利用等。

国际红酒文化产业园。依托房山目前已经集聚的红酒资源优势，以青龙湖国际红酒城为核心，联合张坊葡萄酒文化旅游区和城关红酒小镇建设，以国际红酒文化为特色，通过红酒生产、红酒展销、国际大赛、文化体验等形式，不断提升房山红酒文化的知名度和影响力，推动房山成为国内最大的葡萄酒文化推广中心、品牌展示中心和交易批发集散中心。主要建设内容包括青龙湖国际红酒城、张坊葡萄酒文化旅游区、城关莱恩堡酒庄以及“一带一路”国际葡萄酒大赛。

永定河国际文化娱乐区。借助首都新机场建设契机，依托永定河生态绿色走廊治理修复和沿河岸现有的生态、休闲、运动、娱乐等基础设施，以国际时尚休闲文化为主要特色，以长阳音乐节、中国国际露营大会、奥特莱斯华北旗舰中心、长阳半岛广场等为抓手，不断丰富沿岸公园的文化内涵和娱乐活动，大力吸引国际高端要素集聚，打造以绿色生态为基础，以国际时尚文化体验、运动游憩和休闲商务等功能为重点的国际化文化娱乐区。

拒马河国际休闲度假区。以“生态拒马河·绿色经济带”建设为纽带，以房山世界地质公园建设为引领，推动十渡镇和张坊镇等沿河城镇加强生态环境治理，丰富文化体验、运动休闲、养生度假等旅游项目，推动拒马河沿线协同化、差异化、体验化、国际化发展，争取成为具有国际影响力的旅游休闲度假目的地。主要建设内容包括十渡景区智慧旅游体系建设项目、张坊镇北京国际赛车谷、红酒庄园等项目。

京原“七星”（计划）。依托房山西部生态涵养区沿108国道（在北京亦称“京原路”）7个乡镇（佛子庄、南窖、霞云岭、史家营等）的绿水青山、田园风光、乡土民俗文化等资源，加强规划引导，完善农村基础服务设施，扶持农民旅游合作社，大力培育和发展文化休闲、度假观光、养生养老、创意农业、乡村手工艺等文创产业，使其成为繁荣农村、富裕农民的新兴支柱产业。为了规避同质化，实现差异化发展，该规划对每个乡镇选择一个特色文化方向和特色文化项目进行支持，使这些项目成为乡镇特色产业发展中的璀璨明星。主要建设内容包括以下七大项目：山地越野之星——国家全山地运动度假公园（大安山乡）；精品民宿之星——“第三空间”精品民宿度假区（佛子庄乡）；传统村落之星——水峪村保护和开发（南窖乡）；绿海红歌之星——霞云岭红色文化体验基地（霞云岭乡）；健康养生之星——圣莲山养生文化体验区（史家营乡）；高山休闲之星——花台高山休闲度假基地（蒲洼乡）；地质科普之星——石花洞国家级风景名胜区（河北镇）。

B.11
通州区：以大运河文化带和人才建设为抓手，推进文化创意产业大发展

史迎春*

近年来，通州区经济社会发展取得了重大成就，经济实力迈上新台阶，经济总量进一步增加，产业结构不断优化升级，淘汰退出了一批落后产能，生态环境持续改善，基础设施承载力大幅提升。第三产业增加值占GDP的比重达到50%以上，其中文化创意产业的快速发展，推动通州区实现发展新突破。随着北京市进入疏解非首都功能、带动京津冀协同发展、构建"高精尖"经济结构的关键时期，作为京津冀协同发展的桥头堡，通州区文化创意产业面临千载难逢的发展机遇。特别是北京城市副中心新定位的确立，以及大运河文化带建设规划的提出，标志着通州文化创意产业的发展进入一个新的阶段。

一　通州区文化创意产业发展现状

截至2016年12月31日，全区文化创意产业市场主体共计17667家，新增5142家，同比增长41.05%。截至2017年7月，通州区规模以上（年收入在1000万元以上）文化创意产业法人单位共88家，收入合计为84.44亿元，同比增长14.9%，吸纳就业人员11442万人。根据2017年4月统计数据，通州区文化创意产业收入在北京市五个发展新区中居第一位，增速居

* 史迎春，通州区文化委员会文化产业促进中心主任；王璇，通州区文化委员会文化产业促进中心科员。

第二位。就经济效益而言，目前通州区文化创意产业初步形成了以文化用品销售、广告服务、会展服务、设计服务等为代表的产业体系；就社会效益而言，则形成了以艺术品创作与交易、出版发行、文化旅游为代表的特色文化创意产业体系。

二 文化委多举措立体打造文化创意产业

（一）出台政策，宏观构建

通州区出台了《通州区关于加强文化创意产业人才队伍建设的意见》并发布实施；会同区委组织部拟定了《通州区文化创意产业高层次人才认定标准》并印发执行；会同区财政局出台了《通州区文化创意产业发展专项资金管理办法（试行）》《通州区文化创意产业扶持资金实施细则（试行）》《通州区文化创意人才奖励资金实施细则（试行）》《通州区文化创意产业促进经费实施细则（试行）》，简称“1 +3”文件，进一步优化了通州区文创产业发展环境，提升了通州区文化影响力，更好地契合了北京城市副中心的发展定位；修订了《“十三五”时期通州区文化创意产业规划》，营造了优质的文化创意产业发展宏观政策环境。共出台和修订 7 个政策文件，共计 4 万余字。

（二）借助资金，加强引导

充分借助文创专项资金，对内生动力强、成长性好的企业予以奖补支持，设定税收门槛，鼓励文创企业正规化经营，完善财税制度，依法纳税，对于达到要求的予以支持，没达到要求的作为方向继续努力。对文创人才予以奖励，夯实人才依附的根基，减少人才外流，表明政府对文创企业发展的支持态度，引导企业自发提升供给能力，提高经营水平。近年来共使用文创资金 1500 余万元，撬动社会投资 1.66 亿元，拉动税收 6600 余万元，引导作用持续显现。在资金监管方面出台了《通州区文化创意产业发展专项资金监督管理制度》，并印发给全区，极大地规范了专项资金的使用。

（三）搭建平台，宣传推广

积极筹办了两届中国艺术品产业博览会，参会总人流量达 71 万人次，总交易额达到 55 亿元，2016 年还首次在天津、河北设立五个分会场，极大地提升了通州区文化创意产业的影响力，同时推动了艺术品交易业在通州区优势地位的形成；连续两年参与北京（国际）文化创意产业博览会，通州的“霸气”文创产业极大地增强了通州文创企业的信心，共有 44 家企业参展，实现交易额近 60 万元，达成合作意向 1200 万元，极大地提高了通州区文创产业的市场化、国际化水平；连续组织通州区文创企业参加北京惠民文化消费季，并两次获得优秀组织奖，推动文化消费得到极大提升，实现消费 60 余亿元；2017 年上半年积极参加北京市文化创意创新创业大赛等活动，促进企业、人才、资本、媒体等要素交互融合，开阔国际视野。共征集参赛项目 105 个（全市最多），进入初赛的项目有 46 个，晋级 100 强的项目有 16 个，晋级 16 强的项目有 1 个。文化委获得了组委会颁发的“最佳组织奖”。以上活动的开展，充分展示了通州区文创产业的成果，宣传了通州区的产业环境，彰显了“北京城市副中心”的文化魅力，有利于吸引更多优势资源到通州区发展，推动副中心文化创意产业大发展。

（四）厘清思路，人才为先

基于文化创意产业人才是第一要素的行业特征，厘清工作思路，优化人才政策，创新开展工作，加强人才调研，鼓励人才在通州发展。会同区委组织部制定出台了《通州区关于加强文化创意产业人才队伍建设的意见》，并在 2016 年全区第一次人才工作大会上正式发布。2016 年共奖励文创人才 10 人，举办文创人才培训班 3 期，培训人才 200 余人次，推荐参加外埠培训 40 余人次。2016 年首办培训班，邀请了 10 位行业专家，分管理型、经营型、专业型三个层次有针对性地集中授课，并安排参观交流，分享心得。不断利用北京市文资办的各种培训机会，推荐了22人次参加各类高级研修班，做好人才培训和输送工作。同时，充分借助通州区“两高人才”认定工作契机，积极与区委组织部协商、确定“运河计划·领军人才”评审标准，并按程序开展人才申报和评选工作，目前共有56人通过预审，该项工作正在进行中。

（五）注重并加强京津冀协同发展

2016年艺博会打破地域限制，首开京津冀三地艺术品联动展览的先河，在天津市武清区、津南区，河北省秦皇岛市、廊坊市设立分会场。同时，在艺博会启动仪式环节，京津冀三地政府签订了文化产业合作协议，充分挖掘三地文化艺术资源，实现了艺术共享、文化互融。在文创产业培训活动中，河北省相关领导和文创企业积极参与，同时通州区相关领导赴河北省对优秀文创项目进行参观交流，开阔了文创企业的视野，加强了通州区的文化交流和资源共享。2016年12月下旬，组织相关文创企业赴河北省廊坊市参加首届京津冀文化体验展，并与天津市武清区、河北省廊坊市文化主管部门签订了文化发展合作协议，京津冀三地文化产业协同发展进入了新的发展阶段。

三 明确发展定位，重点项目齐发展

（一）宋庄文化创意产业集聚区

宋庄文化创意产业集聚区近年来进入快速发展阶段，近万名海内外艺术家集聚于此，拥有200多家画廊和艺术机构、30余家大型美术馆、4500多个艺术家工作室、近30个大大小小的艺术区，集中展览、经营面积达30万平方米，年均举办各类文化艺术展览千余场，慕名而来的海内外游客络绎不绝，已经形成了在全国乃至世界上极具影响力和知名度的艺术家群落。

（二）北京出版发行物流中心

北京出版发行物流中心（台湖图书城）汇聚了572家出版社、900余家音像制品代理商、370多家民营图书公司、48家国际出版集团，常年举办展销会、订货会、研讨会、论坛等各种活动，集群效应明显，在全国出版发行业界的影响力不断提高。

（三）北京环球主题公园

环球文化旅游以北京环球主题公园项目为核心，该项目是美国环球主题公园及度假区集团开发建设的大型主题公园项目，按照北京市关于加快通州文化旅游区建设的总体要求，该项目于2014年9月25日正式通过国家发改委批复，落户文化旅游区。北京环球主题公园建成后，将对通州建设北京城市副中心起到极大的带动作用，进一步推动北京市文化旅游产业发展，带动北京市产业结构调整，促进北京旅游产品由以传统观光旅游为主向观光与文化娱乐休闲度假并重转变，增强高端文化旅游产业发展动力，促进首都“高精尖”经济结构的形成，对京津冀协同发展战略产生重要影响。

（四）台湖演艺小镇

台湖演艺小镇位于通州区台湖镇，2017年台湖演艺小镇的建设进入实质性阶段。建设国家大剧院舞美基地项目，服务于国家大剧院艺术生产的配套设施，发挥国家大剧院作为文化产业基地的引领示范作用。推动整个区域经济的转型升级和联动发展，推进通州文化创意产业专业化、体系化发展，推动通州文化创意产业走向国际。

四　突出品牌建设，产业后劲持续增强

近年来，通州区依托文化产业园区建设，在重大文化产业项目的引进上取得了丰硕成果。2012年、2014年、2016年成功举办三届中国艺术品产业

博览会（以下简称艺博会），秉承“艺术品让生活更美好”的理念，以落实京津冀协同发展战略为目标，进一步突出艺博会的品牌影响力，促进文化、旅游、商务三大产业融合发展，契合北京城市副中心的定位，社会关注度不断提升。

发展文化创意产业，是推动全区文化大发展大繁荣的需要，是实现通州区文化发展创新功能定位的需要，是通州加快转变经济发展方式、建设北京行政副中心的需要。通州区将以此为契机，带动产业结构升级，坚持以壮大文化创意产业为目标，进一步提高文化创意产业在通州区的产业比重，培育一批创新能力强、特色鲜明的文化创意企业，形成多功能、高附加值、多业态的文化产业集群，提升文化创意产业核心竞争力，尽快使其成为通州区国民经济的支柱性产业，为调结构、稳增长、转方式做出积极贡献，使文化创意产业成为通州区一张亮丽的名片。

五　通州区文化创意产业人才队伍的现状

（一）稳步推进区文创人才队伍建设，促进文创产业发展

为提升通州区文化创意产业总体发展水平，加强通州区文化创意产业人才队伍建设，通州区政府和相关单位相继制定和实施了多项有效举措，具体如下。

（1）制定出台了《通州区关于加强文化创意产业人才队伍建设的意见》，在2016年全区第一次人才工作大会上正式发布。

（2）2016年下半年由通州区文化委员会组织并开展了3期文化创意产业人才培训班，200余名文创企业人员参加了培训，特别邀请了10位业内知名专家学者前来授课，深度解读文创环境和经营模式，并安排参观交流，分享心得。

（3）积极参与北京市文资办举办的各种培训，通州区推荐了22人次参加各类高级研修班，做好人才培训和输送工作。

（4）2016 年通州区开始对优质企业人才进行认定和奖励，同时充分借助通州区“两高人才”认定工作，积极与区委组织部协商、确定人才评审的标准，并按程序部署人才申报和评选工作，目前该项工作正在进行中。

（二）吸纳就业人员减少，人员结构发生变化

在政府的积极推动下，通州区的人才队伍建设有了稳步提升，但由于市场和经济环境等原因，文创人才的结构和数量等方面也发生了新的变化。

2016 年 1 ~12 月，通州区规模以上文化创意产业从业人员平均人数为 11860 人，同比下降 13.1%。软件和信息技术服务业以及文化休闲娱乐服务业下降幅度较大，从业人员平均人数分别为 510 人和 714 人，同比下降 38.5% 和 23%。文化用品设备生产销售及其他辅助服务业中从事文化用品的生产、文化设备的生产以及文化用品设备的销售的从业人员为 4304 人，同比下降 25.8%，其中日用家电设备零售业由于个别大型企业的经营理念逐步向网络销售模式改变，实体经营店大量裁员，该行业从业人员平均人数由 2015 年的 2520 人减少至 1965 人，同比下降 22%。

六　通州区文化创意产业人才队伍的特征

为了对全区文化创意企业人才队伍现状进行及时了解与把握，通州区文化委员会文化产业促进中心成立文创人才课题组，以全区九大类典型的文创企业为对象，对文创人才状况进行了问卷及访谈调查。本次调查覆盖文化创意产业的九大主要行业类型，其中男性被调查者占 55%，女性被调查者占 45%。

调查结果显示，目前全区文创人才队伍总体呈现以下特征。

（一）年龄、学历结构趋于合理，但与北京市文创人才相比，呈现年龄较大、学历较低的特点

调查结果显示，通州区文化创意产业人才队伍中 66% 的文创人才年龄为 20 ~30 岁，以年轻人为主，41 岁及以上的文创人才占比为 5%。文创人

才学历较高，其中85.5%的被调查者拥有大学学历，被调查者中没有初中及以下学历的人员。

在一项以北京市为调查范围的调研中发现，全市文创人才中，26.3%的人员为25岁及以下，46.8%的人员为26~35岁。对比通州区调研结果，被调查者中30岁以上人才占比在75%以上。

在学历方面，北京市的相关调研结果中，研究生学历只占11.6%，本科学历占62.6%，专科及以下学历占25.3%。而通州区的调研结果中，本科及以上学历占比仅为23%。

考虑到被调查行业与人才结构的相关性，我们分别对通州区3家“文化+农业融合”型企业的员工和不含此类企业的员工进行了单独的学历构成分析，发现此类企业的人才学历普遍较低，高中及以下学历占86.6%，而其他八大类企业的本科及以上学历占59%，远高于“文化+农业融合”型企业，但这个水平仍低于北京市文创人才中本科学历的比例。

（二）行业分布差异较大，人才流动性强

从调查结果来看，目前通州区的文化创意人才主要分布在软件和信息技术服务业、设计服务业、文化休闲娱乐服务业。多数文创人才换过工作单位，没有北京户口的人员占比相当大，50%以上的管理者认为本单位的创意人才流失严重。由此可见，在文创产业各门类间既相互区别又相互交融，文创人才供给不足，创意人才大多头脑灵活、年轻等因素的共同作用下，创意人员一般不会固守在某个工作岗位上，而是经常去寻求更大的发展空间。许多创意行业的生产组织形式表现为松散的个体劳动和简单的集体协作，该领域的从业人员一般不从属于某个固定的经济体，大多属于自由职业者。上述特征均决定了创意人才的高流动性。另外，近一半的创意人才属于非京户籍人员，说明北京独特的城市人文精神、深厚的文化积淀、良好的创新环境等已对创意人才形成了强大的吸引力。而通州区虽定位为北京城市副中心，但还处于概念打造阶段，对比朝阳区、海淀区等城区，尚未形成广泛深入的副中心概念认知，人文环境和创新环境有待进一步营造。

（三）以实现个人价值为主要工作目标

被调查者中，尽管对个人的薪酬感到满意的人员占比不足 30%，但在工作目标的选择上，60% 以上的人员选择了“展现个人价值”“实现个人理想”；很多从事文创工作的被调查者表示是基于“兴趣”选择该行业的，希望能在工作中“充分展现个人价值”。这些情况表明，创意人才往往更注重自身价值的实现，因此，他们很难满足于一般的事务性工作，而是热衷于具有挑战性、创造性的任务，并全力追求完美的结果，渴望通过这一过程充分展现个人才智，实现自我价值。对于他们来说，成就激励和精神激励的比重远大于金钱等物质激励。工作所获得的成就感本身就是对他们最好的激励，而金钱和晋升等传统激励手段应退居次要地位。不仅如此，由于对自我价值的高度重视，创意人才同样格外注重他人、组织及社会的评价，并强烈希望得到社会的认可和尊重。

（四）人才引进和扶持政策有待加大宣传力度，并进一步落实和完善

被调查者中，70% 以上的人员不太了解国家、北京市和通州区关于文创人才或项目的扶持奖励政策，在占比很低的了解政策的人员中，申请过项目特别是成功申请过项目的文创人才占比不足 40%。大多数被调查者认为通州区在人才引进方面存在的主要问题是交通不便利、生活成本偏高和人力政策支持力度过小。另外，还有一部分被调查者认为配套服务不完善也是影响优秀人才引进的一个因素。

综上，通州区文化创意产业人才队伍存在的问题主要表现为：结构不合理，总量不足，缺乏高端复合型人才，特别是创新和营销管理人才；人才开发途径不完善，人才培养体系不健全，尚不能满足行业发展对人才的需要；薪酬、考核体系不合理，特别是一些中小型、初创型的文创企业还没有建立科学、公平的薪酬体系；政策惠及率偏低也是此次调研反映出来的一个具有普遍性的问题。

七　存在问题与不足

（一）经济总量不足，行业规模较小

通州区文化创意产业单位数量、企业规模、产业结构等方面还存在诸多不足。

从产业数量上看，2017 年 1 ~4 月，北京市规模以上文化创意产业总收入达到 4189.81 亿元，同比增长 7.8%，其中通州区规模以上文化创意产业收入为 52.11 亿元（截至 2017 年 7 月，收入达到 84.44 亿元），收入仅占全市的 1.2%。北京市规模以上文化创意产业单位数量为 6942 家，其中通州区规模以上文化创意产业单位数量为 88 家（此数据为 2017 年 6 月统计，4 月为 87 家），仅占全市的 1.3%，而与文化创意产业发达城区如海淀区、朝阳区相比，差距明显。海淀区规模以上文化创意产业单位数量为 2441 家，收入为 1747.42 亿元，分别是通州区的 28.06 倍和 33.54 倍；朝阳区规模以上文化创意产业单位数量为 1866 家，收入为 831.75 亿元，分别是通州区的 21.45 倍和 15.94 倍（见图 1）。

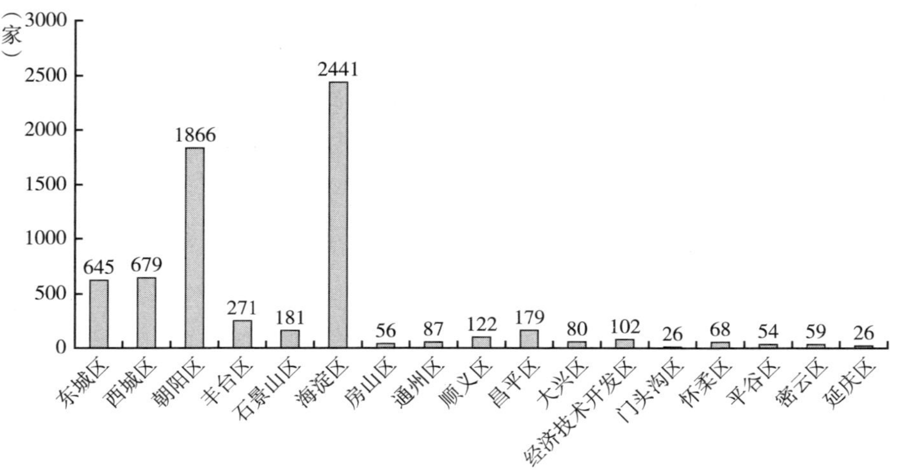

图 1　2017 年 1 ~4 月北京市各区规模以上企业数量

从产业结构上看，通州区六大核心领域规模以上企业数量较少，大多不到两位数，其中文化艺术服务领域 4 家，新闻出版及发行服务领域 5 家，广播电视电影服务领域 6 家，软件和信息技术服务领域 13 家，艺术品生产与销售服务领域 3 家，设计服务领域 0 家。

（二）产业集聚较为松散，尚未形成完整、高效的产业链

通州区拥有丰富的历史文化资源，如宋庄艺术区聚集了一大批享誉全国的文化名人和艺术家，但都属于较为松散的聚集，离“产业集群”的目标还有一定的差距，对地方的贡献较小，尚未形成完整、高效的产业链，存在融资困难、创意人才短缺等诸多短板。文化资源尚未有效地转化为文化资本。文创企业之间在开发、生产和营销等环节上缺乏密切的协同与合作，产品差异性小，不能实现有效的资源共享和上下游产业呼应。同时，通州区文创企业“走出去”的机会还较少，发展视野不够开阔。文创企业自身有效利用外部资源、主动“走出去”开阔国际视野的自觉性还不是很强，存在故步自封的思想意识。2017 年 1～7 月通州区文化创意产业基本数据见表 1。

表 1　2017 年 1～7 月通州区文化创意产业基本数据

序号	类别	数量（家）	收入（亿元）	收入占比（%）
1	文化艺术服务	4	0.48	0.6
2	新闻出版及发行服务	5	3.97	4.7
3	广播电视电影服务	6	1.06	1.3
4	软件和信息技术服务	13	2.70	3.2
5	广告和会展服务	18	10.01	11.9
6	艺术品生产与销售服务	3	0.61	0.7
7	设计服务	0	0	0
8	文化休闲娱乐服务	9	1.53	1.8
9	文化用品设备生产销售及其他辅助服务	30	64.08	75.9
总　计		88	84.44	100

八　新政策、新形势、新规划带来新机遇

（一）首都疏解整治提升，为通州区文化创意产业发展创造了空间机会与可能

城市功能过度集聚，是北京“城市病”问题产生的根源。习近平总书记日前在北京视察时强调，疏解非首都功能是北京城市规划建设的“牛鼻子”，要不断提高思想认识，增强疏解整治促提升专项行动的责任感，提高自觉性，同时认识到疏解整治提升工作在增强首都功能、改善人居环境、提高城市品质和群众获得感方面的巨大意义和作用。具体到通州区的文化创意产业来讲，疏解整治提升工作对其发展同样具有积极有利的影响，且这种有利影响已经显现。

北京市2016年出台了文化产业指导目录，对鼓励型、禁止型、限制型产业进行了明确规定。其中，违法建筑的拆除对于城市环境治理、提升城市宜居性都大有好处，是一项十分重要的疏解工作。目前通州区对于目录中列明的禁止型、限制型企业及项目正在加大力度进行清理，这些企业及项目将逐渐淡出通州。目前已有大量企业把生产环节转移到了其他省份，有一部分厂房腾退出来，如武英造办对原有厂房进行开发利用，办成市教委认可的校外教育大课堂实践基地，建成展示厅、博物馆。也有的对原厂区进行改造或改建，如弘祥艺术区整体出租，改造之后出租给文创企业、科技企业、高端培训公司等。再如经略天则、台铭国际等，则把原有旧工业厂房推倒，重新设计建设，进行房地产开发，建立起了企业独栋，销售或出租给包括文创企业在内的有一定实力的企业，疏解之后为文创企业提供了良好的发展空间。

（二）城市副中心建设，促进通州城市配套建设，拉动文化消费，直接或间接地促进通州区文化创意产业的发展

2016年5月27日，中央政治局会议明确提出了通州作为北京城市副中

心的功能定位，即要构建蓝绿交织、清新明亮、水城共融、多组团集约紧凑发展的生态城市布局，着力打造国际一流和谐宜居之都示范区、新型城镇化示范区、京津冀区域协同发展示范区。

这一功能定位意味着城市副中心的打造将给通州带来教育、医疗、交通、公共设施等方面的完善的城市配套建设，意味着区内人口素质整体结构性的提升，意味着将带来包括朝阳区在内的高端产业溢出，也意味着通州区将对周边城区产生强有力的消费吸引。文化创意产业是以有消费文化的人群为消费群体的，是文化产业消费的核心，这对于文化产业发展是一个好的契机，加之园区的创建，企业可能会不请自来。如宋庄文化创意产业园区管委会有一些特殊政策，因举办艺博会而成为永久会场，直接或间接地拉动了宋庄文化创意产业的发展。又如文化旅游区，政府可为歌剧舞剧院等提供承载地。

（三）大运河文化带建设，为通州及首都发展注入文化内涵，打造世界认可的国家文化符号

大运河于2014年申遗成功，成为第七处位于北京的世界文化遗产。大运河北京段全长82公里，横跨海淀、昌平、朝阳、西城、东城、通州六区，沿线文物分布密集，等级高，类型丰富，时代跨度长，既是古代中国连接南北方的大动脉，也是明清北京城连接西北部园林的纽带，现在还是连接北京中心城与副中心的纽带，其地位非常重要。

北京市委书记蔡奇曾在推动大运河文化带保护利用工作调查研究时强调，要带头贯彻习近平总书记重要指示精神，认真做好“保护好、传承好、利用好”这三篇文章，深入挖掘大运河文化带的丰富内涵，通过推进大运河文化带保护与利用，进一步擦亮世界认可的国家文化符号，为京津冀协同发展搭建深度交融的桥梁，为首都发展注入独具魅力的文化内涵，真正使大运河文化带成为北京建设全国文化中心的示范工程，成为满足人民群众日益增长的多样化精神文化需求的民心工程，成为建设国际一流和谐宜居之都的标志工程。

由此可见，大运河文化带建设，具有以下意义。首先，能够促使通州在深入挖掘物质和非物质的大运河文化遗产过程中加深对大运河文化的认知，提升文化自信。其次，基于这项建设工作，鼓励文创企业和工作者研究大运河文化底蕴，进行文艺创作、艺术品开发，在现有文创产品和服务中加入文化符号，形成独立的文创产品或服务特色。最后，大运河文化带概念的提出，可以方便与大运河所经过的城市和地区进行横向的合作，从更广阔的维度来挖掘和利用大运河文化资源，促进区域间合作，形成联动效应，促进文化创意产业的发展。

九　下一步工作思路

面对首都疏解整治提升、城市副中心建设和大运河文化带建设这些新的发展形势和背景，未来通州区文化创意产业应借势、顺势发展，明确发展方向与思路，制订科学高效的工作计划，充分发挥政府、市场的作用，以便更好地促进通州区文化创意产业的发展。

（一）政策吸引

健全文创产业发展体制机制，优化政策环境，吸引其他区域、城市和国家的优秀文创企业、人才、项目进驻通州，落户通州，促进通州区文化创意产业的结构性优化。在未来发展中，政府应针对首都疏解整治提升、城市副中心建设和大运河文化带建设的需要，进一步制定有明确指向性的政策。

在首都疏解整治提升方面，要继续在破解制约市场要素自由流动的传统政策方面做文章；发挥政府统筹作用，从措施一体、通盘谋划的战略高度构建京津冀三地目标同向、利益共享的产业合作长效机制，在区域间税收共享、资质认证、用地和环保指标分配等方面完善政策设计。

在城市副中心建设方面，通过政策制定，推动公共文化示范区的建设，加强对朝阳区溢出高端项目和知名企业的吸引，鼓励其到通州落户，成立企业总部。培养普通公众的文化消费习惯，调动周边省市到通州区进行文化消费的积极性。

在大运河文化带建设方面，利用现有项目扶持和人才培养政策，进一步鼓励和吸引在大运河文化资源开发和利用中做出突出贡献的企业或个人，鼓励跨区域项目合作，共同推进大运河文化带建设，全力打造具有国际影响力的大运河文化符号。同时，还应制定相应政策以保护物质和非物质的大运河文化遗产。

（二）行政推动

通州区政府在疏解整治提升专项工作中，通过举办培训会、解读文件等形式引导生产型企业积极到外地寻找新的厂址，把生产型企业迁出去，或者把生产环节砍掉，与成熟的生产企业以 OEM 的形式合作。今后应进一步发挥政府的引领和促进作用，在产业增量控制、分类退出、转型升级方面联动纵横、形成合力。同时，政府应勇于向传统管理体制提出挑战、自我改革，主动出手革除阻碍和束缚市场“无形之手”的政策与制度藩篱，以此推动企业腾退疏解、改造升级。

利用城市副中心建设以及北京市四套班子搬迁至通州的契机，借助北京市政府的力量，动员市级大中型文创企业向通州倾斜，推动通州文创产业结构调整，提升发展质量。

在大运河文化带建设过程中，运用行政手段，配合有效力的政策，做好“传承、保护、利用”这三篇文章。其中，保护工作的重要基础和前提，是运用行政手段，推动大运河文化的保护。积极与北京市举办的“大运河文化创意创新创业大赛”相结合，多发掘具有大运河文化特色的项目，深度解析通州区大运河文化的深厚底蕴。此外，还要本着传承、保护、利用的总原则，聚焦挖掘内涵、修缮文物、整治环境、提升品质等环节，列出任务项目清单，制订行动计划。

综上，对于通州区文化创意产业的发展来讲，首都疏解整治提升、城市副中心建设和大运河文化带建设都是利好背景，是其发展的新契机、新机遇。通州区要想在“十三五”期间，在未来更好、更快地发展文化创意产业，推动全区经济和社会的全面发展，必须牢牢把握住这种新机遇、新常态、新定位、新目标，积极迎合国家文化创意产业发展的大趋势，融入首都发展大局，承担起城市副中心的发展定位和责任，做好疏解整治提升工作。建设大运河文化带，要坚持高站位高起点，做好公共服务完善、交通建设、产业发展和人口规模控制等工作，在京津冀协同发展方面承担起自身发展和协同发展的双重责任，努力做好文化创意产业“高精尖”结构的统筹，成功打造大运河文化带品牌，将其塑造成国家文化符号，把城市副中心打造成为世界一流的现代化国际新城，促进其发展成国际一流的和谐宜居之都。

B.12
顺义区：创新发展模式，加快文化创意产业升级

顺义区文化创意产业发展中心

顺义区作为北京东部发展带的重要节点、重点发展新城之一，是首都国际航空中心的核心区。近年来，顺义区经济规模逐步扩大，人口、环境协调发展，产业集群雏形初显，产业政策快速落地，为文化创意产业创设了良好的发展环境。

一　基本情况

据统计，2016 年，顺义区共有文化创意企业 4700 多家，其中规模以上文化创意企业法人单位 114 家，较 2015 年略有减少；规模以上文化创意企业累计实现收入 1413629.6 万元，同比增长 8.7%，增速较 2015 年上升了 11.5 个百分点，利润总额为 103599.3 万元；规模以上文化创意企业从业人员数量为 12398 人，与 2015 年相比略有下降。全区文化创意产业保持稳定发展态势。从在北京市的地位看，顺义区居全市第十位，在城市发展新区中排名第四。从收入增速看，文化创意产业收入增速高于全市 1.4 个百分点。

从规模以上文化创意企业数量变化情况来看，2016 年广播电视电影服务业、艺术品生产与销售服务业企业数量略有增加，设计服务业企业数量持平，文化艺术服务业、软件和信息技术服务业、广告和会展服务业、文化休闲娱乐服务业企业数量略有下降，新闻出版及发行服务业、文化用品设备生产销售及其他辅助服务业企业数量下降幅度较大（见表 1）。从规模以上文化创意企业从业人员数量来看，2016 年艺术品生产与销售服务业、文化用

品设备生产销售及其他辅助服务业从业人员数量有较大幅度增加，设计服务业从业人员数量小幅增加，其他行业从业人员数量都有不同程度的下降。

表1　2014～2016年顺义区规模以上文化创意企业数量统计

单位：家

类　别	2014年	2015年	2016年
文化艺术服务	6	4	3
新闻出版及发行服务	14	14	2
广播电视电影服务	3	3	4
软件和信息技术服务	7	15	14
广告和会展服务	33	31	28
艺术品生产与销售服务	3	3	4
设计服务	5	5	5
文化休闲娱乐服务	42	26	25
文化用品设备生产销售及其他辅助服务	21	20	29
合　计	134	121	114

从规模以上文化创意企业收入情况来看，2016年广播电视电影服务业、广告和会展服务业、艺术品生产与销售服务业、文化用品设备生产销售及其他辅助服务业收入增加较多，其他行业收入均有不同程度的下降。从文化创意企业利润总额来看，除文化休闲娱乐服务业利润总额在收入减少的情况有较大程度的增加外，其他行业利润总额增减变化趋势基本与收入相同；广播电视电影服务业、广告和会展服务业、艺术品生产与销售服务业、文化用品设备生产销售及其他辅助服务业利润总额增加较快，其他行业利润总额均有不同程度的下降。

二　促进文化创意产业发展的经验

（一）深化产业研究，完善促进政策

顺义区文化创意产业促进工作建立在充分调查研究、反复论证分析的基

础之上，特别关注产业趋势，重视产业研究。在经过长期深入调研、仔细研究后，制定并完善了一系列扶持促进政策，具有较强的针对性和较好的适应性。2016年顺义区主要完成了三项重大调研，完善了扶助政策，促进了产业发展。

一是制定《顺义区“十三五”时期文化创意产业发展规划》。依据顺义区“十三五”规划，经过前期资料收集、走访调研、专家论证，并在充分采纳各方意见建议的基础上，制定完成《顺义区“十三五”时期文化创意产业发展规划》，同时做好规划出台的宣传解读，推动规划落实。

二是做好产业资源摸底工作。梳理区内可用于发展文化创意产业的商业用房、老旧厂房、设施用房等建筑空间，走访区内重点文创企业、特色文创园区，配合做好招商引资宣传，并进行针对性指导。

三是修订《顺义区文化创意产业发展专项资金管理办法》。结合国家、北京市文创政策调整和顺义区产业发展实际需求，修订《顺义区文化创意产业发展专项资金管理办法》。该办法在规范传统支持方式的基础上，创新专项资金使用方式，新增风险补偿、债权投资和股权投资三种支持方式，为解决小微文创企业融资难、融资贵等问题进行积极探索尝试。

（二）重点产业、功能区建设不断巩固

顺义区文创产业发展重点突出，不断巩固主导产业的发展和大型文创产业功能区的建设，带动文化创意产业全面发展升级。

广告和会展服务业作为文化创意产业的支柱性行业，在整个区域产业发展中占据绝对主导地位，文化休闲娱乐服务业、艺术品生产与销售服务业、文化用品设备生产销售及其他辅助服务业近年来发展迅速，成为顺义区文化创意产业发展的后备力量。

形成多层次文创产业功能区建设格局。经过多年的发展，顺义区已建有1个国家级文化体育场馆（奥林匹克水上公园）、2个市级文化创意产业功能区（北京国际会展产业园、国家对外文化贸易基地）、3个区级重点产业集聚区（北京国际会展产业园、空港开发区、金马工业区），以及各类文化

创意产业园区（基地）。顺义区文化创意产业逐渐形成了以新国展产业园为核心，以国家对外文化贸易基地、雅昌印刷文化发展基地、华江工美文化产业园、中关村顺义园为重点，以其他文化创意产业园区（基地）为延伸，多点集聚、协同推进的空间格局，层级化产业集聚格局逐渐清晰。

（三）积极落实北京市文创重点工作

认真落实、积极配合北京市开展了一系列文创重点工作，推动文创产业发展迈上新台阶。

一是抓好北京市文创重点工作的落实。2016 年先后组织开展了北京市文化创意产业重点项目征集推荐、文化消费季和参展北京文博会等系列活动，通过工作部署动员、政策解读、走访调研、集中辅导等多种形式推进各项活动有序开展。文化创意产业重点项目征集共向北京市推荐项目 28 个，其中 8 个项目获得支持；文化消费季共吸引全区 50 多家文化消费场所及文化创意企业参与，接待消费者 8000 人次，拉动消费近 600 万元，取得了较好的成效，得到了市文资办的充分肯定；举办北京文博会，接待观众近 6000 人次，20 余家媒体对文博会进行了宣传报道。此外，积极组织企业参加第五届台湾文博会、京港洽谈会和文化融合发展项目合作推介会、北京文化企业 30 强（30 佳）评选等活动，加强企业宣传推介，共有近 30 家企业参与活动，其中 3 家企业入围文化企业 30 强（30 佳）。

二是配合做好区内产业调研活动。持续开展区内市级功能区、区级文创产业园区及区内重大项目建设情况的走访，做好数据汇总统计，为北京市制定产业总体规划做出了积极努力。

（四）开展文化惠民活动，促进文化消费

文化创意产业发展的目的，在于促进经济结构转型升级，提高和满足人民群众的物质、精神文化水平和需求。文化发展惠及大众，促进文化消费，让更多人享受到文化创意产业发展带来的好处和实惠，还能激发大众参与文化产业的热情，实现“全民文创”的生动局面。

大力开展文化惠民活动，2016 年组织开展了以“惠文化　慧生活”为主题的第四届顺义区惠民文化消费季活动，通过政府搭台、企业唱戏，推进文化创意与区内其他行业融合，吸引带动文化消费。为办好本届文化消费季活动，先后组织相关单位召开工作筹备会，利用各类媒体开展文化消费季活动的宣传报道，采取补助、奖励等方式吸引鼓励区内文化消费场所及文化企业参与文化消费季活动，扩大活动覆盖面。

据统计，顺义区共有 2 家影剧院、3 个旅游景点及 20 多家重点文化创意企业参与活动，参与文化惠民活动的消费者近 8000 人次，实现文化产品消费额近 200 万元。文化消费季活动取得较好成效，得到北京市肯定，顺义区荣获年度优秀组织奖。

（五）优化平台，加强企业宣传和服务

顺义区在文化创意企业宣传和服务上，创新思路，整合资源，充分利用互联网和新媒体手段，增强服务保障意识，落实中央和北京市委“放”“管”“服”政策，打造优化集多种功能于一体的功能平台。

一是搭建企业交流服务平台。建立区文化创意产业线上联盟，发挥纽带和桥梁作用，为企业提供在线答疑、政策解读和信息发布等服务。积极组织线下活动，先后开展春日徒步、文创专场招聘会等活动，共有 70 余家文创企业参与。

二是完善信息宣传服务平台。改版升级“顺义文化创意网”和“创意顺义”官方微信、微博等信息服务平台。及时发布国内外文创新闻、产业资讯、企业信息和重要活动。截至目前，共制作发布微信 60 期、微博 80 条、网站信息 100 余条。

三是利用区内优势资源开展服务。协助引进民族特色版权保护与展示交易中心项目，举办揭牌仪式和配套活动，积极发挥中心作用，策划“匠心顺义”古建主题展览，开展区内特色文化版权作品的征集，联合中央美术学院城市设计学院与版权展示交易中心帮助牛栏山酒厂进行产品包装的设计、开发和运营，目前中心已汇聚了全国民族特色版权商品近 1000 件，其中顺义区本地特色版权商品 500 件。

此外，顺义区也整合利用各大交流平台和各类媒体资源，对区内企业和项目进行宣传推广，推动企业步子“走出去”、名声“响起来”。在2016年第十一届北京文博会上，自2016年初开始，在确定展位及面积的基础上，先后开展了主展台设计搭建、收集制作宣传资料、征集遴选参展作品、展台搭建布展、组织开展分会场活动等工作。先后组织3家企业参加第五届台湾国际文化创意产业博览会。这些都促进了顺义区文创企业的发展。

（六）加大资金扶持

文化创意产业是新兴行业，科技含量高，人才依赖强。顺义区文创产业发展相对滞后，为促进区内企业发展，吸引项目投资和人才参与，顺义区通过多种形式加大资金扶持，解决企业发展中的资金难题。

一是积极争取北京市专项资金支持。2016年顺义区先后开展了市级项目征集宣传、网上申报受理辅导、项目预审和推荐等工作。共向北京市推荐项目28个，最终顺义区8个项目获得支持，支持总额度达1640万元。

二是做好2016年度区级专项资金扶持工作。面向全区开展年度文化创意产业项目征集工作，召开项目征集动员会，广泛发动各镇、功能区及重点企业参与。共受理项目59个，先后开展了项目初审、实地踏勘、专家评审、财政评审、报会审议、项目公示等工作，2016年支持项目共28个，支持资金总额度为4468万元。

三是做好2015年度专项资金跟踪检查和绩效评价。协助区财政局开展了2015年度支持项目的入户调查、绩效自评和专家评审答辩会，文创专项资金绩效考评结果为良好。结合绩效考评，完成了2015年度支持的16个项目的中期检查和审计验收。

三　文化创意产业的不足与问题

（一）产业整体发展水平有待进一步提升

一是产业基础资源开发不足。从文化资源来看，顺义区的历史文化资源丰富，但开发利用的深度和广度有待进一步深入。从土地空间资源来看，由于历史客观原因，顺义区居住、工业用地比例较大，公共设施用地受到局限，空间开发程度偏低，可利用土地大多位于距离中心市区较远的地方，人口密度小，消费水平低，不适宜文化创意产业发展。从人才资源来看，顺义区教育人才资源不足，缺乏人才储备和培养渠道，在生活配套和公共服务方面有待加强，这在一定程度上影响了优秀人才的引进和居留。

二是产业发展能级有待提升。产业整体发展水平偏低。2016 年，顺义区 GDP 占北京市的 6.24%。2016 年 1 ~ 11 月，顺义区规模以上文化创意产业收入仅占全市的 1.0%，不仅低于北京市平均水平，而且低于石景山、丰台、通州、昌平等经济总量落后于顺义的区域，产业发展基础有待进一步夯实（见表 2）。支柱产业比较优势尚未显现。2016 年，作为顺义区文化创意主导产业之一的广告和会展服务业收入仅占全市的 0.4%。重点企业和项目规模不足。近年来，顺义区文化创意产业不仅面临单位数量少、企业规模小、产值低等问题，而且出现了企业流失、产值下降等新情况，阻碍了顺义区文化创意产业的发展。

表 2　2016 年 1 ~ 11 月北京部分地区规模以上文化创意产业收入及其占全市比重

地区	收入(亿元)	占全市比重(%)	地区	收入(亿元)	占全市比重(%)
北京市	11917.7	100	石景山	326.3	2.7
顺　义	119.3	1.0	西　城	740.5	6.2
怀　柔	81.7	0.7	东　城	1656.0	13.9
昌　平	128.4	1.1	朝　阳	2327.7	19.5
通　州	129.3	1.1	海　淀	4989.7	41.9
丰　台	264.6	2.2			

三是产业链整合带动效应较弱。目前产业体系内部发展尚不成熟。区内文化创意产业基础薄弱，尚未形成产业规模效应和合理规模结构，也未形成产业链内部集聚优势。另外，区内文化创意产业基础薄弱，导致产业链辐射带动作用不足。以顺义区文化创意支柱产业广告和会展服务业为例，目前会

展中介及服务力量严重不足，参展企业和人群的消费需求流向了其他周边城区，不仅增加了展会举办及消费的成本，而且对本区域经济发展也没有起到正面带动作用。

（二）区域文化品牌建设不足

一方面，顺义区自然与历史等文化资源开发力度不足，导致文化产品缺乏，可衍生性、可挖掘程度和可变现程度较低。无梁阁、开元寺、石幢、地道战遗址等人文古迹以及火绘葫芦、孙氏糕点模具等非物质文化遗产资源缺乏联动整合，没有形成具有一定影响力的文化地标，文化消费的规模化转化尚未开始，城市品牌的宣传推广力度不够，亟须进行专业化运营。另一方面，顺义区文化创意产业内具有重大影响的文化企业的文化品牌输出效益不高，新国展、雅昌彩印等大型国有和民营文化创意企业的品牌资源没有得到充分利用，行业带动能力和文化影响力没有得到充分释放，文化特色不够突出，仍有较大的发展空间。

（三）产业服务保障体系需要进一步健全

产业促进体系尚不十分健全。政企沟通交流机制不健全，导致产业公共服务平台建设不足。目前，区内针对文创企业的公共服务相对滞后，没有建设相应的合作交流平台，从而为企业提供资源对接的渠道。政府支持主要集中在财政资金扶持方面，且覆盖面有限。

配套基础设施有待完善。区内现有的交通、食宿、教育、娱乐等公共服务设施已经很难满足企业和人口的需求，成为文化创意产业进一步发展的制约因素，容易出现“产强城弱”的局面。

例如，在市政公共配套设施方面，区域交通网络尚未形成。在生活配套设施方面，文化创意产业园区周围缺少文体和商业配套设施，这在一定程度上加剧了企业“招工难”“留人难”问题。在相关中介配套服务方面，文化创意产业园区内金融、物流、法律、咨询等服务业的缺失或不足，对入园企业开展生产经营活动也形成了制约和影响。

四 下一步工作思路

2017年是顺义区“十三五”文化创意产业发展的重要一年，是经济社会发展的转折期和机遇期。为实现将北京建设成为具有国际影响力的文化创新、运营、交易、体验中心和最具活力的文化创意名城，顺义区将进一步聚焦“五个关键”，着力推进文创产业做大做强。

一是聚焦“规模”。充分发挥传统优势，不断营造氛围，优化政策环境，做好存量服务，强化以商招商，扩大规模，实现产业集聚。二是聚焦“布局”。利用顺义区现有的产业基础，围绕市级文化创意产业功能区，以及发展相对集聚的高端区域，做好顶层设计，在发展空间、集约化管理等方面进行产业合理布局。三是聚焦“人才”。高度重视人才在产业发展过程中所起的巨大作用，引导行业领军人才、行业龙头企业在顺义集聚，加快带动顺义区文化创意产业质量整体提高。四是聚焦“融合”。深刻把握文化创意产业与相关产业融合发展的特性，结合顺义区经济转型升级的阶段特征，坚持与三次产业相融合，坚持与科技、金融、商务、旅游等新兴产业相融合，坚持文化创意产业行业与行业之间、企业与企业之间相融合，着手成立行业协会或产业联盟，推动文化创意产业向产业链横向、纵向延伸。五是聚焦“消费”。紧跟文化发展的成长性阶段需求，通过供给侧结构性改革和政策引导，着力调整文化产品结构，营造文化市场环境，形成可持续的文化消费特点，大力促进文化消费。

（一）做好顶层设计，打造区域特色产业格局

一是构建多层次、全方位的组织管理机制。发挥区文化创意产业促进领导小组的统筹协调作用，有序推进会展业、文化旅游业及数字内容业发展。加快构建“党委统一领导、党政齐抓共管、宣传部门组织协调、有关部门分工负责、社会力量积极参与”的“大文化”工作格局。建立部门、组织、企业“三位一体”的联动工作机制，完善宏观产业统筹、中观行业剖析、

微观企业动向层级决策机制。

二是打造互促互融的产业生态体系。一方面，打造核心产业互动发展模式。加强会展业和文化旅游业合作，加强会展展馆建设与文化旅游业发展的有机结合，促进数字内容业和主导产业的交互联系，开发以数字内容为主题的大型会展项目及文化旅游项目，促使核心产业间“强强互动”。另一方面，强化核心产业与其他产业的融合发展。发挥现有产业基础，通过区内优势企业带动，提高社会化协作效率，推动核心产业与其他行业的融合，实现产业链延伸，推进“文化旅游 + 体育”“文化旅游 + 影视”“文化旅游 + 农业”发展。以存量带动增量，以业务构建产业，实现核心产业与其他各类产业融合发展。

（二）推进主导产业升级转型

推进会展业提质升级。推进北京国际会展产业园建设及配套功能区建设，加大对其他大型文体场所、酒店的开发利用，作为举办小型展览的重要补充，提升会展展馆承载能力。以顺义区优势产业及文化特点为依托，在现有的展会基础上，借助文化旅游及数字内容产业的发展，打造新的品牌主题展会，丰富区内展会主题，扩大展会规模。

依托重点项目，促进文化旅游跨越发展。加强 IP 开发，打造特色主题项目，推进重点项目建设。在原有潮白河度假村的基础上，纳入顺义新城滨河森林公园、奥林匹克水上公园，打造潮白河滨河休闲旅游区；依托牛栏山二锅头和燕京啤酒文化，打造牛栏山白酒文化小镇，做大燕京国际啤酒节；立足焦庄户现有的旅游基础，打造红色休闲小镇；推进张堪农耕文化园等特色项目实施。整合区内现有节庆资源，创新举办各种节庆活动，培育特色节庆文化。做到“月月有活动，次次都精彩”，打造会展旅游品牌形象。

推动传统出版业数字化转型。依托顺诚彩印、雅昌彩印、奇良海德、云城唱盘、保利星数据光盘等出版企业优势，引导传统出版印刷行业进行数字化转型升级，围绕顺义区特色文化资源，探索“内容 + 互联网”的有效模式。培育壮大顺义区数字游戏市场。做好国家对外文化贸易基地（北京）

影视娱乐产业板块、德威国际影视文化创意产业园等数字动漫产业园区建设，搭建产、学、研、用、易、保“六位一体”的动漫孵化平台，扶持一批有活力、有竞争力的区域骨干动漫企业。

（三）开展文化创意产业资源普查，加强政策引导，发挥市、区两级专项资金的导向作用

协调区统计、工商、税务、土地、规划等部门，深入细致地开展新一轮产业调查摸底，在继续做好文化创意企业数量以及规模以上文化创意企业资产、收入、从业人员数量等常规统计工作的基础上，突出对土地储备、闲置厂房、文化名人、文化创意人才等内容的收集整理，特别是对文化资源的分布状况、规模水平、开发利用程度、管理现状等进行全面详尽的普查和评估，确保产业数据更加准确、更加具体、更加全面，形成顺义区文化资源的基础资料数据，为今后进一步做好产业推进和决策提供翔实数据。统筹区级层面关于文化、金融、科技、人才、知识产权等方面的相关政策，制定能落实到具体企业的规范细则，重点支持会展业、文化旅游业和数字内容业的发展。加大政策资金扶持力度，落实税费价格政策和土地政策。

加快制定《顺义区关于优化扶持产业发展政策的意见》，结合该意见制定文化创意产业相关促进政策，加快推进政策出台实施，同时配套制定《顺义区文化创意产业园区认定管理办法》等系列办法，为产业发展创造良好的政策环境。抓好2017年市级文化创意产业项目征集申报辅导和推荐工作，协助做好评审答辩、实地踏勘等工作，提高项目申报质量。做好2017年区级项目征集扶持工作，把握好项目初审、实地踏勘、专家评审、财政审计等重点环节。进一步做好与第三方机构的对接合作，加快推进风险补偿、债权投资、股权投资三种支持方式的落实，提高资金使用效率，促进资金良性循环。

（四）树立品牌形象，打造区域文化名片

顺义区将创新宣传方式，打造区域文化名片，加快推广顺义文化形象，积极参与市级相关部门开展的城市整体宣传推介。推动宣传部门整合顺义区

新闻出版及发行服务业、广播电视电影服务业相关企业，依托顺义文化资源和产业优势，开发具有顺义文化特色的微电影、音乐等文化产品，在各级主流媒体进行整体宣传推介，提高城区的知名度。充实和加强会展宣传平台建设，整合建设会展专业网站以及微信、微博等平台，积极组织区内文化创意企业参加中国（北京）国际文化产业博览会、北京惠民文化消费季、世界博览会等国际营销活动，借势企业构建城市营销模式，加快对外宣传推广以“顺义文化”为核心的城市名片。

（五）把握区位优势，加快对外文化贸易发展

把握顺义区对外文化贸易“先行区”建设的区位优势。深化国际文化活动互动交流。一方面，打通国际 IP 导入通道，鼓励国际资本进入顺义文创产业，划拨专项资金用于重点合作方的邀请、组织和接待，吸引国际知名文化企业入驻顺义，促进优质国际文化企业“引进来”。另一方面，倡导和扶持优势项目“走出去”，支持大型会展项目拓展国外市场，积极鼓励有一定规模的优秀企业参与国内外市场竞争，推动特色文化项目“走出去”。

（六）紧抓先机，融入京津冀一体化发展战略

根据顺义与京津冀地区的实际情况和发展特点，拓展周边城市合作渠道，统筹协调区域合作和一体化的战略决策，针对区域内重大问题，通过会谈等方式，分层次、有重点地解决资源、环境、人才等发展问题，有效提高区域合作效率，推动顺义融入京津冀协同发展宏观布局。立足产业发展的战略全局高度，与天津、河北等周边省市建立产业战略联盟，以完善、拓展产业链条，提升产品附加值为出发点，重点推进区域间会展、文化旅游以及数字内容等核心产业领域的战略合作，共谋发展，推动形成京津冀一体化发展战略。

B.13
怀柔区：全力打造优势集聚、蓬勃发展的影视产业示范区

吕晓国*

2016年，怀柔区紧紧围绕落实首都城市战略定位和增强首都核心功能的发展大局，始终坚持以生态涵养为核心，以科技创新、影视文化、休闲会展为支撑的“1+3”发展格局。以更实举措推动文化创新发展，着眼于服务北京全国文化中心建设，大力引进优质资源，全力推进北京电影学院怀柔新校区建设。紧紧围绕建设中国（怀柔）影视产业示范区目标要求，统筹谋划，以影视产业为核心，以广告会展、文化旅游等为支撑的文化创意产业实现稳步发展，“中国影都”的知名度和影响力持续提高。

一 2016年怀柔区文化创意产业发展的基本情况

（一）四大领域支撑文化创意产业发展

按照“十三五”时期怀柔文化创意产业发展目标与战略，截至2016年，累计注册文化创意企业8320家，实现入库税款11.05亿元，同比增长14.3%，其中影视产业实现入库税款2.29亿元。全区规模以上文化创意产业实现收入92.2亿元，同比增长3.9%。总体来看，2016年全区文化创意产业发展平稳。文化创意产业九大领域中，广播电视电影服务、广告和会展

* 吕晓国，怀柔区文化产业发展促进中心主任；邹蕊，怀柔区文化产业发展促进中心产业信息部职员。

服务、文化休闲娱乐服务、软件和信息技术服务四大领域的带动作用突出，总收入达87.39亿元，占全区文化创意产业总收入的比重为94.73%，在全区文化创意产业中发挥了重要的支撑作用。

（二）影视产业成为全区文化创意产业的核心主力

全区影视产业规模以上企业营业收入由“十一五”末的1.9亿元增加到2016年的50.2亿元，增长迅速；近年来影视产业收入均占全区规模以上文化企业收入的50%以上，成为拉动全区文化创意产业发展的核心主力；2016年影视产业规模以上企业营业收入达到50.2亿元，占全区规模以上文化创意产业总收入（92.2亿元）的54.4%。税收方面，2016年，全区文化创意产业实现入库税款11.05亿元，其中影视产业实现入库税款2.29亿元，中影体系占比为81.7%，是全区文化创意产业税收贡献大户。2016年，中影体系已有中影股份及中影前期、后期和中影巨幕等20多家公司注册到怀柔，对影视产业起到了强力的拉动作用。

（三）影视项目支撑更加有力

2015年中国（怀柔）影视产业示范区成立揭牌，标志着怀柔区有了国家级影视产业示范区的金字招牌。2016年博纳影业怀柔基地落户，又一电影业巨头进驻怀柔。更为重要的是，北京电影学院这一影视核心项目落户怀柔，将为影视产业发展提供强有力的人才支撑。影人酒店、北京人艺艺术创作中心、汇鑫义道具租赁等专业技术和配套功能项目落户投用，累计注册集聚中影、星美、华谊、海润、乐视等影视及关联企业400家。影视产业示范区孵化平台——影创空间，为中小影视企业集聚提供了有利条件，面积达1.7万平方米的写字楼完成装修正式招商。

可以说，自中国（怀柔）影视产业示范区获批后，以中影基地和星美影视城为核心引领，众多影视及关联企业集聚，在全市率先建立“影管办+影都文投”的园区运营模式，博纳影业怀柔基地、北京电影学院新校区相继落户建设，都让怀柔的影视产业发展锦上添花。怀柔区以影视产业为核心的文化创意产业正以稳健的步伐步入新的发展阶段，掀开产业发展的新篇章。

二　怀柔区文化创意产业发展特点

（一）北京电影学院新校区等重点项目落户

2016年12月25日，北京电影学院怀柔新校区项目开工奠基仪式在杨宋镇项目地块内成功举办。新校区项目位于杨宋镇怀柔新城08街区东南部，占地面积约44.46公顷，总建设用地面积为26.76公顷。项目一期工程建筑面积为178800平方米，建设内容有教学行政办公、图书馆、各类实习用房、学生及教工宿舍、食堂用房等，预计将于2019年投入使用。新校区的落户，既是对怀柔影视产业链条的有力补充与完善，也将对怀柔高端人才的集聚、文化产业的发展和城市形象的提升发挥重要作用，将进一步强化怀柔中国影都的地位，提升怀柔影视产业发展竞争力。怀柔强大的影视产业资源，也将为北京电影学院师生的教学实践提供更加丰富的创作空间。

同时，博纳影业怀柔基地项目落户。2016年6月，博纳影业怀柔基地项目正式完成土地购置。该项目位于杨宋镇怀柔新城08街区，紧邻中影基地，总占地面积为48亩。博纳集团初步确立与英国松林制片公司合作联合建立怀柔总部基地项目，将新建两岸三地导演工作室、大型综合摄影棚、高科技3D电影后期混录工坊及综合配套设施。

（二）重点项目有序推进

积极推进中影二期项目土地一级开发建设。牵头进行土地一级开发资金测算等相关工作，继续协调中影加快制订项目设计方案，配合有关部门共同协助中影基地加快项目土地一级开发相关工作。积极推进光华影业园项目建设。作为重点跟踪的区政府折子工程，新建二期工程2016年底已开工建设。根据市场需求及时调整项目建设方案，单体摄影棚面积达到4200平方米，一期工程A号和C号摄影棚采暖、通风工程已完成，内墙和部分外墙装饰工程受天气寒冷的影响暂不能施工，待具备条件后恢复施工。同时，二期工程已于2016年底开工。全力推进博纳影业怀柔基地落户。加强博纳影业与英国松林制片公司的合作，积极协调各职能部门，完成土地指标调整，加快办理开工手续，推动博纳项目取得实质性进展。

（三）公共服务平台建设得到加强

1.“双创”平台建成运行

2016年，中国（怀柔）影视产业示范区O2O创新创业服务平台正式运营。该平台是怀柔区统筹整合区级行政资源而打造的影视产业公共服务平台。平台突出一站办理、宣传展示和管理服务三大功能，引入工商、国税、地税等职能部门进驻行政审批服务区，为企业提供政府行政审批和中介代办等一条龙服务，通过沙盘、展板和宣传片等形式，全方位展示影视产业示范区整体情况，为企业提供政策解读、招商引资、项目协调、投融资、项目申报、人才培养和剧组协调等综合服务。未来，平台将建成线上和线下相结合、“行政审批+政府指导+中介代办”的“一站式”产业公共服务平台，为影视企业、项目和剧组提供企业注册、创业指导、项目协调、剧组服务、宣传推广和中介代理等专业的产业服务。

2.影创空间投入运营

2016年10月，影创空间正式投入运营。影创空间全称为影创空间孵化器，由示范区市场化运营主体——影都文投公司建设运营。平台针对影视策划、影视拍摄、影视后期制作、影视发行及影视衍生产品开发等影视产业链核心环节的企业或个人，进行影视企业和影视IP的孵化。按照“吸引创客、助推创业、推进创投”的“三创”模式，建设优质的创作、工作空间；依托O2O服务平台、金融服务平台、科技服务平台和人才聚合平台资源及功能，通过建设公共服务、投融资服务、影视综合孵化三大服务平台，吸引影视产业上下游资源集聚，从而发挥“孵化器、助推器、加速器”的作用，为影视人才和企业提供创作、创新、创业的优质环境。最终，通过功能平台和完善的配套服务吸引优质种子公司进驻影创空间，培育示范区“智造”的优质企业和领军企业，将其建设成为示范区的新地标和核心动力。截至 2016 年底，平台内已聚集了影视行业相关产业链上下游企业 15 家，覆盖影视投资、影视制作、动漫制作、影视发行等产业环节，未来在大厦内部即可实现前期策划创作、中期拍摄、后期制作的闭环。

（四）政策规划出台实施

2016 年，《怀柔区促进区域经济转型发展专项资金支持政策》（怀政发〔2016〕15 号）、《怀柔区促进区域经济发展财政政策》（怀政发〔2016〕59 号）相继出台，将有力地引导和促进怀柔区影视文创产业发展，保障非首都功能疏解任务的有序进行和优质产业项目承接工作的顺利开展，促进怀柔区现有产业转型升级，加快构建“高精尖”经济结构，实现本区经济的差异化、可持续、高质量发展。

2016 年 8 月，《北京市怀柔区“十三五”时期文化创意产业发展规划》正式印发执行。自此，怀柔区未来 5 年文化创意产业发展有了行动纲领，“十三五”期间怀柔区文化创意产业发展的战略目标、发展定位和重点任务得以明确，为怀柔区影视和文创产业发展指明了方向。

2016 年 5 月，《怀柔区推进文化创意和设计服务与相关产业融合发展工作方案》正式印发。该方案的印发，将通过文化创意和设计服务与相关产业的融合发展，积极营造大众创业、万众创新的浓厚氛围，大力推动“文化创新 + 科技创新”带动产业融合发展，重点推动文化创意和设计服务与影视、会展、旅游、科技、制造、建筑、商业、体育、教育服务和农业等重点领域融合发展。

此外，正在起草的《中国（怀柔）影视产业示范区发展规划》则是对中国（怀柔）影视产业示范区内的产业发展和示范区建设进行的总体部署，因地制宜发展产业，有效利用资源，合理配置设施，综合协调各项建设，对示范区抓住和利用好重要战略机遇期、实现发展新突破、助推区域经济转型升级、服务北京全国文化中心建设具有十分重要的意义。

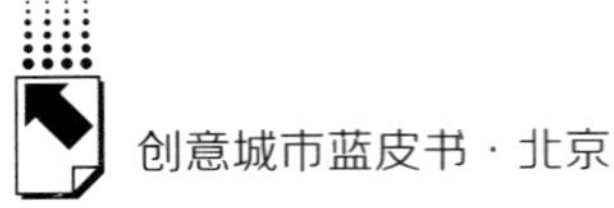

（五）影视品牌活动有声有色

1. 北京国际电影节在怀柔隆重举办

2016 年 4 月 16 日至 23 日，第六届北京国际电影节开幕式和闭幕式在怀柔雁栖湖国际会展中心隆重举行。北京国际电影节围绕首都“四个中心”建设的总目标，致力于打造北京的文化新地标，全面提升品牌影响力，服务全市相关产业发展，为北京全国文化中心建设发挥有效作用。同时，北京国际电影节在怀柔的成功举办，也为怀柔发展高端会展产业打下了坚实基础，借助“国际会都”的全面发力，拉动广告会展领域收入增势显著，从而带动怀柔区的文化创意产业蓬勃发展。

2. 电影嘉年华活动异彩纷呈

2016 年 4 月 9 日至 5 月 8 日，第六届北京国际电影节电影嘉年华活动在怀柔区雁栖湖国际会都和影视产业示范区“一主一分”会场同时举办。以“同乐·童趣·回归”为主题的电影嘉年华，共设立动漫明星、动漫音乐、动漫美食、动漫跨界、动漫智趣五大活动板块，让近 16 万市民充分领略和体验动漫二次元世界的别样精彩。本届嘉年华综合收入为 858.07 万元，集参与性、娱乐性、互动性、教育性、趣味性于一体，充分发挥怀柔区旅游资源优势，搭建广大市民游客娱乐参与的平台，促进了怀柔影视、会展与旅游的发展，进一步提升了中国（怀柔）影视产业示范区的知名度、影响力。

3. 北京文博会精彩亮相

2016 年 10 月 27 日至 30 日，第十一届中国北京国际文化创意产业博览会在中国国际展览中心举行。作为已连续 10 年参会的参展商之一，中国（怀柔）影视产业示范区展台设计独特，造型新颖。主题以影视示范区为核心，融入雁栖湖国际会都板块，重点介绍中影、星美、国奥 08 街区和影创空间等项目，充分展现怀柔区文化创意产业发展的总体概况、资源优势和成果。文博会期间，怀柔展区接待大量参观客人，被新华社、北京电视台、《北京日报》、人民网、《中国产经新闻》、《香港经济日报》等中央、市属及香港地区新闻媒体重点宣传报道，进一步提升了中国（怀柔）影视产业示范区的知名度、美誉度和影响力。

4. 北京电视节目交易会成果丰硕

2016 年 3 月 28 日至 31 日，2016 年春季北京电视节目交易会（以下简称“春交会”）在北京会议中心成功举办。本届“春交会”共收录近 750 部电视剧作品、18 部网络剧作品，还推出多部动画片、纪录片、电视栏目作品等其他电视节目形态，吸引了 400 余家国内外电视节目制播机构，参会专业人士超过 2600 人。2016 年 11 月 17 日至 19 日，秋季北京电视节目交易会（以下简称“秋交会”）回到怀柔举办，本届“秋交会”参展剧目数量达 800 余部，参会制作公司、播出机构达 550 多家，参会人数超过 2500 人，剧目类型广泛，涵盖都市情感、战争革命、古装历史、动作武侠、悬疑涉案、军旅科幻、农村喜剧等。本届交易会无论是推介展示的电视剧部数集数，还是参会机构和剧目类型范围，相比以往均有所增加或扩大，展会环节和内容也更加丰富。借助春、秋两季交易会，中国（怀柔）影视产业示范区举办了具有怀柔特色的专场活动，推介会从政策解读、影视产业示范区闲置土地资源推介、国奥“中国影都”项目招商等方面，全方位对中国影都进行介绍，活动受到广泛关注和赞誉。

除北京国际电影节，春、秋两季北京电视节目交易会以及北京文博会三大主要活动外，中国（怀柔）影视产业示范区还联合相关部门举办了主题为“凤翔东方，影都论剑”的首届中国电影工业化技术论坛，参与支持中国（北京）影视产业大会、第四届北京剧本推介会等在影视行业内影响力较大的活动。同时，牵头组织了多场针对区内企业和文化相关企业的政策宣讲活动，参与企业近百家。与北京洛杉矶文化创意产业园共同主办了“中美影视投资与华语电影国际化论坛”，促进了怀柔与好莱坞影视产业的有效对接与合作。此外，还参加了上海国际电影节电影市场活动，宣传推介中国（怀柔）影视产业示范区。

（六）建立重点客户群强化招商服务

招商方面，突出加大影视全产业链的招商引资力度，同时加大对广播电视电影服务、广告和会展服务、文化休闲娱乐服务、软件和信息技术服务以及文化艺术服务等文化创意产业各门类的招商力度。继续跟踪服务好爱奇艺、光线中国电影世界、凯天动漫、华赣影视等企业，中心还精选了60家贡献突出、注册资本多、知名度较高的企业，建立起客户群和信息服务等联络平台，不定期地与企业沟通，积极做好对接和服务，进行重点孵化培育。

三 怀柔区文化创意产业发展面临的挑战与解决思路

怀柔区的影视产业虽然形成了一定的规模和影响力，同时又有首都功能新定位、京津冀协同发展带来的良好机遇，但在当前经济新常态下，面对资源环境约束和内外竞争压力，还存在一定的困难和问题，这在一定程度上影响了影视文化产业的发展进程与规模效益。

（一）面临的挑战

1. 文化创意产业规模较小，产业发展潜力亟待挖掘

从区内来看，文化创意产业增加值占全区GDP的比重仅为5%左右；全区8000多家文化创意企业中，规模以上文化创意企业仅60家，产业贡献率和影响力有待进一步提升。

2. 产业空间资源待开发盘活，区位环境要素瓶颈亟须突破

相较于北京市区，怀柔的区位要素导致其经济基础、消费群体、区位交通、商务环境、医教住行、公共设施等方面还有一定差距，导致企业引进难，人才等关键产业资源流通受阻，开展业务的市场小，产业链延伸困难。同时，怀柔区土地资源相对有限，难以像外省市那样提供大规模的产业用地，加之土地规划、审批环保力度加大，目前土地开发周期长、难度大。即便是存量资源方面，由于转型用地程序复杂以及政策等原因，企业自主转型和盘活闲置工业用地的意愿不大，存在影视文化产业项目落地难等问题。

3. 产业链与价值链高端环节短缺，文化创新发展活力亟待增强

怀柔文化创意产业发展活力不足，发展不平衡，少数龙头企业收入和税收占全区文化创意产业总收入和总税收的比例均超过八成，其他企业数量、规模都较小，衍生产业也非常有限。一方面，重点企业产业链完整但较为封闭，自循环的微创新系统很难推动整体文化创新生态系统发展；另一方面，大部分企业居于整个创新发展生态中价值链的末端，大多数影视企业仍以拍摄和制作为主，没有形成完整的产业链，创意投资、上市公司、院线经营、贴片广告代理、影视体验类项目、衍生产品创意研发等真正处于价值链高端环节的企业明显欠缺。

4. 政策效果亟待发挥，影视产业公共服务体系有待完善

怀柔建设国家级影视产业示范区的顶层设计、综合配套政策还不完善，尚未聚焦资源和落户新的重大影视产业项目，影视产业示范区必备要素的规模集聚度明显不够。与周边区域及外省市倾注的政策资源相比，政策优惠力度被相对稀释，导致竞争力相对不足。非首都功能疏解和京津冀协同发展中需要承接的项目未能明确，具体落地存在现实困难；怀柔影视产业整体服务体系仍未形成，现有服务主要是项目推进等传统服务，为影视企业和项目提供的科技、金融、法律、人才等高端服务配套不足；对影视剧组的接待服务尚未形成规范化、专业化的服务体系，整体服务意识有待增强。

5. 产业融合能动性不高，“文化 +”产业发展格局有待形成

文化创意产业由于其高融合性、高增值性、植入元素丰富等特点，对相关产业具有强烈的辐射性影响，但目前怀柔文化创意产业对已有融合的文化旅游拉动力不强，与农业、传统制造业、城乡建设、商务服务等其他相关产业领域的融合程度不高、互动不大、带动不足，尚未形成文化和金融、旅游、农林等深度融合发展的态势。“文化 +”作用没有凸显，以文化带动全区产业发展的“点面格局”尚未形成。

（二）解决思路

怀柔区将紧紧围绕服务北京“四个中心”建设，落实“怀柔科学城、国际交往新区、影视产业示范区、生态宜居新典范”的战略定位，以加快建设中国（怀柔）影视产业示范区为核心目标，实施一批重点项目，全力抢占影视技术和影视人才的制高点，打造“产业链条完整、关联企业集聚、综合服务齐全”的产城高度融合、国内外知名的影视产业示范区；以“文化+”带动与三次产业融合联动发展，促进文化、科技、金融全要素及其他高端业态大融合的怀柔特色区域文化创意产业体系加快形成。逐步形成以影视产业为核心，以广告和会展服务、文化休闲娱乐服务、软件和信息技术服务、文化艺术服务等为支撑的文化创意产业体系，加快文化与相关产业融合发展的步伐。

1. 坚持以发展影视产业为核心

立足怀柔区城市发展定位，抓住国家战略调整及京津冀协同发展战略赋予的历史机遇，充分利用怀柔自有资源，以建设影视产业示范区、打造“中国影都”为战略目标，将影视产业作为引领全区文化创意产业发展的战略核心产业。同时，大力发展广告和会展服务、文化休闲娱乐服务、软件和信息技术服务、文化艺术服务领域，发挥产业间相互支撑、相互融合的重大作用，促进文化、科技、金融全要素融合发展，加速文化创意产业与其他相关产业融合发展，加深文化创意元素向其他产业融入的程度，推动文化创意产业跨行业、跨部门渗透融合。

2. 坚持以重点产业项目为抓手

以影创空间一期和二期、博纳影业怀柔基地、中影二期、影视培训教育机构、大型摄影棚群等龙头或重点产业项目的引进与建设为抓手，引领产业发展方向。做好龙头项目之间的产业配套，强化其产业内涵，充分发挥龙头项目的引领与带动作用，吸引与培育壮大中小微企业。除全力招商和推进产业重点项目外，还要加强土地开发、资源盘活、道路市政、平台服务等重点项目的立项设计与建设推进。

3. 坚持以支撑体系建设为依托

着力构建影视产业示范区空间承载体系、政策支持体系、环境服务体系，着重搭建O2O创新创业服务平台、文化创意产业投融资平台、交流交易平台、研发与孵化平台、人才信息平台、产权保护平台，全力建设体制完善、机制灵活、运作高效的能够支持文化创意产业成长壮大、可持续发展的产业综合支撑体系。

4. 坚持以促进企业发展为根本

在规划引导和支撑体系支持下，坚持以企业为主体，发挥市场配置资源的决定性作用，大力引进发展各类文化创意企业，支持注册企业向实体发展、小微企业向规模发展。鼓励和服务企业进行科技创新、贸易创新及创意发展，形成融合型新业态和产业链，形成各具特色和充满活力的文化创意产业企业群体。引导有条件的文化创意企业面向资本市场融资，努力培育文化领域战略投资者，推动全区文化创意产业多元快速发展，为全区经济发展提供新生动力。

四　怀柔区文化创意产业发展趋势展望

未来，怀柔区将根据“影视”与“文化+”“双轮”驱动的文化创意产业发展思路，形成“一核带全区”的空间布局。带动方式：一是影视产业链条的完善与延伸，如直接带动外景资源开发利用等；二是不同门类文化产业间的互动融合发展以及“中国影都”“国际会都”“科学城”的相互借力、互动发展；三是政策、服务体系、功能平台既立足影视产业示范区，也必须面向全区各镇乡，促进相关文化产业发展。具体布局：引导、鼓励各镇乡结合区域特点和产业基础，抓住《北京市文化创意产业发展指导目录（2016年版）》发布的利好机遇，在发展沟域经济和新农村建设过程中，兼顾影视服务功能，打造“全山全水全区域外景地”。同时，在城区与雁栖湖生态发展示范区、雁栖经济开发区引导发展广告和会展服务业、软件和信息技术服务业；在庙城、怀北与怀柔镇引导发展广告和会展服务业、文化艺术服务业、文化休闲娱乐服务业；在西部山区和北部山区镇乡引导发展文化艺术服务业、文化休闲娱乐服务业。

（一）加快重点项目建设，完善影视产业链条

1. 明确影视产业示范区建设功能重点

建好产城融合的影视产业示范区，首先需要明确功能和重点，包括专业技术功能、关键节点功能、品牌传播功能和配套服务功能。做强示范区专业技术功能，建设重点是打造集前期技术、道具场景、拍摄录制、后期制作于一体的影视科技创新链条。做实示范区关键节点功能，重点是打造导演、制片人、企业总部基地、影视版权和交易中心、审片中心、业内交流观摩中心、演员经纪行业协会等。做大示范区品牌传播功能，重点是依托各类影视专业会展、影视节庆沙龙、影视开机仪式和首映式活动，提升示范区品牌影响力。做优示范区配套服务功能，重点是围绕影视人才教育培训、数字存储和卫星传播以及影视文化氛围改善带来的“吃住行游购娱”等配套功能进行打造。

2. 围绕功能定位全力引进建设重点项目

围绕专业技术功能，引进建设设备租赁服务、服装道具制景、棚内外拍摄录制、专业技术制作等重点项目。当前要全力实现国家中影数字制作基地的扩建与升级，加快实施光华影业园、博纳影业怀柔基地等重点项目建设，推进影视外景基地及高端数字摄影棚的规划与建设工作。围绕关键节点功能和品牌传播功能，加快08街区土地一级开发上市，推进影创空间一期与二期和影视会展中心、影视主题大厦等项目招商建设。围绕配套及服务功能，借助中国科学院云计算系统，推进数字存储和传输中心的建设与招商工作；依托08街区规划的商业综合体和中影二期项目，推进生活服务和旅游体验项目的建设与招商；全力促成北京电影学院落户，推进教育培训和衍生品项目的建设与招商工作。同时，做好新城南路等道路和市政基础设计、立项，争取资金启动建设，推进配套公租房、商品住宅的建设等。

（二）盘活存量促进转型，加强招商激活消费

1. 盘活闲置土地资源，引导低端企业退出转型

在加快推进08街区土地开发和招商的同时，对示范区内现有国有用地、

农村集体建设用地进行摸底调查，建立资源项目库等服务平台和文化企业准入评估机制，引导杨宋、北房地区现有低端低效企业有序盘活。通过电影节、电视交易会、文博会等影视行业活动和各类招商平台帮助转型企业对接文化创意产业项目，依托现有工业遗存与基础设施，结合影视文化产业发展进行改造利用。充分利用市、区两级引导制造企业退出和转型政策，积极协调解决企业转型中遇到的审批立项、土地利用等方面的难题。紧抓传统制造业转型升级契机，引导保留企业结合自身制造业内容，与文化创意、设计服务相结合，融入文化内涵，提升产品品质与竞争力。

2. 加大招商引资力度，扩大影视消费规模和群体

加大对广播电视电影服务、广告和会展服务、文化休闲娱乐服务、软件和信息技术服务、文化艺术服务等文创产业各门类的招商力度，统筹全区产业发展空间，建立影视产业招商资源库，做好产业空间的区位、规划、土地、价格等分析，优化招商引资选址。集中力量引进、培育一批文化创意、科技创新带动示范强，发展后劲足，纳税贡献大的龙头企业；根据规划功能及其产业布局，重点引进国内知名影视制片公司、大型专业设备提供商、大型技术制作服务公司，引导国家中影数字制作基地、星美今晟影视城强化影视拍摄、后期制作环节的优势，同时努力引进投资发行、金融服务、院线总部等处于价值链高端的企业。以爱奇艺影业、乐视等华语品牌企业为引领，加大对互联网影视龙头企业吸引力度，鼓励微电影产业基地、个人创作工作室等多元化的影视产业项目和企业入驻怀柔。引入品牌实力企业在城区及影视产业示范区建设设施规模和技术质量一流的商业影院。加强影视内容产业与信息服务的互动支撑，拓展手机、网络、电视、院线等多媒体传播渠道，鼓励“影视＋动漫＋音乐＋游戏＋艺术＋演艺”之间的重组型融合，推动影视新业态、新产品的开发，激活消费群体。

（三）搭建产业功能平台，提升影视服务水平

1. 运行好 O2O 创新创业服务平台，实施“影视服务示范工程”

全力运行好影视产业示范区 O2O 创新创业服务平台，突出一站办理、

宣传展示和管理服务三大功能。首先，全力做好线下工作，充分利用搭建好的“一站式”公共服务平台，使行政审批、创业指导、项目协调、剧组咨询、宣传推广及中介代理六大服务窗口发挥各自的作用。其次，适时搭建线上网络服务平台。依托“行政审批＋政府指导＋中介代办”联动平台，实施影视企业注册、影视项目引进、影视剧组拍摄三项影视服务示范工程。借助区政务服务大厅和影视产业示范区行政审批服务联席会议，做好影视项目引进和建设，研究总结企业注册的全程优质服务模式，集中各方力量支持企业和项目落地。学习借鉴先进经验，加快研究出台怀柔区影视摄制标准化服务方案，服务剧组在怀柔创作、拍摄、制作和发行。

2. 利用好影视企业孵化平台，发挥影创空间助推加速作用

充分利用好示范区企业孵化平台——影创空间孵化器。针对影视策划、影视拍摄、影视后期制作、影视发行及影视衍生产品开发等影视产业链核心环节的企业或个人，按照“吸引创客、助推创业、推进创投”的“三创”模式，建设优质的创作、工作空间，依托O2O服务平台、金融服务平台、科技服务平台和人才聚合平台资源及功能，发挥“孵化器、助推器、加速器”的作用。最终，通过功能平台和完善的配套服务吸引优质种子公司进驻影创空间，培育示范区“智造”的优质企业和领军企业。

3. 搭建影视金融服务平台，加速金融助推产业发展

建立影视文化企业与银行、担保、基金等金融机构融资的对接渠道，打造影视产业发展的金融助推器。加快影视信贷、产品交易、投融资等金融服务平台建设，积极探索版权质押、风险投资、股权投资、完片担保等多种文化金融服务方案，培育、创新影视金融产品。鼓励区有关投资机构与影视企业共同出资设立“影视产业互助基金”。依托金融服务平台、影视领军企业，形成示范区影视全产业链金融联合体。建立“拟上市影视企业资源库”，对于入库企业，相关部门共同支持、精心培育，并引入券商提供“私人定制”服务。

4. 搭建影视科技服务平台，助力影视企业创新发展

搭建覆盖影视专业制作内容的服务平台，发挥影视领军企业的核心引导作用，积极吸引特色突出、科技创新实力强的中小影视技术公司、设备生产商、设备租赁商、销售代理商形成集聚协同效应。借力中国科学院、中影基地、博纳影业以及行业专业技术服务公司资源，建立影视产业示范区技术服务中心，重点建设渲染制作中心、录音棚、审片室等专业设施，筹建新兴技术体验平台与影视虚拟现实技术创新实验室和电影道具3D打印实验室，为入区企业提供软硬件创新条件。搭建影视资讯大数据平台，为影视相关产业要素提供基础信息资源和服务，促进示范区内信息整合共享，服务指导影视企业内容、研发、制作、发行等。搭建“互联网+”影视文化贸易平台，采用授权代理、独立运营、联合运作等形态，把在地生产和跨境服务结合起来，鼓励发展文化服务、文化产品贸易相结合的新业态，打造示范区影视文化贸易系统。

5. 搭建影视高端智库平台，抢占影视人才制高点

站在建设国家级影视产业示范区的高度，服务和依托企业、院校，大力引进、培养人才，推进怀柔向人力资源强区转变。大力引进符合产业发展需求的国内外优秀人才和高端人才、影视机构高管、影视技术人才、知名艺人，并充分借助和发挥他们的磁石作用。全力引进一流影视教育院校和影视人才培养机构，鼓励校企合作，开办人才实习实训基地，加快推进影视产学研一体化发展。引入专业人才中介服务机构和专业劳务、经纪代理、猎头公司等，形成人才服务队伍。挖掘中影和区属职业院校等教育资源，加强与影视文化、休闲旅游、会议会展等产业对接，培养适应区域经济社会发展需求的技术型人才。

（四）注重品牌体系建设，推出怀柔智造，打造怀柔品牌

1. 树立“怀柔智造”新形象

立足建设“国内第一、国际一流”的世界知名影视产业基地，通过实施影视服务示范工程，完善影视拍摄后期制作及全产业链配套服务，树立具有中国特色、国际标准、高新技术的影视产业示范区形象。鼓励国家中影数字制作基地等影视科技企业，加强国内外影视先进技术的试验、运用、推

广，树立影视技术领域“怀柔智造”形象。依托影都文投公司，加强对影视剧目投资和联合支持拍摄、制作等环节的管理，将影视产业示范区出品的电影、电视剧打造成精品力作。对影视文化重点项目和种子企业采取政策引导、资源对接、示范服务等方式，抓好项目包装、引进培育、落地建设和运营发展的全程协调服务，形成影视产业示范区项目运作、企业服务示范模式，提升影响力，促进招商。

2. 打造怀柔特色文化品牌

认真总结和有效推介怀柔是影视科技制作基地、半数国产大片出自怀柔以及北京电视节目交易会是华语电视剧作品风向标、北京国际电影节和中国政府电影最高奖——中国电影华表奖落户怀柔等概念和形象，依托这些国内国际知名的活动形象，不断提升“影视产业示范区——中国影都”的品牌价值。利用 APEC 会议形成的国际形象，找准自身定位，夯实和扩大“雁栖湖生态发展示范区——国际会都”的品牌影响力。同时，充分总结 APEC 会议、北京国际电影节等品牌活动推介经验，整合慕田峪、雁栖湖等人文、自然资源和区域特色经济优势，进行系统谋划、专业运作，持续举办影视节展、国内国际盛大活动或赛事，不断丰富塑造“京郊明珠、生态福地、中国影都、国际会都、山水怀柔”等怀柔区域文化品牌。

（五）开阔全球领先视野，实现区域协作发展

1. 树立京津冀协同发展意识，搭建影视产业区域协作平台

认清京津冀协同发展大趋势，利用中国（怀柔）影视产业示范区品牌和产业基础，以影视外景地建设、影视剧组服务为着眼点，向周边区域和津冀两地布局。发挥影视后期制作领先技术和企业集聚优势，吸引接纳京津冀地区影视技术研发、影视高端人才培训。启动京津冀影视产业协作平台建设，探索与周边区域及津冀两地有关城市合作机制，从影视技术、人才、资本、项目、企业、政策等方面加强信息资源共享。借势国家助力“双创”发展，通过合作共建、资源共享等多种方式引导推介孵化成功的企业向津冀两地新建园区扩展，形成完善的“孵化器—加速器—产业园”创新创业孵

化全链条服务体系。

2. 主动融入“一带一路”，串联沿线国家影视优质资源

立足全球化视野，以平台和载体为抓手，实施和推进“一带一路”。影视产业示范区联合京津冀影视基地，搭建“一带一路”影视基地产业国际合作平台。平台功能包括“共同投资拍摄节目”“版权交易相互输出引进”“节目译制发行合作”“媒体开办时段合作”等。开拓“一带一路”海外沿线国家影视发行渠道，加大对海外市场的开发，投资“一带一路”沿线国家影视项目，积极拓展海外股权投资，收购、参股境外优质资产影视基地，与“一带一路”沿线国家影视机构开展中外合拍片，扩大中国影都的影响力，拓展文化贸易领域。

3. 加强国际交流合作，引进高端影视技术人才助力发展

搭建中外影视业界国际交流合作平台，联合举办中外影视峰会论坛，在电影投融资、制片、宣发、衍生品开发和“走出去”等领域展开对话与合作。积极对接知名电影装备供应商和技术研发企业，引进国际高端影视科技创新资源，抢占云计算、大数据分析、超高速信息处理、虚拟现实还原和人工智能以及裸眼3D、4D技术等高新技术在影视领域的应用制高点。加强中外影视作品合拍合作，从资本主导型的协作摄制和委托摄制向技术和内容主导型的联合摄制转型。加强与国际高端影视学院合作，建立示范区及区内企业对国际影视人才发现、吸引、培养、使用、交流、互动的工作机制。

（六）引领广告和会展服务业高端化融合发展

突出落实好《怀柔区“十三五”时期会展产业发展规划》（怀商务文〔2016〕32号），借助雁栖湖国际会都的品牌影响力及成功举办北京国际电影节等国际重大文化活动的经验，推动怀柔会展业高端化、融合化发展。发挥影视文化节庆活动的品牌效应，争取举办更多大型影视文化节庆活动并永久落户怀柔。首先，办好北京国际电影节、中国电影华表奖颁奖典礼、北京电视节目交易会等已落户品牌活动；其次，依托落户企业打造怀柔原会展活动，如影视创投活动、影视技术设备会展活动。坚持科学规划，继续加快雁栖湖国际会都核心区配套服务设施建设，全面提升服务水平和核心承载力。积极开发科研教育会议产品，引导会议会展企业与中国科学院建立伙伴关系，承办国内外高水平学术会议；依托高新技术企业、研究机构资源，举办科技文化艺术节，积极创办新能源、新材料高峰论坛和“高精尖”产品展览交易活动等。积极引进一批会展服务、广告中介企业，扎实巩固、热情服务好北京天盈创智等已落户广告企业，争取注册变实体、小微变规模。

（七）提升文化旅游业融合发展品质

在文化娱乐产业门类中，重点依托怀柔区域大旅游中已构建的以人文、影视、赛事节庆为重点的文化旅游，进一步提升文化与旅游业融合发展品质，培育壮大以特色化、精品化、高端化为特点的文化旅游业。丰富影视旅游内涵和项目，鼓励编创影视演艺节目，定制个性化影视衍生品，建设影视主题餐厅、酒店。研究体验型影视主题旅游项目开发的可行性，支持中影基地二期加快建设和投用。深入挖掘和依托运用长城文化、红螺文化、满族文化等地域文化 DNA，进一步丰富人文旅游内涵，开发特色文化旅游产品；借助影视演艺高端技术资源，探索编创融汇先进技术、展示先进文化、具有怀柔特色的大型实景演出。加强拓展体验越野、徒步骑行登山等赛事健身活动的开发和持续举办，并努力形成与自然风光游、影视文化游等的互动互促。

（八）壮大软件和信息技术服务业

围绕“怀柔科学城”建设，按照产城融合、宜居宜业发展模式，加强顶层设计，完善产业服务体系，做大做强产学研共同体，全面服务国家基础前沿科学、产业领先技术的研究与发展。以中关村怀柔园、中国科学院怀柔科教产业园为载体，重点发展云计算关键技术研发与应用、物联网关键技术研发与应用、大型数据中心建设、芯片研发设计，建成具备全国竞争力的数据信息服务基地与面向文化内容服务的特色数据信息服务基地。依托北京超级计算中心建设，加快整合信息服务资源，大力发展云计算、物联网和数字内容服务等领域技术。加大招商力度，重点支持引入动漫游戏产业，全力培育壮大以竞技世界（北京）网络技术有限公司等为代表的互联网游戏产业发展。

（九）培育建设文化艺术产业园区

引导鼓励相关镇乡根据区域特点及产业基础，引进并依托已聚集的艺术家群体，加快艺汇家（国际）手工村、桥梓艺术公社、鹅和鸭农庄国际乡村艺术馆、琉璃庙云蒙山书画艺术创作园区、九渡河书画艺术综合基地等文化艺术产业园区以及已经具备一定基础的特色文化产业村的建设。相关职能部门和所在镇乡要加强调研，重视和规划好现有文化艺术园区及特色文化村的建设发展；培育壮大主导产品，凸显园区特色，主动对接市场，形成产品开发要素和旅游体验的互动，从而引导当地农民通过参与产品生产和提供接待服务实现增收。对接文化艺术创作生产，发挥部门职能作用，牵头研究筹划建设展示交易平台，构建集文化艺术品评估、鉴定、展示、拍卖、保险等服务于一体的产业链条，使其成为区域文化创意产业的又一重要支撑。

（十）促进文化创意和设计服务与相关产业融合发展

以国务院和北京市关于文化创意和设计服务与相关产业融合发展的文件及政策为统领，认真贯彻落实好《北京市怀柔区推进文化创意和设计服务与相关产业融合发展工作方案》（怀政发〔2016〕18 号），积极营造大众创业、万众创新的浓厚氛围，立足服务怀柔产业发展，大力推动“文化创新 + 科技创新”带动产业融合发展，重点推动文化创意和设计服务与影视、会展、旅游、科技、制造、建筑、商业、体育、教育服务和农业等重点领域融合发展。

B.14
北京中关村国家级文化和科技融合示范基地：聚焦重点方向，文化创意产业快速发展

张　锋*

一　北京中关村国家级文化和科技融合示范基地建设背景

（一）促进科技文化融合发展的政策梳理

文化是民族凝聚力和创造力的重要源泉，承载着社会进步的重要功能，是国家竞争力的综合体现；科技创新是文化发展的重要引擎，为文化的创意创作、设计制作、展示传播提供了坚实的技术支撑。充分促进文化和科技的深度融合，是实现驱动创新发展战略、建设社会主义精神文明的重要工作内容。近年来，国家和北京市高度重视文化科技融合相关产业促进工作，陆续推出促进文化与科技融合发展的新举措。

1. 国家层面政策导向

2012 年，《国家文化科技创新工程纲要》（国科发高〔2012〕759 号）提出“深入实施科技带动战略，加强文化科技创新”，“推动文化产业成为国民经济支柱性产业”。2014 年，《国务院关于推进文化创意和设计服务与相关产业融合发展的若干意见》（国发〔2014〕10 号）提出“推进文化创

* 张锋，北京生产力促进中心高级咨询师。

意和设计服务与相关产业融合发展”。2015 年，《关于加快构建现代公共文化服务体系的意见》（2015 年中共中央办公厅、国务院办公厅印发）提出“深入实施国家文化科技创新工程”。2016 年，《“十三五”国家科技创新规划》（国发〔2016〕43 号）提出“发展智能感知与认知等文化科技前沿技术的研发及应用”。2017 年，《国家“十三五”时期文化发展改革规划纲要》提出“强化文化科技支撑、催生新型文化业态”。

2. 北京市层面政策导向

2011 年，《中共北京市委关于发挥文化中心作用加快建设中国特色社会主义先进文化之都的意见》提出“着力打造中国特色社会主义先进文化之都，扎实建设具有世界影响力的文化中心”。2014 年，《北京技术创新行动计划（2014～2017 年）》（京政发〔2014〕11 号）中设立“文化科技融合”重点任务。2015 年，《北京市推进文化创意和设计服务与相关产业融合发展行动计划（2015～2020 年）》（京政发〔2015〕20 号）中规定“鼓励文化创意产业功能区管理机构、协会、企业等搭建创意设计公共服务平台”等 6 项主责任务；《关于加快首都科技服务业发展的实施意见》（京政发〔2015〕25 号）提出“促进科技文化融合发展，围绕文化产品与服务的创意创作、设计制作、展示传播、消费体验等环节，开展技术攻关与成果应用”。

2016 年，《北京市“十三五”时期加强全国科技创新中心建设规划》（京政发〔2016〕44 号）提出“以‘设计之都’建设为龙头，深化科技与文化融合发展”。2017 年，《北京市“十三五”时期现代产业发展和重点功能区建设规划》（京政发〔2017〕6 号）提出“充分发挥首都历史文化资源优势，全面推进全国文化中心建设”；北京市委书记蔡奇同志在北京市第十二届党代会上所做的报告中提到“加快培育金融、科技、信息、文化创意、商务服务等现代服务业”，“推动文化与科技、信息、金融、旅游等产业融合发展，创新文化业态，促进文化消费，推动文化产业优化升级”。

（二）北京中关村国家级文化和科技融合示范基地认定及管理机制

1. 基地认定过程

2012 年 3 月，科技部会同中宣部启动了“国家级文化和科技融合示范基地”（以下简称基地）认定工作。认定条件包括三个方面：一是要有整体产业发展规划和组织领导体系；二是要形成一批创新能力强、产业关联度大的企业集群；三是要有完善的保障条件，配套政策、保障设施到位。

北京市委宣传部、北京市科学技术委员会根据《关于申报国家级文化和科技融合示范基地的通知》要求和北京市领导相关重要指示，在充分调研北京市各区县文化产业发展情况的基础上，以“1 + 3”模式（以中关村国家自主创新示范区海淀园为核心，联合东城区雍和园、西城区德胜园、石景山区石景山园）申报“中关村文化与科技融合示范基地”。

基地依托北京市优势科技与人才资源，以数字内容、动漫游戏、创意设计、新闻出版等文化行业与科技深度融合为特色，以研发关键共性技术为先导，以培育具有自主知识产权和核心竞争力的创新型企业为重点，以建设文化领域科技创新服务体系为抓手，充分发挥科技对文化产业的支撑与引领作用，目标是把基地建设成为文化和科技融合创新能力强、辐射带动作用明显的全国文化产业发展标杆。

2012 年 5 月，科技部、中共中央宣传部、文化部、原国家广电总局、原国家新闻出版总署联合发布《关于认定首批国家级文化和科技融合示范基地的通知》（国科发高〔2012〕631 号），认定北京中关村国家级文化和科技融合示范基地等首批 16 家国家级文化和科技融合示范基地。2013 年将朝阳区认定为第二批国家级基地，并入中关村基地，形成“1 + 4”的基地建设管理模式。

2. 基地建设管理机制

按照《关于进一步做好国家级文化和科技融合示范基地工作的通知》（国科办高〔2012〕53 号）要求，北京市科委会同北京市委宣传部制定了《北京中关村国家级文化和科技融合示范基地建设实施方案》（以下简称

《方案》），联合市文化局、市广播电视局、市新闻出版局、市文资办、中关村管委会、东城区政府、西城区政府、海淀区政府、石景山区政府等11家单位建立了基地联席会议机制，共同支持基地建设和发展。

《方案》提出“到2020年实现文化创意产业增加值达到4000亿元，规模以上文化创意企业7000家以上，将北京建设成为在国际上具有重大影响力的著名文化中心城市”的目标，提出共性关键技术攻关、应用推广科技成果、培育产业融合载体、发展文化科技中介、促进产业集聚发展五大任务，以及完善政策支持、落实人才保障、强化科技金融、保护知识产权等保障措施。

二　北京中关村国家级文化和科技融合示范基地建设进展

（一）海淀分基地

1. 产业整体情况

2016年，海淀区规模以上文化创意产业单位数量为2313家，收入为5000多亿元，同比增长15.0%；从业人员数量为57.3万人，同比增长2.4%；文化创意产业近五年的年均增幅为14.2%，产业增加值占全区GDP的比重近30%。年营业收入超10亿元的企业有40家，涌现出爱奇艺、合一信息、数码视讯、新奥特等一批行业龙头企业。

2016年，启迪控股股份有限公司总资产突破1000亿元，成为中国首家千亿级科技与文化融合服务企业；北京兆易创新科技股份有限公司（兆易创新，603986）正式登陆A股市场，成为清华科技园首批“钻石计划”企业中的第6家上市公司。

中关村智造大街打造智能制造垂直领域生态体系，聚集产业链关键环节企业47家，汇集项目368个，新增发明专利超过1800项，服务企业超过8000次，充分体现出海淀区技术、人才、智力聚集的产业服务特点。

海淀区打造的全国首个互联网教育创新中心总面积为2.8万平方米，引入企业 73 家，包括新东方、学大、好未来、华图等 44 家知名上市公司及互联网教育行业企业。通过搭建基础服务、创新创业和融资助飞服务平台，推动 10 家企业获得投融资 1.26 亿元，尚学跨考教育成为 A 股首个考研辅导领域的上市公司。

北大科技园累计孵化企业 460 余家，在孵企业 240 余家，推动北京大学 54 名“千人计划”“高聚工程”“海聚工程”人才在园区发展，服务于北大科研成果转化与孵化落地、北大校办企业发展、北大校友与留学人员创业发展、园区企业依托北大的创新创造。

2. 海淀分基地建设进展及成效

（1）确立“八个一”发展目标。海淀区成立了文化科技融合示范基地领导小组，制定《关于推动文化和科技融合发展的行动计划》和《海淀区文化科技融合园区及孵化器认定扶持管理办法》，确立“八个一”工作目标，即设立一批产业基金，规划建设一批示范园区，打造一批文化创意经济孵化转化平台，培育一批文化和科技融合品牌，推进一批关键技术突破和成果产业化应用，聚集一批复合人才和领军创新团队，打造一批文化科技金融产品和服务，实施一批应用示范工程和重大项目。

（2）推进先进技术研发应用。海淀区每年安排专项经费用于文化科技融合类项目扶持，推动互联网电视领域的小米科技、爱奇艺、优酷等企业，网络教育领域的好未来、达内科技、环球雅思等企业，创意设计领域的水晶石、迪生动画等企业，研发应用先进适用技术，提升产品和服务水平。北京中科寒武纪科技有限公司开发的世界首款深度学习处理器应用速度达高性能 GPU 的 30 倍，能耗不到其 1/4000；中国科学院软件所杨超获全球高性能计算应用领域“戈登 · 贝尔”奖，商汤科技成为首家获得“计算机视觉奥林匹克”世界冠军的中国企业。

（3）认定区级文化和科技融合示范园区。制定发布《海淀区文化科技园区及孵化器认定和管理办法（试行）》（海园发〔2013〕16 号），累计认定中关村 768 设计产业园、中海动漫孵化基地、中关村东升科技园等 18 家文化科技特色园区及孵化器，入驻企业 2498 家，2016 年收入超过 2600 亿元。通过推动西山文化创意大道、中关村互联网文化创意产业园、美都收藏大观园等园区、集聚区发展，初步形成文化创意产业创新孵化体系。

（4）建设产业发展公共服务平台。建设面向移动互联网创新商业模式的“创意经济孵化平台”，面向“中国制造”电子数码产品的“创意数码转化平台”，面向工业数字设计的“数字化设计创新平台”，2016 年累计孵化、合作项目 100 余个，实现销售额近亿元。同时，加强创意产业技术开发服务平台、影视动画制作技术服务平台、数字出版服务平台等专业性技术服务平台建设。

（5）加大科技金融支持力度。引导社会资本投入，推进落实了多只文化科技融合产业领域基金，资金额度共计约 20 亿元。推动用友软件、卡联科技、拉卡拉等文化科技金融要素聚集企业支持文化科技金融融合产品研发和服务创新。对接区内富汇创投、同创伟业、中海投等 18 只创投基金，搭建优质文化科技融合成果与社会资本连接的桥梁。

（二）东城分基地

1. 产业整体情况

东城园规划面积为 6. 03 平方公里，占东城区面积的 14. 4%，共有规模以上企业 1098 家，其中中央企业 254 家、市属企业 166 家、总部企业 162 家、上市企业 69 家、高新技术企业 530 家。2016 年，东城园 GDP 为 748. 4 亿元，同比增长 8. 2%，占东城区 GDP 的 37. 2%，占全区增加值增量的 42. 7%。信息服务、金融服务、商务服务、商业服务、文化创意五大产业增加值占园区的 75%。技术合同成交总额达 121 亿元，同比增长 5. 1 倍；科技经费投入为 61 亿元，同比增长 8. 2%；专利申请量为 1349 件，同比增长 24. 4%；专利授权量为 533 件，同比增长 37%；国际专利（PCT）申请量为 6 件，同比增长 1 倍。

园区先后获得“国家级文化和科技融合发展示范基地”“国家版权贸易基地”“龙潭湖国家体育产业示范基地”“北京市文化创意产业集聚区”“北京市新兴产业金融功能区”“北京市总部经济集聚区”“中关村现代服务业创新发展区”认定或授牌。

2. 东城分基地建设进展及成效

（1）文化金融科技融合发展迅速。推进建设版权交易中心、红马传媒票务、春秋永乐票务、中演票务、国际剧院联盟 5 个公共技术和服务平台。形成以光线传媒、长江传媒为代表的影视传媒板块，以中文在线为代表的数字出版板块，以保利拍卖、嘉德拍卖为代表的艺术品交易板块，以歌华文化、保利文化为代表的文化演艺板块 4 个特色产业板块。初步形成面向文化创意产业的金融服务体系，国内第一只版权私募基金（北京中关村新媒体版权基金）、第一个文化担保公司（北京国华文创融资担保有限公司）、第一只人民币影视文化投资基金（一壹影视基金）、首家市级国有文创融资担保机构（北京市文化科技融资担保有限公司）均落户东城，发展态势良好。

（2）“双创”服务工作初见成效。2016 年底，园区共有创新孵化运营机构 15 家，其中国家级“双创”示范基地 1 家（航星园），国家级科技企业孵化器 3 家（东方嘉诚、汉潮大成、嘉润创业），国家级众创空间 3 家（科技寺、瀚海华美、果壳），中关村创新型孵化器 1 家（创园国际），北京市众创空间 1 家（歌华设计）。园区共有在孵企业 3201 家，其中营业收入在 100 万元以上的企业有 172 家（营业收入在 500 万元以上的企业有 100 家），实现营业收入 73.6 亿元，已培育上市公司 44 家。通过对区内老厂房及院落的小规模、渐进式改造，将文化创意企业有机植入，创建 21 处“胡同里的创意工厂”，业务领域包括文化艺术、广播影视、新闻出版等数字内容业态，入驻企业共 759 家，并成功实现“胡同里的创意工厂”模式在天津的复制。

（3）人才服务体系初步形成。利用文化资源禀赋优势聚集文化科技跨界人才，依托产业基地、留学创业园、人才俱乐部等载体构建人才培养和服务体系。落实人才政策，引进王长田、童之磊、马岩松等文化创意领军人才，推荐园区优秀人才参评中关村和东城区各项荣誉称号及人才培养工程。汇聚“千人计划”人才 9 人，“海聚工程”人才 2 人，中关村“高聚工程”人才 4 人，雏鹰人才企业 4 家，东城区杰出人才 3 人，东城区有突出贡献人才 8 人，东城区优秀青年人才 4 人。

（三）西城分基地

1. 产业整体情况

2010 年 7 月，北京市政府调整行政区划，撤销原西城区和原宣武区，设立新的西城区。辖区面积为 50.7 平方公里，下辖 15 个街道、261 个社区，人口为 124.1 万人，驻区副部级以上单位共 120 家。全区金融机构资产规模为 95.4 万亿元，占全市的 75%、全国的 40%。有什刹海、大栅栏等 18 片历史文化保护区和 181 家文物保护单位。

中关村西城园原名德胜科技园，经过 2006 年和 2012 年两次空间范围调整，面积拓展到 10 平方公里，包括德胜、北展和广安三大街区，涉及 11 个街道辖区。西城园以首都功能核心区空间为载体，以设计研发、内容创意、新兴金融、智慧城市等创新业态为核心，以提升科技、文化、金融和人才等高端资源要素为导向，成为以“三多”（多要素、多总部、多人才）、“三少”（少占地、少能耗、少人口）、“三高”（高效率、高产出、高辐射）、“三低”（低消耗、低排放、无污染）为特征，以“高精尖”经济结构为基点的嵌入式、功能协调型科技园区。2016 年，西城园拥有高新技术企业 416 家，中关村高新技术企业 702 家，高新技术企业总收入为 2687 亿元，利润总额为 262 亿元，实缴税费总额由 22 亿元增加到 108 亿元，成为西城区创新驱动发展的重要动力。

2. 西城分基地建设进展及成效

（1）加快科技创新平台建设。全区共有国家级重点实验室、工程技术研究中心 23 个，市级重点实验室、工程技术研究中心 77 个，国家设计创新中心 1 个，北京市设计创新中心 10 个，国家级和市级孵化器 5 家。2016 年，北京建筑大学创建了“未来城市设计高精尖创新中心”。2017 年，由奇虎 360 牵头的大数据协同安全技术国家工程实验室获国家发改委批复。

（2）广泛开展合作共建。西城区与市新闻出版广电局合作的中国北京出版创意产业园区，成为国家新闻出版体制机制改革的试验田；与北京市科委合作共建的北京 DRC 工业设计创意产业基地项目，成为全国首家集技术、设计、服务于一体的设计创新协作平台；与中国航天科工二院签订战略合作协议，成立西城区智慧产业龙头企业航天科工智慧产业发展有限公司，成为西城区智慧产业发展新的里程碑。

（3）优化区域创新创业环境。建立由35个部门及街道办事处组成的园区联席会议制度，形成了服务联动、政策集成、资金聚焦的长效机制。出台西城区支持产业发展“1+X”政策体系，每年安排1亿元以上资金支持企业提升自主创新能力。发挥金融街强大的资源优势，建立投融资服务平台，缓解了企业融资难、融资贵问题。

（4）科技创新能力稳步提升。“十二五”期间，全区科研经费（R&D）投入年均增速达8.3%。专利申请量为85979件，专利授权量为43697件。驻区单位获得国家科学技术奖47项，北京市科学技术奖124项。

（5）创新主体培育成效明显。2016年，收入在亿元以上的重点企业数量达到123家，在资本市场上市或挂牌的企业数量达到81家，128家企业入选中关村“瞪羚计划”和“展翼计划”。以奇虎360、梅泰诺、联动优势、洛可可等为代表的一大批创新型企业发展态势良好。诺亦腾被美国有线电视新闻网（CNN）称为“中国创造精神”的代表。

（6）创新创业人才加快集聚。2016年，园区共有高新技术企业从业人员10.5万人。其中，中高级职称以上人员占27%，从事科技活动人员占25.7%，本科及以上学历人员占58%；入选“千人计划”“海聚工程”“高聚工程”“科技北京百名领军人才”等市级以上优秀人才176人。

（四）石景山分基地

1.产业整体情况

石景山分基地坚持走科技创新与文化创新融合发展的特色道路，重点打造以网络游戏、影视动漫、数字媒体、设计为特色的数字娱乐产业，文化创意产业已成为全区的战略转型支柱产业，第三产业产值占GDP的比重高达69.8%。

2016年，园区发挥政策集成优势，吸引北京华谊兄弟聚星文化有限公司、华谊兄弟（北京）电影发行有限公司、中职联篮球俱乐部等机构入驻，区内文创企业总数达到5000余家。园区先后被认定为“十大最具影响力国家文化产业基地”“国家级文化和科技融合示范基地”“国家级文化创意产业服务标准化试点”“数字娱乐特色北京市国际科技合作基地”。

2016年，石景山园文化创意产业实现收入360亿元，同比增长10%。共有文化创意产业上市企业7家，新三板挂牌企业21家。在文化创意产业的发展带动下，园区经济发展质量持续提升，全年实现收入1800亿元，税收突破80亿元。

2. 石景山分基地建设进展及成效

（1）合力推动科技文化融合产业特色发展。成立以区委书记、区长为组长的文化创意产业领导小组，建立区科委、园区管委会、知识产权局“三位一体”的科技管理体制。面向文创产业发展所需的人、财、知识产权等瓶颈资源，加大政策扶持力度，革新服务手段，提升服务能力。探索科技金融服务新机制，成立“科技金融服务联盟”，联合广发银行、杭州银行等特色银行推广“创信通”“文创贷”等专属金融产品；强化文化创意产业知识产权的保护和管理，联合北京动漫游戏联盟等行业协会加强行业自律，形成知识产权立体化保护模式。

（2）IP运营推动产业跨界融合。随着融入电影、游戏、动漫等领域诸多商业模式的IP逐渐成为互联网时代文化产业的核心资源，蓝港在线实施“跨界做娱乐，造全球IP”战略，向市场投放《捉妖记》等一批“游戏+影视”产品，在美国湾区成立分公司。昆仑万维、暴风集团成立影视公司，聚焦IP进军影视泛娱乐业务。畅游实施“大IP、好游戏、大发行”手游战略，推出精品IP手游。

（3）VR产业亮点频现。在VR产业链布局上，培育和推动搜狐畅游、蓝港在线等企业开发VR游戏产品，华录百纳、华谊兄弟等企业制作VR影视产品，暴风科技建设VR生态平台，安趣科技和疯景科技等企业开发VR全景软硬件服务。华录百纳设立了VR产业事业部，暴风科技的魔镜系列产品、VR电视获市场认可。

（4）设计服务业发展态势良好。完善“北京设计产业示范基地公共服务平台”，为用户提供测试研发、创意设计、技术交流与推广等高端服务。2016 年，青果灵动科技有限公司、合康亿盛变频科技股份有限公司、国是经纬科技股份有限公司 3 家企业被认定为北京市设计创新中心，区内被认定为北京市设计创新中心的机构达到 13 家。

（5）国际化步伐进一步加快。依托“数字娱乐特色北京市国际科技合作基地（石景山）”，曲奇动力、互爱互动分别与美国和巴西相关公司达成合作意向。华录百纳制作的电视剧已有近 30 部、900 余集“走出去”，并与全球知名视频网站 Viki 合作开设独立官方频道“华录百纳剧场”。昆仑在线在中国的港澳台以及日本、韩国、东南亚、欧美等地建立了发行网络。

（6）文化体育行业崭露头角。华录文化获得未来 15 年的欧洲篮球冠军联赛中国地区独家经营权。暴风体育打造“全球互联网体育平台”，通过 PC 及 APP 播出中超、德甲等版权赛事。北京冬奥组委落户首钢，由 CBA 联赛 18 家俱乐部联合成立中职联篮球俱乐部，全市唯一一座以体育命名的大厦——首钢体育大厦投入使用。

（五）朝阳分基地

1. 产业整体情况

2016 年，朝阳区 GDP 为 5001.6 亿元，占全市的 20%。全区文化创意企业超过 7.2 万家，规模以上文化产业实现收入 2702.5 亿元，占全市的 1/5；拥有各类市场主体 37.5 万家，占全市的近 1/5；实际利用外资和进出口总额均占全市的 40%；新认定国家高新技术企业 867 家，同比增长 42.2%，总数量达到 1939 家，占全市的 12.1%；建设国家级文化创意产业基地 6 个，市级产业集聚区 8 个，成为全国首个“国家文化产业创新实验区”。

产业结构不断优化，第三产业比重达到 92.3%，基本形成了以现代服务业为主导、以高新技术产业为支撑、文化创意产业集群发展的多元化产业格局。集中了全市 60% 的外资法人银行、70% 的国际证券交易所代表处、80% 的外资保险公司以及 100% 的外资再保险公司和汽车金融公司，拥有跨国公司地区总部110家，占全市的70%以上；世界500强企业投资项目占全市的45%。

2. 朝阳分基地建设进展及成效

（1）强化组织领导，优化产业环境。建立由区委书记和区长任双组长的朝阳区文化科技融合工作领导小组，区委宣传部、区科委、区文创办、区信息办及相关功能区管委会等部门为成员单位。坚持高端引领、全球合作，融合发展、协同推进，创新驱动、品牌战略，突出国际化、高端化、集群化、品牌化的发展特色，不断优化文化科技产业发展环境。

（2）加大资金扶持力度。出台《朝阳区文化创意产业发展引导资金管理办法》《朝阳区文化创意产业专项资金管理办法》《朝阳区促进中小企业发展引导资金管理办法》《关于促进朝阳区股权投资基金业发展的实施办法》等一系列政策措施，支持文化科技融合发展，加大引导资金对产业链核心环节的支持力度，加快文化科技融合新业态发展。

（3）建设公共服务平台。搭建行政审批服务平台、知识产权保护和成果转化平台、公共技术服务平台、金融服务平台、产业孵化平台、中介服务平台、宣传推介平台和内容创作平台，为文化创意企业营造良好的发展氛围。持续推进“首都科技条件平台”朝阳区工作站的建设，整合朝阳园内企业、高校、科研院所、科技中介机构、金融机构的服务资源，为文化创意企业提供科技服务支撑。

出台《朝阳区“国家级文化和科技融合示范基地”挂牌工作管理办法》，对挂牌基地及基地内企业提供政策咨询、科技成果落地转化、技术市场与协同创新、投融资促进、科技项目对接、科技宣传与推介、科技政策培训等服务，推进建立公共服务体系“绿色通道”及其他一对一公共服务对接。策划实施“中国国际版权博览会”“中国文化产业30人高端峰会”“中国文化产业资本论坛”“798艺术节”等系列活动，扩大朝阳品牌影响力，营造良好的投资发展环境和产业生态环境。

（4）强化知识产权保护。出台《朝阳区知识产权促进与保护的若干措施》，制定《朝阳区知识产权联席会议制度》《朝阳区专利资助及奖励办法》

《朝阳区知识产权维权援助暂行办法》等8个配套办法。2013年成立中国北京朝阳（设计服务业）知识产权快速维权中心，为全国第三家、北京市唯一一家开展四类外观设计专利的快速检索、快速审查、快速确权、快速授权等服务的机构。

（5）科技创新能力大幅提升。2016年，朝阳区专利申请量为38611件，同比增长46%；专利授权量为17780件（其中发明专利授权量为8029件，占总授权量的45%），同比增长10%。通过《专利合作条约》（PCT）途径提交的国际专利申请量为4024件，同比增长132%。全区技术合同登记机构达到8家，技术合同输出6778项，成交额为754.7亿元，同比增长16.2%。

（6）科技孵化服务日益完善。建设各类孵化器和众创空间共计71家，其中市级以上孵化器9家（国家级4家，分别是望京科技孵化器、瀚海博智科技孵化器、牡丹创新孵化器和国投尚科孵化器），获北京市级众创空间认定的有34家，被认定为国家级众创空间的有18家。孵化办公场地面积达120万平方米，其中公共服务面积约为24万平方米。在孵企业共2300家，收入总额超过40亿元；拥有“千人计划”“海聚工程”“凤凰计划”人才48人，国际商务人才和高端商务人才44人。

三 基地建设管理中存在的问题分析

（一）产业促进的体制机制障碍尚存

基地推进文化科技融合的工作机制体制尚不完善，政府资源利用效率仍然不高，企业、高校、中介组织、政府机构之间缺乏深入合作，各行业主管部门协调联动、助推文化产业发展的力度尚需进一步加大。分基地内文化资源存量大，但地域分布零散，大部分资源权属归国家部委、市、区三级管理部门，协调整合难度大。基地应立足全国文化中心、全国科技创新中心建设，凝聚文化与科技相关领域的系统力量，发挥整体优势，通过改革与创新，努力突破制约文化科技创新融合的体制机制障碍，增强文化科技融合发展的内生动力。

（二）缺乏科技文化融合相关产业统计体系

文化与科技融合是指通过将文化元素、内容、形式与科学技术的理论、方法和手段有机结合，以提升产品与服务的价值与品质，更好地满足人们精神文化需求的创新过程[①]。鉴于北京目前尚未建立科技文化融合相关产业的统计体系，在科技文化融合相关工作领域，要多参照北京文化创意产业分类标准（DB11/T 763－2015）进行统计分析（包括文化艺术服务、新闻出版及发行服务等九大行业），亟须研究明确文化科技融合概念的内涵、外延及分类特征，界定文化科技企业的分类特征和筛选标准，由统计部门、产业管理部门联合建立健全文化科技融合相关产业的统计体系，为产业发展情况的准确评价及规划、战略的制定提供支撑，推动北京市文化科技创新体系建设。

（三）科技对产业发展的支撑引领作用未充分发挥

基地内文化科技融合相关产业的原创成果创新性不足，科研成果转化为生产力的效率较低，科技对文化传媒产业发展的支撑引领作用有待提升。北京地区具有法人资格的科研院所超过1000家，但基地内文化企业与在京高校、科研院所和技术转移机构的对接不够紧密，科技成果转化力度较小。

究其原因，主要有以下两个方面。一是高校、科研院所的科技成果有相当一部分停留在实验室阶段，实现商业化转化尚需继续投入研发经费进行中试，提高技术成熟度。部分高校、科研院所重视不够，部分成果转化机构中试熟化条件有限，导致投资商和企业对处于产品初级阶段的科技成果投资意愿较低。二是受高校、科研院所评价考核机制的影响，个别科研人员申请专利是为了申报课题、办理结题验收以及参与职称评定，导致专利不接地气，

① 姜念云：《文化与科技融合的内涵、意义与目标》，《中国文化报》2012年2月14日。

企业“用不上”；部分企业申请专利是为了满足高新技术企业认定条件，也导致自主创新成果质量不高。

（四）非首都功能疏解对基地发展的可持续性带来挑战

随着北京城市化进程的深入，以及疏解整治促提升专项行动部署的逐步展开，中心城区在土地使用、交通物流等方面受到的制约越来越大，区域产业结构调整压力不断增大。与城市功能拓展区相比，东城、西城等城市核心区在文化科技产业要素资源聚集方面，特别是空间载体上受到制约，加之周边区域以及其他省份频繁出台特殊扶持政策，导致部分基地内文化创意企业趋利而离。

自 2014 年起，北京市制定、实施并修订完善了全国首个以治理“城市病”为目标的新增产业禁止和限制目录，全市禁限行业占国民经济行业分类的比重达到 55%，城六区达到 79%。《北京市新增产业的禁止和限制目录（2015 年版）》（京政办发〔2015〕42 号）规定，全市禁止京外中央企业总部新迁入，城六区严控其他总部企业新迁入或新设立，禁止新设立或新迁入市属行政事业单位等。

一方面，控制市区产业、人口、建设规模，限制总部企业，对核心园区利用疏解非首都功能腾退空间带来挑战。以东城区为例，东城区常住人口规模在 2021 年将比 2016 年下降 13% 左右，人口总数控制在 76.2 万人以内①，意味着未来 5 年东城区将减少 11.5 万常住人口。另一方面，有限的空间载体阻碍了产业实力的进一步壮大。东城园核心区楼宇可利用空间少，周边配套服务能力有待提升，“胡同里的创意工厂”面临环境整治的紧迫任务。

（五）行业缺乏具有国内外广泛影响力的知名品牌

知名品牌对于区域产业发展具有重要作用。一方面，品牌能提高市场对区域性文化产品的接受程度，有利于产业规模的扩大；另一方面，品牌能提升产业要素资源的聚集程度，使企业分享到区域品牌的溢出效应。目前，体

---

① 《2017 年北京市东城区人民政府工作报告》。

现北京文化多样性的对外传播、交流活动较为缺乏，尚未形成以传统文化为基础、以文化多样性资源开发为核心，具有较高技术含量、具备北京特色的品牌文化产品，缺乏具有较高知名度、美誉度的知名文化企业和品牌，尚未形成“北京文化”整体品牌形象。

四 措施建议

（一）破除体制机制障碍，完善产业政策体系

立足全国文化中心、全国科技创新中心建设，统筹协调，体制创新。凝聚文化与科技相关领域的系统力量，打破行业主管部门间的藩篱，发挥整体协同优势，通过改革与创新，努力破除制约文化科技创新融合的体制机制障碍，增强文化科技融合发展的内生动力。

1. 加强科技创新立法

贯彻落实国家新修订的《促进科技成果转化法》，推进本市科技成果转化与科技创新，推进科技成果转化地方立法进程，加快《北京市促进科技成果转化条例》立法进程。

2. 提升政策体系服务效能

推动公共文化服务网络化、标准化，对于面向文化科技企业的服务事项，建立统一的公共服务数据库，建立服务规范和标准。推动行政审批服务数据部门间共享，推动开展审批和服务事项网上受理、网上监督、网上反馈。

加大文化行政审批事项精简力度。推进文物、质监、体育赛事等重点领域取消、下放相关审批事项，简化审批手续和环节，缩短办事时限。减少和规范各类评审、评估、检测等方面的涉企收费。加大政府信息数据向社会开放的力度，建立健全跨部门文化执法联动响应和协作机制，推动行政执法证据共享和互认，减少重复检查、重复调查。

3. 破除行业管理的体制机制障碍

扩大高校和科研院所的自主权，落实支持高校和科研院所科研人员转化

科技成果的股权期权激励等政策，促进科技成果快速转化。对文化产业应用新技术、新产业、新业态、新模式，积极探索和创新监管方式，既要激发创新创造活力，又要进行审慎有效监管，防范可能引发的风险。

（二）坚持聚焦重点方向，加大建设资金投入

以文化为核心、科技为手段、金融为支撑，加速催生新业态、新模式、新产品。抓住从聚集资源求增长到疏解功能谋发展的重大转变机遇，坚持疏解与提升同步推进，在疏解腾退空间中打造以文化科技融合为特色的产业基地。

1. 聚焦产业重点方向

打造以科技创新为支撑的文化艺术服务、广播电视电影服务、新闻出版及发行服务、广告和会展服务、艺术品生产与销售服务、文化休闲娱乐服务、设计服务企业集群；打造移动数据通信、数字内容、数字传媒、软件服务、科技咨询、知识产权服务等信息和科技服务企业集群；打造天使投资、风险投资、股权投资、保险、信用、担保、融资租赁等金融服务企业集群；打造法律、会计、审计、税务等商务服务企业集群。

2. 加大建设资金投入

加快海淀区中关村智能硬件集聚区、互联网教育创新中心建设，加快东城区存量空间调整，加快建设覆盖16条胡同、24万平方米的青龙文化创新街区；支持西城区推进建设北京“设计之都”核心区，发挥联合国教科文组织“国际创意与可持续发展中心”的国际交流合作平台作用；加快石景山整合利用首钢体育大厦、原区行政服务中心等八角西街周边载体推进“双创”服务；推进朝阳区加快建设文化展示交流中心、国际信息传媒中心和国际版权投资交易中心。

（三）加强关键技术研发，推动成果转移转化

充分发挥科技对文化产业发展的支撑引领作用，研发应用行业共性关键技术，激发创新主体的创作活力，提升文化资源管理水平，丰富作品表现形

式，丰富产品的文化内涵，增加文化产品和服务新供给，带动文化消费。

1. 加强行业关键技术攻关，培育新兴文化业态

促进新媒体产业快速发展。研究海量视频智能识别及快速检索等关键技术，布局下一代广播电视网（NGB），集成文化内容版权资源，推动交互式电视、手机直播、高铁及客机多媒体服务等新业务发展，加强内容集成播控平台建设，优化新媒体内容生产、服务与管理流程，创新媒体融合服务模式，推动传统媒体与新兴媒体融合发展。

推动数字出版产业融合发展。推动数字文化资源共享服务标准体系制定，集成教材资源数字内容库、互动教学课件库及百科知识数据库等数字出版资源，建设基于虚拟现实等先进适用技术的网络出版产品制播平台，创新网络数字版权管理与服务新模式，构建以数字版权为核心的知识服务产业生态链，培育基于数字化内容的出版新业态。

引导智慧旅游产业特色发展。研究数字文化内容采集处理、内容制作、虚拟现实与增强现实、智能导览等适屏传播展呈方法和技术，构建展示旅游文化内容的网络传播云服务平台，建设文化衍生品设计销售、旅游文化资源展示、地理信息服务、商旅电子商务服务体系，提供精准信息服务和旅游业务支撑，推动智慧旅游服务模式示范推广。

2. 强化科技成果转化应用，推动传统产业升级

提升文艺演出服务水平。研究舞台自动化系统设计、舞台虚实场景融合、多层次立体声音场设计等关键技术，以演播、舞台和实景演出剧目创制为核心，创新文化艺术实景展示与互动表现方式，培育音像制品、创意礼品等衍生品开发销售新业务，推动建立一体化的场馆设计、电子票务、宣传推广综合服务体系，提升对文艺演出的技术支撑能力。

建设智慧型数字博物馆。研究人机互动、射频识别（RFID）、裸眼立体显示等关键技术，提升藏品的信息采集、保管与保护、展陈以及观众互动环节的服务技术水平。通过智能感知环境条件和游客行为，实现多种基于大数据和云计算的智慧应用，充分发挥博物馆的收藏、研究和教育功能，应用数字化技术实现博物馆智慧服务、智慧保护、智慧管理。

推动广电行业创新发展。研究三维、超高清影视的生产制作和后期处理技术，建立自主知识产权的影视特效、后期处理系统。研究有线、无线、卫星智能协同覆盖的广播电视网关键技术、组网模式、协同工作机制和运营模式，加强内容集成播控平台建设，加快构建数字化、网络化的广播电视产业制播服务体系。

3. 开发利用传统文化资源，传承创新中华文化

合理保护利用传统资源。研究知识图谱构建等先进技术，对传统文化资源进行妥善保护、创新性传承和合理开发利用，建设文化遗产资源库、文化元素基因数据库，实现具有基因提取与标注、图案检索与创意设计等功能的文化传承创新服务平台，将传统文化资源利用与现代设计产业发展有机融合，弘扬民族文化，带动文化新消费。

创新传承传统文化资源。面向文物、典籍、民俗、手工技艺等各类文化遗产，集成应用虚拟现实、多媒体等呈现手段，制作高清晰度的传统文化教学内容，建设传统文化数字课程体系和网络传播渠道，探索传统文化资源公益服务与商业运营并行互惠的运行模式，推动传统文化创新传承。

（四）完善知识产权创造、运用、保护、管理机制

深入实施首都知识产权战略，搭建知识产权和版权保护平台。建立健全知识产权在创造、运用、保护、管理等环节的工作体系和运行机制，提升全链条服务质量。简化、优化专利资助流程，提供“一站式”服务；形成一批具有自主知识产权的核心专利和标准；建立企业专利侵权纠纷快速处理通道和信息沟通机制，为企业营造良好的营商环境。

（五）创新人才培养方式，加大人才引进力度

以科学家、企业家、创业者为中心，落实各项人才政策，做好服务工作。鼓励文化科技融合企业、园区与高等院校、科研机构共建人才培养基地。以全球视野和国际标准，推动高端文化科技复合型人才开发培养，吸引集聚高端复合型人才。深入实施“四个一批”“百人工程”等重点人才工

程，精心组织“海聚工程”“高创计划”人才项目申报，加大资助扶持、宣传推介力度，培育扶持一批在国内外享有盛誉的领军人物。建立有利于文化科技复合型人才自主创新的评价、使用、激励制度。

（六）加强服务平台建设，提升产业创新能力

推进“双创”服务工作。围绕“大众创业、万众创新”，建设创新生态系统。按照“控量提质增效”的原则，培育和打造创新孵化品牌，探索基地注册、基地壮大的发展模式，支持高增长型文化创意科技创新企业快速发展，促进产业结构优化升级。高效利用产业载体资源，整合首钢体育大厦等载体，建立集创业办公、创业交流、创业运营与创业服务于一体的创业生态圈。

（七）完善产业统计体系，科学规划评估考核

研究明确文化科技融合概念的内涵、外延及分类特征，建立健全文化科技融合相关产业的统计体系，建立北京国家文化和科技融合示范基地企业数据库。使各分基地在文化科技融合数据统计中应用一致的统计口径，提高数据的可比性，增强数据对政策制定的支撑作用，在统计参与科学决策方面迈出坚实的一步。

（八）融入国际分工体系，参与全球产业竞争

落实京津冀协同发展战略，辐射带动全国创新发展。积极投入中关村“一带一路”创新网络建设，实施国际化发展战略。支持园区企业设立境外分支机构，申请国际发明专利，注册国际商标，主导承担和参与国际技术标准制定与国际人才交流。开展与国外园区的交流合作，深入推进北京文化科技融合国际化进程，实现区域协同发展新跨越和国际影响力持续提升。

（感谢北京中关村国家自主创新示范区海淀园管理委员会、东城园管理委员会、西城园管理委员会、北京市石景山区科学技术委员会、朝阳区科学技术委员会提供的各基地产业发展相关统计数据。）

专题研究篇

Special Subjects

B.15

北京文化创意产业供给侧结构性改革研究

杨丽青　孙文琛*

党的十八大以来，国家进一步加大文化产业政策的扶持力度，文化产业呈现蓬勃发展态势，逐步成为国民经济的支柱性产业。北京作为全国的文化中心，近年来大力实施文化创新、科技创新"双轮驱动"发展战略，文化产业发展势头强劲，但依然面临发展基础薄弱、高端品牌匮乏、文化创新不足等问题，使得文化产品和服务呈现高端供给不足、低端供给过剩的局面，无法满足人民群众日益增长的文化需求，不利于文化产业的长远健康发展。因此，北京市文化产业迫切需要转型升级，以供给端为抓手，深入贯彻落实文化产业供给侧结构性改革，全面改善文化要素供给质量，优化企业生态系统，实现文化产业合理化和高度化发展。

* 杨丽青、孙文琛，北京蓝色智慧管理咨询中心。

一　国内文化创意产业供给侧结构性改革概况

近年来，尤其是2014年以来，我国文化产业在供给侧结构性改革方面实施了一系列重要举措，主要包括产业制度、产业用地、产业人才、产业资本、技术创新五个方面。

在产业制度方面，我国文化产业供给侧结构性改革的重点在于放宽审批制度、创新体制机制、完善市场监管。取消和下放审批主要涉及新闻出版、旅游、集邮票品交易以及文物保护领域，工商登记前置审批改为后置审批则集中在演艺娱乐业、电影业以及旅游业。同时，作为推进供给侧结构性改革的重要举措，取消临时导游、电影电视演员、书法师、摄影师、广告师、助理广告师、影视木偶制作员、舞台音响效果工、拷贝检片员、拷贝字幕员等一批职业资格许可和认定事项。在文化产业体制机制领域，发布《2014年文化系统体制改革工作要点》，深入推进国有文艺院团体制改革和文化企事业单位改革。《关于2016年深化经济体制改革重点工作的意见》明确提出要深化文化改革，推动中央各部门各单位已转企改制的出版社、非时政类报刊社重组整合，组建若干出版传媒集团。逐步完善文化市场监管体系，重点加强对旅游市场、互联网文化市场的监管，通过实施国家知识产权战略，为文化产业发展营造良好的市场环境。

在产业用地方面，《关于推进文化创意和设计服务与相关产业融合发展的若干意见》明确指出，对于以划拨方式取得土地的单位，鼓励和支持其利用原有土地和存量房产发展文化创意和设计服务。《文化体制改革中经营性文化事业单位转制为企业的规定》和《进一步支持文化企业发展的规定》对经营性文化事业单位和文化企业转制涉及的原划拨土地做出了规定。针对旅游业用地，《关于进一步促进旅游投资和消费的若干意见》指出，要落实差别化旅游业用地用海用岛政策；对投资大、发展前景好的旅游重点项目，要优先安排，优先落实土地和围填海计划指标；新增建设用地指标优先安排给中西部地区，鼓励中西部地区开发利用废弃矿山、石漠化土地、荒山荒坡

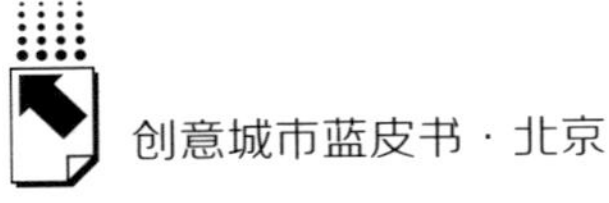

等发展旅游产业。

在产业人才方面，目前在文化产业人才方面的政策引导措施主要在于加强普通本科高校和科研院所专业（学科）建设和理论研究，以及积极推进产学研用合作培养人才等方面。此外，《国家旅游局“万名旅游英才计划”实施方案》对旅游业人才培养提出了六大项目，分别为研究型英才培养项目、创新创业型英才培养项目、实践服务型英才培养项目、“双师型”教师培养项目、旅游企业拔尖骨干管理人才培养项目、技术技能大师工作室项目。

在产业资本方面，从资本支持手段看，主要有财政引导资本、税收优惠、市场金融支持等方式。财政引导资本主要是中央财政和地方财政安排文化产业发展专项资金支持文化企业发展以及文化产业基金的设立；税收优惠主要是对文化出口产品、从事文化产业支撑技术等领域的文化企业给予税收优惠；市场金融支持措施的重点在于鼓励金融创新，拓宽融资渠道，积极深化和拓展知识产权质押融资工作，加快培育和规范专利保险市场，积极实践知识产权资本化新模式。从行业类别看，目前文化产业资本支持重点主要在旅游、电视剧、电影、戏曲、人工智能等行业，通过提供产业引导资金、产业促进基金，以及拓宽市场融资渠道等措施引导重点行业发展。

在技术创新方面，文化产业供给侧领域的措施主要集中在大数据、“互联网+”、数字创意、人工智能领域。2015年国家旅游局相继出台《关于促进智慧旅游发展的指导意见》《国家旅游局关于促进旅游业与信息化融合发展的若干意见（征求意见稿）》，促进旅游业与信息化融合和智慧旅游产业化发展。2016年12月，国务院颁布了《“十三五”国家战略性新兴产业发展规划》，提出要依托信息技术、数字技术促进文化产业与现代科技的深度融合，运用科技手段创新文化产业发展模式，推动产业潜力加快释放，提升数字创意产业的整体竞争力。2017年国务院印发《新一代人工智能发展规划》，为我国人工智能领域的跨越式发展提供了政策支持，推动人工智能理论、技术与应用总体达到世界领先水平。

二　北京市文化产业供给侧结构性改革现状

作为全国的文化中心，北京市文化资源丰富，商务氛围浓厚，资本市场发达，高端人才集聚，在文化产业供给侧结构性改革方面已经开展了一系列工作，为供给侧结构性改革的推进奠定了良好的基础。

（一）北京市文化产业发展基础

新兴产业供给动能强劲。近年来，以新媒体、移动互联、户外运动旅游、互联网金融等新兴业态为代表的广播电视电影服务业、软件和信息技术服务业、文化休闲娱乐服务业均保持高位增长态势。一方面，新兴技术领域的加快运用强化了新供给的发展动能，主导产业优势进一步巩固。另一方面，受宏观经济下行与新兴领域快速崛起的影响，北京市文化产业整体盈利能力实现大幅提升，落后产能和老化供给情况并不突出。2016 年，全市规模以上文化创意产业法人单位实现收入 15224. 8 亿元，同比增长 13. 18%，高于第三产业收入增速 7. 2 个百分点，保持较快增长态势；实现利润 1095. 1 亿元，同比增长 2. 96%。文化创意产业涉及的九大领域中，软件和信息技术服务、广告和会展服务、艺术品生产与销售服务、设计服务四个领域的拉动作用明显，收入合计占比超过六成，带动了全市文化创意产业收入的增长。

产业投资规模稳步扩大。2016 年，北京市文化产业迎来产业投资投入的稳步增长期。北京通州环球影城总投资达 500 亿元左右，主题公园及配套酒店、停车楼（场）、城市景观大道的规划、建设正处于有序推进阶段。同时，伴随北京电影制作发行产业链的日趋成熟，《湄公河行动》《长城》等高投资电影取得超过 10 亿元的票房收益，进一步激发了北京电影产业的投资热情。根据统计局数据，2016 年北京文化创意产业实现固定资产投资 372. 1 亿元，同比增长 5. 4%，在全市固定资产投资中的占比为 4. 4%，增长态势稳健；从文化创意产业细分领域看，文化休闲娱乐服务、软件和信息技术服务以及广播电视电影服务成为北京文化产业投资最为密集的三大主导产业，固定资产投资完成额达到316.4亿元，占全部文化产业固定资产投资额的比重达到85%。

非公有制经济活力不断释放。在服务业逐步扩大开放试点的政策背景下，北京市非公经济总体盈利规模稳步扩大，对文化产业的发展起到了重要的支撑作用。从收入角度看，2016年，北京市非公有制经济以及混合所有制经济法人单位共创造收入9307.4亿元，同比增长7.3%，在全部所有制形式法人单位总收入中的占比达到66.7%，对收入增长的贡献率超过70%；从利润角度看，2016年，非公有制经济文化创意产业共创造利润706.6亿元，同比增长7.0%，在全部所有制形式法人单位总利润中的占比达到68.05%，非公有制经济文化创意产业整体盈利规模的稳健扩张，将进一步带动北京文化产业实现专业化、规模化、高端化发展。

科技创新驱动效应显著。近年来，随着高科技的不断升级以及文化产业潜力的持续释放，"文化+科技"融合程度逐渐加深，科技革新对文化产业的引领作用日益凸显。作为北京具有代表性的创新科技文化聚集区，中关村全部规模以上文化创意单位在2016年共创造收入7639亿元，比2015年增长12.7%；在五大园区中，海淀园文化产业发展一枝独秀，全部1600余家规模以上文化创意单位总收入达到5456.6亿元，同比增长15.8%，成为推动中关村文化创业产业全面提升的核心引擎，门头沟园、丰台园、怀柔园以及大兴园文化产业发展能级虽然与海淀园存在较大差距，但同比增速均在16%以上，文化产业的发展活力得到快速释放（见表1）。

表1　2016年中关村示范区规模以上文化创意产业法人单位收入情况

园区	单位数量(家)	收入合计(亿元)	增速(%)
中关村文化创意产业合计	2516	7639.0	12.7
其中:海淀园	1652	5456.6	15.8
丰台园	94	187.6	16.2
大兴园	17	35.1	17.2
门头沟园	13	20.1	35.3
怀柔园	11	40.2	28.8

（二）北京市文化产业供给侧结构性改革情况

在产业制度方面，2015 年 5 月，国务院印发批文，同意北京市人民政府、商务部关于开展服务业扩大开放综合试点的请示，并印发了《北京市服务业扩大开放综合试点总体方案》以及《北京市服务业扩大开放综合试点开放措施》，对演出经纪、旅游等行业产生了重大影响。在产业用地方面，2013 年出台的《关于进一步鼓励和引导民间资本投资文化创意产业的若干政策》首次提出支持民间资本将既有礼堂、剧场、影院、旧厂房、仓库、特色工业遗址、老旧商业设施等存量设施资源改造为鼓励类文化设施，并安排一定的资金予以补贴。2016 年北京市出台专门针对戏曲演出场所和旅游业用地的政策措施。在产业人才方面，2016 年北京市提出了针对戏曲、旅游等行业的人才发展措施。在产业资本方面，北京市在全国率先构建起文创信贷、股权投资、企业上市、保险保障等九大文化金融服务体系，并安排专项资金支持文化产业和事业发展。从北京市文化金融合作的实践成果看，北京市各银行设立的文化金融特色支行、专营机构已近 40 家，建立了文化创意产业投融资服务平台以及统贷平台，拥有全国三大版权交易中心。在技术创新方面，北京市文化产业技术创新水平较高，以数字内容产业为重点的科技文化融合企业发展水平在全国领先。2014 ~2016 年北京市文化创意产业供给侧结构性改革主要行动见表 2。

表 2　北京市文化创意产业供给侧结构性改革主要行动（2014 ~ 2016 年）

类别	改革要点	文件名称	发布时间
产业制度	1. 鼓励国内外著名文化创意、制作、经纪、营销机构与北京市文化企业合资合作。 2. 在石景山区国家服务业综合改革试点区、天竺综合保税区文化保税园、朝阳区国家文化产业创新实验区和平谷区中国乐谷园区，允许外商投资者独资设立演出经纪机构，在全市范围内提供服务。 3. 试点著作权、专利权、商标权等无形文化资产的融资租赁。 4. 鼓励外商投资旅游业，参与商业性旅游景区（景点）开发建设。推动出台中外合资旅行社开展出境旅游业务试点管理办法，支持在京设立并符合条件的中外合资旅行社从事除台湾地区以外的出境旅游业务	《北京市服务业扩大开放综合试点实施方案》	2016 年 1 月 13 日

续表

类别	改革要点	文件名称	发布时间
产业制度	1. 全市范围内禁止新建和扩建“图书出版中采用丝网印刷技术的出版物印刷，以及作为主营业务的其他丝网印刷”；禁止新建和扩建休闲健身活动中的高尔夫球场。 2. 在城六区范围内，禁止新建会议及展览服务中的展览类设施；禁止新设立或新迁入报社、出版社、杂志社等非紧密型行政辅助服务功能的群众团体、社会团体和其他成员组织	《北京市新增产业的禁止和限制目录（2015 年版）》	2015 年 8 月 25 日
产业用地	允许农村集体经济组织利用集体经营性建设用地，进行休闲农业和乡村旅游所必需的配套设施建设。鼓励利用村内的建设用地发展休闲农业和乡村旅游，支持开展城乡建设用地增减挂钩试点。支持有条件的村通过盘活农村闲置房屋、集体建设用地、四荒地、废弃矿山、水面等资产资源发展休闲农业和乡村旅游	《关于加快休闲农业和乡村旅游发展的意见》	2017 年 9 月 12 日
	1. 鼓励有条件的历史建筑、工业遗址等，通过改造利用形成特色鲜明的戏曲演出场所和戏曲演出集聚区。 2. 支持有条件的区规划建设具有戏曲演出功能的剧院	《关于支持戏曲传承发展的实施意见》	2016 年 8 月 5 日
	1. 鼓励农村集体经济组织依法以集体经营性建设用地使用权入股、联营等形式与其他单位、个人共同发展旅游业。 2. 支持利用荒山荒坡和废旧工矿用地发展旅游业	《北京市人民政府关于促进旅游业改革发展的实施意见》	2016 年 3 月 8 日
产业人才	1. 提高戏曲专业人才培养能力，完善职业教育戏曲表演专业学生免学费制度，建立完善“多向授课”机制和“双向进入”机制，在北京戏曲艺术职业学院与中国戏曲学院之间设立“专升本”渠道。 2. 实施戏曲艺术人才百人培训计划，完善戏曲艺术青年表演人才培养机制。 3. 畅通引进优秀戏曲专业人员的渠道。 4. 切实保障戏曲从业人员社会保障等相关权益	《关于支持戏曲传承发展的实施意见》	2016 年 8 月 5 日
产业资本	1. 引导社会资本参与建立旅游产业发展基金，推动旅游项目开发建设。 2. 建立健全面向小微旅游企业和乡村旅游经营单位的担保和再担保体系，降低企业经营风险。 3. 支持符合条件的旅游企业上市，利用企业债、短期融资券、中期票据、中小企业集合票据等债务融资工具促进旅游企业发展，开发旅游项目资产证券化产品	《北京市人民政府关于促进旅游业改革发展的实施意见》	2016 年 3 月 8 日

续表

类别	改革要点	文件名称	发布时间
技术创新	发展数字内容产业,鼓励互联网企业以并购、股权合作等形式进入传统文化传媒领域,打造以数字化产品、网络化传播、个性化服务为核心的国家级数字内容文化产业集群,培育一批具有国际竞争力的互联网文化企业	《关于积极推进“互联网+”行动的实施意见》	2016年2月14日
	1. 鼓励科技型中小企业与骨干文化创意企业进行多层次合作。 2. 支持建设以创意设计、动漫游戏、数字出版、新闻媒体、文化信息服务等为重点的文化产业众创空间。 3. 加快建设科技文化融合基地,积极推进北京“设计之都”建设;加强中关村国家级文化和科技融合示范基地建设	《北京市人民政府关于大力推进大众创业万众创新的实施意见》	2015年1月19日

三　北京市文化产业供给侧发展的不足

尽管北京市文化产业供给侧结构性改革已经走在了全国前列，但是面对新形势、新任务、新要求，从产业发展的供给端来说，依然有许多深层次问题没有得到真正解决。

（一）高端文化产品供给严重不足

近年来，随着文化产业的迅速发展，各类文化产品层出不穷，在数量上增势明显，全国每年电视剧产量位居世界第一，图书出版约30万种。但优质产品和服务依旧缺乏，文化产品单一化、跟风盛行、精品匮乏等问题日益凸显，故宫“石渠宝笈特展”的火爆、《琅琊榜》《朗读者》等影视作品的走红，都暴露出文化精品供给与公众需求之间的矛盾。文化部发布的《中国文化消费指数》显示，我国当前文化消费总额依然存在巨大缺口，其中既有低端产品的“结构性过剩”，又有优秀产品的“实质性短缺”，因此整个文化产业存在巨大的发展空间。北京作为全国领先的文化企业聚集地，并没有生产出大量优质的影视出版、文化艺术等方面的文化作品，缺乏具有优质原创 IP、开发及运营能力的企业，文化产品生产方面依然面临从增量到提质的严峻考验。

（二）文化要素供给体系有待完善

从文化要素投入来看，北京市在文化产业的土地供应、资本投入、人才利用等方面依然有进一步提升的空间。土地空间资源稀缺，部分土地供给与产品产出的关联性不强。尚未建立起一整套集文化银行、文化小贷公司、文交所、担保公司、保险公司、版权评估公司、天使基金、产业基金等各类金融业态于一体的文化金融全套服务链，在评估、担保、流转以及后续管理等核心环节仍然缺乏统一规范的操作流程。高端文化人才集聚度依然较低，尤其是领军拔尖型人才、文化商务人才、名家大师、创新创业人才等相对不足。此外，北京市在文化人才的户籍、居住、交通、奖励扶持、居留、投融资、创业等领域的服务体系完善度仍然不够。除了 2015 年北京市文化局、北京市人力资源和社会保障局发布的《北京市艺术系列（动漫游戏）专业技术资格评价试行办法》为动漫游戏从业人员建立了专门的职称评价通道外，目前尚未制定其他文化产业人才认定标准。

（三）文化企业运行成本不断攀升

北京作为全国的首都，区位优势明显，但企业的租金成本、人力成本等居高不下。以当前发展迅猛的影视行业为例，随着近年来演员价格的暴涨，每部剧上亿元的片酬，带动了全行业成本的提高。受这些因素的影响，文化企业的运行成本不断攀升，在经济持续下行的背景下，原本就过高的税费负担，连同近年来持续上升的人工成本、融资成本、地租成本，大幅度侵蚀企业的利润，企业利润率持续下降，投资与经营的信心受到严重打击，这在一定程度上影响了企业创新创业的积极性。

（四）文化产业供给结构发展失衡

从区域结构来看，北京市文化产业在各城区间发展很不平衡，朝阳区、东城区、海淀区等区域，文化产业特色明显，发展活力强劲，已成为区域经济的主体，而远郊城区文化产业发展水平相对滞后，收入占当地 GDP 的比重较低，各城区之间发展水平差距显著。从产业结构来看，除了上述文化产业发展领先的几个城区外，其他城区的数字类和创意类业态在整个产业中的占比较低，文化产业发展依然以传统业态为主，新兴业态还处于萌芽和培育阶段。从市场主体结构来看，部分国有文化企业对市场变化的理解仍不到位，对市场的适应能力较弱，在文化产业日新月异的竞争态势下发展趋缓。

四 北京市推进文化产业供给侧结构性改革的对策建议

（一）加快文化体制机制改革，释放发展活力

推进文化领域全面深化改革。优化调整文化相关部门职能，充分发挥政府的服务导向作用以及市场的优化资源配置功能。积极落实国务院关于取消和调整行政审批项目的决定，取消和下放新闻出版业、旅游业等领域的相关审批以及演艺娱乐业、电影业等领域工商登记前置审批改为后置审批的变更。落实广告师、影视木偶制作员等多项文化类职业资格证许可和认定事项取消的相关规定。推进国有文化企业和文化事业单位改革，鼓励转企改制的出版社、非时政类报刊社重组整合，组建若干出版传媒集团。推动文化文物单位开展文化产品开发，收入可用于加强公益文化服务、藏品征集、继续投入文化产品开发、对符合规定的人员予以薪酬奖励等。

建立统一的文化市场体系。按照《北京市文化创意产业发展指导目录（2016 年版）》的要求，严格产业准入，聚焦高端发展，按照鼓励类、限制类和禁止类进行分类管理和引导。其中，鼓励类为鼓励发展的业态，优先享受文化产业相关优惠政策；限制类业态和禁止类业态均不享受文化产业相关优惠政策。打破区域壁垒，鼓励大型文化集团在横向、纵向维度开展跨区域并购重组，形成规模化经营优势，整合区域内文化资源，提升产业综合竞争力，逐渐形成有序竞争、充分合作的文化市场体系。同时，完善以随机抽

查、重点检查为主的日常监管制度，稳步开展文化市场黑名单管理工作，加强对文化产品黑名单和经营主体黑名单的监督管理。重点加强对旅游市场、互联网文化市场的监管。

（二）健全文化要素供给体系，推进要素升级

创新土地供给机制。落实北京市支持旅游、戏曲等重点行业发展的相关意见。鼓励农村集体经济组织创新集体土地使用权开发使用模式，与社会资本开展多种形式的合作，形成协同优势共同发展旅游业，鼓励有条件的区域规划建设具有戏曲演出功能的剧院。加快释放文创产业用地供给政策红利。积极探索推进文创产业用地政策试点，推动国有企业用地盘活利用领域率先突破。鼓励和支持通过旧工业厂房改造等方式，疏解非首都功能，转型发展文化产业，对通过以上方式新转型升级的项目，给予一定资金支持。

完善文化金融体系。进一步加大文化产业的投资力度。调动国内外社会资本进入文化金融体系的积极性，为文化企业开展直接融资、间接融资提供服务保障，鼓励文化企业上市融资发展。创新间接融资渠道，鼓励银行业、保险业、新兴金融业等开发针对文化产业发展特征的金融产品和服务；鼓励企业直接融资，给予在境内外新上市的文化企业引导资金奖励支持。建立健全文化金融供给体系。着力打造政府引导型文化金融服务平台，推进信用制度、信用服务产品的创新，加快整合银行业金融机构、担保公司、各类股权投资机构、融资租赁公司、信用评级机构等多方资源，满足处于初创期、成长期、成熟期不同发展阶段的文化企业差异化的金融服务需求。

加强创意人才培养。加快旅游、影视等重点行业人才培育，积极组织申报“万名旅游英才计划”，加强旅游专业人才培养与储备，加大电影人才培训力度，建立电影人才使用激励机制，完善优秀电影人才引进政策。针对大型国有文化企业，优化调整高级管理人员薪酬制度，改革业绩考核机制方法，提高国有文化企业高管的创新积极性；开展国有文化企业职业经理人制度试点。加快文化产业人才培养基地建设，进一步贯彻落实《北京市文化创意产业人才培养基地认定和管理办法（试行）》，加快开展北京市文化产

业人才培养基地的认定工作，打造文化人才高地。落实国家“千人计划”、北京市“海聚工程”的服务政策，加强对国际文化商务、高级精英管理、创意创新及技术研发等高端文化产业人才的引进和培养。

（三）强化创新驱动核心引领，提升供给能力

孵化文化产业新兴业态。鼓励“文化+”多元融合新模式的培育，积极推进传统文化企业吸收新的元素与功能，重构产业生态环境，打造更多个性化、分众化、多样化的产品和服务，推动相关业态融合发展。推动文化产业与科技、金融融合发展，对于文化科技融合重点企业和重大项目，争取在所得税、技术开发费用等方面给予同高新技术企业相同的政策优惠；促进文化金融融合，充分发挥金融资本推进文化产业发展壮大的倍增功能，满足文化产业发展的融资、投资、交易、风险管理等需求。推动文化在农业、制造业等传统领域发挥价值创造作用，推动文化与体育、商务等第三产业的双向深度融合，促进产业结构创新、链条创新、形态创新，创造新的消费需求。

创新文化产业商业模式。促进传统文化领域的互联网转型，借助多媒体技术、网络技术、通信技术等技术革新浪潮，搭建及时性、交互性、个性化的融合媒体平台，形成多种媒介形态融合发展的全平台文化产业商业布局。建立网络消费渠道，引导新的文化消费习惯，通过优质内容吸引用户，建立社群组织，形成差异化的社区文化，实现文化消费的精准化、定制化和参与性。积极推进文化产业的生产经营方式变革，一方面，促进文化产业与新兴业态的深度融合，鼓励文化产业的产品设计创新、业务模式创新，丰富文化业态表现形式；另一方面，引领二次元经济、网络直播、网红经济、移动电竞、VR/AR+文化等新兴文化产业商业模式的发展革新，促进人才资源、资金资源、文化创意的有机结合。

优化创新创业环境。发挥文化资源、创意人才、科技创新优势，打造国内领先的文化产业创新创业中心，完善对中小企业的服务体系，建立以市场为主导的培育政策，积极盘活闲置的商业用房、企业库房、租赁房等资源，为创业者提供办公场所和居住条件。着力建设创新创业服务平台。积极与国

内外社会资本合作，借鉴国外先进的孵化模式，加快打造众创空间、创业园、孵化器等创业平台，通过空间补贴、政策扶持等方式，扶持已经运作成熟的新型创业孵化服务机构，为成长期小微企业创造全方位创业环境，实现创业服务的全流程化、规范化和定制化。加快创新创业公共平台建设。整合创新创业信息资源，通过邀请学术界、业界专家举办创新创业峰会、论坛、培训分享会等活动形式，加大对文化领域创新创业的扶持力度，完善专业化、全方位服务功能。

（四）完善企业公共服务平台，优化发展环境

推进版权交易市场发展。强化政府在版权交易市场发展过程中的引导作用，加快发展经纪、代理、评估、鉴定、推介、咨询、拍卖等中介机构，建立全国性或区域性的版权服务业自律性组织。建设涵盖艺术品生产与销售服务、新闻出版及发行服务等重点文化产业领域的版权交易平台，逐渐形成以文化资产评估、确权、结算、交易、投融资为重点的文化产权交易产业链；推动交易模式创新，积极打造线下与线上融合的竞价拍卖平台，支持互联网快速授权机制等版权交易电子化平台发展。完善知识产权公共信息平台，推进信息资源的共享和优化配置，加强知识产权信息传播利用。

完善公共服务平台建设。加快建设文化人才服务平台。为文化企业人才提供公租房、廉租房配额，完善人才引进、人才交流与人才培育机制，探索建立文化人才在财税、股权激励、居留与出入境、落户、医疗、配偶安置等方面的一揽子政策体系。依托首都国际化资源优势，系统策划文化交流活动，搭建文化产业发展的国际交流合作平台，拓展国际影响力，传播中国文化产业创新发展理念；大力培育文化中介组织和文化社会团体等组织机构，鼓励开展对外交流活动，为互相借鉴优秀发展经验、加强文化产业自主创新搭建平台，发挥社团和中介机构在保障行业权益、促进行业健康发展方面的积极作用。

B.16
关系经济地理学视角下的文化创意产业功能区分析*

戴俊骋**

20 世纪 90 年代以来，西方经济地理学开始了着眼于经济行为者对社会空间关系思考的关系转向，又可称之为关系经济地理学。本报告尝试在关系经济地理学空间、主体和绩效三元分析框架下对北京文化创意产业功能区进行分析，旨在从关系经济地理学视角对文化创意产业空间进行研究，并针对功能区在实现多维邻近、形成横纵关系和产出创新绩效等方面提出有关建议。

一　北京文化创意产业空间演变

北京市发展文化创意产业初期，形成了包括 798、宋庄等在内的文化创意园区，集聚驱动力以文化创意企业或创意者自发聚集为主，空间形态上较为分散无序。2006 年 10 月，北京市发布了《北京市促进文化创意产业发展的若干政策》，正式提出规划建设文化创意产业集聚区，并专设规模为 5 亿元的集聚区基础设施建设专项资金，支持集聚区环境整治以及基础设施、产业服务平台和共性技术平台建设等。从 2006 年起，北京市首次认定了 10 个市级文化创意产业集聚区，此后又认定了 20 个集聚区，到 2010 年末，市级集聚区达到 30 个，遍布全市 16 个区县，区级各自认定的集聚区也超过

* 国家自然科学基金青年基金项目（编号:41501149）。

** 戴俊骋，中央财经大学文化经济研究院暨国家文化创新研究中心博士、副教授。

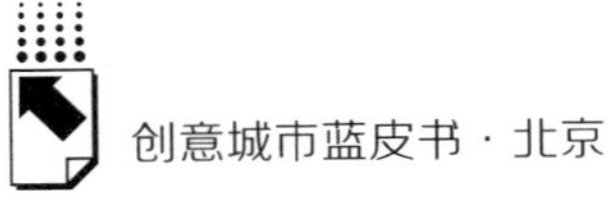

百个。

北京市文化创意产业集聚区在发展过程中出现了同质化竞争、创意产业主业淡化等问题，同时集聚区内部集聚效应和集聚区与外部网络联系不明显。为解决集聚区之间发展不平衡问题，推动北京文化创意产业从空间集聚向功能集聚转型，在北京市国有文化资产监督管理办公室的推动下，于2014年正式发布《北京市文化创意产业功能区建设发展规划（2014～2020年）》，提出在涵盖30个市级集聚区和国家级产业基地、园区等政策空间的基础上，采用“一区多点、政策覆盖”的发展模式，规划形成“一核、一带、两轴、多中心”的功能区空间发展格局和与之相适应的“两条主线带动，七大板块支撑”的功能区产业支撑体系。根据北京市统计局数据，2016年全市20个文化创意产业功能区共实现收入8975.9亿元，同比增长6.6%，占全市文化创意产业总收入的64.3%，产业集聚度高，产业特色鲜明。

除此之外，2012年3月，北京市设立了中国境内首个以“园中园”的形式在天竺综合保税区建立的“文化保税区”——国家对外文化贸易基地暨北京国际文化贸易服务中心。2014年7月，文化部批复成立了以“北京商务中心区（CBD）－定福庄”功能区为核心区的国家文化产业创新实验区，作为部市战略合作的重要举措共同推动建设，构筑以体制机制、政策环境、市场体系、金融服务、人才培养、发展模式创新为主线的政策先行试验区。2015年11月，北京市委宣传部发布了北京市首批“市级文化创意产业示范园区”，旨在在京津冀协同发展的大背景下，树立园区发展标杆，支持示范园区采取“主园＋分园”、园区共建等模式。

至此，从园区到集聚区、功能区，再到保税区、试验区、示范园区等，多元政策区共存，构筑了当前北京文化创意产业发展的空间格局。随着北京市推进全国文化中心建设领导小组的成立，提出重点抓好“一核一城三带两区”，进一步向文化创意产业引领区拓展，因此亟须立足新趋势、新视角、新问题来审视文化创意产业功能区未来的发展，本报告尝试从关系经济地理学视角来进行分析。

二 关系经济地理学三元分析框架

产业集群、集聚区、功能区等概念大多脱胎于经济地理学。早期的经济地理学依托古典经济学发展，从规模经济、范围经济的角度出发，且更多以农业、制造业为研究对象。20 世纪 90 年代开始，随着经济学和地理学界自身理论的发展以及全球经济业态的升级变化，经济地理学经历了几次重大转向，包括基于新古典经济学，建立在报酬递增、交通成本和新自由贸易理论基础上的空间经济学；建立在理性选择制度主义、社会学制度主义和历史/演化制度主义等多元制度分析视角上的“制度转向”；来源于人文主义，受 20 世纪 80 年代中期文化研究的影响，重视经济事件中的文化维度的“文化转向”。伴随“制度转向”和“文化转向”研究的深入，有的学者认为这些转向容易产生经济与社会、定性与定量的“错误二元论”；或者是对经济、政治、社会、文化等原本交织在一起的现象，简单地进行简化甚至相互排斥。在这样的背景下，经济地理学又逐渐侧重内在转化过程，着眼于经济行为者的“社会－空间”的“关系”思考，即“关系转向”，或称之为关系经济地理学。

学界认为关系经济地理学为了克服过去经济地理学方法目的论和去社会化的本质，开启了一个从宏观尺度向微观尺度的方法论转向。不过，关系经济地理学的出现同样引起了争议，学者反思这种“关系转向”，是不是过去政治经济学研究方法的“新瓶装旧酒”？在有的学者看来，目前关系经济地理学趋向于将各种论述和理论模糊化，缺少系统和关键的评价；对经济景观中样式和结构的识别批判强烈，以至于在对制度主义和现实主义方法建构中缺少自身独特的视角，最后容易形成一种过于保守的理论建构，而经验案例研究的价值仅仅用来确认现有理论的准确程度。

关系经济地理学将“关系网络”作为经济地理学理论建构的核心之一。延续结构和能动性、宏观和微观尺度分析单元以及地理分析角度被视为关系经济地理学的三大视角。关系经济地理学以网络为主线，构筑“空间（网络介质）－主体（网络行动者）－绩效（网络产出）”的三元分析框架。在三元分析框架中，空间因素着重分析关系主体在不同空间尺度和范围下的行为模式；主体因素重点探讨谁适合来充当网络主体以及不同主体在网络中所处的结构位置；绩效因素则是对新经济模式下网络产出绩效的探讨。三者通过关系网络构成了关系经济地理学最重要的三大要素（见图1）。

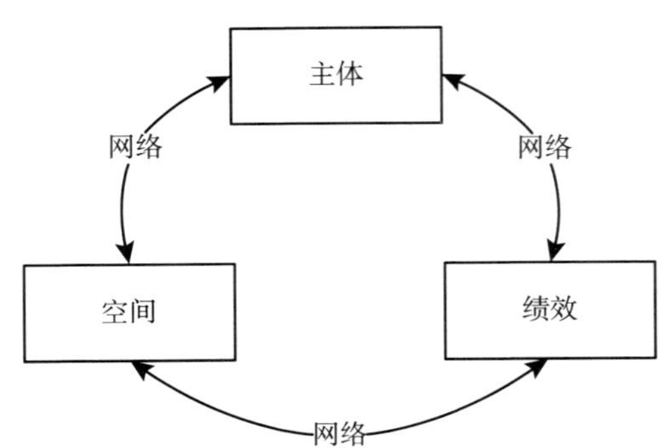

图1 “空间－主体－绩效”关系经济地理学三元分析框架

结合北京文化创意产业空间发展实际与关系经济地理学的回溯，可以找到两者的契合点。功能区成立的初衷就是为了突破原有物理空间的限制，形成特色产业功能主体集聚，促进功能区内部企业关系网络的生成，最终实现文化创意产业综合发展的绩效。三元分析框架通过网络将主体、空间、绩效要素串联起来，适用于解释现阶段文化创意产业功能区的发展，特别是功能区成立的目标宗旨。下面从三元分析框架维度对功能区发展进行探讨。

三　关系经济地理学视角下的文化创意产业功能区分析

（一）空间：从物理邻近到多维邻近

关系经济地理学视角下，地理邻近性是指个体间相对或绝对的空间或物理距离上的靠近。地理邻近性被作为经济主体建立网络关系、交换知识和信息的一种重要方式，并作为一些形式知识交换的必备条件。从北京的实践来看，无论是自发的文化创意园区还是文化创意产业集聚区政策的出台，都将地理邻近性视为地域创新系统的一种必要但非充分的前提存在，目的在于降低企业间交易成本，提高组织能力以及在相关创意经济活动的专业集聚中的学习能力。

现阶段对邻近性的探讨，已经不仅仅局限于地理邻近性，还包括组织邻近性、社会邻近性、技术邻近性、知识邻近性等多元邻近性维度。组织邻近性关注不同组织间背景的相似性，社会邻近性关注组织间的社会嵌入关系，技术邻近性关注合作双方在技术空间的差异性，知识邻近性关注知识源与接受者拥有知识的差异程度。地理邻近性以距离为主要指标，组织邻近性基于组织治理差异和控制力，社会邻近性基于社会信任，技术邻近性基于技术背景，知识邻近性基于学科差异。文化创意产业功能区政策的出台，一方面，认同地理邻近性的前提，毕竟文化创意产业中隐性知识的转移仍然需要相对频繁地进行面对面的联系；另一方面，组织、社会、技术、知识等多维邻近性是文化创意产业功能区真正能形成功能区的本质所在。

但在功能区推进过程中，组织邻近性受制于现阶段以区县文化创意产业促进中心为主导的产业促进架构，目前功能区普遍存在跨行政区的情形，极端的情形如出版发行功能区涉及西城、东城、朝阳、大兴、顺义、丰台、通州 7 个区；音乐产业功能区跨 6 个行政区；文化艺术品交易功能区、会展服务功能区、影视产业功能区、动漫网游及数字内容功能区也跨 4 个行政区。只有 CBD－定福庄国际传媒产业走廊功能区、798 时尚创意功能区与戏曲文化艺术功能区为单行政区状态。跨行政区的组织管辖在目前政策框架下掣肘重重。社会邻近性在于功能区与街道社区的嵌入性问题，以及产业功能区与生活区的嵌套问题。这在涉及非首都功能疏解的相关片区普遍存在。技术邻近性和知识邻近性受困于不同功能区多元主体的技术与知识溢出。唯有从物理邻近到多维邻近，功能区之于集聚区的升级意义才能实现。

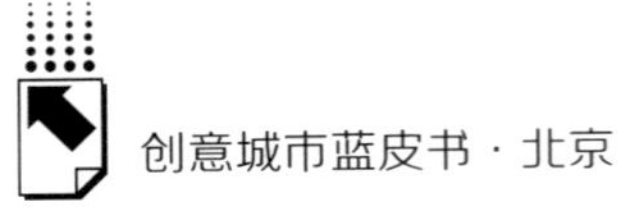

（二）主体：从纵向关系到横纵关系

在关系经济地理学视角下，企业被视为关系网络的核心主体，企业通过包括交易、竞争、科技合作、知识扩散等在内的功能性联系和基于地理邻近性、共同管制和制度框架的地域性联系来构建整个产业组织网络。其中，功能性联系又可以划分为纵向联系和横向联系，纵向关系为研究的重点，即所谓的链（包括价值链、产品链和商品链）；而横向联系针对同类企业，往往以竞争关系为主要研究对象。但随着信息革命的兴起，企业竞争力逐渐摆脱资源依赖和传统生产要素，更多地转向生产投入过程中的创意使用。在这个过程中，企业不仅仅被视为生产系统的节点，还被视为创新和学习的核心。因此，在关系经济地理学的研究中，企业主体的横向合作互动成为关键所在。除了企业间的合作外，横向联系还包括企业与高校科研机构、政府、中介服务组织之间的关系。

纵向联系的实质是功能区与集聚区并没有本质不同，只是对象更为明确精准。功能区规划紧扣北京市“3+3+X”文化创意产业体系，旨在构筑不同文化创意产业门类，整合不同产业链环节的特色功能区。但是，功能区在划分时，一方面，如设计、会展等本身就是产业链中的某个环节，往往成为其他功能区的支撑配套；另一方面，如出版发行功能区，又实则包含出版和发行两个行业的不同环节。功能区发展又囿于自身的链条环节，而功能区优于集聚区的地方更多在于横向联系的发育和培养，以包含企业、政府、高校、中介机构等多元主体在内的横向网络来逐步取代过去仅从价值链上下游角度来实现对产业和企业的集聚匹配。在调研过程中发现，通过众多产学研用公共服务平台的搭建，的确促进了横向关系的发展，但是功能区内部各园区和各单位各自为政，导致原本想避免的无特色、低水平重复建设情况仍然出现，尤其是在定义为某种文化创意产业类型的功能区后，如何权衡与该产业门类的关系成为一个不得不面对的问题。同时，不同主体的公共服务平台具有共享性，典型的如动漫网游及数字内容功能区与新媒体产业功能区实则存在公共服务平台同构的问题。

（三）绩效：从成本节约到创新绩效

关系经济地理学最初以制度经济学中交易成本的降低为核心。一方面，基于交易成本观点，强调社会网络的重要性，网络能够提供降低经营信息和交易关系的成本；另一方面，则是基于格兰诺维特的嵌入性观点，从地理邻近性出发，谈及本地网络有助于形成区域的资源池，在能力共享中节约成本，从而获得最优资源利用率并且降低搜索成本。目前在创意经济、内容经济、智慧经济时代，传统生产系统逐渐向创新系统转型升级。区域经济系统的功能逐渐从生产转向刺激学习和创新的能力，而绩效表现也更多地从成本约束转向对区域学习和能动主体创新的促进上。

目前对文化创意产业功能区绩效的测度，仍然以产业数据为主，并没有将其视为创新的重要载体。在文化与科技融合日益紧密的背景下，从统计口径上拓展对功能区创新绩效的度量是大势所趋。这里仅从产业经济绩效方面对功能区与集聚区的绩效做一个对比。以单一行政区管辖且发展相对稳定的CBD－定福庄国际传媒产业走廊功能区与北京CBD国际传媒产业集聚区对比为例。CBD－定福庄国际传媒产业走廊功能区是在北京CBD国际传媒产业集聚区的基础上拓展而来的，从7平方公里扩容到78平方公里。将集聚区与功能区的数据做一个对比可以发现，功能区劳均产出率与企业人均产出率均高于集聚区，但在单位面积地均产出方面，功能区与集聚区不分伯仲。而在规模以上企业集聚度（单位面积聚集规模以上文化创意企业数量）方面，更大的承载面积带来的是规模以上企业集聚度的降低，当然承载的规模以下的小微企业数量更多，但未必富集（见表1）。

表1　集聚区与功能区绩效对比

区域	单位面积地均产出（千元/平方公里）	规模以上企业集聚度（家/平方公里）	企业人均产出率（千元/人）	劳均产出率（千元/人）
CBD－定福庄国际传媒产业走廊功能区	1759024	12	148328	1335
北京CBD国际传媒产业集聚区	1768240	41	42917	537

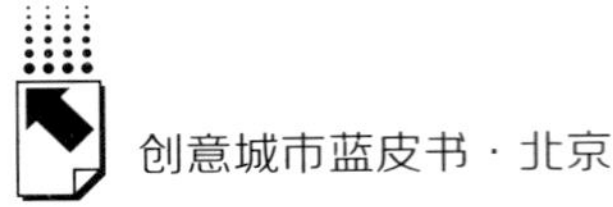

根据产业生命周期理论，文化创意产业与其他产业无异。在发展初期和成长期，文化创意企业选择入驻园区、集聚区最为关注的还是租金成本，但在发展的成熟期和二次成长期阶段，这些规模以上的企业更关注创新，也更有实力且更愿意投入创新。目前以经济收入指标为主导的文化创意产业空间绩效度量亟待更新。

四　文化创意产业功能区展望

综上，关系经济地理学中空间因素尝试从空间尺度和范围角度探讨主体所在区域背景下的关系，主体因素则强调以企业为主导的关系网络及不同主体关系网络对关系及其绩效的影响，创新因素则是现阶段关系经济地理学研究的诉求点。网络成为连接空间、主体、绩效之间的纽带，不同主体基于自身利益做出的关系选择，影响该主体在网络中的结构位置，进而对创新产生影响；创新是关系的诉求点，主体通过不同关系网络最终影响创新。三元分析框架有助于我们理解文化创意产业功能区本身。

针对三元分析框架中文化创意产业功能区存在的问题，提出以下建议。

第一，创意产业空间已经不仅仅被视为创意经济活动发生的“容器载体”，它更多地扮演了一个经济活动机会提供者和条件约束者的角色。功能区一方面要依托专项工作组、协会等组织突破跨行政区体制机制的约束，另一方面要寻求以组织邻近性、社会邻近性、技术邻近性、知识邻近性组织聚集一批企业主体来突破物理空间的约束。

第二，在建设培育核心产业链时，不仅要积极发展面向前后向关联产业的纵向联系，而且要发展多元主体参与的横向联系，形成与街区的嵌入式互动发展。同时，根据功能区的主导功能定位、行业发展特色，确定一批规模大、创新能力强、品牌知名度高的主导企业，进而带动功能区不同片区的协同发展。

第三，以“关系”“网络”“创新”等为核心的概念，已经不仅仅被视为一种管治模式，它们更多的是作为社会交换视角的思考，有助于理解职能转变背景下政府对经济发展的管治新模式。功能区网络的绩效已经从降低交易成本向创新提升转变，建立配套的功能区创新数据采集机制成为当务之急。

此外，可以预见在建设全国文化中心“一核一城三带两区”的大背景下，依托大运河文化带、长城文化带、西山永定河文化带“三个文化带”，整合提升带上的园区、功能区、行政区，解决文化创意产业发展空间点、线、面协调统筹发展的问题，可以探索整合发展以某个文化主题为核心的文化创意产业功能区，从而实现空间、主体与绩效的有机统一。而在“一带一路”倡议、京津冀国家战略的驱动下，越来越多依托北京的文化创意“飞地”将会出现，关系经济地理学对此也会有所裨益。

B.17

北京文化创意产业投融资分析

刘德良　段卓杉*

近年来，文化创意产业作为战略性支柱产业对推动首都经济转型升级、加快全国文化中心建设的重要性日益凸显，尤其在金融领域通过与不同资本市场深度融合，提升资本运作能力，以金融夯实产业发展基础，激发产业活力，扩大产业规模，进一步推动了文创产业转型升级。

一　北京文创产业资金流入情况

2013～2016年，资本市场主流融资渠道流入北京文创产业的资金规模呈现爆发式增长之势，由329.9亿元猛增至1693.13亿元，年均增速高达72.5%，2014年的增速甚至达到了126.37%，增长势头迅猛。在经历了两次爆发式增长之后，2017年1～7月，受资本市场监管趋严及再融资新政等影响，北京文创产业的资金流入速度有所放缓，资金流入规模为839.86亿元，比2016年同期减少近36%，资本市场的资金流入由爆发期开始进入平缓期。

资本市场是文创产业发展与创新的重要支撑力量，各资本渠道为文创产业提供了不同层次、不同阶段、不同需求的资金支持。据中国文化产业投融资数据平台统计，2017年1～7月，北京通过上市后融资、私募股权融资、文化债券、文化新三板、文化信托、上市首发融资、文化众筹渠道流入文创

* 刘德良，新元智库 & 新元资本创始人，清华大学新经济与新产业研究中心特约研究员；段卓杉，新元智库文化金融研究中心研究总监。

产业的资金分别达到405.56亿元、270.38亿元、110亿元、29.03亿元、14.64亿元、8.93亿元、1.31亿元，其中通过上市后融资、私募股权融资渠道流入文创产业的资金虽然与2016年同期相比分别下降了28.39%、49.18%，但占北京市文创产业总流入资金的比重仍达到48.29%、32.19%，是北京文创产业主要的资金流入渠道。

二　北京文创产业资本市场发展成果

（一）银行贷款：文创领域贷款持续快速增长

近年来，银行业金融机构信贷业务保持平稳运行发展，北京市信贷结构持续优化，积极支持经济结构调整和发展动力转换。随着辖区内银行对文化创意领域重视程度逐步提高，专营机构设立不断增加，产品创新力度加大，信贷持续为文化创意产业重点领域提供有效支持。北京银监局数据显示，截至2016年末，北京文创产业贷款余额同比增长37.29%，高达1511.16亿元。另外，最新数据显示，截至2017年5月末，北京市中资银行文创产业人民币贷款余额（不含票据融资，下同）为1424.1亿元，同比增长32.2%①；1～5月累计发放644亿元，同比增长37.9%。

（二）私募股权融资：总规模下降，但资本对北京文创领域依然保持乐观预期

受我国实体经济增速放缓的影响，2016年以来北京民间投资增速下滑，文创产业领域私募股权融资也受到影响，单月股权融资规模下跌明显，融资案例数量曲折波动。与2016年同期相比，2017年1～7月北京文创产业私募股权融资案例数量及融资规模均出现了明显下滑，分别由197起、532.07亿元下滑至168起、270.38亿元，同比下降了14.72%、49.18%，整体下

① 数据来源于北京市科学技术委员会。

降趋势明显。

从单月波动趋势上看，2017 年北京文创产业私募股权市场单月融资规模在波动中有所回升。与 2016 年下半年普遍不到 1 亿元的规模相比，2017 年以来北京文创产业私募股权市场逐渐回温，单月融资规模最高达 3.09 亿元（2017 年 4 月），体现出资本对北京文创领域依然保持乐观预期。

从各细分领域来看，在不断更新的互联网技术的推动下，互联网信息服务业与相关文化产业快速融合，吸引了越来越多投资者的目光。2016 年至 2017 年 7 月，北京互联网信息服务业共发生融资事件 97 起，涉及资金总额达 353.23 亿元，占融资总额的 38.54%，是资金流入的集中领域。资本对花椒直播、微吼直播、黄油相机等 APP 的追捧让软件业以 159.79 亿元的融资额位居第二。

（三）并购：北京并购规模全国领先，所涉细分领域阶梯式分布明显

从全国范围看，作为我国文创产业发展的先驱城市，北京依旧是我国文创产业并购的重点省份之一，并且是当之无愧的榜首。2016 年至 2017 年 7 月，北京地区共发生文创产业并购事件 96 起。其中，已披露金额的共计 63 起，占全国并购案例总数的 41.72%；涉及资金规模达 1089.99 亿元，占全国并购融资规模的 60% 以上，远超其他省份。分年度来看，2017 年 1 ~ 7 月，北京文创产业并购案例共计发生 22 起，涉及资金总额为 195.18 亿元，同比下降 75.46%。

从细分领域来看，2016 年至 2017 年 7 月，北京文创产业并购共涉及 15 个细分领域，各行业间整体规模表现出明显的差异性，综合并购资金规模、并购案例数量及其他行业因素大致可以分为三个梯队。第一梯队包括影视制作发行业及网络游戏业，其中影视制作发行类并购事件共发生 8 起，涉及资金规模达 475.7 亿元，远高于其他领域。第二梯队包括文化体育业、互联网信息服务业、移动互联网服务业、软件业、新闻业，其中文化体育业虽然仅发生了 4 起并购案例，但是融资规模高达 87.12 亿元，吸金能力明显高于第

二梯队的其他领域。第三梯队包括乐器、玩具及视听设备制造业，广告创意与代理业，研究咨询业，文化旅游业，票务代理业等，这些产业多为传统文化创意领域，所涉及并购规模较小。

（四）新三板：挂牌文创企业增速放缓，融资以定增为主，新设子公司成主要投资方式

随着新三板改革的不断深化，以及分层制度的持续实施，新三板文创企业开始从数量上的高速增长转变为更重视质量方面的提升。数据显示，2016年，北京新增224家文创企业挂牌新三板，同比增长117.48%，创历史新高。进入2017年后，新增挂牌的文创企业数量明显减少，截至7月31日，新增挂牌文创企业仅42家，同比下降67.19%（2016年1~7月新增挂牌文创企业128家）。

新三板挂牌文创企业投资方面，据中国文化产业投融资数据平台统计，2016年至2017年7月，北京市挂牌新三板文创企业共发生742起投资案例，涉及资金95.15亿元。投资方式包括新设子公司、股权投资、投资基金、并购四种类型，其中新设子公司无论从投资规模还是投资活跃度看均居首位，投资规模和投资案例数量分别为39.90亿元、451起案例，占比为41.93%、60.78%。可见，通过设立子公司进一步拓展业务已成为新三板挂牌文创企业重要的投资方式。

融资方面，2016年至2017年7月，北京市挂牌新三板文创企业共计发生融资案例199起，募集资金97.49亿元，其中198起为定向发行人民币普通股案例，涉及金额97.41亿元；1起为发行优先股案例，涉及金额750万元。

（五）上市融资：监管趋严，新增上市文创企业仅4家，上市文创企业投融资趋于谨慎

近年来，证监会频频释放监管趋严的信号，2017年，为了进一步净化市场环境，提高IPO企业的质量，证监会对上市企业的审核愈加严格，新股审批速度放缓。受市场环境影响，2016年至2017年7月，北京市仅有4家

文创企业成功上市，低于广东的10家及浙江的5家，位居全国第三；在首发融资金额方面，北京上市文创企业的首发融资额达67.4亿元，居全国之首。分年度来看，2016年北京成功上市的文创企业有3家，首发融资额为58.9亿元；2017年1~7月，北京成功上市的文创企业仅1家，首发融资额为8.93亿元。

此外，2017年以来，证监会对影视、娱乐、文化类上市公司并购重组和再融资的批文下发得非常缓慢，监管层对这些企业的营利可持续性以及信息披露真实性等方面的审核日趋严谨，导致许多上市文创企业放弃或延迟实施并购重组或再融资方案，上市文创企业投融资趋于谨慎。受此影响，2017年1~7月，北京上市文创企业投融资案例数量及规模均有不同程度的下降。据中国文化产业投融资数据平台统计，2017年1~7月，北京上市文创企业投资案例共计47起，与2016年同期相比减少了47.19%，仅约为2016年全年投资案例数量的1/3；上市文创企业投资额达到了104.19亿元，比2016年同期下降90%。融资方面，2017年1~7月北京上市文创企业融资案例共23起，与2016年同期的22起相差不大，但融资规模同比下降31.88%，为405.56亿元。

（六）债券：北京发债规模全国居首，以超短期融资券为主

据中国文化产业投融资数据平台统计，2016年至2017年7月，北京文创产业共发行债券24期，涉及资金规模达320.5亿元，遥遥领先于国内其他省份。其中，2017年1~7月，随着金融监管环境趋严，北京文创产业债券发行规模出现下滑，发债规模为110亿元，同比下降33.53%。

发行的债券类型主要涉及中期票据、短期融资券以及超短期融资券。其中，由于信息披露简洁、注册效率高、发行方式高效、资金使用灵活等优势，超短期融资券成为北京文创企业发行债券的首选，共计发行16期，发债规模为178亿元，占发债总规模的55%以上。其次是中期票据，6期债券的发行规模达106亿元。短期融资券仅发行了2期，涉及资金规模最小，占比仅为11.39%。

（七）信托：北京文创产业信托呈企稳上升趋势，资金集中在乐器、玩具及视听设备制造领域

自 2015 年银监会成立信托监管部以提升信托监管专业化水平以来，监管部门不断出台相应政策法规来完善信托行业的顶层设计及风险防控。在充分发挥制度优势的前提下，我国信托公司主动回归业务本源，逐步形成了独特的优势，资产规模稳步扩大，经营状况持续改善。受市场环境影响，继 2015 年文创产业信托融资规模大幅缩减之后，2016 年以来，北京文创产业信托出现企稳回升的趋势。据中国文化产业投融资数据平台统计，2016 年北京文创产业共发行 3 期信托融资计划，总计发行规模为 7.82 亿元，同比增长 225.83%。2017 年，仅前 7 个月文创产业信托发行数量就已达到了 5 期，发行规模达到了 14.64 亿元，超过 2016 年全年信托发行规模的近 1 倍。

从细分领域来看，2016 年至 2017 年 7 月，北京文创产业信托发行主要涉及互联网信息服务，乐器、玩具及视听设备制造，旅游，影视制作发行 4 个领域。其中，乐器、玩具及视听设备制造业以 10 亿元的信托发行规模居首，占总发行规模的 44.52%，但是发行数量仅有 1 期，活跃度相对较低。

（八）众筹：文创产业众筹市场量价齐增，奖励众筹异军突起

在跨越了 2016 年一整年的严冬期后，2017 年，北京文创产业众筹市场逐渐回温。中国文化产业投融资数据平台显示，2016 年至 2017 年 7 月，北京共发生文创产业众筹案例 691 起，融资额为 33124.64 万元。其中，2017 年 1 ~ 7 月，北京文创产业众筹市场量价齐增，众筹融资案例共计 234 起，较 2016 年同期的 198 起增长 18.18%；涉及资金总额达 13146.48 万元，较 2016 年同期增长 310.68%。

从众筹类型来看，一方面，受互联网金融专项整治的影响，相关股权众筹平台在 2016 年下半年多数停摆，导致项目数量锐减至 14 起；另一方面，文创奖励类众筹异军突起，2016 年共计发生 443 起，募集资金达 17044.66 万元，远高于股权众筹的融资总额。2017 年 1 ~ 7 月，奖励众筹继续保持良

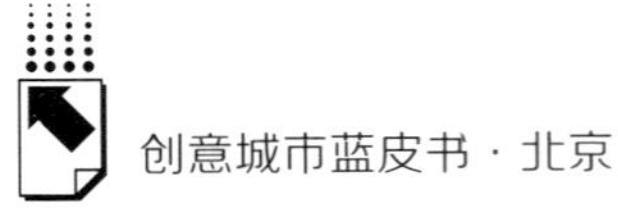

好发展态势，共计发生 211 起，涉及资金总额 8093.88 万元，同比增长 244.62%。股权众筹项目数量虽仍远少于奖励众筹，但 2017 年 1 ~ 7 月股权众筹市场逐渐走出低迷，显露出增长趋势，涉及资金总额同比增长 492.68%。

从细分领域来看，众筹资金主要集中在乐器、玩具及视听设备制造领域。据中国文化产业投融资数据平台统计，2016 年至 2017 年 7 月，北京市乐器、玩具及视听设备制造业共发生融资案例 76 起，募集资金 12292 万元，占比为 37.11%，遥遥领先于其他行业。

三　北京文创产业投融资特点与趋势

（一）投资领域垂直细分化

当前，文创热点逐步被互联网巨头、文化巨头抢滩，中小规模企业逐步建立领先进入优势，产业竞争将不断加剧，基于产业的投资也将开始向细化领域发展探索。只有基于垂直细分的文创企业才更有可能生存与壮大，具备投资的价值。如在对象上，以引领文创消费的 90 后、00 后为受众；在渠道上，借助智能手机的普及、存储空间的扩容以及流量费用的下降，以移动互联网为方向的互联网文化企业或将受到资本的热捧。实现垂直化、细分化、专业化的文创企业，能够以更强的资源整合能力、核心竞争力赢得品牌忠实度更高、消费能力更强的用户群体，具有更好的营利预期和升值空间，在未来更可能受到资本逐鹿。

（二）投资主体多元化

在国家及北京市文化产业相关政策的引导下，首都文创产业投资规模不断扩大，投资主体多元化趋势明显，社会资本进入文创产业的步伐不断加快。例如，当前北京文化债券市场投资主体主要以政府、机构、企业为主，开放市场，一方面能降低文创企业的融资门槛，减少文创企业的融资成本；另一方面能消除银行间交易市场与交易所交易市场之间的隔阂，文创类债券市场将趋于多层化发展，民间资本将通过双边市场更高效地进入文创产业，债券市场也将进一步稳定发展。

（三）投资核心聚焦内容化

文创企业立足文化内容的生产，靠运营无形资产做大做强，一个好的IP往往能实现全产业链的变现和增值。虽然移动互联网、数字技术等丰富了文创产业的内涵，并且不断推动不同细分领域相互融合，带动了文创产业的投资新风向。但其中多数只是对文创产业链进行了不同程度的价值延伸，使创意内容表达更加多样化，在根本上看文创产业还是以内容为王，并且围绕内容展开核心竞争。因此，未来，文创企业对优质内容的争夺和储备是必然的。例如，近年来，上市文创企业争相购买文学IP、动漫IP、游戏作品IP、艺人IP、艺术形象人格化IP等的案例屡见不鲜，IP市场持续火热，可以预见未来的IP之战将更加白热化。总体而言，创意内容将是未来文创领域的投资焦点，如网络游戏、网络视频等。

（四）投资热点综合化

目前，经过不断探索与实践，文创产业中的手游、VR、网络直播、自媒体、IP等热点已经开始显露出相互融合、共同发展的趋势。例如，IP成为手游、网络直播、VR等细分行业重点打造的内容；手游等细分领域也借助IP实现了爆发式增长；自媒体及IP借助网络直播实现了深度融合及宣发渠道的拓宽；等等。未来，投资机构的目光将逐渐由单一的产业热点转向综合化发展的热点领域。

（五）投资阶段集中化

在企业的各个发展阶段，文创私募股权融资将更集中于天使种子与A轮的初创期。在“双创”浪潮下，文创企业将不断创新，新的业态、新的商业模式纷纷涌现，尤其在IP概念逐渐成熟、发展的过程中，将衍生出更多创业形态，吸引到资本方在初创阶段的天使投资。

B.18
北京加强"一带一路"对外文化传播路径研究

郭万超　王　丽*

"一带一路"倡议是中国国家主席习近平于2013年提出的，自从倡议提出以来，在社会各界的共同参与和努力下，"一带一路"创新实践建设已经取得令世人瞩目的成果。2017年5月，"一带一路"国际合作高峰论坛在北京举行，再次引起世界人民对"一带一路"倡议这种蕴含中国智慧的中国方案及北京城市的独特魅力的关注。国家赋予北京"国际交往中心、全国文化中心、全国政治中心、科技创新中心"① 的重要定位，北京在融入"一带一路"建设中具有独特的优势和重要的地位。因此，在当前"一带一路"人文交流蓬勃发展的背景下，深入探讨提升北京"一带一路"对外文化传播的路径和方法，是当前实现"一带一路"研究创新发展和加强首都全国文化中心建设的重要任务，对提升北京的国际形象、建设世界一流城市具有重要意义。

一　北京在"一带一路"建设中的定位

当前，人类社会正处在一个大发展、大变革、大调整时代②。"一带一路"倡议顺应时代潮流，应运而生。"一带一路"建设植根于丝绸之路的历

---

* 郭万超，北京市文化创意产业研究中心主任，北京市社会科学院传媒研究所所长，研究员、博士后导师；王丽，北京市社会科学院传媒研究所博士后。

① 郑金武：《聚焦北京建设全国科技创新中心》，《中国科学报》2014年9月26日。

② 《习近平在"一带一路"国际合作高峰论坛开幕式上的演讲》，新华网，2017年5月14日，http：//news. xinhuanet. com/2017 -05/14/c_ 1120969677. htm。

史土壤，延续千年、绵亘万里的古丝绸之路深厚地体现了以和平合作、开放包容、互学互鉴、互利共赢为核心的丝路精神，不仅体现了深厚的中华文明智慧，而且是人类文明的共同财富。北京是“一带一路”沿线国家加强文化交流和政策沟通的中枢，其承古传今，传承丝绸之路千年的文化交流和友好相通，在“一带一路”建设中发挥着“领头雁”的作用，为“一带一路”的跨越发展搭建了更好的平台。

（一）博大精深的历史文化内蕴

“一带一路”不仅是商贸之路，而且是文化之路、交流之路。“一带一路”倡议为沿线国家和地区的文化交流与文明互通架起了沟通的桥梁，有力地增进“一带一路”沿线国家和人民的相互理解与合作共赢。北京是“一带一路”中线的起点，在“一带一路”建设中具有重要地位。作为拥有悠久历史的文明古都和世界历史文化名城，北京所蕴藏的历史文化内涵博大精深，在促进“一带一路”文化传播和交流方面具有独特优势。

北京是丝路历史发展的重要见证。在丝绸之路发展历史上，北京见证了天主教传播者利玛窦的传播历程。从元代至清代，北京汇聚了佛教、道教、伊斯兰教、基督教、天主教、祆教等，并成为宗教文化发展、交流和传播的中心。利玛窦作为中国传教的最早开拓者之一，他沿着古代丝绸之路到达北京，在向中国传播西方的天主教教义和人文主义的同时，也详尽介绍了西方的数学、地理和天文等科学技术知识。利玛窦也通过书籍和对外交流向西方介绍中国文化的独特内涵和北京城市的文化底蕴，对促进中西方文化交流和文明互通具有重要的推动作用。

在古丝绸之路发展中，北京还见证了马可·波罗访问元朝的历史，《马可·波罗游记》代表着北京成为中西文化传播和交流的前沿，开启了中西文化交流和沟通的新时代。尤为值得一提的是，北京还见证了郑和率领船队七下西洋的壮举。1405 ~ 1433 年，明朝郑和率领船队先后七次下西洋，每次出海约 2.7 万人，船上有航海图和罗盘针，最远到达红海沿岸和非洲东海岸。郑和下西洋，不仅促进了佛教、伊斯兰教等宗教文化的相互交流和发展，而且进一步推动了海上丝绸之路的发展，促进了沿线国家宗教和文化的传播及政治、经济、商贸的沟通与发展，代表着古代海上丝绸之路发展到了鼎盛时期[①]。

北京是丝路精神的凝聚和升华。著名学者林语堂在《辉煌的北京》一书中指出："什么东西最能体现老北京的精神？是它宏伟、辉煌的宫殿和古老寺庙吗？是它的大庭院和大公园吗？还是那些带着老年人独有的庄重天性站立在售货摊旁的卖花生的长胡子老人？"[②] 作为辽、金、元、明、清五朝古都，北京具有深厚的文化底蕴和浑融的古典文化气息。众多欧洲以及中亚的各族人民从 13 世纪开始，就慕名来到北京；随着西方传教士的传播，北京在 16 ~ 17 世纪，以其博大的胸怀包容着五湖四海不同民族和国家的文化，成为各国文化交流和沟通的重要舞台。北京以其宽阔的胸怀和开放的心态，融合、汇聚了世界各地不同国度、不同民族、不同区域的文化和文明，促进了世界各国之间的和平合作、开放包容、互学互鉴和互利共赢，凝聚了"丝路精神"的精华所在，形成了北京多元包容、和谐共赢的文化格局。

（二）与时俱进的文化传播引领

在"一带一路"倡议规划中，北京作为"一带一路"中线和北线的起点及沟通欧亚大陆的重要节点，在"一带一路"建设中发挥着重要作用。北京在"一带一路"倡议中连接中亚、东欧、北欧和西欧，成为连接欧亚大陆的重要节点，有力地促进了"一带一路"沿线国家和地区的政治、经济、文化交流与文明互通。

在"一带一路"跨越发展背景下，北京作为全国政治中心、文化中心，在政策制定及文化传播中具有重要的引领指导作用。北京充分发挥其有利优势，在传承优秀传统文化底蕴的基础上与时俱进，呈现多元化、制度化、规模化的发展态势。2016 年《北京市"十三五"时期加强全国文化中心建设

① 黑德昆：《发挥北京在"一带一路"宗教文化交流中的积极作用》，《中国宗教》2016 年第 8 期。

② 林语堂：《辉煌的北京》，陕西师范大学出版社，2003。

规划》指出，文化是民族的血脉，是人民的精神家园，是城市发展进步的灵魂。加强首都全国文化中心建设，是落实首都城市战略定位、加快建设国际一流和谐宜居之都、推动社会主义文化大发展大繁荣的重大战略举措①。该规划结合时代需求指出，当前我们需要立足北京国际交往中心功能，讲好北京故事、中国故事，传播古都历史文化和中华优秀传统文化，展示首都时尚文化魅力和当代中国文化创新成果，提升北京的国际形象，扩大中华文化的国际影响力②。

在推进“一带一路”建设过程中，文化交流和文化贸易具有重要使命。2016 年，文化部围绕贯彻落实《丝绸之路经济带和 21 世纪海上丝绸之路建设战略规划》，制定了《文化部“一带一路”文化发展行动计划（2016～2020 年）》，并强调要充分运用北京作为全国文化中心的中枢作用。北京已经和“一带一路”沿线 60 多个国家和地区的 100 多个城市签订了文化交流协定，在“一带一路”沿线 37 个国家和地区的 70 多个城市举办了 300 余场丰富多彩的文化活动③，有效地促进了“一带一路”沿线国家和地区的文化交流与合作。

为了更好地对接“一带一路”建设，提升北京“一带一路”对外文化传播影响力，还成立了北京市推进全国文化中心建设领导小组，以对北京全国文化中心建设统筹规划。2017 年 8 月，北京市召开推进全国文化中心建设领导小组第一次会议。北京市委书记蔡奇担任北京市推进全国文化中心建设领导小组组长，他在会议中指出，首都文化是北京城市之魂，主要包括四个方面的文化，即源远流长的古都文化、特色鲜明的京味文化、丰富厚重的红色文化、蓬勃兴起的创新文化。加强全国文化中心建设，是北京履行首都职责使然，是贯彻落实首都城市战略定位、建设国际一流和谐宜居之都的必

① 《北京市“十三五”时期加强全国文化中心建设规划》，北京市人民政府网站，2016 年 6 月 15 日，http://zhengwu.beijing.gov.cn/gh/dt/t1438135.htm。

② 《北京市“十三五”时期加强全国文化中心建设规划》，北京市人民政府网站，2016 年 6 月 15 日，http://zhengwu.beijing.gov.cn/gh/dt/t1438135.htm。

③ 叶飞、陈璐：《2016 绘就中外文化交流合作的壮美画卷》，《中国文化报》2016 年 12 月 29 日。

然要求[①]。全国文化中心建设领导小组的成立，通过统筹协调各方资源力量，共同推动文化中心建设取得实质性进展，并为“一带一路”全方位的文化交流提供了重要平台，为“一带一路”沿线国家和地区政治、经济、外交等方面的建设营造了良好稳定的国际合作环境。

二　北京“一带一路”对外文化传播现状分析

（一）积极对接“一带一路”对外文化传播，但缺乏核心价值引领，使北京文化对外传播的影响力不足

“一带一路”国际合作高峰论坛于2017年5月在北京召开，“一带一路”倡议不仅令世人瞩目，而且为提升北京的国际形象和城市影响力提供了重要机遇。北京立足全国文化中心、国际交往中心的城市功能定位，大力实施文化“走出去”工程，为对接“一带一路”对外文化传播做出了积极努力。作为北京对外文化贸易的重要平台，国家对外文化贸易基地（北京）建设进展顺利，2017年3月，基地正式启动影视娱乐产业板块的建设。园区计划引入一批具有世界水平的影视动画生产企业、供应链相关联公司以及具备国际水准的人才和技术要素，作为“通往世界的大门”，致力于打造一个以影视制作、艺术创作为主，融入国际服务贸易的产业生态体系，构建国际影视制作分发平台，践行中国文化“走出去”[②]。并且，北京还从交易平台、财税优惠、服务保障等方面加大支持力度，进一步完善文化交流与文化贸易工作推进机制。

但是，北京在对接“一带一路”建设中，缺乏将对外文化传播与我国核心价值相结合的理念，没有通过文化传播精准表达北京的文化内涵和精神

---

① 《蔡奇在市推进全国文化中心建设领导小组第一次会议上强调：做好首都文化这篇大文章　建设中国特色社会主义先进文化之都》，《北京日报》2017年8月19日。

② 《国家对外文化贸易基地（北京）影视娱乐产业板块正式启动》，人民网，2017年3月23日。

价值。当前全球化时代文化面临多元化渗透，北京文化在传承中发展，面临严峻挑战。北京文化整合的力度不够，未能深入挖掘文化产品所蕴含的文化内容，并且过于注重以塑造国家形象为主的外宣模式，对文化贸易和文化交流的重要性估计不足，使北京与“一带一路”沿线所开展的文化交流项目不能完全达到预期效果和产生预期影响，未能明确建构北京身份和标志，在总体上不利于提升北京文化的国际影响力，还未能在国际上树立“北京声音”的鲜明旗帜。

（二）积极打造对外文化传播平台，但缺乏对“一带一路”沿线文化传播复杂性的认识，导致文化传播缺乏创新性和实效性

北京借助自身全国文化中心的优势，积极对接“一带一路”对外文化传播，加快国际文化传播平台的建设，在推动文化“走出去”的方式上，不断推陈出新。当前，在美国、加拿大、巴基斯坦等国家的电视台也定期播出具有北京特色的电视节目。万达集团的一大成就就是并购美国第二大院线AMC公司，由此万达集团成为全球最大的电影院线运营商。随后，北京一批骨干企业如蓝海天扬等，通过灵活多样的并购、收购和设立等方式，在东南亚、澳大利亚、欧美、中东地区等陆续开辟传输网络，并且令人惊喜的是，美国布兰森白宫剧院被北京天创演艺集团成功收购。北京天创演艺集团也陆续推出驻场演出《马可·波罗传奇》和《功夫传奇》，取得累计演出800多场的成就，对加强国际交流和弘扬中华优秀文化做出了重要贡献①。

但是，由于缺乏对“一带一路”沿线文化传播复杂性的认识，无法真正提升北京文化传播的影响力。文化是“一带一路”沿线国家和地区人们交流的重要纽带和载体，“一带一路”涉及南亚、东南亚、西亚、中亚、北非、中欧、东欧、西欧等60多个国家和地区，这些国家和地区具有不同的风俗习惯和文化传统。文化传播的复杂性首先体现在宗教文化交流的多样性上。“一带一路”沿线主要宗教包括佛教、基督教、伊斯兰教、道教、萨满

① 《北京：国家文化出口重点企业居全国之首》，中国经济网，2014年6月5日。

教、印度教、锡克教、犹太教、和好教和高台教等，在对外文化传播中，需要我们关注和尊重宗教的差异性；并且，“一带一路”沿线涉及世界七大语系，多种语言，包括汉语、英语、法语、德语、日语、朝鲜语、阿拉伯语、马来语、泰米尔语、突厥语、蒙古语、伊朗语、印度语、葡萄牙语、法语、罗马尼亚语、斯拉夫语、波罗的语、阿尔巴尼亚语、藏缅语、印度尼西亚语等[①]，这些复杂多样的语言文字决定了北京在“一带一路”对外文化传播中还面临一些障碍和困难，需要引起我们的重视和思索。

（三）充分发挥自身优势加强与“一带一路”沿线文化交流，但缺乏目标针对性，受众面窄，使文化旅游、文化贸易等中外合作不够深入

“十三五”期间，北京持续发展文化创意产业，有效提升发展质量，积极发挥自身作为国际交流中心的优势，积极对接“一带一路”建设，加强对外文化交流，在国家文化出口重点企业和项目数量上位居全国之首。2016 年北京市受理对外文化交流项目 3000 批，服务近 6 万人次。北京还不断加快对外文化投资的步伐，运用跨国并购、签署合作协议、设立海外分公司等多种企业对外文化投资方式，实现对外文化投资方式的多元化和体系化。第十二届中国北京国际文化创意产业博览会（以下简称北京文博会）将于 2017 年 9 月 11 日至 9 月 13 日在北京举办，该届文博会将以“文化科技融合　传承创新发展”为主题，举办首届中国北京国际语言文化博览会（以下简称语博会）。语博会由国家语言文字工作委员会、中国联合国教科文组织全国委员会支持，北京市语委、北京市贸促会、孔子学院总部、中国翻译协会承办，北京语言文字工作协会具体运营。首届语博会将通过展览展示、论坛会议等活动，集聚国内外语言文化的前沿思想和理念、高端技术和产品，促进北京与“一带一路”沿线国家和地区的文化交

① 祁伟：《“一带一路”背景下跨文化交流的策略研究》，《重庆三峡学院学报》2016 年第 6 期。

流与项目合作①。

在北京“一带一路”对外文化传播过程中，需要增强传播主体和传播目标的针对性。不能限于以往由内向外的自我为主的单向宣传，也不能囿于那种单一的静态的单方面传播。由于对“一带一路”沿线国家和地区的宗教、文化、民俗等缺乏沟通与了解，对外传播缺乏针对性，缺乏面向传媒受众和新一代消费者，特别是面向国外青少年的精品文化内容和出口文化产品，并且“走出去”的文化产品大多不够高端，不符合海外消费者的习惯，使北京文化在“一带一路”沿线缺乏真正影响力。

（四）认识到国际人才的重要性，但缺乏融合国际文化交流与文化传播的复合型人才培养体系

北京积极配合“一带一路”建设，在各类高校陆续设置文化传媒、文化产业管理、文化贸易等研究方向，并率先启动非通用语种人才贯通培养试验项目和文化贸易人才培养计划，主要是为了培养高端的非通用语种技能技术人才以及文化贸易人才、文化传播人才等，为北京更好地对接“一带一路”建设服务。2017 年 8 月，北京市教委宣布，将联合市财政局在全国率先设立北京市“一带一路”国家人才培养基地项目，重点支持“一带一路”沿线国家和地区的高端人才、教育管理专门人才、高端技术技能人才来京学习，积极推动与沿线国家和地区实现教育领域共赢共享发展。该项目也是全国首个落地的培养基地项目，并计划在未来 3 年陆续建成超过 30 个“一带一路”国家人才培养基地，该项目将吸引“一带一路”沿线国家和地区的 900 名硕士研究生、博士研究生和博士后，1800 名高层次研修人员到北京加强学习和文化交流②，将推动北京市与“一带一路”沿线国家和地区加强文化教育合作与交流，提升北京文化在“一带一路”沿线国家和地区的影响力与传播力。

然而，由于缺乏对外文化传播和对外文化贸易创新性复合型人才，未能

① 《首届中国北京国际语言文化博览会》，中国网，2017 年 8 月 25 日，http：//www. china. com. cn/news/2017 －08/25/content_ 41474962. htm。

② 刘冕：《北京建“一带一路”国家人才培养基地》，《北京日报》2017 年 8 月 28 日。

建立文化传播和创意人才的培养、选拔、使用、引进和评价体系，在对外文化传播中未能实现文化创意人才的自由流动和创新机制，缺乏运营大型文化交流项目和传播活动的重要国际化人才。尽管近年来北京文化贸易中介组织得以迅速发展，但从总体上看，仍然缺乏面向国际的文化中介贸易组织，无法实现文化服务和文化产品的顺利传播，无法从根本上为北京“一带一路”对外文化传播提供有力的智力支持和人才保障。

三 扩大北京“一带一路”对外文化传播的策略

当前“一带一路”建设正处于跨越发展期，“一带一路”倡议顺应当前世界和平、发展、合作、共赢的时代潮流，凝聚丝路精神和中国智慧，为“一带一路”沿线国家和地区的文化交流与文明互通提供了重要舞台，为北京全国文化中心建设和北京文化影响力提升提供了前所未有的机遇。作为全国文化中心和国际交往中心，北京要立足独特优势，改变以往单一的、静态的、刻板的传播方式，建构综合的、动态的、多元的对外传播体系。

（一）倡导以命运共同体理念为引领，融合“和合理念”与“丝路精神”，彰显北京文化的独特内涵

“一带一路”倡议反映了世界各国人民追求互利共赢的共同愿望，这一理念的重要意义在于以共建美好世界为目标，不断增强中外人民的心灵相通，加强中国与世界的相互认知和认同①。北京在扩大“一带一路”对外文化传播过程中，要积极倡导人类命运共同体的理念，重视对外文化传播与核心价值的结合，使对外文化传播与核心价值观相一致，反映北京文化的深厚底蕴和精神价值。

① 王毅：《携手打造人类命运共同体》，外交部网站，2016 年 5 月 31 日，http：//www. fmprc. gov. cn/web/ziliao_ 674904/zyjh_ 674906/t1368155. shtml。

首先要融合传统文化的“和合理念”与“丝路精神”，唤醒共同的丝绸之路历史文化记忆。北京在古丝绸之路历史上具有特殊的重要地位，我们要在当前“一带一路”建设中挖掘北京文化的丝路文化基因，突出北京文化的特色，强调丝绸之路文化遗产、民族建筑、优秀的丝路民族艺术等与内在的传统文化的“和合理念”与“丝路精神”相融合。中华“和合文化”源远流长，“和合文化”既是传统文化的精华，也是北京人文精神的精髓。在当前全球化时代，我们要弘扬“和合理念”，倡导丝路精神，弘扬“爱国、创新、包容、厚德”的北京精神，围绕社会主义核心价值观积极融入“一带一路”建设中。落实到具体的文化传播实践中，我们要注重挖掘北京在丝路历史上的宗教文化历史等非物质文化遗产以及建筑、遗迹、文物、典礼等物质纪念，团结丝路沿线国家和地区保护丝绸之路的非物质文化遗产和物质文化遗产，重视与“一带一路”沿线国家和地区的文化交流，联合各国加强对宗教文化的历史文化保护，唤醒与“一带一路”沿线国家和地区沟通和联系的文化基因与共同记忆。

其次要促进传统优秀文化与时代精神相融合，打造传统文化与现代文明相结合、历史文脉与时代创意相辉映的社会主义先进文化之都。北京文化既包括传统的皇城文化和胡同文化，也包括现代的商业文化、科技文化及奥林匹克文化等不同形态。在当前“一带一路”建设中，要在发展北京丰富的非物质文化遗产和深厚的文化资源基础上，充分挖掘、整理、利用和保护好北京优秀的传统文化资源。积极弘扬优秀传统文化，传承发展以往北京所开展的民族传统节日以及“文化遗产日”，通过对传统文化艺术教育工程的推广，创造具有北京文化内涵和符号特色的文化贸易产品。同时，北京不仅是古都，而且是国际化都市，要倡导“北京元素　国际制作”和“北京故事　国际表达”的对外传播新理念，将现代文化融合传统文化底蕴，彰显北京城市文化魅力。积极与国际市场接轨，以市场为导向，鼓励自由经营、公平竞争，科学选择目标市场，突出资本运营的重要性，运用资本运营促进文化产品出口动力的提升，通过合资、收购、参股以及上市等多种海外融资形式①，积极探索推动北京文化对外传播和“走出去”的丰富形式，提升北京文化的竞争力和影响力。

（二）建立“一带一路”对外文化传播专门委员会等机构，围绕北京文化中心建设，统筹协调北京的对外文化传播和文化交流

通过对发达国家和地区有关对外文化传播有效经验的借鉴，在政府机构的总体协调和扶持下，联合国内文化界、新闻传播界、产业规划界等相关领域知名专家学者，成立“一带一路”对外文化传播专门委员会，通过统筹规划和管理在对外传播中与“一带一路”沿线国家和地区所涉及的政策、法规、制度、人文交流等问题，提高对外传播的针对性和实效性。加强与驻外文化机构的交流与合作，通过保障相关机构的权益和提供优惠政策，调动驻外文化机构的积极性和主动性，提升北京“一带一路”对外文化传播的有效性和影响力，充分利用国际规则调动国外文化机构力量，为北京“一带一路”对外文化传播提供切实有效的导向和建议。

联合知名企业、社会组织、智库及社会机构等成立的旨在加强“一带一路”对外文化传播的社团组织，通过树立以市场为导向的理念，开展丰富多彩的文化宣传、交流传播和咨询培训等工作，协助“一带一路”对外文化传播专门委员会开展保护文化传播和文化交流的工作，推动北京“一带一路”对外文化传播的多元化和系统化发展。

充分运用政府间文化交流和文化往来的机会，加强北京市政府对文化传播的全方位支持。“一带一路”沿线涉及国家众多，各国在宗教文化、历史发展方面都存在不同的特点，并且它们也缺乏对北京文化的深入认识和了解，需要充分把握和利用政府之间文化交流活动的重要机遇，制定并推广北京对外文化传播相关的合作协议，通过充分整合“一带一路”沿线国家和地区丰富的优势资源，增强“一带一路”沿线国家和地区对北京文化的认

① 刘波：《北京“文化走出去”的战略思考》，载北京文化发展研究院编《北京文化发展报告（2011～2012）》，文化艺术出版社，2012。

识和认可，同时结合当前“互联网＋”传播媒介和新闻环境，对“一带一路”沿线国家和地区的历史文化、人文特色等汇总整理成大数据分析库，为北京对外文化传播提供借鉴和创造稳定环境，增加文化产品及文化服务在“一带一路”的市场需求，加强北京与“一带一路”沿线国家和地区的文化交流与文化贸易往来，打造北京文化品牌和北京文化特色，构建“一带一路”北京文化对外传播的多元平台。

（三）开展北京文化及北京城市形象全球民意调查，加强对北京文化在“一带一路”沿线国家和地区的重点目标群体研究，提高北京“一带一路”对外文化传播的针对性和有效性

在北京对外文化传播中，要充分考虑“一带一路”沿线国家和地区的历史文化差异以及民族风俗差异，通过对沿线国家和地区相关情况的深入了解与分析，进行针对性的、差异化的传播。通过加强对“一带一路”沿线重点目标群体的透彻研究，关注“一带一路”沿线具有影响力的海外媒体、海外中国学及北京文化研究群体、在北京的外国人群体、“一带一路”沿线知名文化人士群体、“一带一路”沿线青少年传播群体等，通过差异性分析和了解，在对各自群体特点和差异进行分析的基础上，制定相应的北京文化对外传播和推广策略，提高北京文化传播与“一带一路”沿线目标群体之间沟通和交流的实效性。

关注北京文化对外传播受众群体特征，营造多元文化传播环境。当前北京推动文化中心建设，亟须提升北京的国际文化影响力，以北京品牌、北京精神扩展北京的文化辐射作用，因此必须注意国际化语境，强化目标人群。要有针对性地了解“一带一路”沿线国家和地区各民族的生活习俗与文化特色，通过提供对应的文化产品和文化服务，满足“一带一路”沿线国家和地区人们对文化产品和文化服务的需求，与时俱进，不断提升创新产品和服务质量。结合北京冬奥会、北京文博会、“欢乐春节 · 魅力北京”、北京国际设计周、中国（北京）国际服务贸易交易会、北京国际音乐节、北京国际电影节、北京国际青年戏剧节等重大文化项目和节事活动及交流平台，

积极参与孔子学院和海外中国文化中心建设，完善专业交易平台的举办运营机制，加大对目标群体的文化宣传和沟通交流。

联合国外传播机构和研究院，在北京市“一带一路”对外文化传播专门委员会的统筹协调下，开展以北京为主导的城市形象全球民意调查活动，加强目标深度研究，使北京对外文化传播不再仅仅限于以往传统的政府间的单方面传播，突破以往“以我为主”的由内向外的单向传播模式，强调对传播受众，特别是“一带一路”沿线国家和地区的民间组织和群众，包括“一带一路”沿线国家和地区的学术智库、旅游访客、跨国企业以及被派往国外工作的劳动者作为传播受众的重要性地位的认识，通过对这些“一带一路”沿线国家和地区民众的采访和调查，探究他们对北京文化和北京城市形象的总体印象，并深入分析“一带一路”沿线国家和地区受众的思维方式、文化理念及价值观等，加强国际文化视野下对北京文化和北京城市形象的反馈研究，凸显北京文化的价值取向、文化身份、话语权，并在加大对内涵为“爱国、创新、包容、厚德”的北京精神的全方位传播推进下，增强北京文化自信和自觉，展现北京文化的独特魅力。

（四）建设“一带一路”国家人才培养基地，推动北京与“一带一路”沿线国家和地区的文化合作与交流，为北京文化对外传播提供必需的人才资源

拓展文化传播人才交流渠道，实施“一带一路”对外文化传播人才培养工程。以北京市成立的“一带一路”国家人才培养基地为人才培育的重要平台，通过与“一带一路”沿线国家和地区的国际知名教育机构合作，加大对全媒体、外宣、网络技术、文化经营管理、文化批评等人才的重视和培养力度，在文化产业、文化传播领域培养国际高端的复合型文化人才。

加强与“一带一路”沿线国家和地区的文化交流，为文化传播人才提供国际舞台。创新人才培养和激励机制，通过加强与联合国教科文组织等国际知名机构的联系对接，组织北京市重要文化人才积极参与欢乐春节、北京文化周、魅力北京等海外人文交流活动，通过文化人才国际知名文化节事活

动及相关文化节的切实参与和实践，加强与“一带一路”沿线国家和地区人民的面对面交流，向更多外国受众传播北京文化和中国文化的深厚底蕴和独特魅力；加快推动“一带一路”对外文化传播创意基地发展，通过调动广大优秀青年文化骨干的积极性，提升北京对外传播影响力，加快“全国文化中心”的创新建设。

积极引进和邀请全球高端文化人才，加快培育北京文化对外传播领军人才和一流文化名家。围绕北京市“百人工程”“四个一批”“海聚工程”“高创计划”等重点人才培养工程，面向“一带一路”沿线国家和地区，引进和培育国内外知名的领军人才和文化名家，建立首都高端文化人才数据库和重大文化项目首席专家制度，加大宣传推广力度，给予政策和资金支持，鼓励文化名家和领军人才组建创新团队，创办智库、工作室、研究中心等，并依托北京文化中心优势，完善相关政策和资金保障，推动北京文化对外传播人才专业化、国际化体系建设，搭建北京“一带一路”对外文化传播的人才资源优势和高端传播平台，切实提升北京文化的国际影响力。

B.19
"一带一路"与北京对外文化贸易发展新路径

田 蕾*

北京对外文化贸易以服务贸易为主体，虽然增势迅猛，但存在出口结构单一、贸易伙伴集中等问题。"一带一路"倡议将给北京带来文化贸易伙伴更加多元、对外文化交流更加开放、贸易地理格局更加宽广的历史机遇，也将开辟创新发展的新路径：充分发挥首都开放优势，显著增强面向全国的枢纽功能，加快对外文化贸易与投资服务平台的体系化建设，以文化交流促进文化出口，以产业链带动城市网络联动，提升文化产业国际竞争力。

2016年12月28日，《"一带一路"文化发展行动计划（2016~2020年）》正式发布，提出要着力实现四个目标，即文化交流机制逐步完善，文化交流合作平台基本形成，文化交流合作品牌效应充分显现，文化产业及对外文化贸易渐成规模。这一计划的实施将加快推动中华文化"走出去"，提升对外影响力，为实现《推动共建丝绸之路经济带和21世纪海上丝绸之路的愿景与行动》（以下简称《愿景与行动》）总体目标和全面推进"一带一路"建设夯实民意基础。

北京定位于全国的政治中心、文化中心、国际交往中心和科技创新中心，汇聚了丰富的外事资源、文化资源、科技创新资源和大型企业资源，对外开放水平较高，不仅在推动文化"走出去"方面肩负着重要的使命，而且在发挥文化支撑先导作用共建"一带一路"方面承担着重要的历史责任。同时，文化产品出口的重地——上海、天津、广东、福建等相继有自贸区挂牌，而且作为战略支点与"一带一路"建设紧密联系，享受双重政策利好。

* 田蕾，北京市社会科学院市情调研中心，北京世界城市研究基地。

在此发展形势下，北京亟须抓住“一带一路”历史机遇主动融入，奋起追赶，开辟新路径，防止首都文化企业资源进一步流失，避免对外文化贸易与投资分流，从而更好地服务中央大局、衔接国家战略、加快自身发展，推动首都文化“走出去”“走进去”。

一　北京对外文化贸易发展现状

（一）文化服务贸易增长迅猛

近年来，北京市对外文化贸易整体规模保持较快增长势头。2016 年北京地区文化贸易总额达到 46.9 亿美元，同比增长 9.5%，占全国的比重基本稳定在 10% 左右。以广告宣传、电影音像为主的核心文化服务一直是北京对外文化贸易的主体，约占全国出口规模的 1/5。2016 年，北京核心文化服务贸易进出口额为 27 亿美元，同比增长 17.1%，其中进口额为 13.8 亿美元，同比增长 18%；出口额为 13.2 亿美元，同比增长 16.2%。不过，与欧美等发达国家文化服务贸易相比，我国文化服务贸易规模还十分有限，因此北京文化服务贸易的国际市场规模还有很大的拓展空间。

北京核心文化产品贸易逆差较为严重，出口贸易规模不足全国文化产品出口规模的 1%，远远落后于广东、浙江、福建等文化产品生产大省。2016 年，北京地区实现核心文化产品贸易总额约 20 亿美元，同比增长 0.6%，其中进口规模为 13.7 亿美元，同比下降 10.4%，约占全国文化产品进口规模的 1/3；而出口规模为 6.2 亿美元，同比增长 38.1%。

（二）文化出口结构亟待优化

根据《对外文化贸易统计体系（2015）》，文化产品进出口统计目录包括由出版物组成的核心层以及由工艺美术品及收藏品、文化用品及文化专用设备组成的相关层。据 2016 年海关数据统计，北京地区文化产品出口主要以文化用品、出版物、工艺美术品及收藏品三大类为主（见图 1）。从子类别看，北京地区文化产品出口以新型存储介质为主，2016 年出口额高达 1.5 亿美元，占比为23.1%。新型存储介质、玩具、其他娱乐用品三项出口合计约3亿美元，占总出口的45.2%。花画工艺品、乐器、雕塑工艺品出口也占据一定规模（见表1）。此外，以新媒体为代表的新兴文化业态在北京文化贸易中的地位逐渐凸显。游戏超过电影业成为文化出口的新生主力军。据初步统计，2016年北京动漫游戏产值约521亿元，同比增长15%，占全国的1/3。同时，昆仑游戏、完美世界、智明星通等研发型网络游戏企业实现出口额60.2亿元，居全国首位。

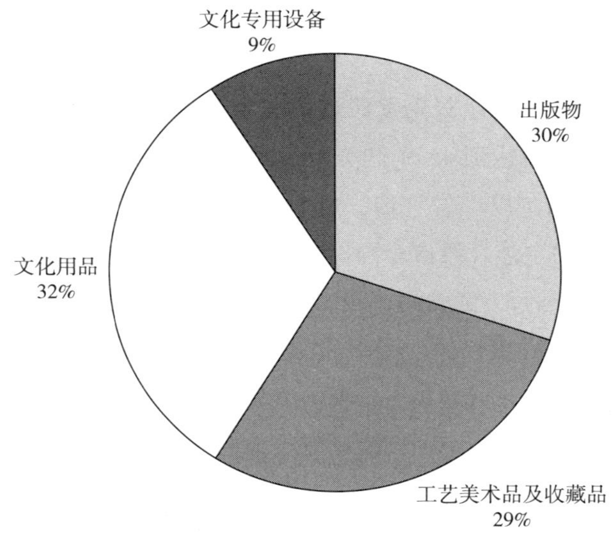

图1　北京地区文化产品出口结构（2016年）

表1　北京地区文化产品进出口子类别排名（>5%）（2016年）

单位：千美元，%

序号	子类别	出口额	占比	子类别	进口额	占比
1	新型存储媒介	151967	23.1	珠宝首饰及有关物品	303925	21.7
2	玩具	82748	12.6	广播电视节目制作设备	206194	14.7
3	其他娱乐用品	62268	9.5	图书	181164	13.0
4	花画工艺品	62085	9.4	印刷机	148624	10.6
5	乐器	53847	8.2	报纸和期刊	135488	9.7
6	雕塑工艺品	46721	7.1			

资料来源：北京海关统计数据，http：//beijing.customs.gov.cn/publish/portal159/tab60559/。

值得注意的是，文化专用设备领域存在严重的贸易逆差，2016 年进口规模较大，达到5.2亿美元，占文化产品进口总额的37%，出口额仅为0.6亿美元，所占比重不足9%，进口和出口比高达8.7:1。这种现象在一定程度上与北京作为首都的地缘特点有关，根据现有的管理机制，全国广播影视专业设备进口基本集中在北京的少数相关企业，如中国广播电视国际经济技术合作总公司。同样，在影视播映权方面的巨大逆差也要归因于此。

据2016年海关数据统计，北京地区文化产品进口主要以文化专用设备、出版物、工艺美术品及收藏品三大类为主（见图2）。从子类别看，2016 年珠宝首饰及有关物品进口额高达3亿美元，约占21.7%；其次是广播电视节目制作设备，进口额达到2.1亿美元，约占14.7%。图书、印刷机、报纸和期刊也是进口规模较大的项目，合计进口额超过4.6亿美元，约占总量的1/3。

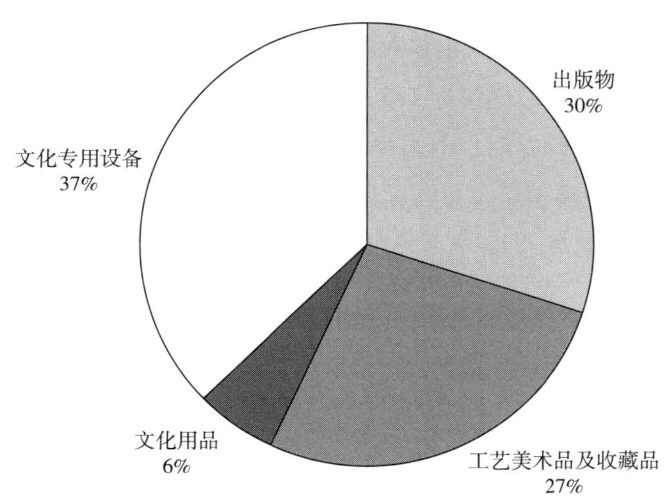

图2　北京地区文化产品进口结构（2016 年）

文化服务进出口统计目录包括由新闻出版服务、广播影视服务、文化艺术服务、文化信息传输服务组成的核心层以及由文化创意和设计服务、其他文化服务组成的相关层。根据北京市商务委员会2015年的统计，文化娱乐服务、广告服务、会展服务、动漫游戏和数内容占文化服务出口的99%。广告宣传、电影音像是北京文化服务出口的最主要内容，居于全国前列。电影音像服务进出口在北京服务贸易中规模最小，但在全国范围内占绝对领先优势，进出口均居全国首位。全国电影音像服务进出口份额的近九成集中在北京、浙江、上海，其中北京占比最大，为64.5%。然而，著作权、版权等知识产权交易，视听复制和分销（播映权），以及相关产品的出口总体规模依然较小。

（三）文化贸易地理范围较集中

北京地区文化贸易伙伴集中在欧美发达国家以及文化同源国家和地区，尤其是美国和中国香港。对文化服务贸易而言，北京广告宣传服务进出口的前三大贸易伙伴依次为中国香港、美国、新加坡，三者约占六成。中国香港是北京最大的广告宣传服务进口来源地，约占一半份额。美国和中国香港则是北京广告宣传服务的最大出口对象。同时，美国也是北京电影音像服务贸易的最大贸易伙伴，占比接近1/3，其次是中国香港、瑞士、荷兰和英国。在电影音像服务出口方面，中国香港和美国是最大的两个出口地区，各占1/4左右，贸易规模相当。在电影音像服务进口方面，美国约占1/3，比排名第二的中国香港高出13个百分点。

（四）民营文化企业发挥先锋作用

2016年，北京市有70家国家文化出口重点企业，约占全国的1/5；国家文化出口重点项目有37个，约占全国的1/4。在所有制类型上，除首都区域内的中央文化企业以外，北京市属大型文化企业，如负责运营国家对外文化贸易基地（北京）的北京歌华文化发展集团、北京出版集团等，企业规模较大，文化资源较丰富，在参与国际竞争时依然具有传统竞争优势，是对外文化贸易的主要贡献者。与此同时，一批外向型民营文化企业异军突起，在开拓国际文化市场中表现突出，从内容创意到传播渠道实现了全产业链覆盖，成为北京文化出口当之无愧的领军者，如北京四达时代通讯网络技术有限公司、完美世界（北京）网络技术有限公司、北京华韵尚德国际文化传播有限公司、俏佳人传媒股份有限公司等民营企业。

二 “一带一路”与北京对外文化贸易新形势

习近平总书记指出：“一项没有文化支撑的事业难以持续长久。”在“一带一路”建设进程中，文化是重要组成和重要力量，要先行带动“一带一路”沿线国家和地区民心相通，增强互信，加深了解，夯实“一带一路”互联互通的社会基础。“一带一路”倡议将给北京带来贸易伙伴更加多元、对外交流更加开放、贸易地理格局更加宽广的历史机遇。

（一）对外文化贸易政策环境不断优化

2016 年 3 月，《北京市人民政府办公厅关于加快发展对外文化贸易的实施意见》正式颁布，为扩大文化产品和服务出口、促进文化领域投资、提升文化产业国际竞争力提供了强有力的政策支撑。但是，依然有一些海关、财税政策对接、专业人才培养等方面的共性问题还需要宏观体制环境协调解决。《愿景与行动》出台以后，国家各部委、地方各省市纷纷发布具体的行动计划、融入规划和一系列配套政策文件，对接“一带一路”建设，力图通过顶层设计引导和政策配套支持，补足短板，激发拓展新空间的发展动力。政策涵盖的范围涉及推进国际产能合作、简政放权、规范管理、行业支持、财税金融、出入境通关、对外合作机制、公共服务、风险防范和保障措施等方面，为北京对外文化贸易提供了框架性的发展谋划。

对北京对外文化贸易而言，文化领域对外开放水平将不断提高，长期困扰北京文化“走出去”的那些营销渠道短板、投融资困难、创意人才缺乏、市场信息不畅等问题将得到国家部委层面、地方政府机构相关部门的重视，并进行全面系统的梳理、排查和应对。培育各种语言类人才、复合型国际人才等专业人才，使一批信息服务、风险管理、国际市场营销、品牌推广类的专业化中介机构逐步成长起来，形成推动文化“走出去”更优化的生态环境。对外文化贸易渠道将更为通畅，对外文化投资保障等政策的出台，不仅能够提高“一带一路”沿线国家和地区的贸易投资便利化程度，而且能够产生“溢出效应”，同时还会降低现有国际贸易与投资的交易成本，提高经济效益，进一步优化政策环境。

（二）对外文化交流与合作不断深化

对外文化交流与合作能够为深化双边与多边合作奠定坚实的民意基础，是推动文化贸易的重要力量。“一带一路”倡议下我国与沿线国家和地区在文化遗产、文化贸易等领域的文化交流与合作将不断深化，文化交流与合作机制将日益成熟完善，文化交流、传播与贸易平台将逐步成形，文化产业及对外文化贸易规模将不断扩大。随着全方位、多渠道、立体化的对外文化交流与合作工作的不断展开，我国居民与“一带一路”沿线国家和地区民众的互信理解将更加深入，历史文化资源的保护与开发、居民文化需求和消费偏好的培育与挖掘、文化信息技术与传播都将得到有效推动，这将大大降低双边经济交易成本，进而激发我国与“一带一路”沿线国家和地区的文化贸易与投资经济活力。对北京文化企业而言，开发面向“一带一路”的国际文化市场将面临史无前例的发展机遇。

缔结友好城市已经成为北京市对外交往的主要渠道，在提升城市国际化发展水平和聚集国际高端要素等方面发挥了不可替代的作用。当前，北京市已与54个城市结为国际友好城市，其中有23个城市位于“一带一路”沿线，14个城市为2005年以后缔结协议（见表2）。这些友好城市与北京在社会管理、经济贸易、文化旅游、科技创新等领域，统筹首都、市属局级单位、民间团体和区县资源，通过推动双方人员交往、物资流动、金融支持、技术合作与交流、信息流动等形式，形成了布局合理、规模适当的对外关系网络体系。

表 2 "一带一路"沿线上的北京市级友好城市

序号	城市	所在国家	缔结日期
1	贝尔格莱德市	塞尔维亚	1980 年 10 月 14 日
2	安卡拉市	土耳其	1990 年 6 月 20 日
3	开罗省	埃及	1990 年 10 月 28 日
4	雅加达省	印度尼西亚	1992 年 8 月 4 日
5	伊斯兰堡市	巴基斯坦	1992 年 10 月 8 日
6	曼谷市	泰国	1993 年 5 月 26 日
7	基辅市	乌克兰	1993 年 12 月 13 日
8	河内市	越南	1994 年 10 月 6 日
9	莫斯科市	俄罗斯	1995 年 5 月 16 日
10	布达佩斯市	匈牙利	2005 年 6 月 16 日
11	布加勒斯特市	罗马尼亚	2005 年 6 月 21 日
12	马尼拉市	菲律宾	2005 年 11 月 14 日
13	亚的斯亚贝巴市	埃塞俄比亚	2006 年 4 月 17 日
14	阿斯塔纳市	哈萨克斯坦	2006 年 11 月 16 日
15	特拉维夫市	以色列	2006 年 11 月 21 日
16	地拉那市	阿尔巴尼亚	2008 年 3 月 21 日
17	多哈市	卡塔尔	2008 年 6 月 23 日
18	德里邦	印度	2013 年 10 月 23 日
19	德黑兰	伊朗	2014 年 2 月 27 日
20	乌兰巴托	蒙古国	2014 年 8 月 17 日
21	万象市	老挝	2015 年 4 月 24 日
22	布拉格	捷克	2016 年 3 月 29 日
23	明斯克市	白俄罗斯	2016 年 4 月 26 日

资料来源：北京市人民政府外事办公室。

近年来，北京不断深化友城文化交流交往，持续举办"打开艺术之门"青少年赴德国、匈牙利交流活动，推动北京和科隆、布达佩斯友谊进一步深化。通过举办"你好，赫尔辛基"、爱沙尼亚塔林室内乐团来华交流等活动，加强了北京市与波罗的海以及北欧国家的交往。2016 年北京市成功举办"中国－中东欧国家艺术合作论坛"，同期在园博园举办"2016 北京戏曲文化周"活动，是迄今我国与中东欧国家在艺术领域最大规模的交流活动。北京对外文化交流活动已经逐步实现品牌化、精品化、本土化发展。特别是那些规模较大、水平较高、延续时间较长、内容丰富、市民反响热烈的经典品牌交流活动取得了明显实效，获得广泛好评，不仅传播了经典文化，而且巩固了双边友好关系。

（三）国内城市网络联动不断拓展

加强城市网络分工协作，形成紧密联系、良性互动的国内外城市网络，实现区域联动发展与互利共赢，是“一带一路”建设发展的核心要义。根据《愿景与行动》，国内沿线部分省份和城市在推进“一带一路”建设中的功能定位得到明确，如新疆和福建分别定位于“丝绸之路经济带”核心区和“21世纪海上丝绸之路”核心区，西安以建设成为“内陆型改革开放新高地”为目标，广西定位于“一带”与“一路”有机衔接的“重要门户”，重庆定位于“西部开发开放的重要支撑”，成都、南昌、武汉、长沙、合肥、郑州等城市定位于“内陆开放型经济高地”等。各省市都希望争取政策、抓资源、占先机，为其带来发展新机遇和增长新动力。

然而，现阶段各个城市文化资源的优势和特色各有千秋，单独参与国际文化市场竞争的能力还较弱，风险抵御能力较差。“一带一路”倡议构建起了一张区域合作网络，以城市群、经济带、经济试验区、湾区经济等主要形式推动沿线网络节点城市的要素有序自由流动，资源高效配置和市场深度融合，促进更大范围、更高水平和更深层次的合作。“一带一路”建设，为整合国内文化资源优势、消除国内文化市场贸易壁垒、促进国内城市网络联动提供了绝佳的契机。

三　北京对外文化贸易发展的新路径

抓住“一带一路”建设的历史机遇，充分发挥首都开放优势，显著增强面向全国的枢纽功能，共同开拓面向“一带一路”沿线国家和地区的国际文化市场，以新视野、新路径、新格局推动首都文化“走出去”。

（一）加快对外文化贸易与投资服务平台的体系化建设

在对“一带一路”沿线国家和地区进行全面调研论证的基础上，根据合作交流国家的文化资源特点和发展优势，因地制宜建设有当地特色的文化贸易与投融资服务平台。以文化创新、投融资和交易平台为核心推动创意研发、投融资与市场交易、遗产保护与利用、贸易与资源配送等服务平台建设。

一是加快以互联网、广播、电视为代表的文化信息技术与传播基础设施的建设。这是文化“走出去”与“一带一路”建设的优先领域。在尊重沿线国家和地区文化主权与文化安全关切的基础上，加强技术对接和基础文化设施升级，全面有序地参与到文化传播与交流合作的重要渠道建设中。二是鼓励大型国有文化企业参与沿线文化保税区、文化自贸区、文化产业园区的建设，建立对外文化投资的蓄水池。三是推进一批重点合作项目和孵化项目。围绕文化内容生产、渠道建设、市场推广、物流仓储等关键与薄弱环节，综合运用多种政策手段，建立符合首都文化发展特点的重点项目和孵化项目库，强化政策指引和项目评估，推动文化创意、数字出版、动漫游戏等文化出口。四是构建更加完备的海外文化信息咨询支撑体系。以遍布全球的韩国文化产业振兴服务机构为借鉴，统筹海外中国文化中心、驻外文化机构和行业中介组织多种力量，强化面向“一带一路”沿线国家和地区经济、社会、文化市场方面的对外文化投资服务功能，提高信息收集的实效性、指向性和集中性，服务于文化出口、对外投资、渠道建设、市场开放和公共服务平台建设等。研究对象国的文化产业相关政策法规，充分利用国际规则，保障中国对外文化投资的安全和有效。五是针对“一带一路”沿线上的重要节点城市，统筹各方资源，搭建信息发布平台，通报市场状况，披露风险，分析经典案例，定期出台《海外文化产业投资指导目录》《舆情专报》《市情专报》，总结梳理目标国家或地区的政局状况、法律规章、风俗人情等状况，为文化企业投资海外提供导向和指南。

（二）以文化交流促进文化出口，夯实社会民意基础

北京外事资源丰富，文化资源众多，依托国际交往中心建设和全国文化

中心建设，统筹国际国内两种资源，探索社会力量参与机制，在扩大对外交流成效、夯实社会民意基础的同时，充分发挥文化交流对文化产业国际化的作用。

一是以互利共赢为目标，探索性地将商业模式引入对外文化交流活动，提高对外文化传播的实效性。转变传统行政审批式管理思路，充分利用外事政策和资源渠道，在调研了解企业“走出去”面临的困难和需求的基础上，主动服务，加快开拓文化“走出去”的商业渠道，解决文化企业“走出去”的难题。运用优惠政策，利用搭建平台、畅通渠道、专项赞助、减免税收、财政补贴等措施引导更多社会力量参与对外文化交流活动，形成政府主导、企业参与、民间促进的多渠道、多形式、多层次的立体化对外文化交往格局。

二是积极与国外政府、专业机构、非政府组织在文化领域加强合作，推进更深层次的合作交流。根据“一带一路”建设的要求，整合民族、宗教、侨务、教育、体育、旅游等多方资源，调动多方参与的积极性，让博览会、电影电视艺术节、图书展、旅游推介等系列活动真正融入当地群众的生活，让人们真正体验到中华文化的活力和魅力。

三是引导首都各类教育机构和社会学术团体与“一带一路”沿线国家和地区扩大对外交流，提升教育与学术研究的国际影响力。教育人文交流在“一带一路”建设中具有基础性和先导性的特点。在京教育机构、智库和学术组织众多，科研和教育实力雄厚，肩负着人文交流的重要责任。充分发挥教育资源优势，在《推进共建“一带一路”教育行动》框架下，推动“一带一路”沿线国家和地区鼓励在学术往来、人才培养、科研交流与合作、文化沟通等方面建立常态化交流机制，提升教育与科研方面的国际影响力。

（三）以产业链带动城市网络联动，提升文化产业国际竞争力

北京汇聚了丰富的外事资源、文化资源、科技创新资源和大型企业资源，对外开放水平较高，文化与科技优势显著，在对外文化贸易、文化传播和文化交流方面具有不可替代的地缘优势和资源优势。在推动文化“走出

去”过程中，北京要跳出单打独斗的旧框架，用合作的态度、全球的视野和担当的意识，立足文化优势，推进与“一带一路”沿线节点城市在文化基础设施建设、历史文化资源保护与开发、文化品牌塑造、人文交流等领域的合作。依托文化产业发展基金，围绕“一带一路”的“路、带、廊、桥”建设，以文化投资与贸易为主展开合作，依托文化资源整合经验、文化内容建设经验、文化渠道优势，共同保护和挖掘地方传统文化资源，以点带面，从线到片，逐步形成区域大合作格局。

立足各自的文化要素优势，以优化区域分工和产业布局为重点，以原创文化的挖掘与文化资源的整合为主线，以构建业务合作机制、利益分享机制和文化交流机制为抓手，以讲好中国故事、发出中国声音的对外文化传播为目标，努力实现区域联动与互利共赢的新格局，辐射带动“一带一路”沿线城市转型发展。

通过专项基金、贴息贷款、税收优惠等途径鼓励演艺、出版、动漫、游戏等北京地区优势行业中具有国际化发展经验且实力较强的大型文化企业积极拓展合作渠道，主动与“一带一路”沿线城市开展文化资源对接与合作，发挥资金、人才和品牌优势，将先进技术、管理理念、运作模式输出到合作项目，共同开发国际文化市场，共享合作收益。

B.20

北京数字内容产品在科普领域的应用研究

马云飞　郭雯　陶凯　刘梦迪*

一　北京数字内容产品在科普领域应用的现状与问题

截至2015年，北京地区500平方米以上的科普场馆达到101个，每万人拥有科普场馆展厅面积为221.28平方米。“十二五”期间，北京地区创建社区科普体验厅50个、市级科普基地326个、市级社区青年汇500个、科普活动室2000余个、科普画廊3500余个。电台、电视台播出科普节目时间达9.97万小时，在科普活动方面，开展科普讲座、专题展览、科普竞赛分别达4.89万次、4835次、3035次，整体科普能力较“十一五”时期显著增强①。但与此同时，北京市共有社区2657个，人口为2170万人，相对于庞大的群体基数，各类科普基础设施和活动还稍显不足，有待进一步增加。

目前北京市科普由北京市科协、北京市教委、北京市科委、北京市各类数字内容企业、北京市高校及科研机构等多主体参与，面向青少年、儿童、农民、城镇劳动人口等不同需求，形成了政府引导、社会参与的数字科普新局面（见图1）。

* 马云飞，北京数字创意产业协会；郭雯、陶凯，中国科学院科技战略咨询研究院；刘梦迪，北京数字创意产业协会。

① 数据来自北京市科委。

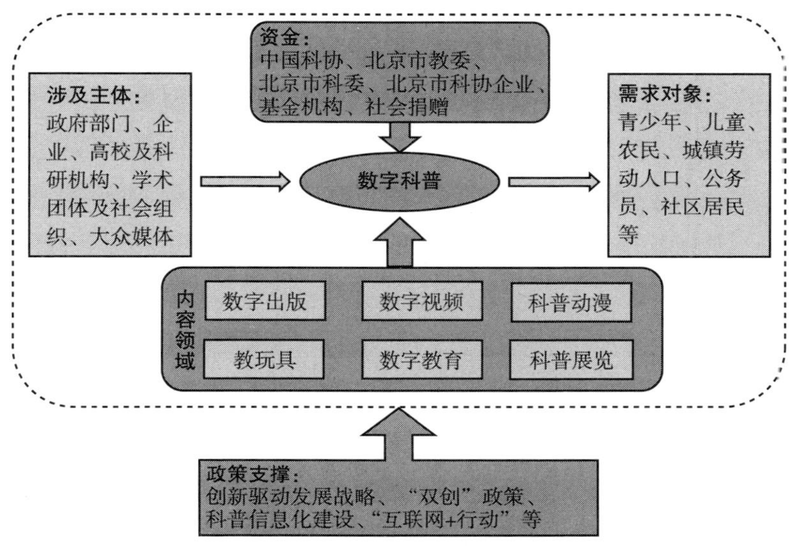

图 1　北京市数字科普概况

（一）应用的现状

1. 北京市聚集了大量可提供科普产品的数字内容企业

北京市拥有丰富的数字内容资源，仅中关村园区就有相关企业 600 余家，数字内容产业主要体现为数字视听、数字动漫、数字游戏、数字出版、数字教育、在线旅游等，各领域龙头企业如清华同方、优酷网、爱奇艺、新东方、金鹰卡通、腾讯游戏等均坐落在北京，涵盖了从数字内容创造、数字内容加工、数字内容平台到数字内容发放的完整产业链条。在科普领域，一大批数字内容企业已经着手相关内容产品的研发，如网龙华渔关于 VR 教育方面的研发、星空百灵关于学习机器人的推广、光明网关于科普新媒体方面的探索等，展示了北京地区在数字科普领域丰富的内容资源与创新研发的潜力。

2. 政府资金推动了数字内容企业的产品与服务在科普领域的应用

为大力推动“互联网 + 科普”行动计划和科普信息化建设，中国科协于2015年启动“科普中国”品牌项目，以科普内容建设为重点，依托现有的传播渠道和平台，通过政府和社会资本合作（PPP）模式，与光明网、百度、网龙华渔等数字内容企业在内容制作与传播领域进行合作，产出了如“科技名家风采录”“海底探宝”“金融街智慧生活馆”等一批优秀的数字科普产品。政府投入部分资金作为引导，企业负责剩余资金的投入、项目内容的制作以及项目建成后的市场化运营，成功实现了政府以部分资金撬动数字内容企业的产品与服务在科普领域的广泛应用。

3. 市场化力量在推动数字科普中开始发挥作用

近年来，很多企业主动参加各种公益科普活动，并拿出部分资金针对本行业科技知识进行普及。如北京自来水公司筹建了北京自来水博物馆，针对全球水资源状况、北京水资源分布、自来水制作流程等内容进行了精美的数字化展示。索尼公司也专门建立了索明科普乐园，进行公益科技知识传播。而腾讯、光明网等新媒体也都成立了专门的科普事业部，借助数字化的影音内容开展科普工作。如今，北京的科普参与主体已不仅仅是政府和相关协会组织，社会各龙头企业也都积极加入到科普的队伍中，科普社会化成为共识。

4. 数字内容产品在科普中的传播渠道日益丰富

2015年中国科协公布的第九次中国公民科学素质调查显示，公民获取科技信息的渠道主要是电视（93.4%）、互联网（53.4%）、报纸（38.5%）。而随着信息科技的飞速发展，特别是互联网和移动网络的普及，民众获取科技知识的渠道也逐渐发生变化。如今，微信、微博、博客、贴吧等新媒体以及公交车、虚拟博物馆、地铁候车亭灯箱公益广告等新型媒介资源也成为大众获取科学知识的新渠道。以微博为例，“北京发布”通过发布各类与民众息息相关的信息，成功贯彻“科技、人文、绿色”理念，粉丝量超过800万人，在传播科学信息知识方面发挥了重要作用。又如中国数字科技馆借助AR、VR、3D漫游等技术，创新科普渠道，将现实中的科普内容展现在网络上，缩短了公众了解科技知识的距离，开创了互联网科普的新局面。

5. 公众对数字内容产品在科普领域的应用需求更为迫切

发达国家的科普发展经历了“传统科普”“公众理解科学”“有反思的科学传播”三个阶段，我国的科普在过去很长时间都处在“传统科普”阶段，公众被动地接受科普知识，是一种不对等的单向传播。近年来，随着公众生活水平的提高以及各种移动社交软件的兴起，公众接触各种信息的门槛变得很低，很多人开始主动学习了解科学知识。知乎、贴吧、微信、微博等移动软件的普及应用为公众提供了了解各种科技知识的平台，很多人开始对航天研究、人工智能、大数据等新兴技术产生兴趣，主动了解国家发展这些技术的原因。在条件较好的大中城市，一些民众借助参观科普场馆、科普活动等机会，了解、体验新的科技知识和产品，开阔视野，对新的科技知识、产品产生强烈需求。总体来看，北京已经逐渐步入“公众理解科学”阶段，科普需求非常大。

6. 数字内容产品已在北京市中小学科普教育课程中得到应用

依托首都丰富的教育资源和科技资源，北京市教委、北京市科委及北京市科协等联合推动科技知识融入中小学的基础教育，通过政府采购、资金资助等形式将数字内容企业丰富的科技教育产品与服务引入中小学，共同建设科技实验室，创建科技特色学校，通过项目申报促进数字内容企业与高校及科研院所合作，将航空航天、智能 VR 等先进科技以讲座、科学实验等形式引入校园，提高了学生的科学素质。

7. 中关村科技产品推动数字科普工作的需求

中关村拥有丰富的科学与研究机构，这些机构实力强大、种类繁多，为数字科普内容创造提供了重要源泉。数字内容龙头企业在中关村的聚集，提供了从数字出版、数字教育、数字音视频到数字游戏等形式多样、内容丰富的数字产品。在数字科普内容制作上，中关村具备了强大的基础实力与创新能力。而中关村产业园地处中关村国家创新示范区核心区，数字科普活动的推广与应用不仅能为各地的数字科普工作带来示范效应，而且吸引了全国各地的公众前来体验、学习，起到了强大的辐射带动作用。因此，中关村产业园在推动数字科普工作方面具有强烈的需求。

（二）存在的问题

1. 数字科普的内容呈现形式尚不能满足公众对科普的需求

随着我国公众教育程度日益提高以及信息化的快速发展，公民参与意识逐渐提升，表现为更加关注和积极参与公共事务，对科技信息和知识有了更多的诉求，科普需求异常强烈。而反观科普产品或服务的供给市场，大部分还停留在简单地将传统科普图书、视频数字化，内容不够深入，且缺少互动性，体验感较差，难以吸引科学素质已经达到一定水平的大众；还有一部分借助新媒体、VR 技术、人工智能等制造出了具备一定创新性的科普产品，但由于成本过高、知名度太低、重技术轻展示、无法满足多样化需求等原因而没有被市场广泛认可，发展缓慢，如今科普市场供给与需求出现了失衡，现存的数字科普内容无法满足公众日益增长的科普需求。

2. 数字科普资源呈现小而碎片化的现象

北京聚集了大量的高校、科研院所以及数字内容企业，拥有丰富的数字科普资源，但这些资源大多呈现小而碎片化的现象，并没有得到充分利用。一是北京虽然拥有全国最多的高校和科研院所，但由于国内高校和科研院所的考评机制主要侧重于论文和专利，科研成果没有像国外那样要求公示，因此科研人员参与科普的兴趣普遍较低，科普产出较低，且大多分散在各个机构，没有得到集中有效的利用。二是北京聚集了很多能够制作数字化科普内容产品的企业，但这些企业大多规模较小，制作出的内容产品往往比较零散，导致表面上很丰富，包罗万象，但实际内容碎而散，缺乏一个统一的使用机制，最终使得北京丰富的数字内容资源没有在科普领域得到有效利用。

3. 数字内容企业提供科普所需的产品与服务的动力不足

数字内容企业目前提供科普所需的产品与服务的动力仍显不足，归根结底还是在于盈利困难。造成这种局面的原因有两个。一是政府采购的科普项目往往资金不足以覆盖成本。以科技馆采购为例，不同地区各类科技场馆受条块分割的体制限制，财政拨款主要来自各地区公共部门，因此科普内容产品无法统一采购，只能各自定制，这就大大增加了科普内容制作的成本，且采购金额很有限，而企业无法通过大批量销售降低成本，进而在影响企业利润的同时也制约了企业的积极性。二是很多企业投入大量资金制作出了质量较高的科普内容产品，但行业技术标准尚未很好地建立，且数字化科普内容产品的版权问题也很严重，盗版层出不穷，公众容易被误导，喜欢选择免费的内容，导致企业盈利困难。

4. 数字内容产品在科普领域的应用缺乏可持续发展机制

一是政府资金支持项目往往缺乏稳定性，很多公共科普采购项目虽然采用招投标方式使企业生产出一些好的科普产品，但缺乏后续的检验和市场化运营，往往几年验收期一过这些产品或项目便逐渐消失，所起到的科学传播作用十分有限，导致资源的浪费。二是各类科技馆、博物馆、社区生活馆等作为科普内容采购的主要力量，往往重建设轻内容，很多单位将大部分资金花在增加展览面积、增加新的展区等硬件建设上，认为这些设施建起来后都属于本单位资产，而忽略了对好的科普内容的采购，因此对科普内容更新很少，导致很多数字内容企业生产出的科普产品没有好的销售渠道，往往参与一次公共科普采购之后便难以长久持续地提供科普内容产品与服务。

5. 政府部门间的协同作用不够

在科普方面，目前北京市的主要推动部门还是北京市科委、北京市科协、北京市教委等机构，北京市科委主要针对社会公众进行科技传播，北京市教委主要针对各学校学生开展科学教育工作，两者有一定融合，但在实际工作开展中协同作用发挥还不够。有很多优质企业基于科普需求创作的数字内容产品不知道如何通过有效的机制在中小学以及高等院校中得以实际应用。部门间项目报批的不一致以及资金来源不同等，造成针对同样的科普工作部门间难以协同推进，致使效率降低，无法达到理想的科普开展效果。

二 国外数字内容在科普领域的应用现状

（一）政府各部门联合推动科普

国外政府通过形式多样的机构主体将资源投入科普领域，对本国科普发展在政策指导、资金支持、产业扶持等方面起到了重要作用。如美国政府的科普工作主要是由国家科学基金会（NSF）、美国航空航天局（NASA）、能源部、商务部等部门负责，各部门承担的科普职责各异，联合推动美国科普工作，其中NSF在科普领域起到的作用最大，主要支持科技馆、传媒以及青少年与社区科普三大块；NASA借助其航天技术建立了各类与航天相关的展厅和科普研发项目；能源部则凭借其下属的各个国家实验室开展各类科学教育。英国科普经费主要由科技办分配，下面则建立了众多科学组织具体负责不同领域的科普工作，著名的有皇家学会、皇家科普协会、英国促进会等。澳大利亚的政府科普工作主要由国会设立的澳大利亚联邦科学与工业研究组织负责，并由国家野生动物标本馆基金会等配合开展科普教育。日本的政府科普工作主要由文化教育科技部及其所属的科学技术会议、科学技术振兴事业财团、科学技术政策研究所等负责。

（二）企业与公众深度参与科普内容开发

国外的科普已经从公众理解科学步入公众参与科学传播阶段，企业和公众开始深度参与科普内容的开发。如爱丁堡国际科学节是欧洲乃至世界最具影响力的科学节之一，该活动主要由EISF有限公司主办，公司团队每年对内容进行全程控制和把关，对同一个活动进行不断的优化创新，并加入年轻科学演说家、科学秀和工作坊等新的科普活动，丰富多彩的科普内容每年都吸引大量民众参与，民众在游览参观的同时还可以动手制作各类科普展品。澳大利亚必和必拓公司也积极参与科普，在科工组织面向青少年的科学教育计划中，该企业资助建设了科学教育中心和双螺旋科学俱乐部等项目，在给青少年传播科学知识的同时也支持学生开展创新研究活动。除企业外，国外普通民众通过Facebook、Twitter等社交平台发布科学信息、科普视频，积极参与科普内容的开发，成为科普的传播者和制造者。

（三）公私合作，形成多元化的科普投入格局

国外数字化科普建设的经费来源广泛，主要分为三个渠道：政府资助、

社会捐赠和机构自营收入。政府资助主要针对一些公营的科技场馆以及各类审批通过的具有创新性的科普项目，且一般在项目资助上恪守“费用分担”原则，更多的是充当催化剂的作用，以吸收广大民间力量来支持科普；社会捐赠则包括个人捐赠、企业捐赠以及各类基金捐赠等，国外除了机构基金外，私人基金和公司基金发展得也非常成熟，为科普发展提供了巨大助力；机构自营收入是指科技馆等通过适当的门票收入、展品研发销售、与学校科学教育相结合产生收益等方式，挖掘民众科普消费的潜力。除此以外，国外一些科普机构还积极探索公私合营的方式来发展科普事业，如澳大利亚联邦科工组织便与奥普特斯传播公司合作建设了发现中心项目，该项目产生了许多样式丰富、创意新颖的科学展览，并在澳大利亚许多城市进行巡展。

（四）完善规范的全流程管理与监管体制

国外针对科普工作往往会制定完善的监管机制，从政府对相关机构的监管到各个机构对具体科普项目的监管，保障了科普事业的规范、有效运行。如美国国会明确规定了 NSF、NASA 等政府部门和机构承担的科普职责，并通过预算、年度报告、听证会等手段对其科普工作进行监督。美国国家科学基金会全额资助科普场馆的研究开发，但立项条件非常严格，主要资助科学前沿领域的科普展品，且为了保证互动展品的趣味性，展品在立项前都要针对公众的需求进行调研和预评估，展览样品或模型制成后，还会开展事后评估，调查观众对展品的印象是否深刻，能否从中学到一些科学原理或科学现象，以此来评价项目的质量和完成度。

（五）科普和科研工作的紧密结合

国外始终将科学普及放在与科学研究同等重要的位置，因此很注重科普与科研的结合。日本以及欧美一些国家都有明确规定，在申报科研项目时，必须在申报书上写明除了完成项目本身的要求外，还要承担怎样的科普任务。如国外相关部门规定，科学家在项目启动前，要先用通俗易懂的语言向公众介绍项目的主要内容，在得到公众支持后项目方能进行；在项目进展过程中，科学家要用公开报道的形式向公众披露相关科研进展情况；项目结束后，科学家还要让公众理解相关科研工作能够带给他们及社会的影响。这种做法，一方面让科研工作透明化，在公众的监督下完成，也有助于消除公众对科学家的质疑与误解；另一方面成功调动了科学家参与科普工作的积极性，并且科学家在与公众及其他学者的交流中也能得到许多建议和启发，找到更好的研究方向。

三　北京市推动数字内容产品在科普领域应用的政策措施

（一）建立数字科普领域内容开发专家库，完善内容开发与审核制度

依托北京市科协以及北京科研院所庞大的专家资源，由北京市科委、北京市科协牵头构建数字科普领域内容开发专家库，行业协会组织实施专家与数字科普产品与服务的对接，完善内容开发与审核的协作制度，针对不同领域的内容产品需求邀请相关专家，采取线上与线下相结合的方式对内容进行审查把关。一方面，线下邀请专家走进企业，近距离对企业的数字内容制作进行科学性指导，并定期召开专家研讨会，对产业数字科普发展的一系列问题进行讨论和研究；另一方面，对于协作单位制作出的数字科普产品，协会还要建立线上审查系统，借助专家库的力量，对不同领域企业提交的科普内容进行严格科学的审查，保证科普产品的科学性。通过审核的产品协会，可以为其开具相应证明，并从企业收取一定费用用于专家评审开支。

（二）建立公私合营伙伴关系，创新数字科普运营模式

借鉴PPP项目模式，由政府资金、协会投入吸引社会资本共同成立数字科普资源运营公司，以市场化运营机制组织运营科普资源，具体职能体现在以下几个方面（见图2）。

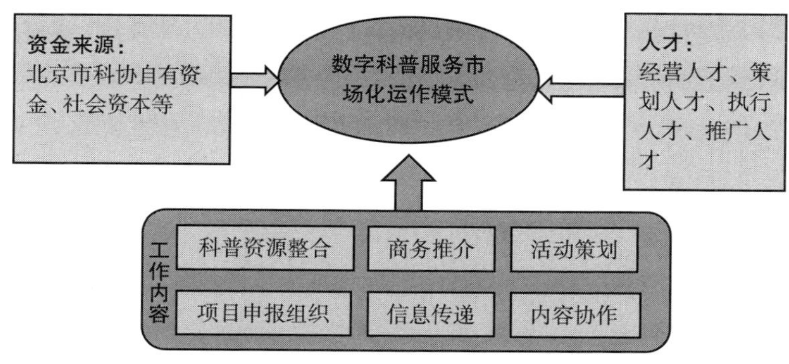

图2　公私合营运作流程

一是聘请专业化人才，包括公司经营人才、商业策划人才、组织执行人才、市场推广人才，以专业化、市场化的方式推动数字内容资源与科普需求的对接和运营。

二是以市场化方式策划、组织、运营各种科普推介会、科技节等活动来宣传企业科普内容产品，组织相关内容企业共同申请数字与科普相关的政府公共采购项目。

三是组织相关内容企业与北京地区中小学进行沟通洽谈，共同申报科技教育类相关项目，实现优势互补、利益共担的协同机制。

（三）设立中关村数字科普推广基金，支持数字科普内容的研发与推广

由中关村管委会协同北京市科委、北京市科协等政府部门设立引导基金，吸引社会资本参与，共同成立数字科普推广基金，以政府采购、后补贴等政策工具支持企业开发数字科普产品与服务，同时加强对数字科普产品与服务在实施过程中的市场评价，及时调整和修正基金对数字科普产品的开发及应用。支持范围包括：一是服务于科普工作开展所需的公益性数字科普产品或服务；二是以科普产品、科普服务、科普活动等为手段，为中关村自主创新示范区内企业提供产品宣传或品牌推广等服务。

（四）提升科普工作在科研人员工作考核评价中的重要性，促进科普与科研工作的有效结合

加强科研项目指南中对科学普及活动的要求，提高科研工作者对科学普及与推广的重视程度。在北京市层面探索试点科普工作实施作为科研工作者的绩效考核评价标准，将参与科普工作、从事科普产品开发，尤其是本领域研究工作对社会公众的科学知识普及等工作作为科研工作者绩效考核的评价指标之一。

行业发展篇

Industries Development

B.21

北京文化演艺业发展研究

杨梦丽　何雅仪*

一　北京文化演艺业发展基础

（一）政策发力，推动文化创作与表演服务发展

2016年，行业政策聚焦文化创作与表演服务。北京文化艺术基金项目正式启动，重点扶持舞台艺术创作、传播交流推广、艺术人才培养等项目，聚焦舞台艺术创作，兼顾美术、音乐等领域，2016年度资助项目共97个，涉及资金8361万元。京津冀三地文化局牵头组建“京津冀演艺联盟”，以剧场为基础，以院团为主体，以经纪公司为纽带，着力打造三地联动的剧目演出平台、信息交流平台、剧场统筹平台、融资创制平台、推广营销平台，形成演

* 杨梦丽、何雅仪，北京蓝色智慧管理咨询中心。

艺产业发展生态圈。文化惠民工程稳步推进，2016 年 58 个剧场共推出惠民低价票演出 2400 场次，补贴低价票 22.9 万张，同比增长 22.55%，补贴金额达 2602 万元，同比增长 18.3%，实际受益观众 50 余万人。传统文化扶持力度加大，北京市文化局与中国戏曲学院签署战略合作框架协议，共同实施京剧流派传承创新工程；成功推荐“名家传戏——当代戏曲名家收徒传艺”工程，昆曲传统折子戏录制、地方戏曲剧种文献、资料数字化影像化保存三类项目入选“中华优秀传统艺术传承发展计划”2016 年度戏曲专项扶持项目。

（二）经济实力强，奠定文化演艺消费基础

高位的经济水平和发展程度使北京市文化演艺相关基础设施得以发展和完善。据北京市演出行业协会统计，截至 2015 年底，北京市从事经营性演出的场馆剧院共计 135 家，包括大型体育场馆、多功能综合剧场、小剧场、郊区剧院等，各种类型的演出场馆为演出的多样化提供了条件，从而带动消费增长。北京市高位的人均收入水平为旺盛的文化演艺消费创造了条件。2016 年北京市常住人口为 2172.9 万人，人均 GDP 达到 11.5 万元，居民人均可支配收入达到 52530 元，文化演艺消费逐渐成为一种必需品而非可有可无的奢侈品。庞大的人口流量和高人均可支配收入决定了北京市文化演出需求呈现量大、结构多样、雅俗共赏的特征，演出受众结构已经从“金字塔”形变为“橄榄”形，艺术发展的良性循环逐步形成。

（三）业内高端人才集聚及丰富的艺术资源为行业发展提供支撑

庞大的人才资源为文化演艺业的繁荣发展提供了人力基础。一方面，北京市文艺管理人才集聚，艺术工作者的受教育程度普遍较高，职业经验比较丰富；另一方面，人才和组织优势突出，国家顶尖文艺演出团体和演员、跨界文艺从业人员荟萃，拥有其他城市无法比拟的优势。另外，中央戏剧学院等高校和各类科研机构为文艺人才的可持续供给提供了战略保障，为北京市文化演艺业发展提供了强大的智力支持。文化艺术资源丰富，为文艺创作与表演的发展奠定了雄厚基础。从横向来看，北京市作为全国文化中心，拥有

七大世界文化遗产和数以百计的非物质文化遗产及历史文化遗产，国家级顶级博物馆、知名大剧院、有影响力的美术馆、知名画廊等都坐落在北京市，内容创作优势突出。从纵向来看，北京作为一个历史悠久的城市，有很多故事可以作为文化创作的素材。近年来，北京国际音乐节、北京国际戏剧演出季等各种大型国际文化活动的举办也为北京带来了世界各地的新创意、新思潮、新理念，提升了北京文化演艺业的总体水平。

（四）聚集效应和辐射力优势为文化演艺发展提供不竭动力

北京作为首都和全国文化中心，具有极大的人口流动性、极强的产业集聚效应和极高的文化辐射性，为文化演艺业发展提供了不竭动力。一方面，业内高端人才文化演艺资源倾向于在北京市汇聚，这会形成并进一步增强行业资源的集聚效应；另一方面，北京市作为中国北方最大的消费市场，又是中国乃至亚太地区的商务中心，每季度有上亿名国内外游客及商务人士来京旅游会谈。高位、多量的人口流动推动北京市的文化演艺消费形成高扩散效应，成为全国文化演艺消费的风向标。如京剧作为地方剧种，是在北京取长补短发展而成的一种戏剧文化，通过人口迁移、区域扩散等方式最终传遍全国，成为国粹。北京市的高文化辐射性吸引了众多演员、演出团体，为北京文化演艺市场的繁荣提供了不竭动力。

二　北京文化演艺业发展概述

（一）文化演艺市场持续升温，观众数量及票房实现双增长

2016 年北京文化演艺市场持续升温。营业性演出共 24440 场次，同比增长 0.8%；观众人数达 1071.4 万人次，同比增长 3.3%，观众的平均上座率有所提高；票房突破 17 亿元，同比增长 10.6%，其中音乐类演出票房为 8.4 亿元，同比增长 31.3%。在演出场次基本持平的条件下，观众人数、票房增长明显。一方面，展演剧目质量普遍较高，有力地提升了

上座率，音乐类尤其是演唱会上座率提升迅速，平均票价提高而上座人数不减，对整体票房的提升拉动作用明显；另一方面，以北京市文化局为代表的政府主管部门加大扶持力度，2016 年各类文化惠民展演剧目陆续推出，深入基层，各类小剧场剧目、儿童剧、传统戏剧等优秀艺术展演活动的不断推出和大量低票价演出活动的推介，极大地激发了北京市民对文化艺术表演的消费热情。

（二）文化演艺市场进一步开放，国际化趋势逐步显现

2016 年北京文化演艺市场的国际化趋势愈加明显，开放程度进一步提高。文化演艺行业国际化交流增加。2016 年北京市文化局受理出访国外及港澳台地区文化交流项目 206 批次 3956 人次，引进国外及港澳台地区文化交流项目 45 批次 1364 人次；积极推动与“一带一路”沿线相关国家和地区的文化交流，成功举办“中国－中东欧国家艺术合作论坛”；由天创国际演艺制作交流有限公司制作的大型舞台剧《马可·波罗传奇》，于 2016 年 9 月 2 日荣获美国布兰森艺术委员会颁发的最佳戏剧作品和最佳舞蹈团队两项大奖；山水盛典文化产业有限公司于 2016 年 6 月与越南文化管理演出公司共同签署越南岘港、下龙湾、河内、会安、富国岛五个城市的实景演出合作协议。文化演艺市场对外开放程度大大提高。根据《北京市服务业扩大开放综合试点总体方案》，北京市文化局等相关部门已于 2016 年 5 月正式开始受理外商在特定区域设立独资演出经纪机构的申请。外商投资者被允许在朝阳区国家文化产业创新实验区、平谷国家音乐产业基地（中国乐谷）等试点园区独资设立演出经纪机构，并在全市范围内提供服务。2017 年 5 月外商独资演出经纪机构龙之传奇（北京）国际艺术有限公司获得北京市文化局颁发的首张外商独资营业性演出许可证，结束了北京文化演艺业内商独大，外商只能通过合资、合作经营的方式投资演出经纪机构的局面。外商独资运营演出经纪机构，一方面将使北京市演出的国内优秀演艺作品拥有更多机会和渠道“走出去”，并且将一改以往商演局限于华人圈的局面；另一方面将为国内演出经纪机构带来文化艺术作品的国际化制作和成熟商业化运作

的学习范例。此外，国际优秀演出资源也将被更快捷地引入，进一步激活北京文化演艺市场。

（三）积极拥抱资本市场，演艺机构借力“出航”

2015 年，超过 100 亿元资本进入中国文化演艺市场。2016 年市场趋于理性，但北京地区依然有文化演艺企业敲开资本之门。具有优质内容优势的演艺团体依然是资本追逐热点。如 2016 年 2 月，喜剧研习社获得九弦资本 A 轮融资；2016 年 3 月，致力于舞台艺术拓展和传播的至乐汇获得和和影业领投的数千万元天使轮融资。票房市场投资依旧火热。2016 年 4 月，北京微影时代下属票务平台微票儿获得 30 亿元 C + 融资；同年 7 月，永乐文化成为中国票务行业第一家登陆资本市场的企业。文化演艺业企业主动进军资本市场，拓展业务版图。演艺经纪公司锋尚世纪、儿童剧演出团体丑小鸭剧团相继于 2016 年初在新三板挂牌上市；开心麻花于 2015 年 12 月挂牌新三板后，2016 年开始筹备登陆 A 股市场。

（四）大型企业布局产业链上下游，产业生态格局逐渐建立

2016 年北京市文化演艺业中的大型企业业务范围逐渐从单纯的产业中游的票务运营、经纪业务管理向产业链上下游布局，通过投资舞台剧、参与 IP 开发、投资运营剧院、布局线下渠道等方式整合文化演艺行业上下游，成为文化演艺市场的强势力量。如北京保利剧院管理有限公司是全国最大的剧场院线管理公司，在业务拓展上，一方面加强院线管理，搭建票务营销平台，确保主业的领先地位；另一方面布局产业链上游，对下属演出公司进行改组，将其主营业务从演出经纪更改为原创制作。从以剧院票房收入为单一盈利点的业务模式逐渐向票务代理、演出组织、版权交易、线上剧院等多点盈利的多元化业务格局发展。永乐文化集团则布局票务、营业、演艺、科技、体育、经济、二次元、公关等多个泛娱乐业务板块，并致力于推动戏剧从业者成长，创造戏剧文化新风尚。永乐文化于 2016 年 5 月举办“2016 年度北京戏剧新势力”盛会，旨在推动戏剧从业人员成长，扶持当代戏剧优

质作品，在戏剧从业人员与观众之间、演出团体与个人之间、戏剧舞台表演者与幕后创作团队之间，搭建最佳平台，塑造优质戏剧 IP。

三 北京文化演艺业产业链变革趋势

作为全国文化演艺业发展的高地，北京文化演艺市场近年来蓬勃发展。随着政府全产业链扶持的深入和资本市场化运作的展开，北京文化演艺业逐渐呈现“一升三化”的产业链变革趋势，即上游制作 IP 升级，中游运营精细化、服务社群化，下游衍生泛娱乐化（见图 1）。

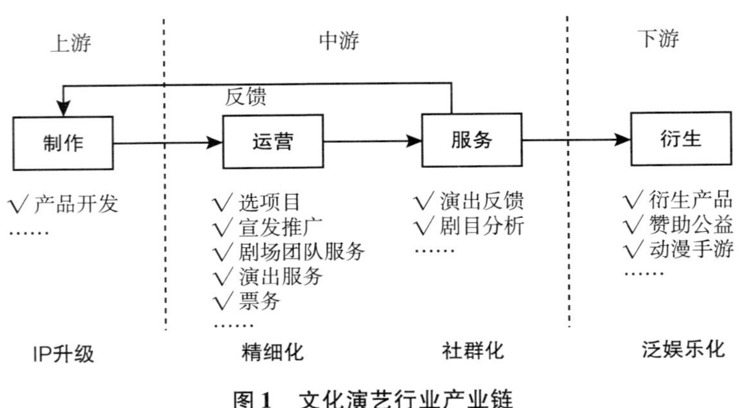

图 1 文化演艺行业产业链

（一）制作——IP 升级

目前来看，塑造 IP、经营 IP 已经是业界共识。实际上，很多文化演艺企业并非没有核心竞争力，而是没有团体竞争力。企业的整个业务系统都是围绕公司内一两个“名角”展开的，而不是围绕剧目产品展开，即人格 IP 没有上升到产品 IP 的高度。很多演艺公司面临人才断代、“曲终人散”的业务风险。确切地讲，文化演艺产业的 IP 塑造一般需要经历“人格 IP—产品 IP—品牌 IP”的建设逻辑。以开心麻花为例，早期，开心麻花靠沈腾、马丽等人塑造出人格 IP；中期，通过《甜咸配》《乌龙山伯爵》等经典剧目塑造出产品 IP，此阶段无沈腾、马丽等人的演出也可依靠产品 IP 获得很好的票房成绩；后期，开心麻花对所有能见到的印刷品和公之于众的宣传品都添加了“开心麻花”前缀，成功塑造品牌 IP。在品牌 IP 影响下，即使没有沈腾等人出演，也并非《乌龙山伯爵》等经典剧目，但只要是印有“开心麻花”字样的演出或产品都能获得观众的埋单。开心麻花于 2016 年推出的黑色幽默电影《驴得水》获得 1.7 亿元票房并获评豆瓣网“2016 年评分最高的华语电影”一事正是产品 IP 和品牌 IP 的双重加成。

实际上，“人格 IP—产品 IP—品牌 IP”的建设逻辑并不是前后相继的，有可能出现三者叠加的情况。如山东宋城演艺集团耗费 14 年时间打造的《千古情》产品，自诞生之日起便具备了人格、产品和品牌三重 IP 属性，助推宋城演艺成为中国文化企业 30 强、文化演艺第一股。但由于经营压力、观众品味变化等因素，这一案例无法成为文化演艺企业发展的典型案例。

因此，未来北京文化演艺企业发展大致会按照“人格 IP—产品 IP—品牌 IP”的逻辑进行 IP 的塑造和培养，建立分层级的人才迭代体系，探寻品牌化输出方法，以 IP 塑造自身的核心竞争优势，打通上游产业链。

（二）运营——精细化

演艺运营的发展方向主要集中于两个方面。其一，全流程的精细化运作。相对于全国来说，北京市已经拥有了一套相对完善的业务流程和报批机制，在很大程度上讲，北京市的演艺相关企业已经基本可以实现全流程对接，现在的问题只是实现各个环节的无缝对接，即标准化和规范化还需加强。其二，宣传环节的运营能力提升，而宣传的关键在于渠道选择。目前，越来越多的企业意识到大水漫灌式的宣传方式已经成为无效营销，精准选择一个或几个重点渠道才能达到宣发效果。如开心麻花于 2012 年后关闭绝大多数地推渠道，专注于网络宣传和移动宣传，取得了良好的宣传效果；染空间全面关闭线下营销渠道，通过微信小视频和微博传播，成功打造了千万元票房话剧。未来，演艺运营的精细化操作将随着互联网时代的进一步推进而产生更强的宣发效应，形式也更加多元化。文化演艺行业运营流程见图 2。

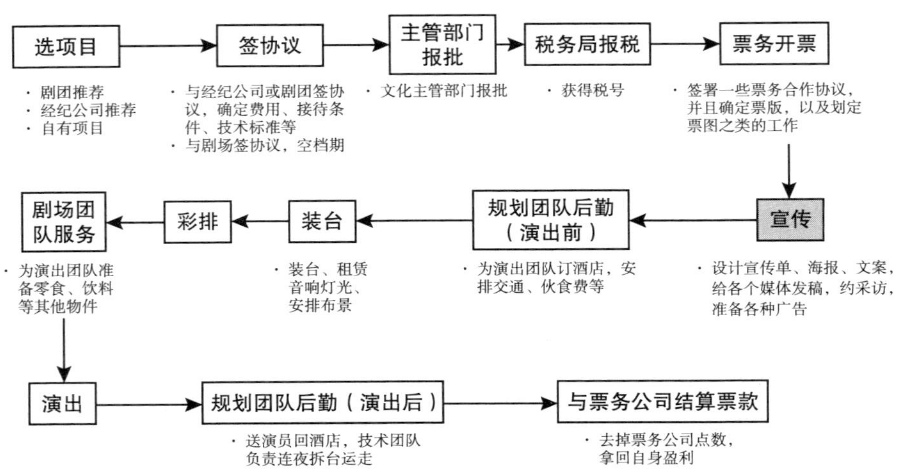

图2 文化演艺行业运营流程

在实际推进层面，北京文化演艺行业精细化管理初见端倪。部分民营企业在服务客户、服务演出团队上能实现“包干到人、服务包邮”的精细化运营。国有剧场相对滞后，但是保利剧院等大型演艺企业也正通过搭建票务营销平台、对接会员需求等措施调整运营策略，实现精细化运营。

（三）服务——社群化

体验感和参与感是互联网思维的重要表征，也是互联网时代产业发展的利器。经过多年的交流融合，体验感和参与感的相关概念渗透到文化演艺行业，为整个行业，尤其是新兴企业的发展带来变革。自2013年始，演艺界逐渐达成共识：配合好IP资源加强与用户的互动，通过增强体验感和参与感形成粉丝社群，最终打造社群化演艺生态圈是未来发展的趋势。上海染空间出品的《仙剑奇侠传》舞台剧在2015年斩获千万元票房，塑造强烈的感官体验（剧场可以根据不同的场景散发不同的气味）和极致的参与体验（剧场内打造全民魔幻狂欢、与粉丝“谈恋爱”、现场投票剧场结局），为染空间集聚了大批铁杆粉丝；艾亚文化在引入《爱丽丝梦游仙境》时，明确将覆盖面锁定在12岁以下的亲子市场，把演出场景从暗色调转为明色调，以多媒体舞台剧形式取代原先的杂技型舞台剧形式，充分调动起观众的感官和互动情绪，进一步形成社群体验，最终将其打造成为一部年收入千万元的舞台剧。在社群化方面，北京市相对于上海市等地区还有很多不足。除了开心麻花等少数具有互联网基因和德云社等剧目本身自带社群效果的企业外，很少有演艺公司主动进行服务社群化变革。

（四）衍生——泛娱乐化

衍生业泛娱乐化主要表现在品牌输出的泛娱乐化和优质内容输出的泛娱乐化。品牌输出的泛娱乐化，即在成功形成一个 IP 后，借助其影响力开发各类衍生产品，包括品牌嫁接、公益冠名赞助、主题商店餐厅运营、动漫手游出版展览等，形成高成长性、高复制性、高收益性的文娱产业链。如国家大剧院推出线上“音乐商店”和 4G“音乐岛”，打造数字音乐创意产品，实现了实体剧院向全媒体剧院的跨越。优质内容输出的泛娱乐化，即拥有优质内容的文化演艺企业凭借资源优势不断开发新的娱乐版图。优质内容输出的泛娱乐化主要呈现两种方式。一种是向电影、电视等领域跨界拓展，继话剧《分手大师》和《夏洛特烦恼》电影化取得巨大票房成功以后，2016 年《驴得水》《你好，疯子!》纷纷登上银幕；相声组织嘻哈包袱铺掌门高晓攀自导自演的喜剧电影《兄弟，别闹!》也于 2016 年 7 月开机拍摄，并于 2017 年 11 月上映。另一种是借力互联网，通过打造网络秀场经济，开启平民演艺运动、演艺在线直播等手段衍生出一系列以 O2O 为根本的形式迥然不同的新型业态。主要网络秀场平台见表 1。

表 1　主要网络秀场平台一览

平台名称		平台简介
独立直播平台		映客直播、全民 K 歌、熊猫直播、触手直播、么么直播
BAT 布局	百度	Ala 直播、百秀直播、百度地图、百度视频、爱奇艺、奇秀直播
	阿里巴巴	淘宝直播、天猫直播、陌陌、优酷、火猫直播、来疯直播
	腾讯	NOW 直播、花样直播、企鹅直播、腾讯直播、QQ 空间、腾讯视频、腾讯新闻、斗鱼直播、龙珠直播、B 站、呱呱社区、红点直播

四　北京文化演艺业发展存在的问题

（一）内容资源不足，原创力度有待加大

文化演艺市场原创内容尤其是优质原创内容的缺乏一直是行业发展的痛点。在如今 IP 大热的市场主流趋势下，改编之风的兴起使原创市场持续低迷。由于原创作品观众接受度需要从零提高，票房无保障，部分创作团体向经典作品寻求创作资源以保证剧目质量和票房号召力，改编国内外经典文学、网络流行小说、影视作品等成为话剧、喜剧等院团、编导的选择。另外，侵权事件频发进一步挫伤了原创市场的热情。由于原创文化演艺剧目制作成本较高，尤其是优秀的剧目中演员选择、服装道具甚至剧本制作都需要高昂的费用支持，文化演艺市场出现众多盗取知名剧目名气的山寨演出。目前来看，旅游演出领域侵权案件总体较少，但呈现逐年上升趋势，话剧、戏剧、儿童剧等领域侵权事件屡见不鲜。

（二）经营成本逐步增大，小剧场运营效率有待提升

以小剧场为代表的小众文化演艺市场在作品频出、演出活跃的同时面临运营困境。2016 年北京市小剧场展演共计 6888 场次，成为第二大类活跃演出场馆，但实现稳定收益的小剧场不足四成。小剧场戏剧为年轻艺术家提供了展示自我的平台，在人才储备和产业模式上都对文化演艺市场有着积极贡献；然而在影视剧风生水起的当下，小剧场空间场地有限，票务收入增长存在瓶颈，而场地租金的大幅提升及高额的团队运作费、制作演出费等给小剧场带来的经营压力，使其陷入“低投资、低风险、低收益”的困境，虽叫好叫座但仍难以盈利。部分剧场在有政府补贴的情况下，收入仍然难以覆盖成本，最终黯然离场。小剧场需进一步创新经营方式，打造多元化收入格局，提升自身的可持续经营能力。

（三）销售透明度不足，票务市场有待进一步规范

近年来，一些演出举办方或票务经营单位在销售演出门票过程中，存在将演出门票打包给“黄牛”售卖、囤票、虚假宣传等问题，导致观众很难通过正规渠道购买到演出门票的问题。同时，由于缺乏有效的监管措施，违规成本低，利润高，分销渠道多，“黄牛”票屡禁难止，不仅扰乱了演出市场秩序，而且损害了消费者的合法权益。因此，亟待建立票务监管体系，对票据流向进行实时监控；建立市场主体诚信记录，对勾结“黄牛”、扰乱市场的行为记录在案；加大文化、公安联合执法的力度，强力打击惩处制假售假不法分子，保护消费者利益。2017 年文化部发布《关于规范营业性演出票务市场经营秩序的通知》，从规章制度层面对演出市场进行了规范，而市场秩序的进一步提升也有赖于行业自律的逐步建立与完善。

（四）消费结构单一，市场潜力有待进一步挖掘

北京文化演艺业中除大型演唱会外，大部分文化演出需要通过降低票价、增加演出场次来维持经营，培育市场。2016 年北京文化演艺业票房为 17. 13 亿元，比 2015 年增加 1. 65 亿元，而除演唱会以外的票房为 11. 20 亿元，反而降低 1500 万元，其中舞蹈类演出票房、观众数量皆下滑明显。以舞蹈类（含民族舞、芭蕾舞、外国舞、现代舞）演出为例，由于舞蹈艺术语汇需要较高的艺术素养才能欣赏理解，“看不懂”成为观众与舞蹈艺术的隔阂。一方面，这是由中国舞蹈创作重技术、轻内涵、同质化高等造成的；另一方面，则是舞蹈艺术普及教育的欠缺造成舞蹈市场观众缺失。不同于舞蹈演出从收入到观众数量、演出场次的全盘下滑，2016 年戏剧类演出呈现观众数量增加而票房降低的现象，这是因为戏剧演出不少是通过惠民文化工程向外推出的。可见，戏剧类演出的消费市场还处于培育阶段，尚未成熟。

五　北京文化演艺业发展建议

（一）完善文化演艺业市场规范

通过政府管理、行业参与、学术支持三方合力规范文化演艺市场。制定、确立、深化文化演艺业版权保护制度，推动《视听表演北京条约》进一步落实，通过政府管理、行业参与、学术支持三方合力规范文化演艺市场，提高文化演艺创作人员、表演人员的权利保护水平。围绕文化演艺作品和文化演艺创作、表演人员，制定保障文化演艺从内容创作、表演演出到票务管理、衍生品制作与销售的全产业链管理办法。建立健全文化艺术版权保护方法，降低维权成本，推动版权行业相关机构向文化演艺行业倾斜，形成强有力的市场监督制度，保障北京市文化演艺行业健康持续发展。建立行业自律管理体系，鼓励各级文化演艺相关行业组织通过制定行业约章，带动文化演艺业管理制度建设，实现市场主体的自我管理。

（二）统筹文化艺术设施资源

盘活现有文化艺术场馆资源。加快文化艺术基础设施改造、设备更新和演艺院线建设，建设特色文化演出场所；帮助演艺场馆、景点园区和歌剧、音乐演艺团体形成对接，提高剧院场馆设施利用率；推动文化剧院、文化场馆对外开放，鼓励社区、大众等利用公共现有艺术场馆、体育场馆组织文化艺术宣传与培训，进行群众文化表演。促进文化企业、演艺团体形成联盟，推动完成北京歌舞剧院剧场、北方昆曲艺术中心等一批市级和区县级文化设施建设；加大对中小型剧场的改造和扶持力度，着力建设特色化小剧场群，形成特色文化演出集群效应。推进剧院公共服务平台建设，加快剧院、剧团资源整合与共享，引导剧院、场馆间对接顶级资源，构建协同发展的产业生态系统。

（三）鼓励精品和原创作品制作

重点扶持能够代表北京地域文化特色、具有北京京味文化的剧目创作，成就一批能够融入历史潮流、体现时代精神和首都水准、富有艺术内涵、具有广泛社会影响力和票房号召力的驻场演出项目和地域经典文化剧目；鼓励著名导演、编剧等优秀创作人才设立工作室，创作划时代剧目作品。深度开发保留剧目，复排和传承传统剧目，激发传统文化艺术活力；高水平引进、改编世界经典剧目，结合中国特色、时代特色进行创作，增强艺术作品的内涵性、趣味性和可视性。鼓励小众文化艺术创作与表演，加快中小型特色剧目、少数民族艺术作品的创作，鼓励具有地方特色、时代精神的剧目来京演出。

（四）加强专业人才队伍建设

完善对艺术院团、艺术家接待机构、演出经纪机构和创新研究实验场所的资助机制，整合中国戏曲学院、中国音乐学院等艺术院校的创作资源，围绕文化艺术发展的关键领域和薄弱环节开展专项人才培训项目，鼓励开展为艺术人才发展搭建平台、创新模式、完善机制的平台类活动项目。强化内容创作和演出人才支撑，形成和高等学校的人才联合培养模式，建立产学研相结合的人才培养体系。以产业发展需求为导向，培养集文化艺术审美、信息技术手段、市场营销能力于一体的市场运作人员。完善地方戏曲艺术人才传承创新机制，深入推进“名家传戏——当代戏曲名家收徒传艺”工程，培养一批行当齐全、结构合理、后继有人的戏曲艺术人才队伍。切实保障地方戏曲艺术人才的社会权益，为戏曲人才提供“一站式、全方位”的服务。

B.22
北京会展业发展研究

王燕宇　梁小雨*

会展是会议和展览的总称。作为一种带有文化性质的经济服务型产业，会展业被称为21世纪“最具发展潜力”的新兴产业之一，在带动经济社会发展、加快经济转型升级、提升城市整体文化形象等方面发挥着重要作用，正逐渐成为经济发展、社会稳定和文化传播的驱动者。“一带一路”倡议、“京津冀协同发展”战略的稳步推进，以及首都“四个中心”功能建设的不断加快，使北京会展业迎来诸多新的发展机遇，同时也面临许多挑战。本报告深入研究会展业的发展现状与趋势，借鉴国内外先进经验，为北京会展业进一步转型升级提出政策建议。

一　会展业发展概述

（一）发展阶段

会展业是发展潜力巨大的新兴产业，从产业发展周期来讲，主要经历了三个阶段：起步阶段、快速发展阶段和成熟阶段。目前，从世界范围来看，拉丁美洲及非洲的大多数地区还处于会展业发展的起步阶段，只有少部分国家的会展业发展势头良好；亚太地区会展业作为国际会展业的新生力量，市场前景广阔，处于快速发展阶段，该地区的会展城市大多具有独特的地理区位优势和较高的国际开放度，如北京、上海、香港、东京、新

* 王燕宇、梁小雨，北京蓝色智慧管理咨询中心。

加坡等；欧美会展业发展较早，会展活动数量多、规模庞大，已经处于成熟发展阶段，该地区有许多世界级的会展产业大国，如德国、意大利、法国和美国等（见表1）。

表1 会展业发展阶段

发展阶段	主要特点	代表国家(地区/城市)
起步阶段	展会规模较小,举办次数少,规模效益差	拉丁美洲、非洲多数国家
快速发展阶段	政府高度重视,市场前景广阔,会展城市国际化程度高且具有明显的区位优势	北京、上海、香港、东京、新加坡等
成熟阶段	会展业发达,会展活动数量多、规模庞大,专业化、国际化、科技化优势明显	德国、意大利、法国、美国等

（二）产业链结构

会展产业链结构主要分为上游、中游和下游三个环节，并形成了前向推进效应、后向拉动效应和旁向溢出效应，以此实现会展业相关资源的整合，达到整体效应的最大化。

1. 会展产业链模式

会展产业链的上游环节是会展活动的筹划阶段，这一环节处于会展产业链的启动阶段，是价值增值的起始环节，主要工作内容包括会展的创意、策划、调研、市场分析、项目可行性研究、参展商和观众的确定、合作单位的选择、会展名称的确定及立项报批等。会展产业链的中游环节是会展活动的组织实施和控制阶段，主要工作是提供场地、组织接待、现场管理、展务协调、提供相关设施设备及服务、组织各种配套活动等。会展产业链的下游环节主要是指会展活动的相关服务部门，如媒体广告、商务旅游、展台装修、展品运输等机构，为会展业提供信息、人才、技术以及资金等支持。会展产业链的下游环节任务完成之后还需要对会展活动进行评估、总结和反馈，不断完善会展产业链的运作过程（见图1）。

2. 会展产业链效应

会展产业链效应主要包括前向推进效应、后向拉动效应和旁向溢出效应

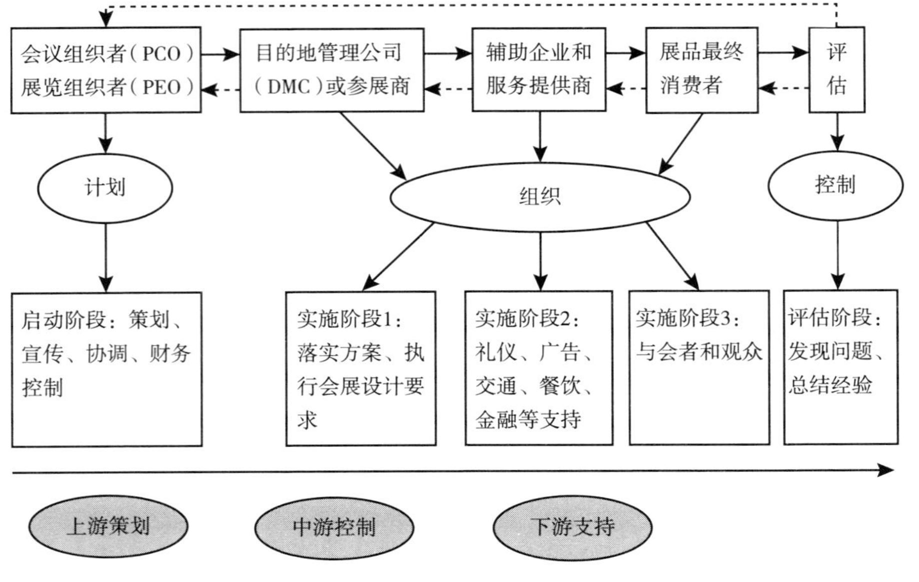

图1　会展产业链

注：实线为流程线，虚线为反馈线。

三种效应，其中前向推进效应和后向拉动效应主要涉及会展产业链内部的各类产业，旁向溢出效应则涉及产业链外部与会展业发展有关的各类经济活动。前向推进效应主要是指会展活动除了带来会务费、场租费、搭建费、广告费和门票收入外，还能推动产业链内会展公司（PCO、PEO）和目的地管理公司（DMC）的壮大以及会展场馆的建设等。后向拉动效应主要是指会展活动能够拉动住宿、餐饮、交通、广告、旅游以及购物等相关行业的发展。旁向溢出效应主要是指会展业能够带动城市市政建设、邮电通信、环保产业的发展，推动政府更加重视产业规划（见图2）。

（三）发展趋势

1. 会展业重心向东亚转移，品牌会展仍集中在欧美

国际会展业发展格局正在发生新的变化，中国的北京、上海、香港以及日本、新加坡等由于基础设施发达、市场潜力巨大，并且具有较高的开放度

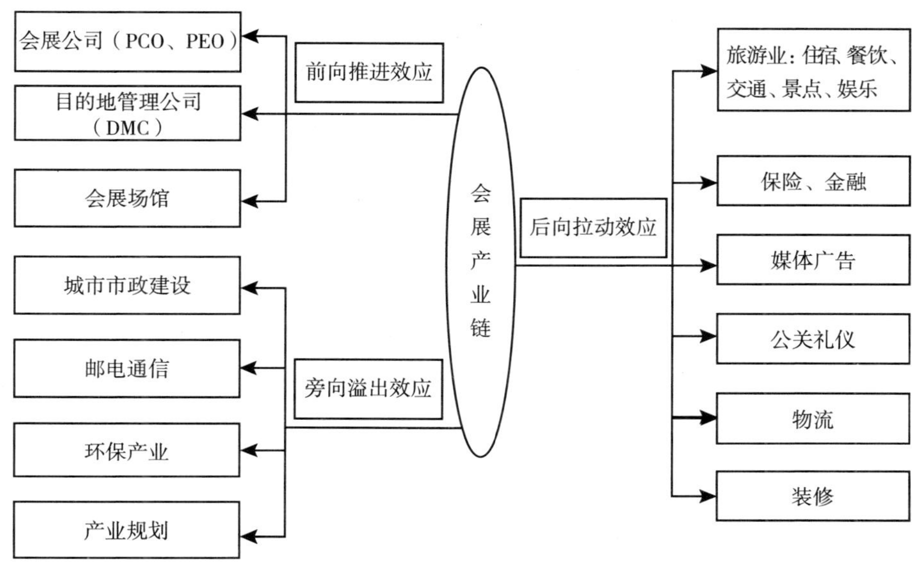

图 2　会展产业链效应

和较好的区位优势，正在成为全球会展举办的热点地区。全球会展业发展重心由欧美地区向东亚地区转移，但品牌会展仍集中在欧美地区。欧美地区拥有大量的专业会展人才和专业买家，展览主办方能够为展商和买方提供优质的服务，并不断创新展览模式、设计理念和支撑技术，这使欧美地区在会展品牌保持方面具有强大的全球竞争力。

2. 会展与科技加速融合，精准营销时代到来

以人工智能、移动互联网、云技术等为代表的新技术为依托传统产业发展的会展业注入了新的活力。科技将成为促进会展业务发展和优化服务的主要手段之一，一方面，在科技的驱动下，会展设备现代化水平不断提高；另一方面，科技已经成为推动展会标准、展览内容和展览形式不断发展的重要力量。新媒体渠道把展览的商业周期延伸到会展以外，会展业与移动终端APP、微信等结合，改变了传统营销方式，能够准确定位会展信息并推送给接收者，使营销更加精准，以移动互联网为基础的会展大数据成为未来打通会展全产业链的关键。

3. 会展专业化趋势增强，展览内容注重精耕细作

第三次科技革命后，社会劳动分工越来越细，产品更新加速，综合性展会难以深入反映工业水平和市场状况，会展业逐渐向专业领域深耕挖掘。国际大型会展展览主题不断由简单横向分割向产业链纵向细分发展，以母展加子展、主展加配套展以及姐妹展等形式将超大型展览拆分成若干会展系列，使展览内容更加细致、专业。

二 北京会展业发展概况

（一）发展机遇与挑战

1. 京津冀一体化为北京会展业发展提供新机遇

随着京津冀一体化进程的不断推进，三地在交通一体化、产业转移、生态环保方面做出了诸多实质性的进展，会展业的协同发展成为下一步产业融合发展的重要内容。目前展览面积小、交通环境差是北京会展业发展的短板，而天津国家会展中心及石家庄国际会展中心等展馆硬件设施不断完善，津冀两地交通环境较好，能够有效弥补北京的不足。京津冀协同发展可以促进三地会展业的产业对接、分工协作，实现联动发展，增强区域会展业发展竞争力。

2. 北京积极推动“国际会展之都”建设

“十二五”时期，北京提出要打造“国际活动聚集之都”，会展业因具有较强的经济带动、文化教育、信息传递等功能而成为实现首都发展目标的有力抓手。“十三五”期间，北京会展业发展的总体目标提到要将北京打造成为体系完善、结构优化、布局合理、环境优良的国际会展中心城市；将北京会展业培育成为北京“高精尖”经济结构的重要组成部分，成为建设“四个中心”发展目标的重要载体之一。北京市定位为“国际会展之都”，进一步明确了首都会展业的发展方向，为会展业发展带来了重要战略机遇，北京会展业进入快速发展期。

3. 国内其他地区对会展业的高度重视给北京带来挑战

随着会展经济的不断升温，国内越来越多的城市将会展业作为新的经济增长点，并出台政策予以支持，如2014年厦门出台奖励政策，规定招揽引进展览封顶额度从100万元提高到200万元；2015年深圳出台《深圳市会展业财政资助专项资金管理办法》，对获国际展览业协会（UFI）等国际展览机构认证的品牌展会（展览机构），一次性给予15万元的资助，对经认证的市级品牌展会给予最高50万元的奖励；2015年成都市出台政策对重点工业展览会最高给予100万元的补贴。另外，各地还在立法保障、基础设施建设、会展软环境和品牌展会培植等方面投入大量资源，各大城市“争会”现象凸显，北京部分展会将被分流，会展业竞争日渐激烈。

（二）发展现状

1. 会展业发展规模壮大

北京会展业规模不断发展壮大，虽然2013年以来受经济形势下行影响，会展收入有所下降，但近两年又有明显回升。2016年，北京会展业实现收入232.6亿元，同比增长6%（见图3）。2016年，北京市共接待会议21万个，实现会议收入109.6亿元，占当年会展业总收入的47.12%（见图4）。

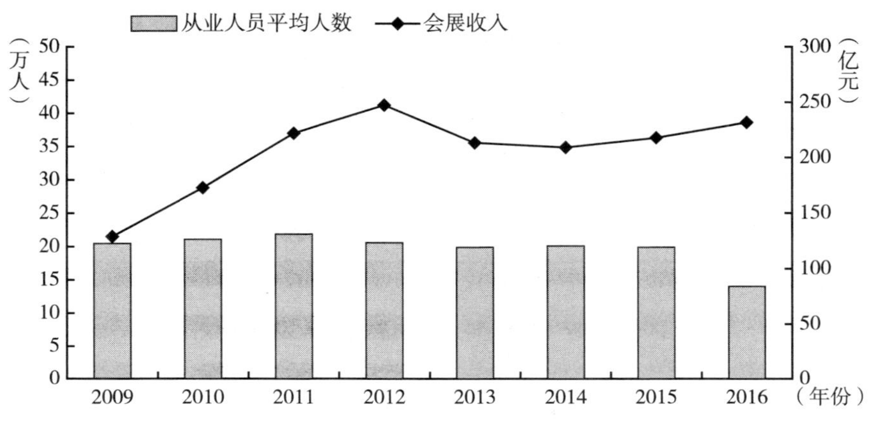

图3　2009～2016年北京会展业从业人员平均人数及会展收入

2016 年，北京市展览业共接待展览观众 924 万人次，展览面积累计达 673.8 万平方米，实现展览收入 116.5 亿元，同比增长 8.3%（见图 5）。2009～2016 年，北京会展业从业人员平均人数基本保持平稳，但会展业规模发展壮大，会展业效率显著提高。

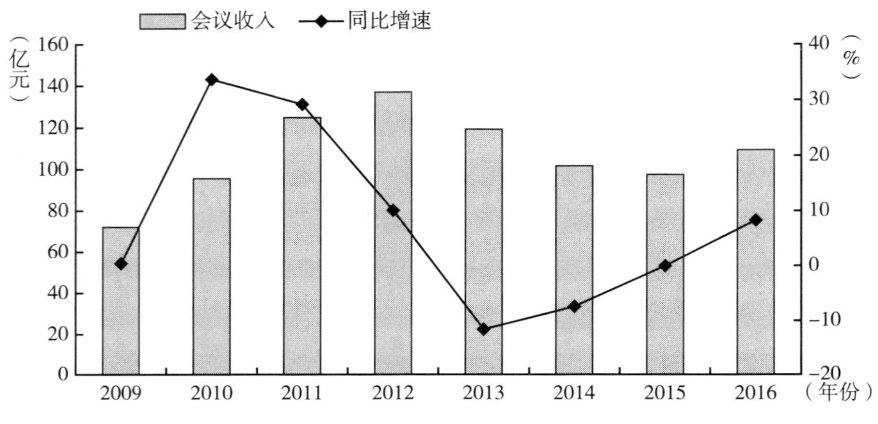

图 4　2009～2016 年北京市会议收入及其增速

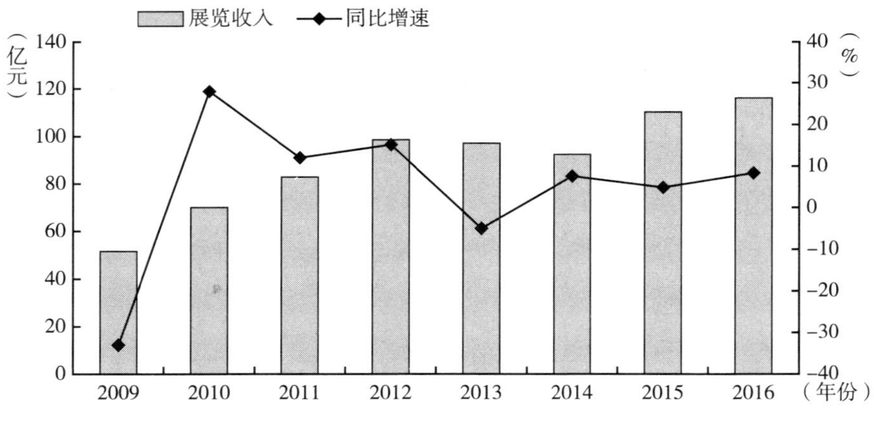

图 5　2009～2016 年北京市展览收入及其增速

2. 会展活动品质逐步提升

截至 2014 年，北京市共有国际展览业协会会员单位 27 家，是 2004 年的 2.7 倍，占全国 UFI 会员数量的 31.40%。2016 年，北京举办 ICCA 国际会议 113 个，同比增长 18.9%，举办 ICCA 国际会议数量居中国首位、亚太地区第四位。各场馆举办展会的质量不断提高，更加注重会展品牌的引进和培育，形成了一些固定的品牌展会，在京举办的国际汽车展、服装服饰展、信息通信展、建筑材料展、灯光音响乐器展等一批专业技术展览会已成为亚洲乃至全球的行业名展。

3. 会展场馆及设施较为完善

北京地区作为全国的经济文化中心，建有数量众多的展览场馆、会议中心、体育馆、演艺中心以及博物馆等。从会议设施上看，2016 年北京市共有会议室 5000 多个，同比增长 1.9%。其中，规模超过 500 座的有 184 个，占全部会议室数量的 3.7%，2008～2016 年北京市规模超过 500 座的会议室数量比重明显上升，会议设施的大型化特征显现（见图 6）。从展览设施上看，2016 年北京市接待展览累计面积达到 673.8 万平方米，其中展览面积在 1 万平方米及以上的展览有 216 个，占全部展览数量的 24.9%。

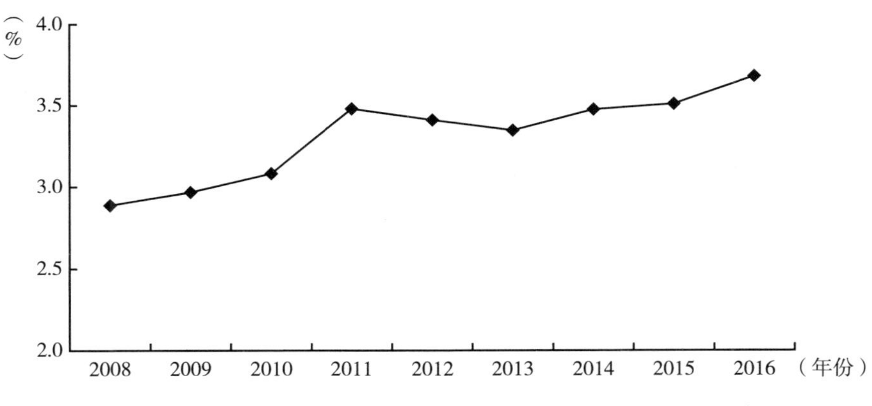

图 6　2008～2016 年北京市规模超过 500 座的会议室比重变动情况

（三）发展特征

1. 国际性会展增多，影响力不断增强

2016 年，北京市共接待国际会议 5000 余个，接待国际会议人数为 65.5 万人次；国际会议收入为 7.4 亿元，占会议总收入的 6.8%。2016 年，北京市共举办国际展览159个，接待国际展览观众达167.8万人次，国际展览收入为41.4亿元，占展览总收入的35.5%（见图7）。2010年以来，北京市国际展览面积占比一直保持在50%以上，并且在2013年达到了64.21%（见表2）。北京会展业国际化程度不断提高，全球影响力逐步上升。

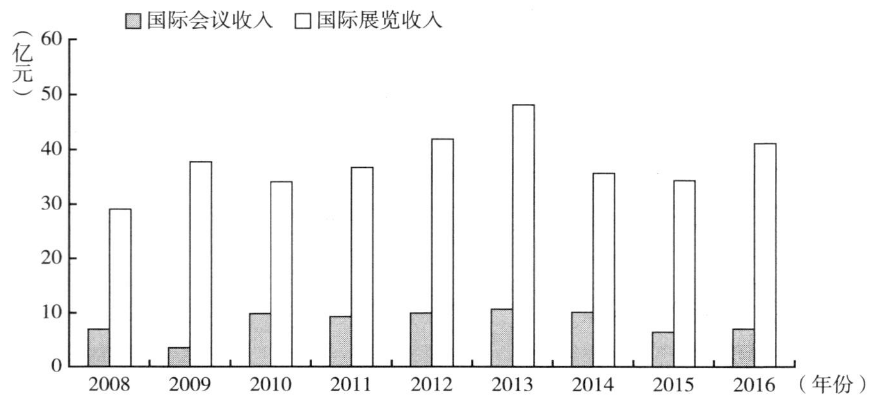

图7　2008～2016年北京市接待国际会议及国际展览收入变动情况

表2　2010～2016年北京市接待展览面积变动情况

单位：万平方米，%

指标	2010年	2011年	2012年	2013年	2014年	2015年	2016年
接待展览累计面积（含室外展览面积）	762.2	685.2	745.8	775.3	673.9	612.6	673.8
国际展览累计面积	397.0	356.7	378.1	497.8	382.2	325.8	361.0
国际展览面积占比	52.09	52.06	50.70	64.21	56.71	53.18	53.58

2. 打造自主品牌，形成会展品牌输出模式

北京各场馆注重培育自主品牌，积极探索品牌输出、管理输出等新业务模式。国家会议中心作为全国会展业的龙头企业，全力打造企业自主品牌的展览和会议，取得了较好成绩。其牵头起草的我国会议业第一项国家标准《会议分类和术语》以及《展览场馆的运营服务规范》等多个部颁标准，入选2013年度国家级服务标准化试点项目。国家会议中心的先进会展管理经

验成功实现了向珠海、杭州、南昌等多个城市和地区的输出，逐步形成了会展品牌输出模式。

3. 空间集聚明显，产业呈现片状发展

北京会展业空间布局形成了“四核九板块”① 的会展产业集聚区，四大会展业综合发展核心功能区主要依托区内专业展馆、会议设施和周边配套设施，引进举办高端、精品、专业、国际化的展览、会议、文化艺术节事活动，开展会奖旅游等。九大会议业主导的会展产业集聚板块主要依托京郊区县的旅游景区以及相关配套设施，发展会议业、节事活动、特色专业展会、会奖旅游等，打造各具特色、差异化发展的会展产业集聚区。

三　国内外会展业先行区经验借鉴

国外主要发达国家会展业发展较早，在会展业场馆建设、知名展会创建、展会展务等方面一直走在世界会展业前列，形成了独特的发展路径和具有代表性的大型会展中心。随着我国会展业的不断发展，以上海、香港为代表的会展发达城市也形成了有各自特色的会展业发展模式。

（一）国外会展业先行区发展分析

1. 德国——汉诺威展览中心

依托优势产业，打造国际一流品牌展会。德国汉诺威市工业高度发达，拥有技术先进的电子工业。因此，汉诺威市全力打造一流的国际品牌展会——汉诺威消费电子、信息及通信博览会，汉诺威工业博览会以及汉诺威世界汽车及车载装备展等。其中，仅汉诺威消费电子、信息及通信博览会每年就能够吸引6000余家参展商和48万多名观众参会，展会的净展出面积超过40万平方米。

通过品牌输出，实施全球营销策略。汉诺威展览公司将全球顶级信息通

① “四核”，即顺义新国展片区、奥体会展片区、国展－农展馆片区、首都会展片区（大兴）；“九板块”，即密云古北口板块、怀柔雁栖湖板块、昌平小汤山板块、海淀稻香湖板块、丰台青龙湖板块、平谷会展板块、石景山首钢板块、通州环球影城板块、延庆会展板块。

信展品牌 CeBIT 带到澳大利亚形成新的展会品牌 CeBIT Australia，将全球最大的物流系列展 CeMAT 品牌引入澳大利亚形成新品牌 CeMAT Australia。这些新的品牌都继承了汉诺威展览公司先进的会展理念，也结合了当地的特色和新的市场需求，使原有会展品牌具有了更强的生命力。

提升服务质量，强化会展竞争力。汉诺威展览公司不断改善场馆内部设施，如提供高压电力、压缩空气等服务，为机械产品展览商提供更大便利；升级访客登记系统，使参观者通过掌上电脑进行等级，方便参展商和客户进行联系；建立信息中心，将所有服务进行整合，为参展商和参观者提供一切可能的帮助。

与国际知名会展公司联盟，实现强强联合。面对各大国际会展公司间的激烈竞争，汉诺威展览公司选择与其开展合作，结成战略联盟，共同应对海外扩张时遇到的难题。如在上海开展会展业务时，汉诺威展览公司选择与慕尼黑展览公司以及杜塞尔多夫展览公司联合，投资兴建上海新国际博览中心，共同开拓上海会展市场。

2. 意大利——米兰国际展览中心

产业生态链完整，配套支撑体系健全。米兰会展业已经形成了从展会组织者、承办者、设备管理者到服务提供者等一条完整的产业生态链。整个城市围绕会展业建立了快速高效的交通网络，包括 3 个机场、26 条铁路线路、完善的高速公路体系，以及跨境铁路系统，令米兰会展始终享受“全球直击”的关注度；米兰国际展览中心直接与遍布全市的宾馆订房系统联网，全市 18000 家三星级以上的宾馆能保证在展会期间提供 7700 套以上的房间；1000 个酒吧、500 家中高档餐馆以及 145 家俱乐部使参展者在展会之余，能够充分享受米兰式的生活。

新旧场馆分工明确，共造会展载体。米兰新展览中心成为米兰会展业构建新商务模式的核心载体，可以随意自由组合使用，满足同时承办多个大型展会的需求，并配有最先进的设施。旧展馆被改造为米兰的城市复合体。新旧展馆承接的展会类别有清晰的划分，旧展馆主要承接距离市区较近的轻量级会展，以及一些以技术导向为主、对物流环节要求相当复杂的大型专业展览，或者是时尚秀等，其余展会则由位于米兰市郊衰落工业区的新展馆承办。新旧展馆之间有地铁直达，连接成一个系统整体。

细化核心业务，形成“整合增值”商业模式。可以将米兰国际展览中心看作一个“整合的展览系统”。该系统由米兰国际展览集团下属的股份公司及 14 家产权属性不相同的分支公司组成，围绕核心业务进一步细分为“空间和服务管理”与“项目和会议组织”两大领域，这两大领域是重要的增值服务项目，每个领域都有专业的企业支撑。米兰国际展览中心的内部服务链将产业进行了有机的整合，将业务触角延伸到会展经济的方方面面。

（二）国内会展业先行区发展分析

1. 上海

形成市场化特征明显的“上海模式”。上海发展会展业有优越的地理位置、良好的经济条件以及发达的交通及信息条件，以此为依托，“上海模式”会展经济以综合性会展为龙头，打造上海品牌会展，提高上海知名度，进而吸引更多的专业性会展入驻。“上海模式”下的会展产业市场化特征十分明显，政府办展较少，95% 以上的会展由企业自主运作，并且逐渐呈现国际化发展趋势。

加强业内培训，提高会展人才总体水平。上海市深化会展创意设计人才建设专项服务平台项目，开发了会展管理初级网上教育平台，聘请了一批院校教授进行网上授课，开播了会展管理、会展设计等课程。开展高级展示设计师培训认证工作，对于通过考试、论文答辩的人员，可获得高级展示设计师证书。另外，上海会展行业协会还开展了会展活动策划和会展英语的培训课程，以提高会展人才的综合水平。

加强展馆、交通等硬件设施建设。展馆及展馆周围的建设是保障会展圆满举办的基础，上海市累计展馆面积快速增长，政府在浦东新区会展中心周围预留了展馆扩充的建设用地，为上海会展业后期发展做好了充分准备。上海市还以展馆为中心，在周围建立了便捷的交通枢纽，如在上海新国际博览中心东部建设了上海浦东国际机场，西部是虹桥国际机场，磁悬浮列车和地铁2号线汇集于会展中心，并与多条公交线路编织起便利的交通网络。借由上海世博会的发展契机，与会展配套的住宿接待能力也有了很大的提升，接待容量不断扩大。

2. 香港

成立贸发局作为统一管理机构。香港贸易发展局成立于1996年，作为一个半官方公营机构，其主要职能是香港的贸易推广与促销。会展作为十分有效的推介形式，被贸发局广泛采用，贸发局是香港许多大型国际性展览的官方主办单位，其主办的“贸发网”也被AC尼尔森公司评为亚洲最佳商贸推广网站。此外，贸发局还是一个全球性商务信息和商贸网络中心，建有一个囊括全球60万家商贸企业资料的大型资料库，可以有针对性地发出邀请和提供商贸咨询服务。贸发局还在全球设立了42个办事处，积极拓展海外市场。贸发局作为香港的主要办展机构，对香港会展业的发展功不可没。

大力建造具有国际先进水平的会展场馆。香港特意为举办会议与展览而建造了香港会议展览中心，这是亚洲第一家专门为会展而建造的专用大型场馆设施，也是香港最重要的会展设施，在香港举办的大多数国际性会议和大型展览都在此进行。香港会议展览中心设施优良、服务完善、专业高效，曾多次获得“全球最佳会议中心”“世界十大最佳会议及展览中心”等荣誉称号。除此之外，香港文化中心、艺术中心、国际中心等也可举行大型展览与会议，为香港会展业的发展提供了优质的基础设施。

拥有高素质专业人才。香港拥有一批包括招展、策划、贸易、海关税务等领域的专家在内的会展专业人才，并且已形成了较完备的人才引进和培养机制，会从德国、美国、法国等会展发达国家直接引进专家。另外，会展法律顾问对保护会展知识产权起到了重要作用。大量高素质专业人才为香港会展业的快速发展奠定了坚实的基础，增强了人才竞争力。

（三）会展业先行区发展经验借鉴

1. 注重内外部产业链延伸及完善

国内外会展业发展较好的地区和城市大多将会展业与当地产业结合，实现联动发展，形成完整的内外部产业链。一方面，在会展业的带动下，整个经济实现联动发展，形成完整的外部产业链，这些产业包括交通、旅游、通信等，特别是对第三产业的拉动，以此形成一条完整的产业生态链；另一方面，不断加强会展业内部服务链的延伸和完善，依托会展增值服务项目，形成完整的展览系统，这些产业主要涉及与会展经济直接相关的展览服务公司、出版公司以及与会展有关的电子商务公司等。

2. 多元化方式打造国际顶级会展品牌

国内外会展业较发达的城市和地区的经验表明，要提高会展品牌的国际性就要通过多种方式实现品牌的扩张。一是通过品牌输出战略，实现全球性的营销目的。如汉诺威展览集团成功将全球顶级信息通信展品牌 CeBIT 推广到澳大利亚，加入亚太区域特色，成功将其打造为南半球商业科技界的顶级会展。二是加强与国际知名会展公司的合作，联合开拓新兴市场国家的会展业。汉诺威展览公司开拓上海会展市场时，与慕尼黑展览公司和杜塞尔多夫展览公司联合，兴建上海新国际博览中心，成功将品牌推广到中国内地。

3. 建设先进场馆及“一站式”配套设施

国内外会展业发展较成功的地区大多拥有先进的会展场馆以及完备的配套服务体系。如意大利米兰除了拥有现代化的会展场馆外，还有一座商务服务楼，能够为展会商家及观众提供会议、租赁、银行、通信、邮政、旅游、医务等“一站式”服务。米兰国际展览中心直接与整个米兰市的宾馆订房系统联网，为展会期间的住宿提供有力保障。

4. 多途径培养会展专业人才

通过对国内外会展发达城市的分析可以看出，高水平的专业人才对于会展业的发展十分重要。德国、美国等发达国家都十分注重会展专业人才的培育，如德国不仅在大专院校设立展览专业，德国经济展览和博览会委员会（AUMA）还建立起了一套系统的专业人才培养计划，分别采取课堂传授、社会实践等方式，给予学员各种学习机会，使学员既掌握扎实的理论，又具备实际操作能力，提高了会展人才的综合素质。

四　北京会展业发展建议

（一）打造京津冀会展共同体，鼓励联合办展

1. 强化协同意识，健全协调机制

紧密围绕京津冀会展业协同发展的要求，强化协同发展意识。一是在政府层面，应树立全盘意识，积极与津冀两地建立会展业发展合作平台，加快北京市与津冀两地会展重点发展区的对接，建立合作关系，紧密联系，避免在政策制定、办展引展方面产生冲突；二是在市场层面，各个会展企业、场馆间应建立竞争与合作并存的发展模式，加强北京高水平会展企业对津冀两地会展企业的带动作用，促进京津冀区域会展业协同发展。

2. 鼓励联合办展，实现抱团发展

加快京津冀会展场馆及配套设施、会展品牌、会展人才等软硬件资源的深度整合。加强三地会展场馆之间的沟通协调，促进区域内会展人才的自由流动，不断推进联合办展，津冀两地要做好承接北京大型会展子展和分展的准备，进一步扩大展会规模，丰富展会内容，共同打造三地品牌展会项目。与此同时，依托三地不同的区位优势，相互支持培育各自的品牌会展，实现合作共赢。

（二）构建“大会展”发展格局，促进融合发展

1. 以“互联网+”为契机，打造智慧会展

加快推进互联网技术和会展业的融合发展，实现“互联网+会展”，着力打造智慧会展。展会主办方及参展商应加强对会展资源的优化和集成，利用现代信息技术实现展品展示方式的更新，积极举办网络虚拟展会，使线上线下模式有机融合。结合大数据、云计算等技术，建立国内外企业信息数据库，运用智能手机、网络平台等信息化的手段和企业保持联系，即时推送会展信息，实现展前的定制化服务沟通，并加强展后的精准化服务跟踪，尽量

拉长和拉大展会服务的时间和空间。利用新技术手段实现场馆精细化布局，增强观众的参展体验感，提高展商的参展效率。

2. 加强产业互补，促进会展与旅游良性互动

充分利用北京丰富的旅游资源，形成会展拉动旅游、旅游促进会展的互动发展模式，促进会展与旅游活动的有机结合。建立健全会展与旅游信息共享平台，为会展和旅游活动的结合打通信息渠道，实现信息共享。旅游业可及时获取会展信息，进行捆绑宣传，促进客流转化。同时，利用以故宫、圆明园等为代表的文化旅游，以及以国家体育场、奥林匹克森林公园等为代表的体育旅游著名景点对会展各方的吸引作用，将大型精品旅游节庆活动与会展活动相结合，大力开拓奖励旅游市场，依托成熟旅游项目，打造会展旅游目的地。

（三）加强会展人才队伍建设，培育核心竞争力

1. 健全人才引进机制，打造标准化人才队伍

通过举办国际人才交流合作会大力引进海内外高层次人才，培养一支熟悉会展标准制定规则、熟悉专业技术、精通外语、了解国际会展规则的标准化人才队伍。重点引进具有国际会展操作经验和在会展活动中起骨干作用的管理、策划、设计工程师及专家等高端专业人才。加强与国际展览管理者协会（IAEM）等国际会展组织在会展高级人才培训方面的合作，达成人才培训长期合作意向。

2. 创新会展办学模式，建立会展教育培训基地

创新会展人才培养模式，鼓励本地高等学校培养会展及相关产业的专业人才，大力支持专注于培养会展业人才的大专及职业学校的发展，教学过程中引入案例分析和会展举办方现身讲座。支持会展场所与学校共建会展人才教育培训基地，鼓励校企合作办学，教学与实践相结合，提高会展人才的实际操作能力，有针对性地培养一批国际化的会展专业高级与中级人才，加速会展及相关行业人才的储备，为北京会展业持续发展提供理论支持和人才保障。

（四）实施品牌营销策略，加快会展企业“走出去”

1. 推进优势会展资源共享，壮大本土会展品牌

充分发挥北京会展场馆在我国会展产业发展中的领先地位，依托新老国展、国家会议中心、中国国际科技会展中心等在大型会展活动策划、组织、实施方面的经验，鼓励其对国内其他地区场馆进行输出管理，逐步确定会展品牌输出模式。切实发挥会展行业协会的作用，加快建立北京、上海、香港等全国会展业发达地区产业发展经验交流共享机制。通过会展信息、会展服务、办展经验以及品牌建设等优势资源共享，提升我国会展业的整体实力，培育并壮大一批本土会展品牌，加快会展企业“走出去”的步伐。

2. 实施会展品牌全球营销，拓展海外市场

结合国家“一带一路”倡议以及双边和多边贸易合作机会，加快会展品牌全球营销步伐。一是通过品牌直接输出策略，开拓海外市场。国际知名会展公司海外扩张的一条重要经验是将品牌直接输出到目的国，并结合当地经济及社会发展特色，对会展进行完善，使之更加具有市场竞争力。二是强强联合，共同开拓海外市场。通过与国内外知名会展公司联合，共同开拓海外市场，提高国际竞争力。

B.23
北京设计产业发展形势及趋势研究

陈冬亮*

设计产业具有低污染、低成本、高附加值、高回报的优势和特征，是整个产业价值链中最具竞争力的环节，是一个国家和民族创新能力、经济实力、审美取向和现代文明程度的重要体现。2012 年 5 月，北京成为联合国教科文组织创意城市网络“设计之都”后，北京设计产业在相关政府部门的大力支持下，在企业和行业的共同努力下，呈现欣欣向荣、蓬勃向上的强劲发展态势。

一　设计产业的范围与界定

设计萌芽于新石器时代，当人类第一次把石头打磨成工具，设计就开始了。比如一件陶器的制作过程，它在满足固有的功能时，无意中会注入制作者的审美态度和趋向，这样，设计就在人类生活中诞生了，它和制作密不可分。《北京市促进设计产业发展的指导意见》（京政发〔2010〕29 号）提出，设计是集成科学技术、文化艺术与社会经济要素，基于智力和创意，利用现代科技手段，提升生产、生活价值和品质的创新活动。

当前，我国各省份关于设计产业的范围和界定还没有实现统一口径。2012 年，为落实北京市委、市政府关于开展设计产业统计工作的要求，北京市科委、北京工业设计促进中心和北京市统计局联合成立课题组，对北京设计产业的基本情况、界定和分类标准进行了重点研究，通过研究国内外设

* 陈冬亮，北京工业设计促进中心主任，国际创意与可持续发展中心执行主任，研究员。

计产业较发达的国家和地区，初步确定了设计产业的具体内涵、产业范围和产业分类，制定了《北京市设计产业分类标准》，这是全国首个关于设计产业的分类标准。2015 年，北京市统计局对外正式发布了《关于印发设计产业统计分类（试行）的通知》，将设计产业分为产品设计、建筑与环境设计、视觉传达设计和其他设计 4 个大类，以及服装设计、时尚设计、规划设计等 12 个中类（见图 1）。首次单独列示了展示设计、工业设计、动漫设计等领域，并补充了工艺美术设计、集成电路设计等体现北京特色的领域。

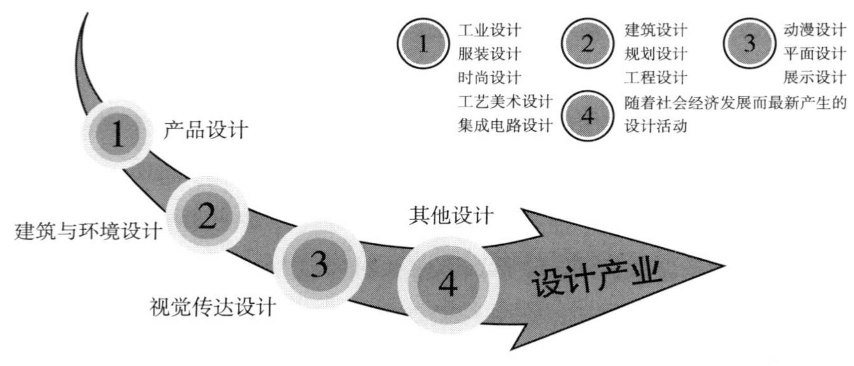

图 1　北京设计产业分类

二　北京设计产业的发展现状

北京作为全国科技创新中心，有丰富的科技智力资源、科研设备资源、网络科技资源和科技人才资源。高端创新要素集聚、自主创新成果富集、自主创新动能强劲等优势为北京设计产业的发展提供了丰厚的沃土和原料。

（一）产业发展优势突出

2016 年，北京设计产业收入突破 2000 亿元大关，拥有各类专业设计机构 2.3 万家左右，其中年收入在 1000 万元以上的机构超过 900 家。从业人员约 25 万人，同比增长 9.5%，已成为北京经济增长的新动力。建筑与环境设计收入占比近60%，是北京设计产业的优势领域。工业设计领域规模低于建筑与环境设计领域，但人均创造收入较高，增速较快，并且具有技术关联度高、领域关联度高、价值带动性强的特点，在集成应用新技术、新材料、新产品，推动科技成果转化方面发挥着重要作用，具有较大的发展潜力。

（二）科技与设计深度融合

设计是企业核心竞争力的重要体现，正逐步成为创新型企业的发展战略。北京市设计创新中心认定单位中，企业设计创新能力持续增强，获得国内外知名奖超过500项。2017年波士顿咨询公司（BCG）发布了《2016年度全球最具创新力企业50强》，前4名分别是苹果、谷歌、特斯拉、微软，中国有2家企业入选，分别是排在第35位的小米和第46位的华为。在中国设计红星奖历年的参评中，截至2016年北京共有823家企业，占总数的14.3%，位居全国第二，智能制造、新一代信息技术、轨道交通等高端制造领域获奖产品数占北京地区获奖产品总数的51.8%，位居全国第一。工信部举办的两届中国优秀工业设计奖共产生19个金奖，北京获得2次，位居第三。2011~2014年，北京获得中国工业设计十佳设计公司和十佳创新型企业称号共计14次，占获奖企业总数的17.5%。2016年第63届德国iF设计奖名单中，北京获得35项设计大奖，位居全国第三。

（三）产业集聚化发展

北京市自2006年起先后认定30个市级文化创意产业集聚区。2014年按照区域功能定位和产业空间布局，打造了20个文化创意产业功能区，涵盖30个市级集聚区和国家级产业基地、园区，打造推动产业要素集聚、优化服务平台及产业政策措施落地的空间载体，形成了动漫设计产业功能区、音乐产业功能区和戏曲文化艺术功能区等具有独特文创资源优势的产业功能区。打造了北京DRC工业设计创意产业基地，这是全国首家工业设计产业基地，包括企业孵化、技术平台打造和设计师培训等，开创了技术、设计和服务资源共享协同创新的新模式。截至目前，已为上万家企业提供了服务，累计孵化企业200多家，吸纳就业人员约4000人，年产值达20余亿元，培育孵化出灏域科技、视觉中国、智加设计、洛可可、设计癖等一批国内工业设计领域的领军企业，带动西城区德胜科技园实现总收入超过千亿元。与香港理工大学等全国近50家高校签订了就业实习基地协议，接纳72所高校的学生设计实习，累计培训学生3万人。

（四）设计惠民效果显著

据不完全统计，2016年北京国际设计周共吸引约800万人次到现场参观，北京惠民文化消费季参与人数近5000万人次，带动文化消费约112亿元。“十二五”期间，运用绿色设计、可持续发展理念，实现以人为本与文化传承相结合，综合改造1582个老旧小区，规划设计11个新城滨河森林公园以及158个城市休闲公园和森林公园，保护性升级改造大栅栏、马栏村等一批重要历史街区及传统村落。

（五）品牌活动影响力增强

中国设计红星奖活动成立至今，共征集到34个国家7267家企业的58841件产品，全国32个省市及港澳台地区都有企业参加，成为国际设计界极具影响力的奖项。其中，2017年共有2313家企业的10000余件产品参评，成为全球参评数量最多的工业设计奖项。2016年设计周组织各类设计展览、论坛、沙龙等活动600项，另有来自全球的2000万人通过互联网等渠道关注了设计周，带动各类文化消费和设计消费总额超过20亿元，受到了社会大众的欢迎，已形成“国庆·北京看设计”的特色品牌活动，成为党中央、国务院批准保留的北京市政府主办的五项活动之一。中国国际时装周的国际影响力持续提升，有来自全球的550多位设计师、520余家品牌和机构参与，共举办1150多场发布会。全球首个以“创意与可持续”为主题的第二类中心——联合国教科文组织国际创意与可持续发展中心由北京市与联合国教科文组织联合共建，将为北京建设国际一流的和谐宜居之都提供全方位的支持。

（六）辐射带动效应增强

2016 年北京设计产业的技术合同实现成交额约 440.5 亿元，共计 4614 项。其中，输出京外合同为 3279 项，占比为 71.1%；成交额为 339.8 亿元，占比为 77.1%。设计创新中心服务“一带一路”项目近 1200 项，京津冀项目近 1000 项。成立了以设计龙头企业为主导的京津冀设计产业联盟、品牌创意创新中心等区域合作推动机构，并先后整合优势设计资源入黔、入滇、入藏，与当地的文创资源、非物质文化遗产、手工艺品等特色优势资源对接，推动当地产业和经济发展，实现合作共赢。其中，依文在贵州建立了以西南民族元素为特色的“中国手工坊”，开展“千人万元绣娘扶持行动”，每年培训绣娘 1000 名，并为其提供每年 1 万元的生产订单，使其平均月收入翻了一番。同时，在黔西南地区建设 4 座手工艺博物馆，开展特色旅游、手工艺体验和产品销售等活动；唐人坊在贵州建立了集旅游、非遗文化体验、非遗教育培训于一体的“非遗村”，与当地职业院校合作，创办民族文化传承中心，对当地贫困女童进行手工技艺培训及工作岗位推荐；木真了在湖南湘西成立了非遗工作站；东道在云南成立了云科东道创意创新中心。

（七）设计服务于国家及北京市重大需求

2016 年，设计围绕世园会、冬奥会、新机场、城市副中心建设以及 G20 峰会等国家和北京市的重大需求，发挥重要支撑作用。其中，北京市设计创新中心企业北京市建筑设计研究院有限公司、北京弘高建筑装饰工程设计有限公司、北京东道形象设计制作有限责任公司为 G20 峰会做了相关设计。北京市建筑设计研究院有限公司、北京弘高建筑装饰工程设计有限公司共同担纲了接待大厅、新闻发布厅等重要会场的室内设计，其建筑结构形态、色彩设计采用大量中国主题元素，延续了中国传统建筑设计风格，体现了中国传统文化与现代文化的融合。北京东道形象设计制作有限责任公司围绕 G20 峰会 Logo 设计了会议纪念品、《杭州韵味》城市手册等会议用品，设计概念来源于“桥”和“水”，在设计理念、形象创意、设计体验、功能实现等多个环节实现了突破，展现了中国本土设计的自信与魅力。

三　北京设计产业的发展趋势

（一）单一设计模式正在向高端综合设计服务转变

现代社会，人类已步入以人工智能、虚拟现实、物联网、云计算、大数据等为特征的知识网络时代，这为设计创新提供了前所未有的信息网络环境、创意资源、实现手段和知识信息资源。加之人民物质的极大丰富和生活水平的提高，对精神生活也相应提出了更高的要求和需求。市场多样化、个性化需求持续增长，高端化、定制化现象不断涌现，证明传统、单一的设计将不能跟上新时代的发展节奏，不能满足人民生活的全部需求。“仓廪实而知礼节，衣食足而知荣辱”，就是从本质上反映物质与精神的基本关系，生动阐释了新时期对设计提出的新要求、新任务。

北京作为中国的首都，是科技创新中心和文化中心。在科技创新方面，“国家创新蓝皮书”《中国创新发展报告（2015）》的研究成果显示，北京的创新综合能力居全国首位。2016 年，新增科技型企业 8 万家，累计达 43.2 万家，“双创”指数位居全国第一，“科首”指数比 2013 年提高 5.88 点；国家高新技术企业突破 1.6 万家，数量继续居全国首位。在文化方面，由中国人民大学发布的《中国省市文化产业发展指数（2016）》结果显示，北京综合指数排名超过上海，再次位列全国第一。“北京蓝皮书”《北京文化发展报告（2015～2016）》通过综合数据研究分析表明，2015 年北京的城市文化发展总体实力再次居全国首位。这足以证明，北京有实力支撑也需要高端综合设计服务。例如，在此新形势下涌现出的交互设计、体验设计、人机交互将从简单的人与屏幕的单线程模式拓展为语音交互、手势交互、增强现实交互等多线程模式。

未来设计的整个过程，不再处于封闭、单一的物理环境中，而是处于全球信息网络的开放环境中，这就要求设计更多地关注使用者不同的生理、心理需求，研究各种层次的市场需求，更多地依靠心理学、营销学、科学技术、文化艺术、生态环境等知识，由单一的设计向产品策略设计和品牌设计等高端综合设计服务转变。

（二）基于参与式设计的运营模式正在形成

现代科学技术的发展改变着人们的生产方式、思考模式和工作途径。智能交通物流、网络通信、人工智能、云计算、VR/AR 技术、3D + X 打印等新技术为设计创造了自由开放、公平竞争、合作协同、共建共享的大环境。社会存在多种多样的物质需求和文化审美追求，未来的创新设计为满足人类需求也在朝着多样化和个性化方向发展。设计不再是专业设计师的专利，以用户为中心、用户参与的创新设计日益受到关注，成为设计产业发展的关键词。

早在北欧和北美，以青蛙设计等设计公司为代表的倡导者和践行者逐渐兴起用户参与式设计（Participatory Design）的设计方法，这种设计方法倡导用户参与整个设计的流程和周期，激发并调动他们的积极性和主动性。同时，组织科技、心理学、社会学、文化艺术等专业领域的研究者，不仅对用户群体进行田野调查，而且与设计师一起组织用户参与低保真原型设计。通过分析并提炼出用户的使用习惯、生理和心理需求，最后提交设计师，作为下一步原型设计的核心依据。

设计也不再仅仅依靠个人或单一团队，而是发展成为全球网络合作、多部门、多领域、多学科协同的创新活动。管理者、制造商、分销商、运营商、消费者乃至“创客”皆可共同参与设计创新的全过程，这种设计是每个人都可公平参与、共创分享的创意设计，基于用户的参与式设计创新运营模式正在形成。在不久的将来，北京设计产业的发展趋势将转向多样化、个性化、定制式、更加注重用户体验的设计服务。

（三）融入全生命周期的设计创新理念将成为主流

众所周知，中国已发展成为全球第二大经济体、世界公认的制造业大国。

但发展方式依然粗放，主要依靠生产要素投入，付出了沉重的资源和生态环境代价。单位 GDP 能耗是世界平均水平的 2.2 倍，石油、天然气对外依存度已接近 60%，水、土壤、大气污染严重，垃圾围城，生态环境事件与雾霾天气频发，碳排放总量已居全球之首①。同时，中国制造业还面临发达国家重振高端制造和新兴发展中国家低成本制造竞争的双重挑战。北京更是资源严重紧张的特大城市。以水资源为例，北京现在每年用水缺口大约是 15 亿立方米。虽然南水北调工程在一定程度上缓解了缺水的情况，但仍然不能从根本上解决问题。水资源将是制约北京城市发展运行的一个核心问题、根本问题。

随着全球资源危机、能源危机、生态环境恶化的持续加剧，企业将从原始的注重产品功能和市场效益拓展为注重包含产品生产制造、市场推广、使用运行到遗骸处理和再生产制造全生命周期的资源循环利用。同时，资源能源的开发利用、转化储存也将转向智能高效、绿色低碳、可再生循环和可持续利用。

习近平总书记指出，要推动中国制造向中国创造转变、中国速度向中国质量转变、中国产品向中国品牌转变。未来，北京的企业将共同致力于以绿色材料和可再生材料为基础的设计创新和设计智造，广泛应用具有可再生循环功能的新技术、新工艺、新材料，并将设计创造出越来越多绿色低碳的智能产品、智能装备，引领人民选择绿色低碳的生活方式。

四　北京设计产业存在的问题

当前，我国正处于工业化中后期的加速发展阶段，已结束数量型扩增的旧时代，开启创新驱动的新时代。设计作为国家创新驱动的重要战略和企业提升竞争力的核心利器，国家赖之以强，企业赖之以赢。作为全国的科技创新中心，北京的设计企业理应肩负起应有的责任。虽然北京的设计发展水平较为领先，但也存在以下几个方面的问题。

---

① 路甬祥院士在“2015 中国汽车生态设计国际论坛”上的讲话。

（一）设计产业链条有待完善

与其他行业相比，目前设计产业的发展还没有完全成熟，仅作为一种新行业形态而存在，循环在工业或经济的“体外”，没有形成成熟、完整的产业链。

政策和投融资环境有待进一步完善和优化，尚未在经济领域建构起一条完整的产业链。设计企业自身的运营模式较单一，效率低、利润薄、抗风险能力较弱，与发达国家设计企业的运营模式还有不小的差距，如美国的IDEO 设计公司，不仅提供优质的产品设计服务，而且提供设计产品的咨询服务，咨询水平不低于像麦肯锡这样的咨询公司。同时，在各政府部门之间存在“政出多门”的现象，数据难以实现共享，并且缺乏有效沟通、协调与共享机制，且出台的一些举措具有盲目性和重复性，不利于整个设计产业的健康发展。

（二）具有国际影响力的企业数量较少

北京市共有各类设计企业 2.3 万家，但规模以上企业的数量不到 1000 家，不足整个行业的 5%，绝大多数为小微企业，且成立的时间也较短，没有形成规模和气候，更缺乏像苹果、谷歌、三星、青蛙设计等这样具有引领性和创造性的国际知名公司。另外，一部分成立较早、规模较大的设计企业在国际上的知名度也有待提升。

（三）设计的理念和认识较为局限

目前北京市有相当数量的设计企业受设计理念和认识的局限，尚处于从产品外观设计到提供产品设计的过渡阶段，业务单一，更缺乏像美国 IDEO 这样能够同时提供产品前期市场调研、用户研究、战略规划、品牌运营等涵盖整个价值链环节的服务且具有提供系统解决方案能力的设计公司。有些企业的设计理念也大多局限于传统设计观念，比较侧重色彩、选材、外观和人机交互的工业设计手法，而没有意识到利用创新设计手段不仅可以提升产品的市场竞争力，而且可以创造用户新需求、开拓新市场，从供给侧发力，重塑产业格局和生态，创造新生产、新生态和新生活。

（四）综合型设计师数量有待增加

目前北京的设计教育虽然基数较大，但院校设计人才培养体系的专业定位并不明确，有的甚至与社会和时代脱节，专业学科体系的设置也趋向形式化、雷同化，学科组织架构壁垒严重，阻碍了设计学科与多学科实现集成和融合。设计师对于设计文化的理解大多停留在关于产品的美学和文化符号层面，缺乏对产品绿色环保、市场营销、智能制造、品质品牌等具有时代特征的先进设计文化内涵的深入挖掘、分析、研究和利用，未能适应和把握在全球知识网络时代下我国产业、经济和创新驱动发展的新趋势、新需要。总之，综合型设计人才的缺乏，以及专业化和高端化设计人才的不足，在一定程度上制约了设计行业的发展壮大。

五　建议与对策

鉴于当前北京设计产业的发展现状和趋势，亟须创造、优化设计产业发展的政策环境，建立与其相适应的体制机制。有计划、有步骤地推动设计产业加快发展，是深入贯彻落实科学发展观、提高企业自主创新能力、推动供给侧结构性改革的迫切要求，也是建设全国科技创新中心、打造北京设计之都、提升产业国际竞争力的重要途径。

（一）突出“大设计”的产业概念

在产业层面，突出“大设计”的产业概念，推动设计本身的跨界，打破固有的工业设计、服装设计、电脑动漫设计、工程设计等分支领域设计的思维界限，实现各个设计分支领域的相互支撑、相互渗透，实现协同创新；在政府层面，推进设计与科技、文化、其他产业的融合，在审批和支持项目时，增加对“设计指标”的考核，作为衡量项目是否立项或验收的重要标准之一，以提高企业对设计的重视程度，让设计更好地服务于科技创新；在教育层面，应改革设计院校的教育理念、教学方法和人才培养模式，致力于培养一批综合型、研究型、实践型、应用型和多元化的设计人才，才能在当今全球发展的大趋势、大环境下立于不败之地。

（二）加强设计产业的生态系统建设

应尽快搭建政府、企业、高校、科研机构乃至跨行业企业合作的平台，形成“政、产、学、研、媒、用、金”协同的设计创新生态系统。同时，建立人机、生活方式模型、设计机构、设计人才、设计教育等方面的基础数据库，并纳入国家设计战略规划层面予以考虑。

相关部门应针对国内外设计的应用与作用开展研究，总结北京产业生态系统的现状，使财政资金适当向设计支撑科技成果转化和集成应用的项目倾斜，以推动设计服务与相关产业融合发展。支持制造企业应用设计转化一批科技成果，实现自主创新和发展方式转变，做强做大，参与国际市场的竞争；推动高增长型中小企业运用设计实现技术与艺术的集成创新，实现专业领域的新突破，做专做精，实现自身的跨越式发展。同时，深入实施首都知识产权战略，健全知识产权创新、运营和保护体系，加大知识产权保护力度，构建有利于设计产业发展的产权制度和体系。

（三）搭建设计传播新平台

以“中国设计红星奖”“北京国际设计周”“中国设计交易市场”等项目为平台，树立优秀设计的风向标；充分利用北京设计之都的影响力和辐射力，通过各种媒体宣传渠道，推广普及设计创新相关理念，推介知名设计企业，推出优秀设计人才，宣传优秀设计成果；利用创意城市网络会员和国际创意与可持续发展中心提升“北京设计”的品牌知名度和公众认知度，扩大“北京设计”的国际影响力。

六 结论

从整体情况来看，近年来北京设计产业发展很快，已成为促进北京科技与文化紧密融合、促进供给侧结构性改革、服务全国科技创新中心和文化中心建设的重要途径和手段。这与以北京市科委为代表的政府部门的大力支持、企业的高度重视和设计师的个人努力等要素是分不开的。但也应清醒地看到，北京设计产业还存在产业链条有待完善、具有国际影响力的企业数量较少、设计的理念和认识较为局限等问题，与世界发达国家仍然有一定的差距。

设计水平大幅度提升的推动工作，难在持之以恒，成在久久为功。针对以上问题，各相关政府部门、行业协会、企业、院校及个人设计师要高度重视，牢牢把握未来设计朝着高端综合、绿色发展、智能共享等方向发展的大趋势及所处的大环境，主动作为，通力协作，积极响应习近平总书记的号召，共同为“推动中国制造向中国创造转变、中国速度向中国质量转变、中国产品向中国品牌转变”而努力。

B.24

北京电影金融的发展及对策建议

张 琦　卢雪菲*

一　2016年北京电影金融的整体状况

回顾2016年，北京电影金融发展的总体特点是，在政策先行的优势下，电影金融搭上绿色班车，为全市电影产业发展提供了保障。综观2016年的电影产业发展态势，北京市电影院线的排片场次均居全国前列，截至2016年底，票房收益在全国排名第二。2016年，北京市电影产业从制片、发行、放映到放映技术终端，都为电影产业的发展做出了不小的贡献。

2016年，北京城市院线市场共上映影片218.36万场次，观众人数达6876万人次，票房为30.2831亿元（见表1），占全国城市院线的6.65%。其中，票房在3000万元以上的影院有30家（见表2）。《中国电影产业指数（2017）》分析显示，全国省级电影产业指数中，2016年北京电影票房排在广东、上海之后，居第三位。

总体来看，2016年全市共分布城市院线25条，其中北京新影联院线旗下影院共54家，中影星美院线旗下影院共26家，上海联和院线旗下影院共13家，万达院线旗下影院共6家，中数集团院线旗下影院共10家。2016年票房在1000万元以上的影院分布在22条院线，其中北京新影联院线22家，中影星美院线16家，上海联和院线7家，万达院线4家，中数院线6家。北京新影联院线合并耀莱成龙旗下影院，此项举措获得北京银行和北京市文资办的多项政策支持，成为影院由民营向国企体制转变的重头戏。

---

* 张琦，北京电影学院管理学院副院长，副教授；卢雪菲，上海戏剧学院博士研究生。

表 1　2016 年北京城市院线市场三项指标结构

票房分档	影院（家）	银幕（块）	座位（个）	上映场数（千场次）	观影人数（万人次）	票房（万元）	累进票房（万元）	累进比例（%）
3000 万元以上	30	298	48803	657.31	2724	141888	141888	46.85
1000 万～3000 万元	67	471	68134	1030.78	3171	125832	267720	88.41
500 万～1000 万元	33	178	27634	318.71	727	26165	293885	97.05
100 万～500 万元	29	174	28473	145.76	225	7968	301853	99.68
50 万～100 万元	9	51	8544	17.69	19	629	302482	99.88
小　计	168	1172	181588	2170.25	6866	302482	—	—
50 万元以下	23	87	10819	13.322	10	349	302831	100

表 2　2016 年北京票房在 3000 万元以上的影院

本市排名	全国排名	影院名称	院线公司	上映场数（千场次）	观影人数（万人次）	票房（万元）	平均票价（元）
1	1	北京耀莱成龙国际影城	上海联和院线	28.03	224	9896	44.18
2	4	首都华融电影院	北京新影联院线	29.97	128	7557	59.04
3	7	北京 UME 国际影城(双井)	中影星美院线	23.06	115	7067	61.45
4	8	北京星美国际影城	中影星美院线	23.01	120	6841	57.01
5	12	北京金逸朝阳影城	金逸珠江院线	19.43	92	6111	66.42
6	13	北京万达影城 CBD 店	万达院线	21.89	89	5994	67.35
7	16	北京 UME 华星国际影城	中影星美院线	17.07	80	5576	69.70
8	20	北京 UME 国际影城(安贞)	中影星美院线	26.85	93	5280	56.77
9	21	北京荟聚 IMAX 金逸	金逸珠江院线	26.29	110	5266	47.87
10	24	北京万达影城天通苑店	万达院线	21.89	87	5165	59.37
11	29	北京万达影城通州店	万达院线	27.44	87	5061	58.17
12	30	北京万达影城石景山店	万达院线	23.02	84	4959	59.04
13	39	中影影城北京千禧街店	中影星美院线	33.89	135	4680	34.67
14	50	美嘉影城三里屯店	北京新影联院线	16.96	51	4408	86.43
15	53	北京中影国际影城（永旺店）	中影星美院线	17.31	102	4360	42.75
16	68	北京新影联华谊兄弟影院	北京新影联院线	34.49	102	4178	40.96
17	75	北京嘉华国际影城学清路店	北京新影联院线	17.56	88	4033	45.83
18	76	卢米埃北京长楹天街 IMAX 影城	中数院线	21.81	88	4015	45.63
19	88	北京博纳悠唐国际影城	中影星美院线	16.64	61	3898	63.90
20	95	华谊兄弟北京影院大红门店	北京新影联院线	27.47	94	3832	40.77

续表

本市排名	全国排名	影院名称	院线公司	上映场数（千场次）	观影人数（万人次）	票房（万元）	平均票价（元）
21	96	北京耀莱成龙国际影城慈云寺店	上海联和院线	15.04	90	3792	42.13
22	120	美嘉影城中关村店	北京新影联院线	15.88	62	3494	56.35
23	124	北京保利马家堡影城	保利万和院线	18.47	79	3475	43.99
24	134	首都电影院昌平店	北京新影联院线	19.70	84	3395	40.42
25	135	洛阳新华角川国际影城有限公司北京大钟寺分公司	华夏新华大地院线	20.36	77	3392	44.05
26	138	北京金逸影城	金逸珠江院线	16.82	53	3369	63.57
27	142	北京传奇时代电影城	中影南方新干线	18.13	57	3359	58.93
28	152	北京红星太平洋电影城	四川太平洋	19.34	62	3262	52.61
29	168	北京博纳汇鑫	中数院线	23.55	69	3108	45.04
30	179	CGV 国际影城（清河店）	中数院线	15.94	61	3065	50.25

北京新影联院线旗下有22家影院，2016年累计上映影片388.31场次，观影人数达到1274万人次。新影联院线的平均票价为45.69元，确保在观众合理承受范围之内，较好地满足了观众的实际需求。多年来在北京颇受欢迎的中影星美院线，旗下UME华星国际影城为最早建成的五星级影院之一，该影院票房收益在2016年维持稳定增长。中影星美旗下有12家影院，2016年累计上映影片305.69场次，观影人数达到1110万人次，票房总收益为52497万元，占全北京电影票房市场的17.34%。

近年来，随着影院放映技术的不断提高，电影放映终端也成为电影产业获得最终效益的关键一环。2016年，北京UME华星国际影城IMAX放映银幕实现更新换代。影片《比利·林恩的中场战事》在北京耀莱成龙和博纳悠唐两家影院率先尝试发行120帧/3D/4K拷贝，显示出电影整体放映技术向更高的分辨率、更广的动态范围、更大的色域、更连续的帧速率发展的新技术趋势。在新技术格式与传统技术格式放映市场的博弈中可以看到明显的差别。以北京UME华星国际影城为例，2016年，该影院IMAX影厅票房为2036万元，上座率为27.74%；中国巨幕影厅票房为1190万元，上座率为20.7%；其他三个普通影厅上座率分别为29.04%、29.58%和27.85%。

北京作为首都，具有深厚的文化底蕴，同时，北京立足丰富的商贸资源、市场资源，吸引了全国各地优秀的电影人才前来创业、发展。北京市政府制定的符合首都发展特点的电影文化政策，为首都电影金融发展带来了广阔的前景。“十三五”期间，北京电影产业抓住机遇，整合产业链，拓宽国际视野，迎来了电影文化的突破性前景。为此，将北京打造成为电影之都，引领中国影视文化产业升级发展势在必行。近年来，首都为大力发展以电影为核心的文化创意产业，建设了一系列配套的软硬件设施。同时，北京作为全国影院、演出场馆、艺术院校最多的城市，影视创作人才济济，为首都影视文化产业的发展奠定了深厚的基础。

综观国家整体文化金融政策与北京作为全国文化中心的战略发展定位，以电影产业发展带动整体文化创意产业发展是可行的。电影是文化创意产业中最具优势的领域，北京发展以电影为主的文化创意产业，可以为增强其自主创新能力、建设创新型城市提供切实有力的帮助，也可以为推进北京产业结构升级和经济增长方式转变贡献一己之力。习近平总书记在对北京市的工作考察中也强调：“建设和管理好首都，是国家治理体系和治理能力现代化的重要内容。北京要立足优势，深化改革，勇于开拓，以创新的思维、扎实的举措、深入的作风，进一步做好城市发展和管理工作，在建设首善之区上不断取得新成绩。”

电影产业在首都社会与经济发展中占有至关重要的地位，其发展过程也需要金融创新的支持。电影作为创意产品，其收益是一个累积的非递减过程，这就需要建立一个电影价值风险评估体系。电影作品的价值评估指标包括类型、分级、导演、演员、剧本、明星、宣传发行、排片档期以及制片公司和发行公司的财务状况等全方位因素，需要运用专业的金融工具与电影产业的融合与对接，进行科学、有效的分析。

2010 年 3 月，中宣部、中国人民银行、文化部等九部门联合推出《关于金融支持文化产业振兴和发展繁荣的指导意见》，鼓励通过创新型信贷产品、完善授信模式、培育证券保险市场等一系列具体举措，加大对文化产业的金融支持力度。从 2010 年 1 月国务院办公厅颁布的《关于促进电影产业繁荣发展的指导意见》到2014年5月财政部颁布的《关于支持电影发展若干经济政策的通知》等一系列政策，说明国家已明确将电影产业提升至战略层面的高度。

关于首都的文化建设，在2016年11月北京市国有文化资产监督管理办公室正式发布的《北京文化创意产业发展白皮书（2016）》中总结性地提出，经过"十二五"时期的持续健康快速发展，北京文化创意产业的发展已经凸显出其作为战略性支柱产业的特点，在拉动首都经济增长、推动经济转型升级、加快全国文化中心建设中的作用进一步凸显，北京文化创意产业已经站在了一个新的历史起点。从首都影视产业在整个文化产业经济效益中所占的比例来看，目前已经在整个文化产业中显现出核心地位。

北京在全国电影产业综合指数排名中居第三位，其电影产业规模增长幅度相对低于广东和上海两个区域。要充分发挥电影产业的引领和带动作用，还需要在产业规模，特别是电影制作、收入、银幕数、消费等指标上下功夫。因此，首都的电影产业发展更需要金融相关政策的支持。

自从国有电影制片厂体制改革创新以来，我国电影企业正式进入市场经济体系，电影产业逐步成为战略性产业，电影金融体系创新自然而然地成为电影产业发展的关键推动力。从目前形势来看，电影产业对首都文化产业的发展毫无疑问地起到了核心作用。因此，建立一个完善、共融的电影金融体系，让金融在实现内容创作和情怀表达中发挥重要作用，同时助推完善电影产业的风险评估体系，成为首都文化创意产业发展的当务之急。

电影金融是依托、服务于电影产业的基石。电影产业与金融资本、产业资本之间具有天然联系，从而产生了电影金融。电影金融有金融的属性，在运用中应符合电影产业发展的特殊规律。在更加广泛的领域，电影金融还包括对产业金融支持体系的实践和研究，即在整个电影行业内，运用各类金融工具、金融机构、金融运作模式，形成专业的电影金融服务体系（包括完备的资产评估机构、版权交易机构、保险公司、担保公司、信托公司等），共同推动电影产业做大、做强、做优。

金融资本为首都的影视业发展提供了融资和融智功能，促进了影视业的进一步繁荣。据统计，截至2016年底，全国新三板影视类挂牌企业共137家，其中北京市59家，占比为43%；全国新三板影视类创新层企业共20家，其中北京市15家，占比为75%。对于影视类融资服务，目前北京市各大商业银行（除注册地为北京的银行外还包括其他商业银行北京分行）均开设了相关融资贷款业务，如北京银行、民生银行、广发银行、中国工商银行等。北京市各大担保公司也纷纷推出影视类融资担保服务，其中包括北京中关村科技融资担保有限公司、北京海淀科技企业融资担保有限公司、北京中小企业信用再担保有限公司、北京首创融资担保有限公司、北京市文化科技融资担保有限公司等。为大力支持影视文化版权交易，北京市已成立版权交易平台，主要有北京东方雍和国际版权交易中心、北京国际版权交易中心、北京新传德国际版权交易中心、北京特色文化版权保护与展示交易中心等。

二　2016年北京金融促进电影产业发展的具体情况

《北京市文化创意产业提升规划（2014～2020年）》提出，“要充分利用金融资本推进文化创意产业发展壮大的倍增功能，优化各项资源与要素组合，实现文化创意产业和金融的有效对接”。从中可以看出，让“文化金融融合”在规划中占有一定的位置，是北京市未来文化发展规划的重点。

对于北京电影金融政策体系的建设来说，加快文化投资服务体系建设，推动北京市文化投资发展集团成为首都电影投融资平台和重大项目实施主体，以及文创企业股权投资主体，“三位一体”建设有利于进一步将文化投资服务体系与电影产业无缝对接，实现电影企业直接融资，加快电影产业的发展速度。在电影金融发展的同时，还要加强文化产权管理和运营，有了文化产权投融资服务和资产证券化业务的开展，电影产权质押融资力度将会进一步加大。因此，积极引导各类风险投资机构参与电影金融的投资，对促进文化产权流通和产业化运作将起到积极的作用。

2008年，首都建设提出了“一主一副三新四后台”的总体金融业空间布局，金融作为促进产业发展的动力和工具，在支持区域特色产业发展的同时，自身也得到了发展。近年来，电影金融的发展紧跟形势，电影创意、制作公司以及电影院等在东城区、西城区、海淀区、朝阳区都有较为平均的建设，效益呈现逐年递增的趋势。金融体系充分发挥市场在文化资源中的配置作用，同时积极拓宽文化产业融资渠道，为电影市场建设提供多样化渠道和全产业链的金融服务。2016 年，首都电影金融贷款与版权质押、版权预售、信托产品、电影保险及完片担保、互联网金融、电影基金（PE/VC）等模式都在产业发展中产生了积极的效应。

2016 年，文化产业股权投融资在我国十分兴盛，据统计，除港澳台地区外，我国发生文化产业股权投融资的省级行政区共有 28 个，内蒙古自治区、宁夏回族自治区、广西壮族自治区、西藏自治区 4 个自治区没有相关案例。但整体特点则是“一超多强，贫富极度不均”。其中，“一超”就是北京市，2010 年至 2017 年 6 月，北京市文化产业股权投融资规模为 2215. 13 亿元，占总规模的 54. 57%；股权投融资案例共 2018 起，所占比重达到 48. 76%（见图 1）。“多强”则是指上海、广东、浙江、江苏、天津 5 个省份，其投融资规模占总规模的 40. 95%。

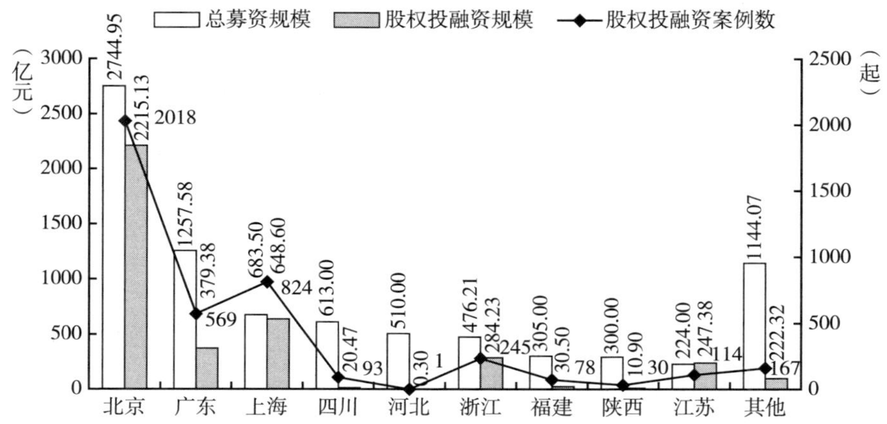

图 1　2010 年至 2017 年 6 月我国文化产业股权投融资及基金总募资地区分布情况

资料来源：曹瀛琰：《7 年 8000 亿，200 余家基金投资布局大文娱，钱这么多都去哪里了?》，搜狐财经，2017 年 9 月 26 日。

由数据可知，北京市、上海市、江苏省三个省份的基金募集规模与股权投资规模相适配，资本发挥了强劲的助推力。而其他省份还存在募资规模高于市场股权投融资规模的情况，说明目前我国文化产业需向提质增效的方向发展，进一步增加和扩大领军企业的数量和范围。

2016 年，新的电影基金公司大量涌现，为首都电影金融发展从制片源头到中端院线发行提供了更为广阔的空间。2016 年，新的影视产业私募股权投资基金公司开始步入电影金融的轨道，其中较为典型的，首先是 2016 年 11 月 14 日，一家中国政府支持的公司与阿联酋媒体和娱乐公司“Image Nation 阿布扎比”合作创建了一只电影基金，主要投资好莱坞、阿联酋和中国出品的电影项目。向前追溯，2016 年 11 月 1 日，由中国电影集团公司、派格传媒集团有限公司以及和高资产管理（香港）有限公司共同发起、设立中美合拍电影开发基金，主要业务为投资中美合拍电影项目的系统开发，包括购买优秀 IP 及剧本的相关版权、支付编剧酬金和主创人员定金等。2016 年 10 月 31 日，阿里巴巴集团和谷永锵个人联合成立阿里巴巴大文娱产业基金。2016 年 8 月 25 日，深圳市迪威视讯股份有限公司与中央新影资本管理有限公司、北京国兴联盟投资基金管理有限公司、北京安策恒星投资有限公司共同发起设立影视产业并购基金，投资方向为影视产业。除了电影投资基金，2016 年电影院线基金与电影票房结算基金在北京也相继成立。2016 年 5 月 30 日，由中投新影投资管理有限公司、盛世新影投资管理有限公司、AGF 美国环球基金、北京习鼎阁资产管理有限公司共同发起设立中国新纪录电影院线基金，以记录电影艺术的孵化、制作、开发以及新模式连锁院线建设和管理为主要投资方向。2016 年 3 月 10 日，中国电影票房结算基金在北京成立，在金融创新手段优化电影产业链末端现金流、促进电影票房快速结算、搭建结算信用平台等方式创新的基础上，为电影企业与金融机构在跨界合作中实现共赢和良性发展提供了助力。

从以上案例中可以看出，伴随着电影的产品化、商业化发展，电影金融的核心部分——金融工具，承载着首都电影金融体系建设的主要功能。首都电影产业的发展，具备可依托首都文化投融资平台的特点，金融与电影产业的有效对接，符合市场规律，是对首都电影金融合理有效发展的探索，能够引导和满足观众需求，反过来又能推动首都整体文化创意产业发展，二者相辅相成。

在电影投融资的建设方面，首都金融政策在对电影制作企业的贷款需求、成立电影产业融资担保公司、为电影制作提供担保等方面给予了积极有效的支持。同时，国家开发银行、中国建设银行等与电影产业形成合作平台，通过政府引导资金的投入，进一步推动了文化与资本的对接，为电影产业发展提供了多元、灵活、科学的金融运作工具和金融支持体系。

当前首都影视金融体系建设，要在绿色、开放与共享的基础上，做到创新与协调，构建文化金融要素配置平台，更好地发挥金融机构对电影创作的服务功能，完善电影创意与金融合作体系。

从 2014 年中信信托为影片《黄金时代》投资 1500 万元开始，国有银行陆续以电影版权质押和个人承担无限连带责任担保的方式，为电影制作贷款开启了文化金融的大门。从 2014 年到 2017 年 7 月末，一直走在北京电影金融实质性发展前沿的北京银行，累计提供文化金融贷款 539 亿元，累计发放贷款超过 1500 亿元，支持超过 5000 家文创企业实现长足发展，累计投放贷款和市场份额在北京地区连续 9 年位居第一。

2017 年初，影片《战狼 2》筹拍期间，影片出品方——霍尔果斯春秋时代文化传媒有限公司、捷成世纪文化产业集团有限公司在电影金融贷款方面得到了北京银行的大力支持。北京银行启动文创金融政策，采取“信用 + 追加股权质押 + 锁定《战狼 2》票房回款”的模式，提供综合授信贷款 8000 万元，用于《战狼 2》的拍摄制作。2017 年 4 月初，《战狼 2》在宣传发行期间，影片发行公司北京启泰远洋文化传媒公司在北京银行贷款 3500 万元，用于影片的宣传发行。在国有银行资本的金融支持下，影片《战狼 2》制作精良，在市场竞争中获得了不俗的票房收益。

据北京银行有关负责人介绍，首都文创企业融资难，尤其是电影文化企业融资难，已经成为首都文化金融发展面临的首要难题。作为国有银行，又是首都金融行业发展的代表，北京银行决定从深入市场调研入手，创新理念，完善文化金融发展手段，通过发掘和利用电影文创企业可以评估的无形资产价值，尽量从对有形资产的过分依赖中跳出来，形成一套可行有效的解决有形担保问题的电影金融支持机制。北京银行在创新金融体系中走在了行业发展的前列，亲自参与到首都电影金融的财税收入体系中，充分发挥金融纽带作用，为首都电影产业发展搭建了良性发展的桥梁。

三 促进首都电影产业发展的金融支持及对策建议

2017 年 3 月 1 日起实施的《中华人民共和国电影产业促进法》第一章第六条明确规定“国家鼓励电影科技的研发、应用，制定并完善电影技术标准，构建以企业为主体、市场为导向、产学研相结合的电影技术创新体系”，同时在第四章第四十条提出，“国家鼓励金融机构为从事电影活动以及改善电影基础设施提供融资服务，依法开展与电影有关的知识产权质押融资业务，并通过信贷等方式支持电影产业发展。国家鼓励保险机构依法开发适应电影产业发展需要的保险产品……”。

法规为未来全国电影金融的发展提出了新要求，作为走在电影金融前列的首都，需要努力做到以下几点。

（1）进一步理顺投融资机制，针对当前电影企业的资产特征，创新投资模式，推动投资类型多元化发展，以大数据风险决策分析系统为保障，构建完善的首都电影金融体系。电影产业价值评估方式特殊，要做到创新电影产品与金融机构的对接，坚持政府引导推动与电影产业相结合，加强电影与金融产业合作，推动首都北京电影产业的发展。

（2）通过财政、税收、土地、金融等扶持措施，促进首都电影产业的发展。同时，电影金融发展需要构建基础服务设施和配套服务体系，加大安全与监管力度，建立和完善信用管理体系，以版权和无形资产为核心，搭建电影金融服务平台，实现金融环境的良性循环，将资源整合、行政审批、电影作品发行与推广、国际交流合作等环节落到实处。

在此，为进一步健全和完善首都电影金融体系，特提出以下政策性建议。

（1）在已有的金融政策基础上，开发建设首都电影投融资综合服务平台，进一步推动资源整合，为首都电影金融体系构建提供从剧本报备、行政审批、制片投资到市场发行的一条龙服务。

（2）为电影原创作品搭建国有金融投资与民营股权投资相互沟通的桥梁，让电影作品得以缩短周期，尽快投入市场。

（3）建立健全电影行业工会制度，通过知识产权质押等合理有效的方式，将财政拨款和市场金融规范化纳入对电影工作者提供版权保护与劳动保障机制当中。

（4）金融体系为影院终端建设提供了建设性投资与贷款，用于营造优质的观影环境，推动电影市场进入有序的良性循环。

（5）进一步细化电影专项资金的对口支持工作，完善对重点项目的评估与考核标准，理性地评估电影的商业特点与艺术价值，真正做到电影金融带动电影艺术发展。

（6）在放宽市场准入条件的同时，加大对各类私募基金的监管力度，确保电影基金公司在电影行业内有序发展。

四　结语

综上所述，北京具备加强中国电影与产业资本、金融资本有机协同的先天优势，加大金融对电影产业的支持力度，营造电影金融发展的法律环境，需要探索建立多层次的发展机制，并推动建立无形资产评估体系，构建一个由政府政策主导、多渠道融合的电影金融发展体系，为首都文化中心建设做出实质性贡献。

B.25

参考文献

[1]《北京动漫游戏产业产值达521亿元》，《北京日报》2017年1月14日，第02版。

[2]《北京：国家文化出口重点企业居全国之首》，中国经济网，2014年6月5日。

[3]《北京市“十三五”时期加强全国文化中心建设规划》，首都之窗网站，2016年6月15日。

[4]《北京市文化创意产业提升规划（2014~2020年）》。

[5]《本市推进非首都功能疏解工作成果》，北京市发展和改革委员会网站，2017年6月13日。

[6]《蔡奇在市推进全国文化中心建设领导小组第一次会议上强调：做好首都文化这篇大文章　建设中国特色社会主义先进文化之都》，《北京日报》2017年8月19日。

[7] 蔡尚伟、车南林：《“一带一路”上的文化产业挑战及对中国文化产业发展的建议》，《西南民族大学学报》（人文社会科学版）2016年第4期。

[8] 蔡武：《坚持文化先行　建设“一带一路”》，《求是》2014年第9期。

[9] 曹瀛琰：《7年8000亿，200余家基金投资布局大文娱，钱这么多都去哪里了?》，搜狐网，2017年9月26日。

[10]《长城文化带文化遗产》，北京市文物局网站，2017年6月1日。

[11]《第五届北京惠民文化消费季提供万余场活动》，东城区人民政府网站，2017年7月18日。

[12]《国家对外文化贸易基地（北京）影视娱乐产业板块正式启动》，人

民网，2017 年 3 月 23 日。

[13] 韩晶、刘俊博、酒二科：《北京融入国家“一带一路”战略的定位与对策研究》，《城市观察》2015 年第 6 期。

[14] 黑德昆：《发挥北京在“一带一路”宗教文化交流中的积极作用》，《中国宗教》2016 年第 8 期。

[15] 花建：《“一带一路”战略与提升中国文化产业国际竞争力研究》，《同济大学学报》（社会科学版）2016 年第 10 期。

[16] 姜念云：《文化与科技融合的内涵、意义与目标》，《中国文化报》2012 年 2 月 14 日。

[17]《科技创新，首都的时代使命》，《人民日报》2017 年 8 月 15 日。

[18] 李洋：《融合产业占文创固定资产投资半壁江山》，《北京日报》2017 年 2 月 27 日。

[19] 厉无畏：《产业融合与产业创新》，《上海管理科学》2002 年第 4 期。

[20] 厉无畏、王慧敏：《创意产业新论》，东方出版中心，2008。

[21] 林语堂：《辉煌的北京》，陕西师范大学出版社，2003。

[22] 刘波：《北京“文化走出去”的战略思考》，载李建盛主编《北京文化发展报告（2011 ~2012 年）》，社会科学文献出版社，2012。

[23] 刘冕：《北京建“一带一路”国家人才培养基地》，《北京日报》2017 年 8 月 28 日。

[24] 祁伟：《“一带一路”背景下跨文化交流的策略研究》，《重庆三峡学院学报》2016 年第 6 期。

[25]《深圳市会展业财政资助专项资金管理办法》第十一条“奖励条件与标准”。

[26]《首届中国北京国际语言文化博览会》，中国网，2017 年 8 月 25 日。

[27] 王心源、刘洁、骆磊、李丽：《“一带一路”沿线文化遗产保护与利用的观察与认知》，《中国科学院院刊》2016 年第 5 期。

[28] 王毅：《携手打造人类命运共同体》，外交部网站，2016 年 5 月 31 日。

[29] 魏简康凯、张建：《“一带一路”倡议下中国文化产品出口的法制思

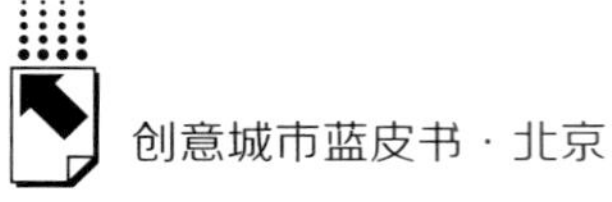

考》,《国际展望》2017 年第 1 期。

[30] 吴少平:《产业创新升级与产业融合发展之路径》,《首都经济贸易大学学报》2002 年第 2 期。

[31]《习近平在“一带一路”国际合作高峰论坛开幕式上的演讲》,新华网,2017 年 5 月 14 日。

[32] 徐颢哲:《北京动漫游戏产值有望破 600 亿》,《北京日报》2017 年 9 月 15 日。

[33] 杨永超:《产业融合对文化创意产业发展模式的影响》,《中共山西省直机关党校学报》2012 年第 5 期。

[34] 叶飞、陈璐:《2016 绘就中外文化交流合作的壮美画卷》,《中国文化报》2016 年 12 月 29 日。

[35] 于刃刚:《三次产业分类与产业融合趋势》,《世界经济与政治》1997 年第 1 期。

[36]〔澳〕约翰·哈特利:《创意产业读本》,曹书乐等译,清华大学出版社,2007。

[37] 郑金武:《聚焦北京建设全国科技创新中心》,《中国科学报》2014 年 9 月 26 日。

[38]《中华人民共和国电影产业促进法》第四章第四十条。

[39]《中华人民共和国电影产业促进法》第一章第六条。

[40]《2017 年北京市东城区人民政府工作报告》。

[41] Amin, A. and N. Thrift, “What Kind of Economic Theory for What Kind of Economic Geography?”, *Antipode*, 2000, 32 (1).

[42] Boggs, J. S. and N. M. Rantisi, “The ‘Relational Turn’ in Economic Geography”, *Journal of Economic Geography*, 2003, 3 (2).

[43] Boschma, R., “Proximity and Innovation: A Critical Assessment”, *Regional Studies*, 2005, 39 (1).

[44] Cantner, U. and A. Meder, et al., “Innovator Networks and Regional Knowledge Base”, *Technovation*, 2010, 30 (9 - 10).

[45] Dicken, P. and A. Malmberg, "Firms in Territories: A Relational Perspective", *Economic Geography*, 2001, 77 (4).

[46] Dicken, P. and M. Forsgren, et al., "The Local Embeddedness of Transnational Corporations", In A. Amin and N. Thrift, *Globalization, Institutions and Regional Development in Europe*, Oxford University Press, 1994.

[47] Fujita, M. and P. Krugman, et al., *The Spatial Economy: Cities, Regions and International Trade*, Cambridge, MIT Press, 1999.

[48] Jakobsen, S. and A. Floysand, "The Complexity of Innovation: A Relational turn", *Progress in Human Geography*, 2011, 35 (3).

[49] Krugman, P. R., *Geography and Trade*, Leuven, Belgium, Leuven University Press, 1991.

[50] Martin, R. and P. Sunley, "Rethinking the Economic in Economic Geography: Broadening Our Vision or Losing Our Focus?", *Antipode*, 2001, 33 (2).

[51] Martin, R. L., "Institutional Approaches in Economic Geography", In E. Sheppard and T. J. Barnes., *A Companion to Economic Geography*, Oxford, Blackwell, 2000.

[52] North, D. C., *Institutions, Institutional Change, and Economic Performance*, New York, Cambridge University Press, 1990.

[53] Raikes, P. and M. F. Jensen, et al., "Global Commodity Chain Analysis and the French Filiere Approach: Comparison and Critique", Economy and Society, 2000, 29 (3).

[54] Storper, M., "Regional Worlds of Production – Learning and Innovation in the Technology Districts of France, Italy and the USA", Regional Studies, 1993, 27 (5).

[55] Storper, M., *The Regional World: Territorial Development in a Global Economy*, *New York*, Guilford, 1997.

[56] Storper, M. and R. Salais, *Worlds of Production*, Cambridge MA, Harvard University Press, 1997.

[57] Sunley, P., "Relational Economic Geography: A Partial Understanding or A New Paradigm?", *Economic Geography*, 2008, 84 (1).

[58] Taylor, M. and B. Asheim, "The Concept of the Firm in Economic Geography", *Economic Geography*, 2001, 77 (4).

[59] Williamson, O. E., *Markets and Hierarchies, Analysis and Antitrust Implications: A Study in the Economics of Internal Organization*, New York, Free Press, 1975.

[60] Yeung, H. W., "Rethinking Relational Economic Geography", *Transactions of the Institute of British Geographers*, 2005, 30 (1).

[61] Yeung, H. W., "Towards a Relational Economic Geography: Old Wine in New Bottles", 98th Annual Meeting of the Association of American Geographers, Los Angeles, 2002.

B.26

附录一：北京市《文化创意及相关产业分类》（第一次修订）

北京市《文化创意及相关产业分类》（第一次修订）

序号	类别名称	国民经济行业代码
1	文化艺术服务	
1.1	文艺创作与表演服务	
1.1.1	文艺创作与表演	8710
1.1.2	艺术表演场馆	8720
1.2	图书馆与档案馆服务	
1.2.1	图书馆	8731
1.2.2	档案馆	8732
1.3	文化遗产保护服务	
1.3.1	文物及非物质文化遗产保护	8740
1.3.2	博物馆	8750
1.3.3	烈士陵园、纪念馆	8760
1.4	群众文化服务	
1.4.1	群众文化活动	8770
1.5	文化研究与社团服务	
1.5.1	社会人文科学研究	7350
1.5.2	专业性团体	9421*
1.6	文化艺术教育与培训服务	
1.6.1	文化艺术培训	8293
1.6.2	普通高等教育	8241*
1.6.3	其他未列明教育	8299*
1.7	其他文化艺术服务	
1.7.1	其他文化艺术业	8790
2	新闻出版及发行服务	
2.1	新闻服务	
2.1.1	新闻业	8510

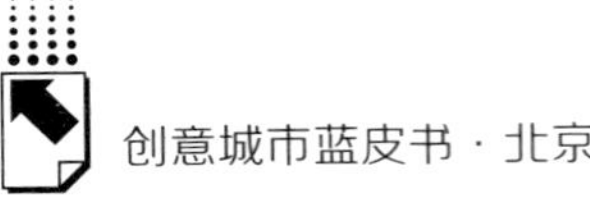

续表

序号	类别名称	国民经济行业代码
2.2	出版服务	
2.2.1	图书出版	8521
2.2.2	报纸出版	8522
2.2.3	期刊出版	8523
2.2.4	音像制品出版	8524
2.2.5	电子出版物出版	8525
2.2.6	其他出版业	8529
2.3	发行服务	
2.3.1	图书批发	5143
2.3.2	报刊批发	5144
2.3.3	音像制品及电子出版物批发	5145
2.3.4	图书、报刊零售	5243
2.3.5	音像制品及电子出版物零售	5244
2.3.6	互联网零售	5294*
3	广播电视电影服务	
3.1	广播电视制播和交易服务	
3.1.1	广播	8610
3.1.2	电视	8620
3.2	广播电视传输服务	
3.2.1	有线广播电视传输服务	6321
3.2.2	无线广播电视传输服务	6322
3.2.3	卫星传输服务	6330*
3.3	电影和影视录音服务	
3.3.1	电影和影视节目制作	8630
3.3.2	电影和影视节目发行	8640
3.3.3	电影放映	8650
3.3.4	录音制作	8660
4	软件和信息技术服务	
4.1	软件服务	
4.1.1	软件开发	6510
4.1.2	数字内容服务	6591
4.2	增值电信服务	
4.2.1	其他电信服务	6319*
4.3	互联网接入及信息服务	

续表

序号	类别名称	国民经济行业代码
4.3.1	互联网接入及相关服务	6410
4.3.2	互联网信息服务	6420
4.3.3	其他互联网服务	6490
4.4	信息技术服务	
4.4.1	信息系统集成服务	6520
4.4.2	信息技术咨询服务	6530
5	广告和会展服务	
5.1	广告服务	
5.1.1	广告业	7240
5.2	会展服务	
5.2.1	会议及展览服务	7292
6	艺术品生产与销售服务	
6.1	工艺美术品及其他艺术品制造	
6.1.1	工艺美术品制造	243
6.1.2	园林、陈设艺术及其他陶瓷制品制造	3079*
6.2	艺术品拍卖服务	
6.2.1	拍卖	5182*
6.3	工艺品销售服务	
6.3.1	贸易代理 ——文化贸易代理服务	5181*
6.3.2	首饰、工艺品及收藏品批发	5146
6.3.3	珠宝首饰零售	5245
6.3.4	工艺美术品及收藏品零售	5246
7	设计服务	
7.1	建筑设计服务	
7.1.1	工程勘察设计	7482*
7.2	城市规划	
7.2.1	规划管理	7483
7.3	专业设计服务	
7.3.1	专业化设计服务	7491
7.3.2	集成电路设计	6550
8	文化休闲娱乐服务	
8.1	旅游服务	

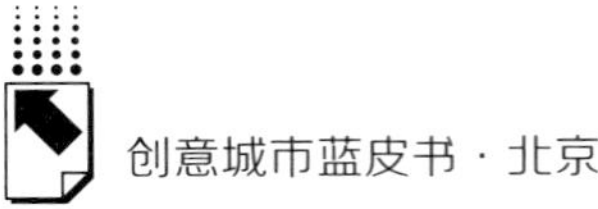

续表

序号	类别名称	国民经济行业代码
8.1.1	旅行社服务	7271
8.1.2	旅游管理服务	7272
8.1.3	其他旅行社相关服务	7279
8.1.4	公园管理	7851
8.1.5	游览景区管理	7852
8.1.6	绿化管理	7840 *
8.1.7	自然保护区管理	7711
8.1.8	野生动物保护	7712 *
8.1.9	野生植物保护	7713 *
8.2	休闲娱乐服务	
8.2.1	歌舞厅娱乐活动	8911
8.2.2	电子游艺厅娱乐活动	8912
8.2.3	网吧活动	8913
8.2.4	其他室内娱乐活动	8919
8.2.5	游乐园	8920
8.2.6	休闲健身活动	8830
8.2.7	其他娱乐业	8990
8.3	摄影扩印服务	
8.3.1	摄影扩印服务	7492
9	文化用品设备生产销售及其他辅助服务	
9.1	文化用品的生产	
9.1.1	文具制造	2411
9.1.2	笔的制造	2412
9.1.3	墨水、墨汁制造	2414
9.1.4	中乐器制造	2421
9.1.5	西乐器制造	2422
9.1.6	电子乐器制造	2423
9.1.7	其他乐器及零件制造	2429
9.1.8	玩具制造	2450
9.1.9	焰火、鞭炮产品制造	2672
9.1.10	机制纸及纸板制造	2221 *
9.1.11	手工纸制造	2222
9.1.12	油墨及类似产品制造	2642

续表

序号	类别名称	国民经济行业代码
9.1.13	颜料制造	2643*
9.1.14	信息化学品制造	2664*
9.1.15	照明灯具制造	3872*
9.1.16	其他电子设备制造	3990*
9.2	文化设备的生产	
9.2.1	电影机械制造	3471
9.2.2	幻灯及投影设备制造	3472
9.2.3	照相机及器材制造	3473
9.2.4	复印和胶印设备制造	3474
9.2.5	其他文化、办公用机械制造	3479
9.2.6	印刷专用设备制造	3542
9.2.7	广播电视节目制作及发射设备制造	3931
9.2.8	广播电视接收设备及器材制造	3932
9.2.9	应用电视设备及其他广播电视设备制造	3939
9.2.10	电视机制造	3951
9.2.11	音响设备制造	3952
9.2.12	影视录放设备制造	3953
9.2.13	露天游乐场所游乐设备制造	2461
9.2.14	游艺用品及室内游艺器材制造	2462
9.2.15	其他娱乐用品制造	2469
9.3	文化用品设备的销售	
9.3.1	文具用品批发	5141
9.3.2	文具用品零售	5241
9.3.3	乐器零售	5247
9.3.4	照相器材零售	5248
9.3.5	家用电器批发	5137*
9.3.6	家用视听设备零售	5271
9.3.7	其他文化用品批发	5149
9.3.8	其他文化用品零售	5249
9.3.9	通信及广播电视设备批发	5178*
9.3.10	电气设备批发	5176*
9.3.11	日用家电设备零售	5272*
9.4	印刷复制服务	

续表

序号	类别名称	国民经济行业代码
9.4.1	书、报刊印刷	2311
9.4.2	本册印刷	2312
9.4.3	包装装潢及其他印刷	2319
9.4.4	装订及印刷相关服务	2320
9.4.5	记录媒介复制	2330
9.5	文化商务服务	
9.5.1	投资与资产管理	7212*
9.5.2	社会经济咨询	7233*
9.5.3	知识产权服务	7250
9.5.4	办公服务	7294
9.5.5	文化娱乐经纪人	8941
9.5.6	其他文化艺术经纪代理	8949
9.5.7	娱乐及体育设备出租	7121*
9.5.8	图书出租	7122
9.5.9	音像制品出租	7123
9.5.10	其他未列明商务服务业	7299*

注：①每个小类注释参见《国民经济行业分类注释》（2011版）；②国民经济行业代码后加“*”，表示该行业仅有部分活动属于文化创意及相关产业。

资料来源：北京市统计局。

B.27

附录二：中国创意产业研究中心“创意书系”出版书目

2006 年

《中国创意产业发展报告（2006）》，中国经济出版社。

2007 年

《中国创意产业发展报告（2007）》，中国经济出版社。

《创意为王——中国创意产业案例典藏》，科学出版社。

“奥运·创意”丛书之《科技奥运》，科学出版社。

2008 年

“奥运·创意”丛书之《绿色奥运》，科学出版社。

“奥运·创意”丛书之《人文奥运》，科学出版社。

“奥运·创意”丛书之《和谐奥运》，科学出版社。

“奥运·创意”丛书之《安全奥运》，科学出版社。

“奥运·创意”丛书之《财富奥运》，科学出版社。

“奥运·创意”丛书之《创意奥运》，科学出版社。

《北京——创新之都》，科学出版社。

《中国创意产业发展报告（2008）》，中国经济出版社。

2009 年

《中国创意产业发展报告（2009）》，中国经济出版社。

《思想力》，中国人民大学出版社。

2010 年

《中国创意产业发展报告（2010）》，中国经济出版社。

《首都文化创意产业标准化》，科学出版社。

《创意起步——中小型创意企业创业指导》，中国经济出版社。

《注意力——创意产业案例之影视戏剧篇》，中国城市出版社。

2011 年

《中国创意产业发展报告（2011）》（上、下），中国经济出版社。

《文化创意产业集群发展理论与实践》，科学出版社。

“创意城市蓝皮书”之《北京文化创意产业发展报告（2011）》，社会科学文献出版社。

“创意城市蓝皮书”之《青岛文化创意产业发展报告（2011）》，社会科学文献出版社。

2012 年

《中国创意产业发展报告（2012）》，中国经济出版社。

“创意城市蓝皮书”之《北京文化创意产业发展报告（2012）》，社会科学文献出版社。

“创意城市蓝皮书”之《青岛文化创意产业发展报告（2012）》，社会科学文献出版社。

2013 年

《中国创意产业发展报告（2013）》，中国经济出版社。

《工业遗产的保护与利用——创意经济时代的视角》，北京大学出版社。

《中外文化创意产业政策研究》，科学出版社。

《中国创意产业发展战略》，中国计划出版社。

“创意城市蓝皮书”之《北京文化创意产业发展报告（2013）》，社会科学文献出版社。

“创意城市蓝皮书”之《无锡文化创意产业发展报告（2013）》，社会科学文献出版社。

“创意城市蓝皮书”之《武汉文化创意产业发展报告（2013）》，社会科学文献出版社。

2014 年

《中国创意产业发展报告（2014）》，中国经济出版社。

《北京文化创意产业功能区发展研究》，中国经济出版社。

“创意城市蓝皮书”之《北京文化创意产业发展报告（2014）》，社会科学文献出版社。

“创意城市蓝皮书”之《武汉文化创意产业发展报告（2014）》，社会科学文献出版社。

“创意城市蓝皮书”之《无锡文化创意产业发展报告（2014）》，社会科学文献出版社。

“创意城市蓝皮书”之《台北文化创意产业发展报告（2014）》，社会科学文献出版社。

“创意城市蓝皮书”之《青岛文化创意产业发展报告（2013～2014）》，社会科学文献出版社。

“创意城市蓝皮书”之《重庆创意产业发展报告（2014）》，社会科学文献出版社。

2015 年

《中国创意产业发展报告（2015）》，中国经济出版社。

“创意城市蓝皮书”之《北京文化创意产业发展报告（2015）》，社会科学文献出版社。

“创意城市蓝皮书”之《武汉文化创意产业发展报告（2015）》，社会科学文献出版社。

《北京文化创意产业功能区发展报告（2014）》，中国经济出版社。

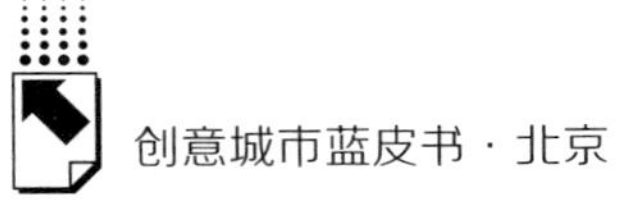

《中国创意城市指数评价体系研究》，中国城市出版社。

《文化产业（文化企业）案例分析》，经济日报出版社。

2016 年

《中国创意产业发展报告（2016）》，中国经济出版社。

“创意城市蓝皮书”之《北京文化创意产业发展报告（2016）》，社会科学文献出版社。

“创意城市蓝皮书”之《天津文化创意产业发展报告（2016）》，社会科学文献出版社。

“创意城市蓝皮书”之《武汉文化创意产业发展报告（2016）》，社会科学文献出版社。

2017 年

《中国创意产业发展报告（2017）》，中国经济出版社。

“创意城市蓝皮书”之《北京文化创意产业发展报告（2017）》，社会科学文献出版社。

“创意城市蓝皮书”之《武汉文化创意产业发展报告（2017）》，社会科学文献出版社。

❖ 皮书起源 ❖

“皮书”起源于十七、十八世纪的英国，主要指官方或社会组织正式发表的重要文件或报告，多以“白皮书”命名。在中国，“皮书”这一概念被社会广泛接受，并被成功运作、发展成为一种全新的出版形态，则源于中国社会科学院社会科学文献出版社。

❖ 皮书定义 ❖

皮书是对中国与世界发展状况和热点问题进行年度监测，以专业的角度、专家的视野和实证研究方法，针对某一领域或区域现状与发展态势展开分析和预测，具备原创性、实证性、专业性、连续性、前沿性、时效性等特点的公开出版物，由一系列权威研究报告组成。

❖ 皮书作者 ❖

皮书系列的作者以中国社会科学院、著名高校、地方社会科学院的研究人员为主，多为国内一流研究机构的权威专家学者，他们的看法和观点代表了学界对中国与世界的现实和未来最高水平的解读与分析。

❖ 皮书荣誉 ❖

皮书系列已成为社会科学文献出版社的著名图书品牌和中国社会科学院的知名学术品牌。2016 年，皮书系列正式列入“十三五”国家重点出版规划项目；2012~2016 年，重点皮书列入中国社会科学院承担的国家哲学社会科学创新工程项目；2017 年，55 种院外皮书使用“中国社会科学院创新工程学术出版项目”标识。

S 子库介绍
Sub-Database Introduction

中国经济发展数据库

涵盖宏观经济、农业经济、工业经济、产业经济、财政金融、交通旅游、商业贸易、劳动经济、企业经济、房地产经济、城市经济、区域经济等领域，为用户实时了解经济运行态势、 把握经济发展规律、 洞察经济形势、 做出经济决策提供参考和依据。

中国社会发展数据库

全面整合国内外有关中国社会发展的统计数据、 深度分析报告、 专家解读和热点资讯构建而成的专业学术数据库。涉及宗教、社会、人口、政治、外交、法律、文化、教育、体育、文学艺术、医药卫生、资源环境等多个领域。

中国行业发展数据库

以中国国民经济行业分类为依据，跟踪分析国民经济各行业市场运行状况和政策导向，提供行业发展最前沿的资讯，为用户投资、从业及各种经济决策提供理论基础和实践指导。内容涵盖农业，能源与矿产业，交通运输业，制造业，金融业，房地产业，租赁和商务服务业，科学研究，环境和公共设施管理，居民服务业，教育，卫生和社会保障，文化、体育和娱乐业等 100 余个行业。

中国区域发展数据库

对特定区域内的经济、社会、文化、法治、资源环境等领域的现状与发展情况进行分析和预测。涵盖中部、西部、东北、西北等地区，长三角、珠三角、黄三角、京津冀、环渤海、合肥经济圈、长株潭城市群、关中—天水经济区、海峡经济区等区域经济体和城市圈，北京、上海、浙江、河南、陕西等 34 个省份及中国台湾地区 。

中国文化传媒数据库

包括文化事业、文化产业、宗教、群众文化、图书馆事业、博物馆事业、档案事业、语言文字、文学、历史地理、新闻传播、广播电视、出版事业、艺术、电影、娱乐等多个子库。

世界经济与国际关系数据库

以皮书系列中涉及世界经济与国际关系的研究成果为基础，全面整合国内外有关世界经济与国际关系的统计数据、深度分析报告、专家解读和热点资讯构建而成的专业学术数据库。包括世界经济、国际政治、世界文化与科技、全球性问题、国际组织与国际法、区域研究等多个子库。

法律声明

“皮书系列”（含蓝皮书、绿皮书、黄皮书）之品牌由社会科学文献出版社最早使用并持续至今，现已被中国图书市场所熟知。“皮书系列”的LOGO（）与“经济蓝皮书”“社会蓝皮书”均已在中华人民共和国国家工商行政管理总局商标局登记注册。“皮书系列”图书的注册商标专用权及封面设计、版式设计的著作权均为社会科学文献出版社所有。未经社会科学文献出版社书面授权许可，任何使用与“皮书系列”图书注册商标、封面设计、版式设计相同或者近似的文字、图形或其组合的行为均系侵权行为。

经作者授权，本书的专有出版权及信息网络传播权为社会科学文献出版社享有。未经社会科学文献出版社书面授权许可，任何就本书内容的复制、发行或以数字形式进行网络传播的行为均系侵权行为。

社会科学文献出版社将通过法律途径追究上述侵权行为的法律责任，维护自身合法权益。

欢迎社会各界人士对侵犯社会科学文献出版社上述权利的侵权行为进行举报。电话：010－59367121，电子邮箱：fawubu@ssap.cn。

社会科学文献出版社

经　济　类

经济类皮书涵盖宏观经济、城市经济、大区域经济，
提供权威、前沿的分析与预测

经济蓝皮书

2017 年中国经济形势分析与预测

李扬 / 主编　2017 年 1 月出版　定价：89.00 元

◆　本书为总理基金项目，由著名经济学家李扬领衔，联合中国社会科学院等数十家科研机构、国家部委和高等院校的专家共同撰写，系统分析了 2016 年的中国经济形势并预测 2017 年中国经济运行情况。

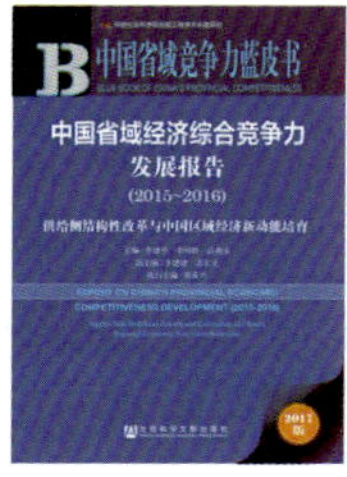

中国省域竞争力蓝皮书

中国省域经济综合竞争力发展报告（2015 ~ 2016）

李建平　李闽榕　高燕京 / 主编　2017 年 5 月出版　定价：198.00 元

◆　本书融多学科的理论为一体，深入追踪研究了省域经济发展与中国国家竞争力的内在关系，为提升中国省域经济综合竞争力提供有价值的决策依据。

城市蓝皮书

中国城市发展报告 No.10

潘家华　单菁菁 / 主编　2017 年 9 月出版　估价：89.00 元

◆　本书是由中国社会科学院城市发展与环境研究中心编著的，多角度、全方位地立体展示了中国城市的发展状况，并对中国城市的未来发展提出了许多建议。该书有强烈的时代感，对中国城市发展实践有重要的参考价值。

人口与劳动绿皮书

中国人口与劳动问题报告 No.18

蔡昉　张车伟 / 主编　2017 年 10 月出版　估价：89.00 元

◆　本书为中国社会科学院人口与劳动经济研究所主编的年度报告，对当前中国人口与劳动形势做了比较全面和系统的深入讨论，为研究中国人口与劳动问题提供了一个专业性的视角。

世界经济黄皮书

2017 年世界经济形势分析与预测

张宇燕 / 主编　2017 年 1 月出版　定价：89.00 元

◆　本书由中国社会科学院世界经济与政治研究所的研究团队撰写，2016 年世界经济增速进一步放缓，就业增长放慢。世界经济面临许多重大挑战同时，地缘政治风险、难民危机、大国政治周期、恐怖主义等问题也仍然在影响世界经济的稳定与发展。预计 2017 年按 PPP 计算的世界 GDP 增长率约为 3.0%。

国际城市蓝皮书

国际城市发展报告（2017）

屠启宇 / 主编　2017 年 2 月出版　定价：79.00 元

◆　本书作者以上海社会科学院从事国际城市研究的学者团队为核心，汇集同济大学、华东师范大学、复旦大学、上海交通大学、南京大学、浙江大学相关城市研究专业学者。立足动态跟踪介绍国际城市发展时间中，最新出现的重大战略、重大理念、重大项目、重大报告和最佳案例。

金融蓝皮书

中国金融发展报告（2017）

王国刚 / 主编　2017 年 2 月出版　定价：79.00 元

◆　本书由中国社会科学院金融研究所组织编写，概括和分析了 2016 年中国金融发展和运行中的各方面情况，研讨和评论了 2016 年发生的主要金融事件，有利于读者了解掌握 2016 年中国的金融状况，把握 2017 年中国金融的走势。

农村绿皮书

中国农村经济形势分析与预测（2016～2017）

魏后凯　黄秉信 / 主编　2017 年 4 月出版　定价：79.00 元

◆　本书描述了 2016 年中国农业农村经济发展的一些主要指标和变化，并对 2017 年中国农业农村经济形势的一些展望和预测，提出相应的政策建议。

西部蓝皮书

中国西部发展报告（2017）

徐璋勇 / 主编　2017 年 8 月出版　定价：89.00 元

◆　本书由西北大学中国西部经济发展研究中心主编，汇集了源自西部本土以及国内研究西部问题的权威专家的第一手资料，对国家实施西部大开发战略进行年度动态跟踪，并对 2017 年西部经济、社会发展态势进行预测和展望。

经济蓝皮书・夏季号

中国经济增长报告（2016 ～ 2017）

李扬 / 主编　2017 年 5 月出版　定价：98.00 元

◆　中国经济增长报告主要探讨 2016~2017 年中国经济增长问题，以专业视角解读中国经济增长，力求将其打造成一个研究中国经济增长、服务宏微观各级决策的周期性、权威性读物。

就业蓝皮书

2017 年中国本科生就业报告

麦可思研究院 / 编著　2017 年 6 月出版　定价：98.00 元

◆　本书基于大量的数据和调研，内容翔实，调查独到，分析到位，用数据说话，对中国大学生就业及学校专业设置起到了很好的建言献策作用。

社会政法类

社会政法类皮书聚焦社会发展领域的热点、难点问题，提供权威、原创的资讯与视点

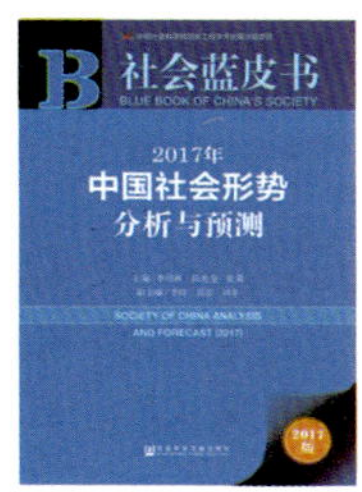

社会蓝皮书

2017 年中国社会形势分析与预测

李培林　陈光金　张翼 / 主编　2016 年 12 月出版　定价：89.00 元

◆　本书由中国社会科学院社会学研究所组织研究机构专家、高校学者和政府研究人员撰写，聚焦当下社会热点，对 2016 年中国社会发展的各个方面内容进行了权威解读，同时对 2017 年社会形势发展趋势进行了预测。

法治蓝皮书

中国法治发展报告 No.15（2017）

李林　田禾 / 主编　2017 年 3 月出版　定价：118.00 元

◆　本年度法治蓝皮书回顾总结了 2016 年度中国法治发展取得的成就和存在的不足，对中国政府、司法、检务透明度进行了跟踪调研，并对 2017 年中国法治发展形势进行了预测和展望。

社会体制蓝皮书

中国社会体制改革报告 No.5（2017）

龚维斌 / 主编　2017 年 3 月出版　定价：89.00 元

◆　本书由国家行政学院社会治理研究中心和北京师范大学中国社会管理研究院共同组织编写，主要对 2016 年社会体制改革情况进行回顾和总结，对 2017 年的改革走向进行分析，提出相关政策建议。

社会心态蓝皮书

中国社会心态研究报告（2017）

王俊秀　杨宜音 / 主编　2017 年 12 月出版　估价：89.00 元

◆　本书是中国社会科学院社会学研究所社会心理研究中心“社会心态蓝皮书课题组”的年度研究成果，运用社会心理学、社会学、经济学、传播学等多种学科的方法进行了调查和研究，对于目前中国社会心态状况有较广泛和深入的揭示。

生态城市绿皮书

中国生态城市建设发展报告（2017）

刘举科　孙伟平　胡文臻 / 主编　2017 年 10 月出版　估价：118.00 元

◆　报告以绿色发展、循环经济、低碳生活、民生宜居为理念，以更新民众观念、提供决策咨询、指导工程实践、引领绿色发展为宗旨，试图探索一条具有中国特色的城市生态文明建设新路。

城市生活质量蓝皮书

中国城市生活质量报告（2017）

中国经济实验研究院 / 主编　2018 年 2 月出版　估价：89.00 元

◆　本书对全国 35 个城市居民的生活质量主观满意度进行了电话调查，同时对 35 个城市居民的客观生活质量指数进行了计算，为中国城市居民生活质量的提升，提出了针对性的政策建议。

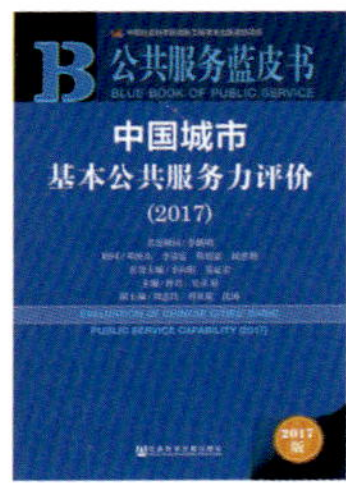

公共服务蓝皮书

中国城市基本公共服务力评价（2017）

钟君　刘志昌　吴正杲 / 主编　2017 年 12 月出版　估价：89.00 元

◆　中国社会科学院经济与社会建设研究室与华图政信调查组成联合课题组，从 2010 年开始对基本公共服务力进行研究，研创了基本公共服务力评价指标体系，为政府考核公共服务与社会管理工作提供了理论工具。

行 业 报 告 类

行业报告类皮书立足重点行业、新兴行业领域，
提供及时、前瞻的数据与信息

企业社会责任蓝皮书

中国企业社会责任研究报告（2017）

黄群慧　钟宏武　张蒽　翟利峰 / 著　2017 年 10 月出版　估价：89.00 元

◆　本书剖析了中国企业社会责任在 2016 ~ 2017 年度的最新发展特征，详细解读了省域国有企业在社会责任方面的阶段性特征，生动呈现了国内外优秀企业的社会责任实践。对了解中国企业社会责任履行现状、未来发展，以及推动社会责任建设有重要的参考价值。

新能源汽车蓝皮书

中国新能源汽车产业发展报告（2017）

中国汽车技术研究中心　日产（中国）投资有限公司
东风汽车有限公司 / 编著　2017 年 8 月出版　定价：98.00 元

◆　本书对中国 2016 年新能源汽车产业发展进行了全面系统的分析，并介绍了国外的发展经验。有助于相关机构、行业和社会公众等了解中国新能源汽车产业发展的最新动态，为政府部门出台新能源汽车产业相关政策法规、企业制定相关战略规划，提供必要的借鉴和参考。

杜仲产业绿皮书

中国杜仲橡胶资源与产业发展报告（2016 ~ 2017）

杜红岩　胡文臻　俞锐 / 主编　2017 年 11 月出版　估价：85.00 元

◆　本书对 2016 年杜仲产业的发展情况、研究团队在杜仲研究方面取得的重要成果、部分地区杜仲产业发展的具体情况、杜仲新标准的制定情况等进行了较为详细的分析与介绍，使广大关心杜仲产业发展的读者能够及时跟踪产业最新进展。

企业蓝皮书

中国企业绿色发展报告 No.2（2017）

李红玉　朱光辉 / 主编　　2017 年 11 月出版　　估价：89.00 元

◆　本书深入分析中国企业能源消费、资源利用、绿色金融、绿色产品、绿色管理、信息化、绿色发展政策及绿色文化方面的现状，并对目前存在的问题进行研究，剖析因果，谋划对策，为企业绿色发展提供借鉴，为中国生态文明建设提供支撑。

中国上市公司蓝皮书

中国上市公司发展报告（2017）

张平　王宏淼 / 主编　　2017 年 9 月出版　　定价：98.00 元

◆　本书由中国社会科学院上市公司研究中心组织编写的，着力于全面、真实、客观反映当前中国上市公司财务状况和价值评估的综合性年度报告。本书详尽分析了 2016 年中国上市公司情况，特别是现实中暴露出的制度性、基础性问题，并对资本市场改革进行了探讨。

资产管理蓝皮书

中国资产管理行业发展报告（2017）

智信资产管理研究院 / 编著　　2017 年 7 月出版　　定价：98.00 元

◆　中国资产管理行业刚刚兴起，未来将成为中国金融市场最有看点的行业。本书主要分析了 2016 年度资产管理行业的发展情况，同时对资产管理行业的未来发展做出科学的预测。

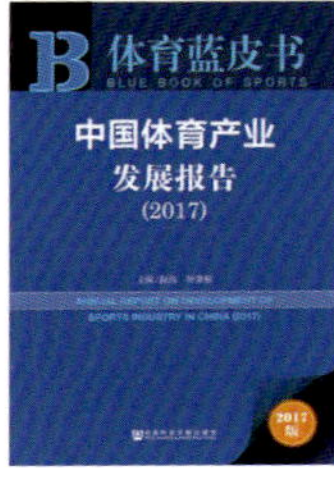

体育蓝皮书

中国体育产业发展报告（2017）

阮伟　钟秉枢 / 主编　　2017 年 12 月出版　　估价：89.00 元

◆　本书运用多种研究方法，在体育竞赛业、体育用品业、体育场馆业、体育传媒业等传统产业研究的基础上，并对 2016 年体育领域内的各种热点事件进行研究和梳理，进一步拓宽了研究的广度、提升了研究的高度、挖掘了研究的深度。

国际问题类

国际问题类皮书关注全球重点国家与地区，
提供全面、独特的解读与研究

美国蓝皮书

美国研究报告（2017）

郑秉文　黄平 / 主编　2017 年 5 月出版　定价：89.00 元

◆　本书是由中国社会科学院美国研究所主持完成的研究成果，它回顾了美国 2016 年的经济、政治形势与外交战略，对 2017 年以来美国内政外交发生的重大事件及重要政策进行了较为全面的回顾和梳理。

日本蓝皮书

日本研究报告（2017）

杨伯江 / 主编　2017 年 6 月出版　定价：89.00 元

◆　本书对 2016 年日本的政治、经济、社会、外交等方面的发展情况做了系统介绍，对日本的热点及焦点问题进行了总结和分析，并在此基础上对该国 2017 年的发展前景做出预测。

亚太蓝皮书

亚太地区发展报告（2017）

李向阳 / 主编　2017 年 5 月出版　定价：79.00 元

◆　本书是中国社会科学院亚太与全球战略研究院的集体研究成果。2017 年的“亚太蓝皮书”继续关注中国周边环境的变化。该书盘点了 2016 年亚太地区的焦点和热点问题，为深入了解 2016 年及未来中国与周边环境的复杂形势提供了重要参考。

德国蓝皮书

德国发展报告（2017）

郑春荣 / 主编　2017 年 6 月出版　定价：79.00 元

◆　本报告由同济大学德国研究所组织编撰，由该领域的专家学者对德国的政治、经济、社会文化、外交等方面的形势发展情况，进行全面的阐述与分析。

日本经济蓝皮书

日本经济与中日经贸关系研究报告（2017）

张季风 / 编著　2017 年 6 月出版　定价：89.00 元

◆　本书系统、详细地介绍了 2016 年日本经济以及中日经贸关系发展情况，在进行了大量数据分析的基础上，对 2017 年日本经济以及中日经贸关系的大致发展趋势进行了分析与预测。

俄罗斯黄皮书

俄罗斯发展报告（2017）

李永全 / 编著　2017 年 6 月出版　定价：89.00 元

◆　本书系统介绍了 2016 年俄罗斯经济政治情况，并对 2016 年该地区发生的焦点、热点问题进行了分析与回顾；在此基础上，对该地区 2017 年的发展前景进行了预测。

非洲黄皮书

非洲发展报告 No.19（2016 ~ 2017）

张宏明 / 主编　2017 年 7 月出版　定价：89.00 元

◆　本书是由中国社会科学院西亚非洲研究所组织编撰的非洲形势年度报告，比较全面、系统地分析了 2016 年非洲政治形势和热点问题，探讨了非洲经济形势和市场走向，剖析了大国对非洲关系的新动向；此外，还介绍了国内非洲研究的新成果。

地方发展类

地方发展类皮书关注中国各省份、经济区域，
提供科学、多元的预判与资政信息

北京蓝皮书

北京公共服务发展报告（2016~2017）

施昌奎 / 主编　2017 年 3 月出版　定价：79.00 元

◆　本书是由北京市政府职能部门的领导、首都著名高校的教授、知名研究机构的专家共同完成的关于北京市公共服务发展与创新的研究成果。

河南蓝皮书

河南经济发展报告（2017）

张占仓　完世伟 / 主编　2017 年 4 月出版　定价：79.00 元

◆　本书以国内外经济发展环境和走向为背景，主要分析当前河南经济形势，预测未来发展趋势，全面反映河南经济发展的最新动态、热点和问题，为地方经济发展和领导决策提供参考。

广州蓝皮书

2017 年中国广州经济形势分析与预测

魏明海　谢博能　李华 / 主编　2017 年 6 月出版　定价：85.00 元

◆　本书由广州大学与广州市委政策研究室、广州市统计局联合主编，汇集了广州科研团体、高等院校和政府部门诸多经济问题研究专家、学者和实际部门工作者的最新研究成果，是关于广州经济运行情况和相关专题分析、预测的重要参考资料。

文化传媒类

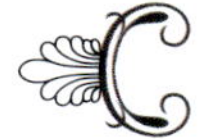

文化传媒类皮书透视文化领域、文化产业，
探索文化大繁荣、大发展的路径

新媒体蓝皮书

中国新媒体发展报告 No.8（2017）

唐绪军 / 主编　2017 年 6 月出版　定价：79.00 元

◆　本书是由中国社会科学院新闻与传播研究所组织编写的关于新媒体发展的最新年度报告，旨在全面分析中国新媒体的发展现状，解读新媒体的发展趋势，探析新媒体的深刻影响。

移动互联网蓝皮书

中国移动互联网发展报告（2017）

余清楚 / 主编　2017 年 6 月出版　定价：98.00 元

◆　本书着眼于对 2016 年度中国移动互联网的发展情况做深入解析，对未来发展趋势进行预测，力求从不同视角、不同层面全面剖析中国移动互联网发展的现状、年度突破及热点趋势等。

传媒蓝皮书

中国传媒产业发展报告（2017）

崔保国 / 主编　2017 年 5 月出版　定价：98.00 元

◆　“传媒蓝皮书”连续十多年跟踪观察和系统研究中国传媒产业发展。本报告在对传媒产业总体以及各细分行业发展状况与趋势进行深入分析基础上，对年度发展热点进行跟踪，剖析新技术引领下的商业模式，对传媒各领域发展趋势、内体经营、传媒投资进行解析，为中国传媒产业正在发生的变革提供前瞻行参考。

经济类

"三农"互联网金融蓝皮书
中国"三农"互联网金融发展报告（2017）
著(编)者：李勇坚 王弢　2017年8月出版 / 估价：98.00元
PSN B-2016-561-1/1

"一带一路"投资安全蓝皮书
中国"一带一路"投资与安全研究报告（2017）
著(编)者：邹统钎 梁昊光　2017年4月出版 / 定价：89.00元
PSN B-2017-612-1/1

G20国家创新竞争力黄皮书
二十国集团（G20）国家创新竞争力发展报告（2016~2017）
著(编)者：李建平 李闽榕 赵新力 周天勇
2017年8月出版 / 估价：158.00元
PSN Y-2011-229-1/1

产业蓝皮书
中国产业竞争力报告（2017）No.7
著(编)者：张其仔　2017年12月出版 / 估价：98.00元
PSN B-2010-175-1/1

城市创新蓝皮书
中国城市创新报告（2017）
著(编)者：周天勇 旷建伟　2017年11月出版 / 估价：89.00元
PSN B-2013-340-1/1

城市蓝皮书
中国城市发展报告No.10
著(编)者：潘家华 单菁菁　2017年9月出版 / 估价：89.00元
PSN B-2007-091-1/1

城乡一体化蓝皮书
中国城乡一体化发展报告（2016~2017）
著(编)者：汝信 付崇兰　2017年7月出版 / 估价：85.00元
PSN B-2011-226-1/2

城镇化蓝皮书
中国新型城镇化健康发展报告（2017）
著(编)者：张占斌　2017年11月出版 / 估价：89.00元
PSN B-2014-396-1/1

创新蓝皮书
创新型国家建设报告（2016~2017）
著(编)者：詹正茂　2017年12月出版 / 估价：89.00元
PSN B-2009-140-1/1

创业蓝皮书
中国创业发展报告（2016~2017）
著(编)者：黄群慧 赵卫星 钟宏武等
2017年11月出版 / 估价：89.00元
PSN B-2016-578-1/1

低碳发展蓝皮书
中国低碳发展报告（2017）
著(编)者：张希良 齐晔　2017年6月出版 / 定价：79.00元
PSN B-2011-223-1/1

低碳经济蓝皮书
中国低碳经济发展报告（2017）
著(编)者：薛进军 赵忠秀　2017年7月出版 / 估价：85.00元
PSN B-2011-194-1/1

东北蓝皮书
中国东北地区发展报告（2017）
著(编)者：姜晓秋　2017年2月出版 / 定价：79.00元
PSN B-2006-067-1/1

发展与改革蓝皮书
中国经济发展和体制改革报告No.8
著(编)者：邹东涛 王再文　2017年7月出版 / 估价：98.00元
PSN B-2008-122-1/1

工业化蓝皮书
中国工业化进程报告（1999~2015）
著(编)者：黄群慧 李芳芳 等
2017年5月出版 / 定价：158.00元
PSN B-2007-095-1/1

管理蓝皮书
中国管理发展报告（2017）
著(编)者：张晓东　2017年10月出版 / 估价：98.00元
PSN B-2014-416-1/1

国际城市蓝皮书
国际城市发展报告（2017）
著(编)者：屠启宇　2017年2月出版 / 定价：79.00元
PSN B-2012-260-1/1

国家创新蓝皮书
中国创新发展报告（2017）
著(编)者：陈劲　2018年3月出版 / 估价：89.00元
PSN B-2014-370-1/1

金融蓝皮书
中国金融发展报告（2017）
著(编)者：王国刚　2017年2月出版 / 定价：79.00元
PSN B-2004-031-1/6

京津冀金融蓝皮书
京津冀金融发展报告（2017）
著(编)者：王爱俭 李向前
2017年7月出版 / 估价：89.00元
PSN B-2016-528-1/1

京津冀蓝皮书
京津冀发展报告（2017）
著(编)者：祝合良 叶堂林 张贵祥 等
2017年4月出版 / 估价：89.00元
PSN B-2012-262-1/1

经济蓝皮书
2017年中国经济形势分析与预测
著(编)者：李扬　2017年1月出版 / 定价：89.00元
PSN B-1996-001-1/1

经济蓝皮书·春季号
2017年中国经济前景分析
著(编)者：李扬　2017年5月出版 / 定价：79.00元
PSN B-1999-008-1/1

经济蓝皮书·夏季号
中国经济增长报告（2016~2017）
著(编)者：李扬　2017年9月出版 / 估价：98.00元
PSN B-2010-176-1/1

经济信息绿皮书
中国与世界经济发展报告（2017）
著(编)者：杜平　2017年12月出版 / 定价：89.00元
PSN G-2003-023-1/1

就业蓝皮书
2017年中国本科生就业报告
著(编)者：麦可思研究院　2017年6月出版 / 定价：98.00元
PSN B-2009-146-1/2

就业蓝皮书
2017年中国高职高专生就业报告
著(编)者：麦可思研究院　　2017年6月出版 / 定价：98.00元
PSN B-2015-472-2/2

科普能力蓝皮书
中国科普能力评价报告（2017）
著(编)者：李富 强李群　　2017年8月出版 / 估价：89.00元
PSN B-2016-556-1/1

临空经济蓝皮书
中国临空经济发展报告（2017）
著(编)者：连玉明　　2017年9月出版 / 估价：89.00元
PSN B-2014-421-1/1

农村绿皮书
中国农村经济形势分析与预测（2016~2017）
著(编)者：魏后凯 黄秉信
2017年4月出版 / 定价：79.00元
PSN G-1998-003-1/1

农业应对气候变化蓝皮书
气候变化对中国农业影响评估报告 No.3
著(编)者：矫梅燕　　2017年8月出版 / 估价：98.00元
PSN B-2014-413-1/1

气候变化绿皮书
应对气候变化报告（2017）
著(编)者：王伟光 郑国光　　2017年11月出版 / 估价：89.00元
PSN G-2009-144-1/1

区域蓝皮书
中国区域经济发展报告（2016~2017）
著(编)者：赵弘　　2017年5月出版 / 定价：79.00元
PSN B-2004-034-1/1

全球环境竞争力绿皮书
全球环境竞争力报告（2017）
著(编)者：李建平 李闽榕 王金南
2017年12月出版 / 估价：198.00元
PSN G-2013-363-1/1

人口与劳动绿皮书
中国人口与劳动问题报告 No.18
著(编)者：蔡昉 张车伟　　2017年11月出版 / 估价：89.00元
PSN G-2000-012-1/1

商务中心区蓝皮书
中国商务中心区发展报告 No.3（2016）
著(编)者：李国红 单菁菁　　2017年9月出版 / 估价：98.00元
PSN B-2015-444-1/1

世界经济黄皮书
2017年世界经济形势分析与预测
著(编)者：张宇燕　　2017年1月出版 / 定价：89.00元
PSN Y-1999-006-1/1

世界旅游城市绿皮书
世界旅游城市发展报告（2017）
著(编)者：宋宇　　2017年7月出版 / 估价：128.00元
PSN G-2014-400-1/1

土地市场蓝皮书
中国农村土地市场发展报告（2016~2017）
著(编)者：李光荣　　2017年7月出版 / 估价：89.00元
PSN B-2016-527-1/1

西北蓝皮书
中国西北发展报告（2017）
著(编)者：任宗哲 白宽犁 王建康
2017年4月出版 / 定价：88.00元
PSN B-2012-261-1/1

西部蓝皮书
中国西部发展报告（2017）
著(编)者：徐璋勇　　2017年8月出版 / 定价：89.00元
PSN B-2005-039-1/1

新型城镇化蓝皮书
新型城镇化发展报告（2017）
著(编)者：李伟 宋敏 沈体雁　　2018年7月出版 / 估价：98.00元
PSN B-2014-431-1/1

新兴经济体蓝皮书
金砖国家发展报告（2017）
著(编)者：林跃勤 周文　　2017年12月出版 / 估价：89.00元
PSN B-2011-195-1/1

长三角蓝皮书
2017年创新融合发展的长三角
著(编)者：王庆五　　2018年3月出版 / 估价：88.00元
PSN B-2005-038-1/1

中部竞争力蓝皮书
中国中部经济社会竞争力报告（2017）
著(编)者：教育部人文社会科学重点研究基地
南昌大学中国中部经济社会发展研究中心
2017年12月出版 / 估价：89.00元
PSN B-2012-276-1/1

中部蓝皮书
中国中部地区发展报告（2017）
著(编)者：宋亚平　　2017年12月出版 / 估价：88.00元
PSN B-2007-089-1/1

中国省域竞争力蓝皮书
中国省域经济综合竞争力发展报告（2017）
著(编)者：李建平 李闽榕 高燕京
2017年2月出版 / 定价：198.00元
PSN B-2007-088-1/1

中三角蓝皮书
长江中游城市群发展报告（2017）
著(编)者：秦尊文　　2017年9月出版 / 估价：89.00元
PSN B-2014-417-1/1

中小城市绿皮书
中国中小城市发展报告（2017）
著(编)者：中国城市经济学会中小城市经济发展委员会
中国城镇化促进会中小城市发展委员会
《中国中小城市发展报告》编纂委员会
中小城市发展战略研究院
2017年11月出版 / 估价：128.00元
PSN G-2010-161-1/1

中原蓝皮书
中原经济区发展报告（2017）
著(编)者：李英杰　　2017年7月出版 / 估价：88.00元
PSN B-2011-192-1/1

自贸区蓝皮书
中国自贸区发展报告（2017）
著(编)者：王力 黄育华　　2017年6月出版 / 定价：89.00元
PSN B-2016-559-1/1

社会政法类

北京蓝皮书
中国社区发展报告（2017）
著(编)者：于燕燕　　2018年4月出版 / 估价：89.00元
PSN B-2007-083-5/8

殡葬绿皮书
中国殡葬事业发展报告（2017）
著(编)者：李伯森　　2017年11月出版 / 估价：158.00元
PSN G-2010-180-1/1

城市管理蓝皮书
中国城市管理报告（2016~2017）
著(编)者：刘林　刘承水　2017年7月出版 / 估价：158.00元
PSN B-2013-336-1/1

城市生活质量蓝皮书
中国城市生活质量报告（2017）
著(编)者：中国经济实验研究院
2018年2月出版 / 估价：89.00元
PSN B-2013-326-1/1

城市政府能力蓝皮书
中国城市政府公共服务能力评估报告（2017）
著(编)者：何艳玲　　2017年7月出版 / 估价：89.00元
PSN B-2013-338-1/1

慈善蓝皮书
中国慈善发展报告（2017）
著(编)者：杨团　　2017年6月出版 / 定价：98.00元
PSN B-2009-142-1/1

党建蓝皮书
党的建设研究报告 No.2（2017）
著(编)者：崔建民　陈东平　　2017年7月出版 / 估价：89.00元
PSN B-2016-524-1/1

地方法治蓝皮书
中国地方法治发展报告 No.3（2017）
著(编)者：李林　田禾　　2017年7出版 / 估价：108.00元
PSN B-2015-442-1/1

法治蓝皮书
中国法治发展报告 No.15（2017）
著(编)者：李林 田禾　　2017年3月出版 / 定价：118.00元
PSN B-2004-027-1/1

法治政府蓝皮书
中国法治政府发展报告（2017）
著(编)者：中国政法大学法治政府研究院
2018年4月出版 / 估价：98.00元
PSN B-2015-502-1/2

法治政府蓝皮书
中国法治政府评估报告（2017）
著(编)者：中国政法大学法治政府研究院
2017年11月出版 / 估价：98.00元
PSN B-2016-577-2/2

法治蓝皮书
中国法院信息化发展报告 No.1（2017）
著(编)者：李林 田禾　　2017年2月出版 / 定价：108.00元
PSN B-2017-604-3/3

反腐倡廉蓝皮书
中国反腐倡廉建设报告 No.7
著(编)者：张英伟　　2017年12月出版 / 估价：89.00元
PSN B-2012-259-1/1

非传统安全蓝皮书
中国非传统安全研究报告（2016~2017）
著(编)者：余潇枫 魏志江　　2017年7月出版 / 估价：89.00元
PSN B-2012-273-1/1

妇女发展蓝皮书
中国妇女发展报告 No.7
著(编)者：王金玲　　2017年9月出版 / 估价：148.00元
PSN B-2006-069-1/1

妇女教育蓝皮书
中国妇女教育发展报告 No.4
著(编)者：张李玺　　2017年10月出版 / 估价：78.00元
PSN B-2008-121-1/1

妇女绿皮书
中国性别平等与妇女发展报告（2017）
著(编)者：谭琳　　2017年12月出版 / 估价：99.00元
PSN G-2006-073-1/1

公共服务蓝皮书
中国城市基本公共服务力评价（2017）
著(编)者：钟君 刘志昌 吴正杲　　2017年12月出版 / 估价：89.0
PSN B-2011-214-1/1

公民科学素质蓝皮书
中国公民科学素质报告（2016~2017）
著(编)者：李群　陈雄　马宗文
2017年7月出版 / 估价：89.00元
PSN B-2014-379-1/1

公共关系蓝皮书
中国公共关系发展报告（2017）
著(编)者：柳斌杰　　2017年11月出版 / 估价：89.00元
PSN B-2016-580-1/1

公益蓝皮书
中国公益慈善发展报告（2017）
著(编)者：朱健刚　　2018年4月出版 / 估价：118.00元
PSN B-2012-283-1/1

国际人才蓝皮书
中国国际移民报告（2017）
著(编)者：王辉耀　　2017年7月出版 / 估价：89.00元
PSN B-2012-304-3/4

国际人才蓝皮书
中国留学发展报告（2017）No.5
著(编)者：王辉耀 苗绿　　2017年10月出版 / 估价：89.00元
PSN B-2012-244-2/4

海关发展蓝皮书
中国海关发展前沿报告
著(编)者：干春晖　　2017年6月出版 / 定价：89.00元
PSN B-2017-616-1/1

海洋社会蓝皮书
中国海洋社会发展报告（2017）
著(编)者：崔凤 宋宁而　2018年3月出版 / 估价：89.00元
PSN B-2015-478-1/1

行政改革蓝皮书
中国行政体制改革报告（2017）No.6
著(编)者：魏礼群　2017年7月出版 / 估价：98.00元
PSN B-2011-231-1/1

华侨华人蓝皮书
华侨华人研究报告（2017）
著(编)者：贾益民　2017年12月出版 / 估价：128.00元
PSN B-2011-204-1/1

环境竞争力绿皮书
中国省域环境竞争力发展报告（2017）
著(编)者：李建平 李闽榕 王金南
2017年11月出版 / 估价：198.00元
PSN G-2010-165-1/1

环境绿皮书
中国环境发展报告（2016~2017）
著(编)者：李波　2017年4月出版 / 定价：89.00元
PSN G-2006-048-1/1

基金会蓝皮书
中国基金会发展报告（2016~2017）
著(编)者：中国基金会发展报告课题组
2017年7月出版 / 估价：85.00元
PSN B-2013-368-1/1

基金会绿皮书
中国基金会发展独立研究报告（2017）
著(编)者：基金会中心网 中央民族大学基金会研究中心
2017年7月出版 / 估价：88.00元
PSN G-2011-213-1/1

基金会透明度蓝皮书
中国基金会透明度发展研究报告（2017）
著(编)者：基金会中心网 清华大学廉政与治理研究中心
2017年12月出版 / 估价：89.00元
PSN B-2015-509-1/1

家庭蓝皮书
中国"创建幸福家庭活动"评估报告（2017）
国务院发展研究中心"创建幸福家庭活动评估"课题组著
2017年8月出版 / 估价：89.00元
PSN B-2015-508-1/1

健康城市蓝皮书
中国健康城市建设研究报告（2017）
著(编)者：王鸿春 解树江 盛继洪
2017年9月出版 / 估价：89.00元
PSN B-2016-565-2/2

健康中国蓝皮书
社区首诊与健康中国分析报告（2017）
著(编)者：高和荣 杨叔禹 姜杰
2017年4月出版 / 定价：99.00元
PSN B-2017-611-1/1

教师蓝皮书
中国中小学教师发展报告（2017）
著(编)者：曾晓东 鱼霞　2017年7月出版 / 估价：89.00元
PSN B-2012-289-1/1

教育蓝皮书
中国教育发展报告（2017）
著(编)者：杨东平　2017年4月出版 / 定价：89.00元
PSN B-2006-047-1/1

京津冀教育蓝皮书
京津冀教育发展研究报告（2016~2017）
著(编)者：方中雄　2017年4月出版 / 定价：98.00元
PSN B-2017-608-1/1

科普蓝皮书
国家科普能力发展报告（2016～2017）
著(编)者：王康友　2017年5月出版 / 定价：128.00元
PSN B-2017-631-1/1

科普蓝皮书
中国基层科普发展报告（2016～2017）
著(编)者：赵立 新陈玲　2017年9月出版 / 估价：89.00元
PSN B-2016-569-3/3

科普蓝皮书
中国科普基础设施发展报告（2017）
著(编)者：任福君　2017年7月出版 / 估价：89.00元
PSN B-2010-174-1/3

科普蓝皮书
中国科普人才发展报告（2017）
著(编)者：郑念 任嵘嵘　2017年7月出版 / 估价：98.00元
PSN B-2015-512-2/3

科学教育蓝皮书
中国科学教育发展报告（2017）
著(编)者：罗晖 王康友　2017年10月出版 / 估价：89.00元
PSN B-2015-487-1/1

劳动保障蓝皮书
中国劳动保障发展报告（2017）
著(编)者：刘燕斌　2017年9月出版 / 估价：188.00元
PSN B-2014-415-1/1

老龄蓝皮书
中国老年宜居环境发展报告（2017）
著(编)者：党俊武 周燕珉　2017年11月出版 / 估价：89.00元
PSN B-2013-320-1/1

连片特困区蓝皮书
中国连片特困区发展报告（2016~2017）
著(编)者：游俊 冷志明 丁建军
2017年4月出版 / 定价：98.00元
PSN B-2013-321-1/1

流动儿童蓝皮书
中国流动儿童教育发展报告（2016）
著(编)者：杨东平　2017年1月出版 / 定价：79.00元
PSN B-2017-600-1/1

民调蓝皮书
中国民生调查报告（2017）
著(编)者：谢耘耕　　2017年12月出版 / 估价：98.00元
PSN B-2014-398-1/1

民族发展蓝皮书
中国民族发展报告（2017）
著(编)者：郝时远 王延中 王希恩
2017年4月出版 / 估价：98.00元
PSN B-2006-070-1/1

女性生活蓝皮书
中国女性生活状况报告 No.11（2017）
著(编)者：韩湘景　　2017年10月出版 / 估价：98.00元
PSN B-2006-071-1/1

汽车社会蓝皮书
中国汽车社会发展报告（2017）
著(编)者：王俊秀　　2017年12月出版 / 估价：89.00元
PSN B-2011-224-1/1

青年蓝皮书
中国青年发展报告（2017）No.3
著(编)者：廉思 等　　2017年12月出版 / 估价：89.00元
PSN B-2013-333-1/1

青少年蓝皮书
中国未成年人互联网运用报告（2017）
著(编)者：李文革 沈洁 季为民
2017年11月出版 / 估价：89.00元
PSN B-2010-165-1/1

青少年体育蓝皮书
中国青少年体育发展报告（2017）
著(编)者：郭建军 戴健　　2017年9月出版 / 估价：89.00元
PSN B-2015-482-1/1

群众体育蓝皮书
中国群众体育发展报告（2017）
著(编)者：刘国永 杨桦　　2017年12月出版 / 估价：89.00元
PSN B-2016-519-2/3

人权蓝皮书
中国人权事业发展报告 No.7（2017）
著(编)者：李君如　　2017年9月出版 / 估价：98.00元
PSN B-2011-215-1/1

社会保障绿皮书
中国社会保障发展报告（2017）No.8
著(编)者：王延中　　2017年7月出版 / 估价：98.00元
PSN G-2001-014-1/1

社会风险评估蓝皮书
风险评估与危机预警评估报告（2017）
著(编)者：唐钧　　2017年11月出版 / 估价：85.00元
PSN B-2016-521-1/1

社会管理蓝皮书
中国社会管理创新报告 No.5
著(编)者：连玉明　　2017年11月出版 / 估价：89.00元
PSN B-2012-300-1/1

社会蓝皮书
2017年中国社会形势分析与预测
著(编)者：李培林　陈光金　张翼
2016年12月出版 / 定价：89.00元
PSN B-1998-002-1/1

社会体制蓝皮书
中国社会体制改革报告No.5（2017）
著(编)者：龚维斌　　2017年3月出版 / 定价：89.00元
PSN B-2013-330-1/1

社会心态蓝皮书
中国社会心态研究报告（2017）
著(编)者：王俊秀 杨宜音　　2017年12月出版 / 估价：89.00元
PSN B-2011-199-1/1

社会组织蓝皮书
中国社会组织发展报告（2016~2017）
著(编)者：黄晓勇　　2017年1月出版 / 定价：89.00元
PSN B-2008-118-1/2

社会组织蓝皮书
中国社会组织评估发展报告（2017）
著(编)者：徐家良 廖鸿　　2017年12月出版 / 估价：89.00元
PSN B-2013-366-1/1

生态城市绿皮书
中国生态城市建设发展报告（2017）
著(编)者：刘举科 孙伟平 胡文臻
2017年9月出版 / 估价：118.00元
PSN G-2012-269-1/1

生态文明绿皮书
中国省域生态文明建设评价报告（ECI 2017）
著(编)者：严耕　　2017年12月出版 / 估价：98.00元
PSN G-2010-170-1/1

土地整治蓝皮书
中国土地整治发展研究报告 No.4
著(编)者：国土资源部土地整治中心
2017年7月出版 / 定价：89.00元
PSN B-2014-401-1/1

土地政策蓝皮书
中国土地政策研究报告（2017）
著(编)者：高延利 李宪文
2017年12月出版 / 定价：89.00元
PSN B-2015-506-1/1

退休生活蓝皮书
中国城市居民退休生活质量指数报告（2016）
著(编)者：杨一凡　　2017年5月出版 / 定价：79.00元
PSN B-2017-618-1/1

遥感监测绿皮书
中国可持续发展遥感监测报告（2016）
著(编)者：顾行发 李闽榕 徐东华
2017年6月出版 / 定价：298.00元
PSN B-2017-629-1/1

医改蓝皮书
中国医药卫生体制改革报告（2017）
著(编)者：文学国 房志武 2017年11月出版 / 估价：98.00元
PSN B-2014-432-1/1

医疗卫生绿皮书
中国医疗卫生发展报告 No.7（2017）
著(编)者：申宝忠 韩玉珍 2017年11月出版 / 估价：85.00元
PSN G-2004-033-1/1

应急管理蓝皮书
中国应急管理报告（2017）
著(编)者：宋英华 2017年9月出版 / 估价：98.00元
PSN B-2016-563-1/1

政治参与蓝皮书
中国政治参与报告（2017）
著(编)者：房宁 2017年8月出版 / 定价：118.00元
PSN B-2011-200-1/1

宗教蓝皮书
中国宗教报告（2016）
著(编)者：邱永辉 2017年8月出版 / 定价：79.00元
PSN B-2008-117-1/1

行业报告类

SUV蓝皮书
中国SUV市场发展报告（2016~2017）
著(编)者：靳军 2017年9月出版 / 估价：89.00元
PSN B-2016-572-1/1

保健蓝皮书
中国保健服务产业发展报告 No.2
著(编)者：中国保健协会 中共中央党校
2017年7月出版 / 估价：198.00元
PSN B-2012-272-3/3

保健蓝皮书
中国保健食品产业发展报告 No.2
著(编)者：中国保健协会
中国社会科学院食品药品产业发展与监管研究中心
2017年7月出版 / 估价：198.00元
PSN B-2012-271-2/3

保健蓝皮书
中国保健用品产业发展报告 No.2
著(编)者：中国保健协会
国务院国有资产监督管理委员会研究中心
2017年7月出版 / 估价：198.00元
PSN B-2012-270-1/3

保险蓝皮书
中国保险业竞争力报告（2017）
著(编)者：保监会 2017年12月出版 / 估价：99.00元
PSN B-2013-311-1/1

冰雪蓝皮书
中国滑雪产业发展报告（2017）
著(编)者：孙承华 伍斌 魏庆华 张鸿俊
2017年9月出版 / 定价：79.00元
PSN B-2016-560-1/1

彩票蓝皮书
中国彩票发展报告（2017）
著(编)者：益彩基金 2017年7月出版 / 估价：98.00元
PSN B-2015-462-1/1

餐饮产业蓝皮书
中国餐饮产业发展报告（2017）
著(编)者：邢颖 2017年6月出版 / 定价：98.00元
PSN B-2009-151-1/1

测绘地理信息蓝皮书
新常态下的测绘地理信息研究报告（2017）
著(编)者：库热西・买合苏提
2017年12月出版 / 估价：118.00元
PSN B-2009-145-1/1

茶业蓝皮书
中国茶产业发展报告（2017）
著(编)者：杨江帆 李闽榕 2017年10月出版 / 估价：88.00元
PSN B-2010-164-1/1

产权市场蓝皮书
中国产权市场发展报告（2016~2017）
著(编)者：曹和平 2017年5月出版 / 估价：89.00元
PSN B-2009-147-1/1

产业安全蓝皮书
中国出版传媒产业安全报告（2016~2017）
著(编)者：北京印刷学院文化产业安全研究院
2017年7月出版 / 估价：89.00元
PSN B-2014-384-13/14

产业安全蓝皮书
中国文化产业安全报告（2017）
著(编)者：北京印刷学院文化产业安全研究院
2017年12月出版 / 估价：89.00元
PSN B-2014-378-12/14

产业安全蓝皮书
中国新媒体产业安全报告（2017）
著(编)者：肖丽
2018年6月出版 / 估价：89.00元
PSN B-2015-500-14/14

城投蓝皮书
中国城投行业发展报告（2017）
著(编)者：王晨艳 丁伯康 2017年9月出版 / 定价：300.00元
PSN B-2016-514-1/1

电子政务蓝皮书
中国电子政务发展报告（2016~2017）
著(编)者：李季 杜平 2017年7月出版 / 估价：89.00元
PSN B-2003-022-1/1

大数据蓝皮书
中国大数据发展报告No.1
著(编)者：连玉明 2017年5月出版 / 定价：79.00元
PSN B-2017-620-1/1

杜仲产业绿皮书
中国杜仲橡胶资源与产业发展报告（2016～2017）
著(编)者：杜红岩 胡文臻 俞锐
2017年11月出版 / 估价：85.00元
PSN G-2013-350-1/1

对外投资与风险蓝皮书
中国对外直接投资与国家风险报告（2017）
著(编)者：中债资信评估有限公司
中国社科院世界经济与政治研究所
2017年4月出版 / 定价：189.00元
PSN B-2017-606-1/1

房地产蓝皮书
中国房地产发展报告 No.14（2017）
著(编)者：李春华 王业强 2017年5月出版 / 定价：89.00元
PSN B-2004-028-1/1

服务外包蓝皮书
中国服务外包产业发展报告（2017）
著(编)者：王晓红 刘德军
2017年7月出版 / 估价：89.00元
PSN B-2013-331-2/2

服务外包蓝皮书
中国服务外包竞争力报告（2017）
著(编)者：王力 刘春生 黄育华
2017年11月出版 / 估价：85.00元
PSN B-2011-216-1/2

工业和信息化蓝皮书
世界网络安全发展报告（2016~2017）
著(编)者：尹丽波 2017年6月出版 / 定价：89.00元
PSN B-2015-452-5/6

工业和信息化蓝皮书
世界信息化发展报告（2016~2017）
著(编)者：尹丽波 2017年6月出版 / 定价：89.00元
PSN B-2015-451-4/6

工业和信息化蓝皮书
世界信息技术产业发展报告（2016~2017）
著(编)者：尹丽波 2017年6月出版 / 定价：89.00元
PSN B-2015-449-2/6

工业和信息化蓝皮书
移动互联网产业发展报告（2016~2017）
著(编)者：尹丽波 2017年6月出版 / 定价：89.00元
PSN B-2015-448-1/6

工业和信息化蓝皮书
战略性新兴产业发展报告（2016~2017）
著(编)者：尹丽波 2017年6月出版 / 定价：89.00元
PSN B-2015-450-3/6

工业和信息化蓝皮书
世界智慧城市发展报告（2016~2017）
著(编)者：尹丽波 2017年6月出版 / 定价：89.00元
PSN B-2017-624-6/6

工业和信息化蓝皮书
人工智能发展报告（2016~2017）
著(编)者：尹丽波 2017年6月出版 / 定价：89.00元
PSN B-2015-448-1/6

工业设计蓝皮书
中国工业设计发展报告（2017）
著(编)者：王晓红 于炜 张立群
2017年9月出版 / 估价：138.00元
PSN B-2014-420-1/1

黄金市场蓝皮书
中国商业银行黄金业务发展报告（2016~2017）
著(编)者：平安银行 2017年7月出版 / 估价：98.00元
PSN B-2016-525-1/1

互联网金融蓝皮书
中国互联网金融发展报告（2017）
著(编)者：李东荣 2017年9月出版 / 定价：128.00元
PSN B-2014-374-1/1

互联网医疗蓝皮书
中国互联网健康医疗发展报告（2017）
著(编)者：芮晓武 2017年6月出版 / 定价：89.00元
PSN B-2016-568-1/1

会展蓝皮书
中外会展业动态评估年度报告（2017）
著(编)者：张敏 2017年7月出版 / 估价：88.00元
PSN B-2013-327-1/1

金融监管蓝皮书
中国金融监管报告（2017）
著(编)者：胡滨 2017年5月出版 / 定价：89.00元
PSN B-2012-281-1/1

金融信息服务蓝皮书
中国金融信息服务发展报告（2017）
著(编)者：李平 2017年5月出版 / 定价：79.00元
PSN B-2017-621-1/1

金融蓝皮书
中国金融中心发展报告（2017）
著(编)者：王力 黄育华 2017年11月出版 / 估价：85.00元
PSN B-2011-186-6/6

建筑装饰蓝皮书
中国建筑装饰行业发展报告（2017）
著(编)者：刘晓一 葛道顺 2017年11月出版 / 估价：198.00元
PSN B-2016-554-1/1

客车蓝皮书
中国客车产业发展报告（2016~2017）
著(编)者：姚蔚　2017年10月出版 / 估价：85.00元
PSN B-2013-361-1/1

旅游安全蓝皮书
中国旅游安全报告（2017）
著(编)者：郑向敏 谢朝武　2017年5月出版 / 定价：128.00元
PSN B-2012-280-1/1

旅游绿皮书
2016~2017年中国旅游发展分析与预测
著(编)者：宋瑞　2017年2月出版 / 定价：89.00元
PSN G-2002-018-1/1

煤炭蓝皮书
中国煤炭工业发展报告（2017）
著(编)者：岳福斌　2017年12月出版 / 估价：85.00元
PSN B-2008-123-1/1

民营企业社会责任蓝皮书
中国民营企业社会责任报告（2017）
著(编)者：中华全国工商业联合会
2017年12月出版 / 估价：89.00元
PSN B-2015-510-1/1

民营医院蓝皮书
中国民营医院发展报告（2017）
著(编)者：庄一强　2017年10月出版 / 估价：85.00元
PSN B-2012-299-1/1

闽商蓝皮书
闽商发展报告（2017）
著(编)者：李闽榕 王日根 林琛
2017年12月出版 / 估价：89.00元
PSN B-2012-298-1/1

能源蓝皮书
中国能源发展报告（2017）
著(编)者：崔民选 王军生 陈义和
2017年10月出版 / 估价：98.00元
PSN B-2006-049-1/1

农产品流通蓝皮书
中国农产品流通产业发展报告（2017）
著(编)者：贾敬敦 张东科 张玉玺 张鹏毅 周伟
2017年7月出版 / 估价：89.00元
PSN B-2012-288-1/1

企业公益蓝皮书
中国企业公益研究报告（2017）
著(编)者：钟宏武 汪杰 顾一 黄晓娟 等
2017年12月出版 / 估价：89.00元
PSN B-2015-501-1/1

企业国际化蓝皮书
中国企业国际化报告（2017）
著(编)者：王辉耀　2017年11月出版 / 估价：98.00元
PSN B-2014-427-1/1

企业蓝皮书
中国企业绿色发展报告 No.2（2017）
著(编)者：李红玉　朱光辉　2017年11月出版 / 估价：89.00元
PSN B-2015-481-2/2

企业社会责任蓝皮书
中国企业社会责任研究报告（2017）
著(编)者：黄群慧 钟宏武 张蒽 翟利峰
2017年11月出版 / 估价：89.00元
PSN B-2009-149-1/1

企业社会责任蓝皮书
中资企业海外社会责任研究报告（2016~2017）
著(编)者：钟宏武 叶柳红 张蒽
2017年1月出版 / 定价：79.00元
PSN B-2017-603-2/2

汽车安全蓝皮书
中国汽车安全发展报告（2017）
著(编)者：中国汽车技术研究中心
2017年7月出版 / 估价：89.00元
PSN B-2014-385-1/1

汽车电子商务蓝皮书
中国汽车电子商务发展报告（2017）
著(编)者：中华全国工商业联合会汽车经销商商会
北京易观智库网络科技有限公司
2017年10月出版 / 估价：128.00元
PSN B-2015-485-1/1

汽车工业蓝皮书
中国汽车工业发展年度报告（2017）
著(编)者：中国汽车工业协会 中国汽车技术研究中心
丰田汽车（中国）投资有限公司
2017年5月出版 / 定价：128.00元
PSN B-2015-463-1/2

汽车工业蓝皮书
中国汽车零部件产业发展报告（2017）
著(编)者：中国汽车工业协会 中国汽车工程研究院
2017年月出版 / 估价：98.00元
PSN B-2016-515-2/2

汽车蓝皮书
中国汽车产业发展报告（2017）
著(编)者：国务院发展研究中心产业经济研究部
中国汽车工程学会 大众汽车集团（中国）
2017年8月出版 / 估价：98.00元
PSN B-2008-124-1/1

人力资源蓝皮书
中国人力资源发展报告（2017）
著(编)者：余兴安　2017年11月出版 / 估价：89.00元
PSN B-2012-287-1/1

融资租赁蓝皮书
中国融资租赁业发展报告（2016~2017）
著(编)者：李光荣 王力　2017年11月出版 / 估价：89.00元
PSN B-2015-443-1/1

商会蓝皮书
中国商会发展报告No.5（2017）
著(编)者：王钦敏　2017年7月出版 / 估价：89.00元
PSN B-2008-125-1/1

输血服务蓝皮书
中国输血行业发展报告（2017）
著(编)者：朱永明 耿鸿武　2016年12月出版 / 估价：89.00元
PSN B-2016-583-1/1

社会责任管理蓝皮书
中国上市公司社会责任能力成熟度报告（2017）No.2
著(编)者：肖红军 王晓光 李伟阳
2017年12月出版 / 估价：98.00元
PSN B-2015-507-2/2

社会责任管理蓝皮书
中国企业公众透明度报告(2017)No.3
著(编)者：黄速建 熊梦 王晓光 肖红军
2017年4月出版 / 估价：98.00元
PSN B-2015-440-1/2

食品药品蓝皮书
食品药品安全与监管政策研究报告（2016～2017）
著(编)者：唐民皓 2017年7月出版 / 估价：89.00元
PSN B-2009-129-1/1

世界茶业蓝皮书
世界茶业发展报告（2017）
著(编)者：李闽榕 冯廷栓 2017年5月出版 / 定价：118.00元
PSN B-2017-619-1/1

世界能源蓝皮书
世界能源发展报告（2017）
著(编)者：黄晓勇 2017年6月出版 / 定价：99.00元
PSN B-2013-349-1/1

水利风景区蓝皮书
中国水利风景区发展报告（2017）
著(编)者：谢婵才 兰思仁 2017年7月出版 / 估价：89.00元
PSN B-2015-480-1/1

碳市场蓝皮书
中国碳市场报告（2017）
著(编)者：定金彪 2017年11月出版 / 估价：89.00元
PSN B-2014-430-1/1

体育蓝皮书
中国体育产业发展报告（2017）
著(编)者：阮伟 钟秉枢 2017年12月出版 / 估价：89.00元
PSN B-2010-179-1/5

体育蓝皮书
中国体育产业基地发展报告（2015～2016）
著(编)者：李颖川 2017年4月出版 / 定价：89.00元
PSN B-2017-609-5/5

网络空间安全蓝皮书
中国网络空间安全发展报告（2017）
著(编)者：惠志斌 唐涛 2017年7月出版 / 估价：89.00元
PSN B-2015-466-1/1

西部金融蓝皮书
中国西部金融发展报告（2017）
著(编)者：李忠民 2017年8月出版 / 估价：85.00元
PSN B-2010-160-1/1

协会商会蓝皮书
中国行业协会商会发展报告（2017）
著(编)者：景朝阳 李勇 2017年7月出版 / 估价：99.00元
PSN B-2015-461-1/1

新能源汽车蓝皮书
中国新能源汽车产业发展报告（2017）
著(编)者：中国汽车技术研究中心
日产（中国）投资有限公司 东风汽车有限公司
2017年7月出版 / 估价：98.00元
PSN B-2013-347-1/1

新三板蓝皮书
中国新三板市场发展报告（2017）
著(编)者：王力 2017年7月出版 / 估价：89.00元
PSN B-2016-534-1/1

信托市场蓝皮书
中国信托业市场报告（2016～2017）
著(编)者：用益信托研究院
2017年1月出版 / 定价：198.00元
PSN B-2014-371-1/1

信息化蓝皮书
中国信息化形势分析与预测（2016~2017）
著(编)者：周宏仁 2017年8月出版 / 估价：98.00元
PSN B-2010-168-1/1

信用蓝皮书
中国信用发展报告（2017）
著(编)者：章政 田侃 2017年7月出版 / 估价：99.00元
PSN B-2013-328-1/1

休闲绿皮书
2017年中国休闲发展报告
著(编)者：宋瑞 2017年10月出版 / 估价：89.00元
PSN G-2010-158-1/1

休闲体育蓝皮书
中国休闲体育发展报告（2016～2017）
著(编)者：李相如 钟炳枢 2017年10月出版 / 估价：89.00元
PSN G-2016-516-1/1

养老金融蓝皮书
中国养老金融发展报告（2017）
著(编)者：董克用 姚余栋
2017年9月出版 / 定价：89.00元
PSN B-2016-584-1/1

药品流通蓝皮书
中国药品流通行业发展报告（2017）
著(编)者：佘鲁林 温再兴 2017年8月出版 / 估价：158.00元
PSN B-2014-429-1/1

医院蓝皮书
中国医院竞争力报告（2017）
著(编)者：庄一强 曾益新 2017年3月出版 / 定价：108.00元
PSN B-2016-529-1/1

瑜伽蓝皮书
中国瑜伽业发展报告（2016~2017）
著(编)者：张永建 徐华锋 朱泰余
2017年3月出版 / 定价：108.00元
PSN B-2017-675-1/1

邮轮绿皮书
中国邮轮产业发展报告（2017）
著(编)者：汪泓 2017年10月出版 / 估价：89.00元
PSN G-2014-419-1/1

智能养老蓝皮书
中国智能养老产业发展报告（2017）
著(编)者：朱勇 2017年10月出版 / 估价：89.00元
PSN B-2015-488-1/1

债券市场蓝皮书
中国债券市场发展报告（2016～2017）
著(编)者：杨农 2017年10月出版 / 估价：89.00元
PSN B-2016-573-1/1

中国节能汽车蓝皮书
中国节能汽车发展报告（2016~2017）
著(编)者：中国汽车工程研究院股份有限公司
2017年9月出版 / 估价：98.00元
PSN B-2016-566-1/1

中国上市公司蓝皮书
中国上市公司发展报告（2017）
著(编)者：张平 王宏淼
2017年9月出版 / 定价：98.00元
PSN B-2014-414-1/1

中国陶瓷产业蓝皮书
中国陶瓷产业发展报告（2017）
著(编)者：左和平 黄速建 2017年10月出版 / 估价：98.00元
PSN B-2016-574-1/1

中医药蓝皮书
中国中医药知识产权发展报告No.1
著(编)者：汪红 屠志涛 2017年4月出版 / 定价：158.00元
PSN B-2016-574-1/1

中国总部经济蓝皮书
中国总部经济发展报告（2016～2017）
著(编)者：赵弘 2017年9月出版 / 估价：89.00元
PSN B-2005-036-1/1

中医文化蓝皮书
中国中医药文化传播发展报告（2017）
著(编)者：毛嘉陵 2017年7月出版 / 估价：89.00元
PSN B-2015-468-1/1

装备制造业蓝皮书
中国装备制造业发展报告（2017）
著(编)者：徐东华 2017年12月出版 / 估价：148.00元
PSN B-2015-505-1/1

资本市场蓝皮书
中国场外交易市场发展报告（2016～2017）
著(编)者：高峦 2017年7月出版 / 估价：89.00元
PSN B-2009-153-1/1

资产管理蓝皮书
中国资产管理行业发展报告（2017）
著(编)者：智信资产管理研究院
2017年7月出版 / 定价：98.00元
PSN B-2014-407-2/2

文化传媒类

传媒竞争力蓝皮书
中国传媒国际竞争力研究报告（2017）
著(编)者：李本乾 刘强
2017年11月出版 / 估价：148.00元
PSN B-2013-356-1/1

传媒蓝皮书
中国传媒产业发展报告（2017）
著(编)者：崔保国 2017年5月出版 / 定价：98.00元
PSN B-2005-035-1/1

传媒投资蓝皮书
中国传媒投资发展报告（2017）
著(编)者：张向东 谭云明
2017年7月出版 / 估价：128.00元
PSN B-2015-474-1/1

动漫蓝皮书
中国动漫产业发展报告（2017）
著(编)者：卢斌 郑玉明 牛兴侦
2017年9月出版 / 估价：89.00元
PSN B-2011-198-1/1

非物质文化遗产蓝皮书
中国非物质文化遗产发展报告（2017）
著(编)者：陈平 2017年7月出版 / 估价：98.00元
PSN B-2015-469-1/1

广电蓝皮书
中国广播电影电视发展报告（2017）
著(编)者：国家新闻出版广电总局发展研究中心
2017年7月出版 / 估价：98.00元
PSN B-2006-072-1/1

广告主蓝皮书
中国广告主营销传播趋势报告 No.9
著(编)者：黄升民 杜国清 邵华冬 等
2017年10月出版 / 估价：148.00元
PSN B-2005-041-1/1

国际传播蓝皮书
中国国际传播发展报告（2017）
著(编)者：胡正荣 李继东 姬德强
2017年11月出版 / 估价：89.00元
PSN B-2014-408-1/1

国家形象蓝皮书
中国国家形象传播报告（2016）
著(编)者：张昆　2017年3月出版 / 定价：98.00元
PSN B-2017-605-1/1

纪录片蓝皮书
中国纪录片发展报告（2017）
著(编)者：何苏六　2017年9月出版 / 估价：89.00元
PSN B-2011-222-1/1

科学传播蓝皮书
中国科学传播报告（2017）
著(编)者：詹正茂　2017年7月出版 / 估价：89.00元
PSN B-2008-120-1/1

两岸创意经济蓝皮书
两岸创意经济研究报告（2017）
著(编)者：罗昌智 林咏能
2017年10月出版 / 估价：98.00元
PSN B-2014-437-1/1

媒介与女性蓝皮书
中国媒介与女性发展报告(2016~2017)
著(编)者：刘利群　2018年5月出版 / 估价：118.00元
PSN B-2013-345-1/1

媒体融合蓝皮书
中国媒体融合发展报告（2017）
著(编)者：梅宁华 宋建武　2017年7月出版 / 估价：89.00元
PSN B-2015-479-1/1

全球传媒蓝皮书
全球传媒发展报告（2016~2017）
著(编)者：胡正荣 李继东
2017年6月出版 / 定价：89.00元
PSN B-2012-237-1/1

少数民族非遗蓝皮书
中国少数民族非物质文化遗产发展报告（2017）
著(编)者：肖远平（彝） 柴立（满）
2017年8月出版 / 估价：98.00元
PSN B-2015-467-1/1

视听新媒体蓝皮书
中国视听新媒体发展报告（2017）
著(编)者：国家新闻出版广电总局发展研究中心
2017年11月出版 / 估价：98.00元
PSN B-2011-184-1/1

文化创新蓝皮书
中国文化创新报告（2016）No.7
著(编)者：于平 傅才武　2017年4月出版 / 定价：89.00元
PSN B-2009-143-1/1

文化建设蓝皮书
中国文化发展报告（2017）
著(编)者：江畅 孙伟平 戴茂堂
2017年5月出版 / 定价：98.00元
PSN B-2014-392-1/1

文化金融蓝皮书
中国文化金融发展报告（2017）
著(编)者：杨涛 余巍　2017年5月出版 / 定价：98.00元
PSN B-2017-610-1/1

文化科技蓝皮书
文化科技创新发展报告（2017）
著(编)者：于平 李凤亮　2017年11月出版 / 估价：89.00元
PSN B-2013-342-1/1

文化蓝皮书
中国公共文化服务发展报告（2017）
著(编)者：刘新成 张永新 张旭
2017年12月出版 / 估价：98.00元
PSN B-2007-093-2/10

文化蓝皮书
中国公共文化投入增长测评报告（2017）
著(编)者：王亚南　2017年2月出版 / 定价：79.00元
PSN B-2014-435-10/10

文化蓝皮书
中国少数民族文化发展报告（2016~2017）
著(编)者：武翠英 张晓明 任乌晶
2017年9月出版 / 估价：89.00元
PSN B-2013-369-9/10

文化蓝皮书
中国文化产业发展报告（2016~2017）
著(编)者：张晓明 王家新 章建刚
2017年7月出版 / 估价：89.00元
PSN B-2002-019-1/10

文化蓝皮书
中国文化产业供需协调检测报告（2017）
著(编)者：王亚南　2017年2月出版 / 定价：79.00元
PSN B-2013-323-8/10

文化蓝皮书
中国文化消费需求景气评价报告（2017）
著(编)者：王亚南　2017年2月出版 / 定价：79.00元
PSN B-2011-236-4/10

文化品牌蓝皮书
中国文化品牌发展报告（2017）
著(编)者：欧阳友权　2017年7月出版 / 估价：98.00元
PSN B-2012-277-1/1

文化遗产蓝皮书
中国文化遗产事业发展报告（2017）
著(编)者：苏杨 张颖岚 王宇飞
2017年8月出版 / 估价：98.00元
PSN B-2008-119-1/1

文学蓝皮书
中国文情报告（2016~2017）
著(编)者：白烨　2017年5月出版 / 定价：69.00元
PSN B-2011-221-1/1

新媒体蓝皮书
中国新媒体发展报告No.8（2017）
著(编)者：唐绪军　2017年7月出版 / 定价：79.00元
PSN B-2010-169-1/1

新媒体社会责任蓝皮书
中国新媒体社会责任研究报告（2017）
著(编)者：钟瑛　2017年11月出版 / 估价：89.00元
PSN B-2014-423-1/1

移动互联网蓝皮书
中国移动互联网发展报告（2017）
著(编)者：余清楚　2017年6月出版 / 定价：98.00元
PSN B-2012-282-1/1

舆情蓝皮书
中国社会舆情与危机管理报告（2017）
著(编)者：谢耘耕　2017年9月出版 / 估价：128.00元
PSN B-2011-235-1/1

影视蓝皮书
中国影视产业发展报告（2017）
著(编)者：司若　2017年4月出版 / 定价：98.00元
PSN B-2016-530-1/1

地方发展类

安徽经济蓝皮书
合芜蚌国家自主创新综合示范区研究报告（2016～2017）
著(编)者：黄家海 王开玉 蔡宪
2017年7月出版 / 估价：89.00元
PSN B-2014-383-1/1

安徽蓝皮书
安徽社会发展报告（2017）
著(编)者：程桦　2017年5月出版 / 定价：89.00元
PSN B-2013-325-1/1

澳门蓝皮书
澳门经济社会发展报告（2016～2017）
著(编)者：吴志良 郝雨凡　2017年7月出版 / 定价：98.00元
PSN B-2009-138-1/1

澳门绿皮书
澳门旅游休闲发展报告（2016～2017）
著(编)者：郝雨凡 林广志　2017年5月出版 / 定价：88.00元
PSN G-2017-617-1/1

北京蓝皮书
北京公共服务发展报告（2016～2017）
著(编)者：施昌奎　2017年3月出版 / 定价：79.00元
PSN B-2008-103-7/8

北京蓝皮书
北京经济发展报告（2016～2017）
著(编)者：杨松　2017年6月出版 / 定价：89.00元
PSN B-2006-054-2/8

北京蓝皮书
北京社会发展报告（2016～2017）
著(编)者：李伟东　2017年7月出版 / 定价：79.00元
PSN B-2006-055-3/8

北京蓝皮书
北京社会治理发展报告（2016～2017）
著(编)者：殷星辰　2017年7月出版 / 定价：79.00元
PSN B-2014-391-8/8

北京蓝皮书
北京文化发展报告（2016～2017）
著(编)者：李建盛　2017年5月出版 / 定价：79.00元
PSN B-2007-082-4/8

北京律师绿皮书
北京律师发展报告No.3（2017）
著(编)者：王隽　2017年7月出版 / 估价：88.00元
PSN G-2012-301-1/1

北京旅游绿皮书
北京旅游发展报告（2017）
著(编)者：北京旅游学会　2017年7月出版 / 定价：88.00元
PSN B-2011-217-1/1

北京人才蓝皮书
北京人才发展报告（2017）
著(编)者：于淼　2017年12月出版 / 估价：128.00元
PSN B-2011-201-1/1

北京社会心态蓝皮书
北京社会心态分析报告（2016～2017）
著(编)者：北京社会心理研究所
2017年11月出版 / 估价：89.00元
PSN B-2014-422-1/1

北京社会组织管理蓝皮书
北京社会组织发展与管理（2016～2017）
著(编)者：黄江松　2017年7月出版 / 估价：88.00元
PSN B-2015-446-1/1

北京体育蓝皮书
北京体育产业发展报告（2016～2017）
著(编)者：钟秉枢 陈杰 杨铁黎
2017年9月出版 / 估价：89.00元
PSN B-2015-475-1/1

北京养老产业蓝皮书
北京养老产业发展报告（2017）
著(编)者：周明明 冯喜良　2017年11月出版 / 估价：89.00元
PSN B-2015-465-1/1

非公有制企业社会责任蓝皮书
北京非公有制企业社会责任报告（2017）
著(编)者：宗贵伦 冯培　2017年6月出版 / 定价：89.00元
PSN B-2017-613-1/1

滨海金融蓝皮书
滨海新区金融发展报告（2017）
著(编)者：王爱俭 张锐钢　2018年4月出版 / 估价：89.00元
PSN B-2014-424-1/1

城乡一体化蓝皮书
北京城乡一体化发展报告（2016～2017）
著(编)者：吴宝新 张宝秀 黄序
2017年5月出版 / 定价：85.00元
PSN B-2012-258-2/2

创意城市蓝皮书
北京文化创意产业发展报告（2017）
著(编)者：张京成 王国华 2017年10月出版 / 估价：89.00元
PSN B-2012-263-1/7

创意城市蓝皮书
天津文化创意产业发展报告（2016～2017）
著(编)者：谢思全 2017年11月出版 / 估价：89.00元
PSN B-2016-537-7/7

创意城市蓝皮书
武汉文化创意产业发展报告（2017）
著(编)者：黄永林 陈汉桥 2017年11月出版 / 估价：99.00元
PSN B-2013-354-4/7

创意上海蓝皮书
上海文化创意产业发展报告（2016～2017）
著(编)者：王慧敏 王兴全 2017年11月出版 / 估价：89.00元
PSN B-2016-562-1/1

福建妇女发展蓝皮书
福建省妇女发展报告（2017）
著(编)者：刘群英 2017年11月出版 / 估价：88.00元
PSN B-2011-220-1/1

福建自贸区蓝皮书
中国（福建）自由贸易实验区发展报告（2016～2017）
著(编)者：黄茂兴 2017年4月出版 / 定价：108.00元
PSN B-2017-532-1/1

甘肃蓝皮书
甘肃经济发展分析与预测（2017）
著(编)者：安文华 罗哲 2017年1月出版 / 定价：79.00元
PSN B-2013-312-1/6

甘肃蓝皮书
甘肃社会发展分析与预测（2017）
著(编)者：安文华 包晓霞 谢增虎
2017年1月出版 / 定价：79.00元
PSN B-2013-313-2/6

甘肃蓝皮书
甘肃文化发展分析与预测（2017）
著(编)者：王俊莲 周小华 2017年1月出版 / 定价：79.00元
PSN B-2013-314-3/6

甘肃蓝皮书
甘肃县域和农村发展报告（2017）
著(编)者：朱智文 包东红 王建兵
2017年1月出版 / 定价：79.00元
PSN B-2013-316-5/6

甘肃蓝皮书
甘肃舆情分析与预测（2017）
著(编)者：陈双梅 张谦元 2017年1月出版 / 定价：79.00元
PSN B-2013-315-4/6

甘肃蓝皮书
甘肃商贸流通发展报告（2017）
著(编)者：张应华 王福生 王晓芳
2017年1月出版 / 定价：79.00元
PSN B-2016-523-6/6

广东蓝皮书
广东全面深化改革发展报告（2017）
著(编)者：周林生 涂成林 2017年12月出版 / 估价：89.00元
PSN B-2015-504-3/3

广东蓝皮书
广东社会工作发展报告（2017）
著(编)者：罗观翠 2017年7月出版 / 估价：89.00元
PSN B-2014-402-2/3

广东外经贸蓝皮书
广东对外经济贸易发展研究报告（2016~2017）
著(编)者：陈万灵 2017年6月出版 / 定价：89.00元
PSN B-2012-286-1/1

广西北部湾经济区蓝皮书
广西北部湾经济区开放开发报告（2017）
著(编)者：广西北部湾经济区规划建设管理委员会办公室
广西社会科学院广西北部湾发展研究院
2017年7月出版 / 估价：89.00元
PSN B-2010-181-1/1

巩义蓝皮书
巩义经济社会发展报告（2017）
著(编)者：丁同民 朱军 2017年7月出版 / 估价：58.00元
PSN B-2016-533-1/1

广州蓝皮书
2017年中国广州经济形势分析与预测
著(编)者：魏明海 谢博能 李华
2017年6月出版 / 定价：85.00元
PSN B-2011-185-9/14

广州蓝皮书
2017年中国广州社会形势分析与预测
著(编)者：张强 何镜清
2017年6月出版 / 定价：88.00元
PSN B-2008-110-5/14

广州蓝皮书
广州城市国际化发展报告（2017）
著(编)者：朱名宏 2017年8月出版 / 估价：79.00元
PSN B-2012-246-11/14

广州蓝皮书
广州创新型城市发展报告（2017）
著(编)者：尹涛 2017年6月出版 / 定价：79.00元
PSN B-2012-247-12/14

广州蓝皮书
广州经济发展报告（2017）
著(编)者：朱名宏 2017年7月出版 / 估价：79.00元
PSN B-2005-040-1/14

广州蓝皮书
广州农村发展报告（2017）
著(编)者：朱名宏 2017年8月出版 / 估价：79.00元
PSN B-2010-167-8/14

广州蓝皮书
广州汽车产业发展报告（2017）
著(编)者：杨再高 冯兴亚 2017年7月出版 / 估价：79.00元
PSN B-2006-066-3/14

广州蓝皮书
广州青年发展报告（2016～2017）
著(编)者：徐柳 张强 2017年9月出版 / 估价：79.00元
PSN B-2013-352-13/14

广州蓝皮书
广州商贸业发展报告（2017）
著(编)者：李江涛 肖振宇 荀振英
2017年7月出版 / 定价：79.00元
PSN B-2012-245-10/14

广州蓝皮书
广州社会保障发展报告（2017）
著(编)者：蔡国萱 2017年8月出版 / 定价：79.00元
PSN B-2014-425-14/14

广州蓝皮书
广州文化创意产业发展报告（2017）
著(编)者：徐咏虹 2017年7月出版 / 定价：79.00元
PSN B-2008-111-6/14

广州蓝皮书
中国广州城市建设与管理发展报告（2017）
著(编)者：董皞 陈小钢 李江涛
2017年11月出版 / 估价：85.00元
PSN B-2007-087-4/14

广州蓝皮书
中国广州科技创新发展报告（2017）
著(编)者：邹采荣 马正勇 陈爽
2017年8月出版 / 定价：85.00元
PSN B-2006-065-2/14

广州蓝皮书
中国广州文化发展报告（2017）
著(编)者：屈哨兵 陆志强
2017年6月出版 / 定价：79.00元
PSN B-2009-134-7/14

贵阳蓝皮书
贵阳城市创新发展报告No.2（白云篇）
著(编)者：连玉明 2017年5月出版 / 定价：98.00元
PSN B-2015-491-3/10

贵阳蓝皮书
贵阳城市创新发展报告No.2（观山湖篇）
著(编)者：连玉明 2017年5月出版 / 定价：98.00元
PSN B-2011-235-1/1

贵阳蓝皮书
贵阳城市创新发展报告No.2（花溪篇）
著(编)者：连玉明 2017年5月出版 / 定价：98.00元
PSN B-2015-490-2/10

贵阳蓝皮书
贵阳城市创新发展报告No.2（开阳篇）
著(编)者：连玉明 2017年5月出版 / 定价：98.00元
PSN B-2015-492-4/10

贵阳蓝皮书
贵阳城市创新发展报告No.2（南明篇）
著(编)者：连玉明 2017年5月出版 / 定价：98.00元
PSN B-2015-496-8/10

贵阳蓝皮书
贵阳城市创新发展报告No.2（清镇篇）
著(编)者：连玉明 2017年5月出版 / 定价：98.00元
PSN B-2015-489-1/10

贵阳蓝皮书
贵阳城市创新发展报告No.2（乌当篇）
著(编)者：连玉明 2017年5月出版 / 定价：98.00元
PSN B-2015-495-7/10

贵阳蓝皮书
贵阳城市创新发展报告No.2（息烽篇）
著(编)者：连玉明 2017年5月出版 / 定价：98.00元
PSN B-2015-493-5/10

贵阳蓝皮书
贵阳城市创新发展报告No.2（修文篇）
著(编)者：连玉明 2017年5月出版 / 定价：98.00元
PSN B-2015-494-6/10

贵阳蓝皮书
贵阳城市创新发展报告No.2（云岩篇）
著(编)者：连玉明 2017年5月出版 / 定价：98.00元
PSN B-2015-498-10/10

贵州房地产蓝皮书
贵州房地产发展报告No.4（2017）
著(编)者：武廷方 2017年7月出版 / 定价：89.00元
PSN B-2014-426-1/1

贵州蓝皮书
贵州册亨经济社会发展报告(2017)
著(编)者：黄德林 2017年11月出版 / 估价：89.00元
PSN B-2016-526-8/9

贵州蓝皮书
贵安新区发展报告（2016~2017）
著(编)者：马长青 吴大华 2017年11月出版 / 估价：89.00元
PSN B-2015-459-4/9

贵州蓝皮书
贵州法治发展报告（2017）
著(编)者：吴大华 2017年5月出版 / 定价：89.00元
PSN B-2012-254-2/9

贵州蓝皮书
贵州国有企业社会责任发展报告（2016～2017）
著(编)者：郭丽 周航 万强
2017年12月出版 / 估价：89.00元
PSN B-2015-511-6/9

贵州蓝皮书
贵州民航业发展报告（2017）
著(编)者：申振东 吴大华 2017年10月出版 / 估价：89.00元
PSN B-2015-471-5/9

贵州蓝皮书
贵州民营经济发展报告（2017）
著(编)者：杨静 吴大华 2017年11月出版 / 估价：89.00元
PSN B-2016-531-9/9

贵州蓝皮书
贵州人才发展报告（2017）
著(编)者：于杰 吴大华　2017年11月出版 / 估价：89.00元
PSN B-2014-382-3/9

贵州蓝皮书
贵州社会发展报告（2017）
著(编)者：王兴骥　2017年3月出版 / 定价：98.00元
PSN B-2010-166-1/9

贵州蓝皮书
贵州国家级开放创新平台发展报告（2017）
著(编)者：申晓庆　吴大华　李泓
2017年7月出版 / 估价：89.00元
PSN B-2016-518-1/9

海淀蓝皮书
海淀区文化和科技融合发展报告（2017）
著(编)者：陈名杰 孟景伟　2017年11月出版 / 估价：85.00元
PSN B-2013-329-1/1

杭州都市圈蓝皮书
杭州都市圈发展报告（2017）
著(编)者：沈翔 戚建国　2017年11月出版 / 估价：128.00元
PSN B-2012-302-1/1

杭州蓝皮书
杭州妇女发展报告（2017）
著(编)者：魏颖　2017年11月出版 / 估价：89.00元
PSN B-2014-403-1/1

河北经济蓝皮书
河北省经济发展报告（2017）
著(编)者：马树强 金浩 张贵
2017年7月出版 / 估价：89.00元
PSN B-2014-380-1/1

河北蓝皮书
河北经济社会发展报告（2017）
著(编)者：郭金平　2017年1月出版 / 定价：79.00元
PSN B-2014-372-1/3

河北蓝皮书
河北法治发展报告（2017）
著(编)者：郭金平 李永君　2017年1月出版 / 定价：79.00元
PSN B-2017-622-3/3

河北蓝皮书
京津冀协同发展报告（2017）
著(编)者：陈路　2017年1月出版 / 定价：79.00元
PSN B-2017-601-2/3

河北食品药品安全蓝皮书
河北食品药品安全研究报告（2017）
著(编)者：丁锦霞　2017年11月出版 / 估价：89.00元
PSN B-2015-473-1/1

河南经济蓝皮书
2017年河南经济形势分析与预测
著(编)者：王世炎　2017年3月出版 / 定价：79.00元
PSN B-2007-086-1/1

河南蓝皮书
2017年河南社会形势分析与预测
著(编)者：牛苏林　2017年5月出版 / 定价：79.00元
PSN B-2005-043-1/9

河南蓝皮书
河南城市发展报告（2017）
著(编)者：张占仓 王建国　2017年5月出版 / 定价：79.00元
PSN B-2009-131-3/9

河南蓝皮书
河南法治发展报告（2017）
著(编)者：丁同民 张林海　2017年7月出版 / 估价：89.00元
PSN B-2014-376-6/9

河南蓝皮书
河南工业发展报告（2017）
著(编)者：张占仓　2017年5月出版 / 定价：89.00元
PSN B-2013-317-5/9

河南蓝皮书
河南金融发展报告（2017）
著(编)者：河南省社会科学院
2017年7月出版 / 估价：89.00元
PSN B-2014-390-7/9

河南蓝皮书
河南经济发展报告（2017）
著(编)者：张占仓　完世伟　2017年4月出版 / 定价：79.00元
PSN B-2010-157-4/9

河南蓝皮书
河南能源发展报告（2017）
著(编)者：魏胜民 袁凯声　2017年3月出版 / 定价：79.00元
PSN B-2017-607-9/9

河南蓝皮书
河南农业农村发展报告（2017）
著(编)者：吴海峰　2017年11月出版 / 估价：89.00元
PSN B-2015-445-8/9

河南蓝皮书
河南文化发展报告（2017）
著(编)者：卫绍生　2017年7月出版 / 定价：78.00元
PSN B-2008-106-2/9

河南商务蓝皮书
河南商务发展报告（2017）
著(编)者：焦锦淼 穆荣国　2017年5月出版 / 定价：88.00元
PSN B-2014-399-1/1

黑龙江蓝皮书
黑龙江经济发展报告（2017）
著(编)者：朱宇　2017年1月出版 / 定价：79.00元
PSN B-2011-190-2/2

黑龙江蓝皮书
黑龙江社会发展报告（2017）
著(编)者：谢宝禄　2017年1月出版 / 定价：79.00元
PSN B-2011-189-1/2

湖北文化蓝皮书
湖北文化发展报告（2017）
著(编)者：吴成国　2017年10月出版 / 估价：95.00元
PSN B-2016-567-1/1

湖南城市蓝皮书
区域城市群整合
著(编)者：童中贤 韩未名
2017年12月出版 / 估价：89.00元
PSN B-2006-064-1/1

湖南蓝皮书
2017年湖南产业发展报告
著(编)者：梁志峰 2017年7月出版 / 估价：128.00元
PSN B-2011-207-2/8

湖南蓝皮书
2017年湖南电子政务发展报告
著(编)者：梁志峰 2017年7月出版 / 估价：128.00元
PSN B-2014-394-6/8

湖南蓝皮书
2017年湖南经济发展报告
著(编)者：卞鹰 2017年5月出版 / 定价：128.00元
PSN B-2011-206-1/8

湖南蓝皮书
2017年湖南两型社会与生态文明发展报告
著(编)者：卞鹰 2017年5月出版 / 定价：128.00元
PSN B-2011-208-3/8

湖南蓝皮书
2017年湖南社会发展报告
著(编)者：卞鹰 2017年5月出版 / 定价：128.00元
PSN B-2014-393-5/8

湖南蓝皮书
2017年湖南县域经济社会发展报告
著(编)者：梁志峰 2017年7月出版 / 估价：128.00元
PSN B-2014-395-7/8

湖南蓝皮书
湖南城乡一体化发展报告（2017）
著(编)者：陈文胜 王文强 陆福兴 邝奕轩
2017年8月出版 / 定价：89.00元
PSN B-2015-477-8/8

湖南县域绿皮书
湖南县域发展报告 No.3
著(编)者：袁准 周小毛 黎仁寅
2017年3月出版 / 定价：79.00元
PSN G-2012-274-1/1

沪港蓝皮书
沪港发展报告（2017）
著(编)者：尤安山 2017年9月出版 / 估价：89.00元
PSN B-2013-362-1/1

吉林蓝皮书
2017年吉林经济社会形势分析与预测
著(编)者：邵汉明 2016年12月出版 / 定价：79.00元
PSN B-2013-319-1/1

吉林省城市竞争力蓝皮书
吉林省城市竞争力报告（2016~2017）
著(编)者：崔岳春 张磊 2016年12月出版 / 定价：79.00元
PSN B-2015-513-1/1

济源蓝皮书
济源经济社会发展报告（2017）
著(编)者：喻新安 2017年7月出版 / 估价：89.00元
PSN B-2014-387-1/1

健康城市蓝皮书
北京健康城市建设研究报告（2017）
著(编)者：王鸿春 2017年8月出版 / 估价：89.00元
PSN B-2015-460-1/2

江苏法治蓝皮书
江苏法治发展报告 No.6（2017）
著(编)者：蔡道通 龚廷泰 2017年8月出版 / 估价：98.00元
PSN B-2012-290-1/1

江西蓝皮书
江西经济社会发展报告（2017）
著(编)者：张勇 姜玮 梁勇 2017年6月出版 / 估价：128.00元
PSN B-2015-484-1/2

江西蓝皮书
江西设区市发展报告（2017）
著(编)者：姜玮 梁勇 2017年10月出版 / 估价：79.00元
PSN B-2016-517-2/2

江西文化蓝皮书
江西文化产业发展报告（2017）
著(编)者：张圣才 汪春翔
2017年10月出版 / 估价：128.00元
PSN B-2015-499-1/1

经济特区蓝皮书
中国经济特区发展报告（2017）
著(编)者：陶一桃 2017年12月出版 / 估价：98.00元
PSN B-2009-139-1/1

辽宁蓝皮书
2017年辽宁经济社会形势分析与预测
著(编)者：梁启东
2017年6月出版 / 定价：89.00元
PSN B-2006-053-1/1

洛阳蓝皮书
洛阳文化发展报告（2017）
著(编)者：刘福兴 陈启明 2017年10月出版 / 估价：89.00元
PSN B-2015-476-1/1

南京蓝皮书
南京文化发展报告（2017）
著(编)者：徐宁 2017年10月出版 / 估价：89.00元
PSN B-2014-439-1/1

南宁蓝皮书
南宁法治发展报告（2017）
著(编)者：杨维超 2017年12月出版 / 估价：79.00元
PSN B-2015-509-1/3

南宁蓝皮书
南宁经济发展报告（2017）
著(编)者：胡建华 2017年9月出版 / 估价：79.00元
PSN B-2016-570-2/3

南宁蓝皮书
南宁社会发展报告（2017）
著(编)者：胡建华　2017年9月出版 / 估价：79.00元
PSN B-2016-571-3/3

内蒙古蓝皮书
内蒙古反腐倡廉建设报告 No.2
著(编)者：张志华 无极　2017年12月出版 / 估价：79.00元
PSN B-2013-365-1/1

浦东新区蓝皮书
上海浦东经济发展报告（2017）
著(编)者：沈开艳 周奇　2017年2月出版 / 定价：79.00元
PSN B-2011-225-1/1

青海蓝皮书
2017年青海经济社会形势分析与预测
著(编)者：陈玮　2016年12月出版 / 定价：79.00元
PSN B-2012-275-1/1

人口与健康蓝皮书
深圳人口与健康发展报告（2017）
著(编)者：陆杰华 罗乐宣 苏杨
2017年11月出版 / 估价：89.00元
PSN B-2011-228-1/1

山东蓝皮书
山东经济形势分析与预测（2017）
著(编)者：李广杰　2017年7月出版 / 估价：89.00元
PSN B-2014-404-1/4

山东蓝皮书
山东社会形势分析与预测（2017）
著(编)者：张华 唐洲雁　2017年7月出版 / 估价：89.00元
PSN B-2014-405-2/4

山东蓝皮书
山东文化发展报告（2017）
著(编)者：涂可国　2017年5月出版 / 定价：98.00元
PSN B-2014-406-3/4

山西蓝皮书
山西资源型经济转型发展报告（2017）
著(编)者：李志强　2017年7月出版 / 估价：89.00元
PSN B-2011-197-1/1

陕西蓝皮书
陕西经济发展报告（2017）
著(编)者：任宗哲 白宽犁 裴成荣
2017年1月出版 / 定价：69.00元
PSN B-2009-135-1/6

陕西蓝皮书
陕西社会发展报告（2017）
著(编)者：任宗哲 白宽犁 牛昉
2017年1月出版 / 定价：69.00元
PSN B-2009-136-2/6

陕西蓝皮书
陕西文化发展报告（2017）
著(编)者：任宗哲 白宽犁 王长寿
2017年1月出版 / 定价：69.00元
PSN B-2009-137-3/6

陕西蓝皮书
陕西精准脱贫研究报告（2017）
著(编)者：任宗哲 白宽犁 王建康
2017年6月出版 / 定价：69.00元
PSN B-2017-623-6/6

上海蓝皮书
上海传媒发展报告（2017）
著(编)者：强荧 焦雨虹　2017年2月出版 / 定价：79.00元
PSN B-2012-295-5/7

上海蓝皮书
上海法治发展报告（2017）
著(编)者：叶青　2017年7月出版 / 估价：89.00元
PSN B-2012-296-6/7

上海蓝皮书
上海经济发展报告（2017）
著(编)者：沈开艳　2017年2月出版 / 定价：79.00元
PSN B-2006-057-1/7

上海蓝皮书
上海社会发展报告（2017）
著(编)者：杨雄 周海旺　2017年2月出版 / 定价：79.00元
PSN B-2006-058-2/7

上海蓝皮书
上海文化发展报告（2017）
著(编)者：荣跃明　2017年2月出版 / 定价：79.00元
PSN B-2006-059-3/7

上海蓝皮书
上海文学发展报告（2017）
著(编)者：陈圣来　2017年7月出版 / 估价：89.00元
PSN B-2012-297-7/7

上海蓝皮书
上海资源环境发展报告（2017）
著(编)者：周冯琦 汤庆合
2017年2月出版 / 定价：79.00元
PSN B-2006-060-4/7

社会建设蓝皮书
2017年北京社会建设分析报告
著(编)者：宋贵伦 冯虹　2017年10月出版 / 估价：89.00元
PSN B-2010-173-1/1

深圳蓝皮书
深圳法治发展报告（2017）
著(编)者：张骁儒　2017年6月出版 / 定价：79.00元
PSN B-2015-470-6/7

深圳蓝皮书
深圳经济发展报告（2017）
著(编)者：张骁儒　2017年6月出版 / 定价：79.00元
PSN B-2008-112-3/7

深圳蓝皮书
深圳劳动关系发展报告（2017）
著(编)者：汤庭芬　2017年7月出版 / 估价：89.00元
PSN B-2007-097-2/7

深圳蓝皮书
深圳社会治理与发展报告（2017）
著(编)者：张骁儒 邹从兵 2017年6月出版 / 定价：79.00元
PSN B-2008-113-4/7

深圳蓝皮书
深圳文化发展报告(2017)
著(编)者：张骁儒 2017年5月出版 / 定价：79.00元
PSN B-2016-555-7/7

丝绸之路蓝皮书
丝绸之路经济带发展报告（2017）
著(编)者：任宗哲 白宽犁 谷孟宾
2017年1月出版 / 定价：75.00元
PSN B-2014-410-1/1

法治蓝皮书
四川依法治省年度报告 No.3（2017）
著(编)者：李林 杨天宗 田禾
2017年3月出版 / 定价：118.00元
PSN B-2015-447-1/1

四川蓝皮书
2017年四川经济形势分析与预测
著(编)者：杨钢 2017年1月出版 / 定价：98.00元
PSN B-2007-098-2/7

四川蓝皮书
四川城镇化发展报告（2017）
著(编)者：侯水平 陈炜 2017年4月出版 / 定价：75.00元
PSN B-2015-456-7/7

四川蓝皮书
四川法治发展报告（2017）
著(编)者：郑泰安 2017年7月出版 / 估价：89.00元
PSN B-2015-441-5/7

四川蓝皮书
四川企业社会责任研究报告（2016～2017）
著(编)者：侯水平 盛毅
2017年5月出版 / 定价：79.00元
PSN B-2014-386-4/7

四川蓝皮书
四川社会发展报告（2017）
著(编)者：李羚 2017年6月出版 / 定价：79.00元
PSN B-2008-127-3/7

四川蓝皮书
四川生态建设报告（2017）
著(编)者：李晟之 2017年5月出版 / 定价：75.00元
PSN B-2015-455-6/7

四川蓝皮书
四川文化产业发展报告（2017）
著(编)者：向宝云 张立伟
2017年4月出版 / 定价：79.00元
PSN B-2006-074-1/7

体育蓝皮书
上海体育产业发展报告（2016～2017）
著(编)者：张林 黄海燕
2017年10月出版 / 估价：89.00元
PSN B-2015-454-4/4

体育蓝皮书
长三角地区体育产业发展报告（2016～2017）
著(编)者：张林 2017年7月出版 / 估价：89.00元
PSN B-2015-453-3/4

天津金融蓝皮书
天津金融发展报告（2017）
著(编)者：王爱俭 孔德昌
2018年3月出版 / 估价：98.00元
PSN B-2014-418-1/1

图们江区域合作蓝皮书
图们江区域合作发展报告（2017）
著(编)者：李铁 2017年11月出版 / 估价：98.00元
PSN B-2015-464-1/1

温州蓝皮书
2017年温州经济社会形势分析与预测
著(编)者：蒋儒林 王春光 金浩
2017年4月出版 / 定价：79.00元
PSN B-2008-105-1/1

西咸新区蓝皮书
西咸新区发展报告（2016~2017）
著(编)者：李扬 王军 2017年11月出版 / 估价：89.00
元
PSN B-2016-535-1/1

扬州蓝皮书
扬州经济社会发展报告（2017）
著(编)者：丁纯 2017年12月出版 / 估价：98.00元
PSN B-2011-191-1/1

云南社会治理蓝皮书
云南社会治理年度报告（2016）
著(编)者：晏雄 韩全芳
2017年5月出版 / 定价：99.00元
PSN B-2011-191-1/1

长株潭城市群蓝皮书
长株潭城市群发展报告（2017）
著(编)者：张萍 2017年12月出版 / 估价：89.00元
PSN B-2008-109-1/1

中医文化蓝皮书
北京中医文化传播发展报告（2017）
著(编)者：毛嘉陵 2017年7月出版 / 估价：79.00元
PSN B-2015-468-1/2

珠三角流通蓝皮书
珠三角商圈发展研究报告（2017）
著(编)者：王先庆 林至颖
2017年7月出版 / 估价：98.00元
PSN B-2012-292-1/1

遵义蓝皮书
遵义发展报告（2017）
著(编)者：曾征 龚永育 雍思强
2017年12月出版 / 估价：89.00元
PSN B-2014-433-1/1

国际问题类

"一带一路"跨境通道蓝皮书
"一带一路"跨境通道建设研究报告（2017）
著(编)者：郭业洲　2017年8月出版 / 估价：89.00元
PSN B-2016-558-1/1

"一带一路"蓝皮书
"一带一路"建设发展报告（2017）
著(编)者：李永全　2017年6月出版 / 定价：89.00元
PSN B-2016-553-1/1

阿拉伯黄皮书
阿拉伯发展报告（2016～2017）
著(编)者：罗林　2018年3月出版 / 估价：89.00元
PSN Y-2014-381-1/1

巴西黄皮书
巴西发展报告（2017）
著(编)者：刘国枝　2017年5月出版 / 定价：85.00元
PSN Y-2017-614-1/1

北部湾蓝皮书
泛北部湾合作发展报告（2017）
著(编)者：吕余生　2017年12月出版 / 估价：85.00元
PSN B-2008-114-1/1

大湄公河次区域蓝皮书
大湄公河次区域合作发展报告（2017）
著(编)者：刘稚　2017年11月出版 / 估价：89.00元
PSN B-2011-196-1/1

大洋洲蓝皮书
大洋洲发展报告（2017）
著(编)者：喻常森　2017年10月出版 / 估价：89.00元
PSN B-2013-341-1/1

德国蓝皮书
德国发展报告（2017）
著(编)者：郑春荣　2017年6月出版 / 定价：89.00元
PSN B-2012-278-1/1

东北亚区域合作蓝皮书
2016年"一带一路"倡议与东北亚区域合作
著(编)者：刘亚政 金美花
2017年5月出版 / 定价：89.00元
PSN B-2017-631-1/1

东盟黄皮书
东盟发展报告（2017）
著(编)者：杨晓强 庄国土
2017年7月出版 / 估价：89.00元
PSN Y-2012-303-1/1

东南亚蓝皮书
东南亚地区发展报告（2016～2017）
著(编)者：厦门大学东南亚研究中心　王勤
2017年12月出版 / 估价：89.00元
PSN B-2012-240-1/1

俄罗斯黄皮书
俄罗斯发展报告（2017）
著(编)者：李永全　2017年6月出版 / 定价：89.00元
PSN Y-2006-061-1/1

非洲黄皮书
非洲发展报告 No.19（2016～2017）
著(编)者：张宏明　2017年7月出版 / 定价：89.00元
PSN Y-2012-239-1/1

公共外交蓝皮书
中国公共外交发展报告（2017）
著(编)者：赵启正 雷蔚真　2017年11月出版 / 估价：89.00元
PSN B-2015-457-1/1

国际安全蓝皮书
中国国际安全研究报告(2017)
著(编)者：刘慧　2017年11月出版 / 估价：98.00元
PSN B-2016-522-1/1

国际形势黄皮书
全球政治与安全报告（2017）
著(编)者：张宇燕　2017年1月出版 / 定价：89.00元
PSN Y-2001-016-1/1

韩国蓝皮书
韩国发展报告（2017）
著(编)者：牛林杰 刘宝全　2017年11月出版 / 估价：89.00元
PSN B-2010-155-1/1

加拿大蓝皮书
加拿大发展报告（2017）
著(编)者：仲伟合　2017年11月出版 / 估价：89.00元
PSN B-2014-389-1/1

拉美黄皮书
拉丁美洲和加勒比发展报告（2016～2017）
著(编)者：吴白乙 袁东振　2017年6月出版 / 定价：89.00元
PSN Y-1999-007-1/1

美国蓝皮书
美国研究报告（2017）
著(编)者：郑秉文 黄平　2017年5月出版 / 定价：89.00元
PSN B-2011-210-1/1

缅甸蓝皮书
缅甸国情报告（2017）
著(编)者：李晨阳　2017年12月出版 / 估价：86.00元
PSN B-2013-343-1/1

欧洲蓝皮书
欧洲发展报告（2016～2017）
著(编)者：黄平 周弘 程卫东　2017年6月出版 / 定价：89.00元
PSN B-1999-009-1/1

葡语国家蓝皮书
葡语国家发展报告（2017）
著(编)者：王成安 张敏 刘金兰
2017年12月出版 / 估价：89.00元
PSN B-2015-503-1/2

葡语国家蓝皮书
中国与葡语国家关系发展报告·巴西（2017）
著(编)者：张曙光 2017年8月出版 / 估价：89.00元
PSN B-2016-564-2/2

日本经济蓝皮书
日本经济与中日经贸关系研究报告（2017）
著(编)者：张季风 2017年6月出版 / 定价：89.00元
PSN B-2008-102-1/1

日本蓝皮书
日本研究报告（2017）
著(编)者：杨伯江 2017年6月出版 / 定价：89.00元
PSN B-2002-020-1/1

上海合作组织黄皮书
上海合作组织发展报告（2017）
著(编)者：李进峰
2017年6月出版 / 定价：98.00元
PSN Y-2009-130-1/1

世界创新竞争力黄皮书
世界创新竞争力发展报告（2017）
著(编)者：李闽榕 李建平 赵新力
2017年11月出版 / 估价：148.00元
PSN Y-2013-318-1/1

泰国蓝皮书
泰国研究报告（2017）
著(编)者：庄国土 张禹东
2017年11月出版 / 估价：118.00元
PSN B-2016-557-1/1

土耳其蓝皮书
土耳其发展报告（2017）
著(编)者：郭长刚 刘义
2017年11月出版 / 估价：89.00元
PSN B-2014-412-1/1

亚太蓝皮书
亚太地区发展报告（2017）
著(编)者：李向阳 2017年5月出版 / 定价：79.00元
PSN B-2001-015-1/1

印度蓝皮书
印度国情报告（2017）
著(编)者：吕昭义 2018年4月出版 / 估价：89.00元
PSN B-2012-241-1/1

印度洋地区蓝皮书
印度洋地区发展报告（2017）
著(编)者：汪戎 2017年6月出版 / 定价：98.00元
PSN B-2013-334-1/1

英国蓝皮书
英国发展报告（2016～2017）
著(编)者：王展鹏 2017年11月出版 / 估价：89.00元
PSN B-2015-486-1/1

越南蓝皮书
越南国情报告（2017）
著(编)者：谢林城
2017年12月出版 / 估价：89.00元
PSN B-2006-056-1/1

以色列蓝皮书
以色列发展报告（2017）
著(编)者：张倩红 2017年8月出版 / 定价：89.00元
PSN B-2015-483-1/1

伊朗蓝皮书
伊朗发展报告（2017）
著(编)者：冀开远 2017年10月出版 / 估价：89.00元
PSN B-2016-575-1/1

渝新欧蓝皮书
渝新欧沿线国家发展报告（2017）
著(编)者：杨柏 黄森 2017年6月出版 / 定价：88.00元
PSN B-2016-575-1/1

中东黄皮书
中东发展报告 No.19（2016～2017）
著(编)者：杨光 2017年10月出版 / 估价：89.00元
PSN Y-1998-004-1/1

中亚黄皮书
中亚国家发展报告（2017）
著(编)者：孙力 2017年6月出版 / 定价：98.00元
PSN Y-2012-238-1/1

皮书起源

“皮书”起源于十七、十八世纪的英国，主要指官方或社会组织正式发表的重要文件或报告，多以“白皮书”命名。在中国，“皮书”这一概念被社会广泛接受，并被成功运作、发展成为一种全新的出版形态，则源于中国社会科学院社会科学文献出版社。

皮书定义

皮书是对中国与世界发展状况和热点问题进行年度监测，以专业的角度、专家的视野和实证研究方法，针对某一领域或区域现状与发展态势展开分析和预测，具备原创性、实证性、专业性、连续性、前沿性、时效性等特点的公开出版物，由一系列权威研究报告组成。

皮书作者

皮书系列的作者以中国社会科学院、著名高校、地方社会科学院的研究人员为主，多为国内一流研究机构的权威专家学者，他们的看法和观点代表了学界对中国与世界的现实和未来最高水平的解读与分析。

皮书荣誉

皮书系列已成为社会科学文献出版社的著名图书品牌和中国社会科学院的知名学术品牌。2016 年，皮书系列正式列入“十三五”国家重点出版规划项目；2012~2016 年，重点皮书列入中国社会科学院承担的国家哲学社会科学创新工程项目；2017 年，55 种院外皮书使用“中国社会科学院创新工程学术出版项目”标识。

中国皮书网

www.pishu.cn

发布皮书研创资讯，传播皮书精彩内容
引领皮书出版潮流，打造皮书服务平台

栏目设置

关于皮书：何谓皮书、皮书分类、皮书大事记、皮书荣誉、
　　　　　皮书出版第一人、皮书编辑部

最新资讯：通知公告、新闻动态、媒体聚焦、网站专题、视频直播、下载专区

皮书研创：皮书规范、皮书选题、皮书出版、皮书研究、研创团队

皮书评奖评价：指标体系、皮书评价、皮书评奖

互动专区：皮书说、皮书智库、皮书微博、数据库微博

所获荣誉

2008 年、2011 年，中国皮书网均在全国新闻出版业网站荣誉评选中获得“最具商业价值网站”称号；

2012 年，获得“出版业网站百强”称号。

网库合一

2014 年，中国皮书网与皮书数据库端口合一，实现资源共享。更多详情请登录 www.pishu.cn。

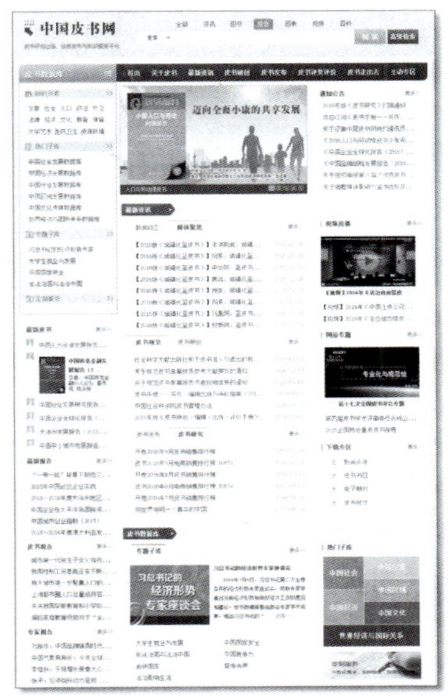